East Asia and Southeast Asian Economy

# East Asia & Southeast Asian Economy

# 동아시아와 동남아경제의 이해

김완중

도서출판 청람

# ■ 머리말 ■

세계경제는 정보화가 가속화되고 국가와 국가 간 상품과 자본의 이동이 확대되면서 점점 하나로 통합되어 가고 있다. 그에 따라 기업의 경영활동도 글로벌화되면서, 글로벌 인재에 대한 수요 역시 확대되고 있다. 이러한 조류에 대응하여 사내 지역전문가 양성 프로그램을 운영하는 기업들도 나타났다. 대학들 역시 국제대학을 설립하는 등 학생들에게 세계 각 지역의 경제 및 사회에 대한 교육을 강화하고 있다. 세계 각 지역에 대한 이해를 돕고, 각 지역에 대한 체계적인 교육을 위해서는 적절한 교재 개발은 필수적이라 할 수 있다.

그동안 국내에서는 세계 각 국가나 각 지역의 사회, 역사, 정치, 경제를 소개하는 다양한 형태의 서적이 발간되었다. 그 중 특히 세계 각 국가나 각 지역의 경제관련 서적들은 국책연구기관 등 대부분 전문연구기관들에 의해 발간되었다. 그러나 전문연구기관들이 발행하는 서적들은 기관의 설립목적에 따라 기업이나 정부의 전략 및 정책수립에 필요한 특정 주제에 국한된 보고서 형태가 대부분이라 할 수 있다. 마찬가지로 세계지역을 연구하는 다양한 학술지가 발간되고 있으나 학술지에 게재된 논문들 역시 특정한 주제에 대한 심층적인 글들로 일반인이나 학부생들이 이해하기에는 쉽지 않다. 이러한 관계로 특정 지역, 특히 이 책이 다루고 있는 동아시아와 동남아 경제에 대한 폭넓고 체계적인 내용을 담은 서적은 아직까지 없었다.

이에 저자는 일반인이나 학부생들의 동아시아와 동남아경제에 대한 이해를 돕기 위해 이 책을 발간하게 되었다. 저자는 독자들이 동아시아라는 큰 틀 안에서 동남아 경제를 이해할 수 있는 교재를 발간하겠다는 의도를 가지고 지난 6년 동안 동아시아와 동남아경제에 대한 다수의 논문을 발표하여 왔다. 이제 그러한 연구성과를 체계적으로 엮어 하나의 서적으로 발간하고자 한다. 이 책은 다음과 같은 특징을 가지고 있다.

첫째, 일반인이나 학부생들이 동아시아와 동남아경제를 보다 체계적으로 이해 할 수 있도록 하였다. 이 책의 대부분의 장들은 학술지에 이미 게재된 논문들로 구성되어 있으나, 일반인이나 학부생들이 이해하기 어려운 전문적인 내용을 배제하는 대신 논문의 내용 중 핵심적인 부분만을 함의 중심으로 서술하고 있다.

둘째, 동아시아와 동남아경제를 보다 심도 있게 연구하고자 하는 대학원생들이 활용할 수 있도록 하였다. 즉 각 장의 주요 내용이 어떤 논문에서 발췌되었는지를 밝히고 있어 해당 주제에 대한 연구를 하고자 하는 대학원생들의 편의를 제공하고자 했다.

셋째, 각 장에서 논의되는 내용 중 이론적 내용은 각주나 부록 등을 통해 가능한한 이해하기 쉽게 설명하고자 했다.

이 책은 동아시아 지역 내에서 동북아와 동남아경제가 얼마나 그리고 어떻게 상호의존하고 있는가를 다양한 각도에서 보여주고 있다. 특히 동북아와 동남아경제를 이해하는 데 있어서 동아시아라는 보다 넓은 시야에서 보고자 하였다. 이 책은 여섯 편으로 구성되어 있다. 제1편에서는 세계경제 속에서 동아시아와 동남아경제의 위상이 얼마나 제고되었는가를 보여준다. 제2편에서는 동북아경제에 있어서 동남아경제가 갖는 의미, 그리고 동남아경제에 있어서 동북아경제가 갖는 의미를 무역 및 투자 등의 측면에서 살펴본다. 제3편에서는 한국경제에 있어서 동남아 경제의 중요성을 살펴보고 한국의 동남아에 대한 교역을 다양한 각도에서 살펴본다. 제4편에서는 동북아와 동남아경제가 얼마나 상호의존 되어 있는가를 살펴보고 동북아와 동남아경제 통합에 대한 논의를 살펴본다. 제5편에서는 동아시아국가의 역내수출 및 상호경쟁관계를 살펴보고 동남아시장에서의 동북아국가들의 경쟁관계를 심도 깊게 살펴본다. 그리고 제6편에서는 동남아경제에 대한 이해를 돕기 위해 동남아 국가들의 경제구조에 있어서의 유사성과 차별성을 살펴보고, 동남아지역의 경제통합 과정과 지금까지의 성과를 평가한다.

끝으로 이 책이 나오기까지 직간접적으로 지원해주신 분들께 감사드린다. 먼저 이 책의 대부분의 각 장이 저자가 여러 학회의 학술지에 게재한 논문을 발췌하는 형식으로 구성되어 있다는 점에서 저자의 논문을 게재해준 각 학회(한국동남아학회, 한국동북아학회, 한국아시아학회, 한중사회과학학회 등)에 감사드린다. 다음으로 논문을 작성한다고 또는 책을 쓴다고 여러 휴일에 같이하지 못한 사랑하는 가족(황문아, 김예지)에게 미안하고, 묵묵히 바라봐주고 이해해주어 감사한다. 마지막으로 이 책이 나올 수 있도록 도와주신 도서출판 청람의 이수영 사장님께 깊은 감사를 드린다.

2015년 1월

저자 씀

# ■ 차 례 ■

## 제1부 세계경제 속의 동아시아와 동남아경제

### 제1장 동아시아와 동남아경제의 위상 변화



## 제2부 동북아에 있어 동남아, 동남아에 있어 동북아

### 제2장 일본에 있어 동남아경제의 의미



### 제3장 중국에 있어 동남아경제의 의미

## 제7장 한국의 동남아에 대한 수출의 국가별 유사성과 차별



# 제4부 동북아와 동남아경제의 협력과 통합

## 제8장 생산공정별 동아시아의 역내외 교역 및 동남아의 의미



## 제9장 동북아와 동남아경제의 상호 연계

## 제10장 동북아와 동남아경제통합 논의



# 제5부 동북아와 동남아경제의 상호보완 및 경쟁

## 제11장 중국과 동아시아국가 간 교역구조 및 결정요인



## 제12장 동아시아국가의 역내수출구조와 경쟁력 관계



## 제13장 동남아 수입시장에서 한·중·일의 경쟁관계



## 제14장 동남아에 대한 한·중·일의 생산공정별 수출구조와 경쟁관계

Part 1

# 세계경제 속의 동아시아와 동남아경제

동아시아와 동남아경제의 이해 *East Asia and Southeast Asian Economy*

Chapter 1 동아시아와 동남아경제의 위상 변화

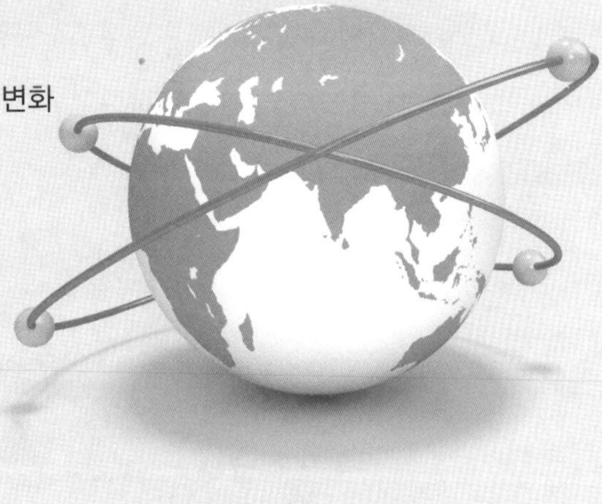

# 1 Chapter 동아시아와 동남아경제의 위상 변화

## 1.1 동아시아의 정의 및 정체성

동아시아는 지리적으로 어떻게 구분되는가? 동아시아에 대한 지리적 구분을 위해서는 아시아에 대한 지리적 구분이 먼저 되어야 한다. 일반적으로 산맥으로는 우랄산맥을 기준으로 동쪽, 수로로는 보스포러스해협을 기준으로 동쪽을 아시아로 구분한다. 아시아는 북쪽으로 시베리아를 포함하고 베링해협을 경계로 북미와 구분된다. 그리고 아시아는 다시 중앙아시아(우즈베키스탄, 카자흐스탄, 키르기스스탄, 투르크메니스탄, 타지키스탄)를 기준으로 그 동쪽을 동아시아, 서쪽을 서아시아, 북쪽을 북아시아, 남쪽을 남아시아로 구분된다.

그림 1-1 아시아 지도

동아시아는 다시 동북아시아(한국, 중국, 일본, 몽골, 대만, 홍콩, 마카오)와 동남아시아(인도네시아, 말레이시아, 필리핀, 태국, 싱가포르, 라오스, 미얀마, 캄보디아, 베트남, 브루나이)로 구분된다. 일반적으로 동북아시아를 동아시아로 지칭하는 경우도 있으나, 혼돈을 피하기 위해 넓은 의미의 동아시아는 동북아시아와 동남아시아를 포함하고, 좁은 의미의 동아시아는 동북아를 포함하는 것으로 이해하면 될 듯하다. 북아시아는 극동러시아를 의미하고, 남아시아는 다시 이란을 기준으로 이란을 포함한 동쪽 국가들(이란, 아프가니스탄, 파키스탄, 인도, 스리랑카, 몰디브, 네팔, 방글라데시, 부탄)을 포함하는 좁은 의미의 남아시아와 이란을 기준으로 서쪽국가들을 포함하는 서남아시아(아제르바이잔, 아르메니아, 조지아, 터키 등)로 구분된다.

앞에서 보았듯이 넓은 의미의 동아시아는 동북아시아와 동남아시아를 포함하는데, 이러한 지리적 구분에 걸맞은 동아시아국가 간 동질성은 존재하는가? 즉 지리적으로 하나의 지역으로 구분될 만큼 지역 내 국가 간 동질적인 면이 충분한가? 동아시아 중 동북아지역은 유교문화, 한자문화권이라는 측면에서 동질적인 측면이 존재한다고 할 수 있다. 즉 동북아지역은 근대화 이전 시기에 비해 그 정도는 약화되었지만, 하나의 지역으로 묶을 수 있을 만큼 어느 정도의 정체성을 가지고 있다고 할 수 있다.

그러면 동남아시아를 포함한 동아시아는 어떠한가? 국제정치나 문화를 연구하는 학자들은 동아시아 정체성(identity)이 매우 희박하다고 평가한다. 박광주(1998)[1]는 "동아시아국가들 간 문화적, 역사적, 안보적 공통성이 결여되어 있다. 불교, 유교, 회교, 기독교 등이 각각 독자적 영향력을 행사하고 있고, 역사 속에서 아시아국가들이 서로 긴밀하게 연결되어 있지 못했을 뿐만 아니라, 영토 분쟁을 위시한 정치적 갈등이 대체로 관련 당사국들에 국한된 것들이어서 동아시아 전체적 차원에서 공동체적 통합에 대한 필요성이 충분히 축적되어 오지 못했던 것이 어제까지의 현실이다"라고 평가하고 있다.

동북아국가 간 정체성도 강하지 않을 뿐만 아니라 동북아와 동남아 간에는 더더욱 정체성이 약함에도 불구하고 흥미로운 사실은 아시아 외환위기 이후 논의되고 있는 동아시아지역 협력의 논의는 동남아를 중심으로 시작되었으며, 동남아가 중요한 역할

1 박광주, 1998, 아시아 공동체, 현실인가 신화인가, 세종연구소편, 아시아와 세계화: 동아시아 국가의 대응, 세종연구소

을 하고 있다는 것이다. 또한 동아시아지역 내 협력과정에 있어서 중국과 일본이 동남아를 놓고 서로 경쟁하는 양상을 보이고 있다는 것이다.

동아시아국가 간 동질적인 면이 없거나 매우 약하다면, 그럼에도 불구하고 동아시아로 구분되는 국가 간에 특별히 더 상호협력을 강화해야 할 이유는 무엇인가? 즉 동아시아국가들이 지리적으로 더 가깝다는 이유만으로 유럽이나 미주지역 국가 등 여타 국가들에 비해 상호 더 긴밀한 경제관계를 가져야 할 당위성은 무엇인가? 동아시아지역 내 지역경제블록(RECP 등)이 형성되어야 할 이유는 무엇인가? 더 나아가 최근 논의되고 있는 동아시아공동체는 왜 지향해야 할까?

설사 동아시아의 정체성을 논리적으로 명확하게 규정지을 수 없을지라도 이미 동아시아국가 간 안보협력 및 경제적 협력을 위한 제도적 틀이 마련되었고 그 틀이 더 공고해지고 있을 뿐만 아니라 동아시아국가 간 경제관계가 더욱 강화되고 있는 것이 현실이다. 안보적인 측면에서는 매년 개최되는 아세안정상회담 직후에 아세안과 한·중·일 등이 참가하는 아세안지역포럼(ASEAN Regional Forum)이 개최되어 동아시아지역 안보 현안에 대해 논의하고 협력방안을 도출하고 있다. 또한 매년 ASEAN+한·중·일 정상회담이 개최되어 외교 및 경제 등 다양한 분야에서의 협력을 논의하고 있으며, 최근에는 동아시아 FTA라 할 수 있는 역내포괄적경제동반자협정(RCEP)을 위한 협상이 개시되었으며, 금융 분야에 있어서의 역내협력 역시 점차 강화되고 있다(동아시아 경제협력에 대해서는 제10장에서 자세히 논의). 더 나아가 최근에는 동아시아공동체 형성까지 논의되고 있다.

지역의 정체성은 처음부터 주어지는 것이 아니라 지역 내 국가 간 노력에 의해 만들어지는 측면이 강하다. 동남아가 그 대표적인 예라 할 수 있다. 동남아지역은 지리적으로 인접해 있으나 인종적이나 종교적으로 동질적인 측면이 그리 많지 않다.[2] 그러나 1960년대 베트남, 캄보디아 등 주변국가들의 공산화에 공동 대응하는 과정에서의 안보적 협력의 필요성이 확대되면서 동남아국가 간 신뢰가 축적되기 시작하였다. 또한 미국의 패권에 대응하는 과정에서 더욱 공고화된 지역통합체로서의 EU의 등장

[2] 물론 인도네시아와 말레이시아는 말레이인이라는 민족적 동질성과 이슬람교라는 종교적 공통점을 가지고 있다. 그러나 동남아지역에서 큰 비중을 차지하고 있는 이 두 국가와 여타 동남아 국가들 간에는 공통점이 그리 많지 않다. 다만 태국, 베트남, 라오스, 캄보디아, 미얀마가 같은 불교문화권이라는 공통점이 있을 뿐 다민족으로 구성된 이들 국가들은 인종적으로나 언어적으로 동질적이라 할 수 없다.

은 동남아국가들로 하여금 지역통합체로 발전할 수 있다는 자신감을 고무시켰다. 특히 1997년 아시아 외환위기는 동남아국가들로 하여금 공동운명체라는 인식을 확산시키는 계기가 되었으며, 이를 계기로 동남아국가들은 안보적 지역협력을 넘어 경제 및 사회적 협력 내지 통합을 가속화하기 시작했다. 그 결과 동남아의 정체성(Identity)은 과거에 비해 크게 강화되고 있다고 할 수 있다. 이제 동남아국가들은 ASEAN이라는 제도적 틀을 적극 활용하여 EU공동체와 같은 지역공동체로서의 '동남아공동체' 형성을 목표로 노력하고 있다.

동남아가 그랬듯이 동북아와 동남아가 안보 및 경제적 측면에서 상호협력을 더욱 강화하고 그 과정에서 신뢰가 축적된다면 동아시아라는 보다 넓은 지역공동체로 발전하지 말라는 법도 없을 것이다. 그러기 위해서는 우선 동남아국가 상호 간, 동북아국가 상호 간, 그리고 동남아와 동북아국가 간 상호신뢰가 축적되어야 할 것이다. 이를 위해서는 동아시아국가들이 영토문제, 역사문제 등 해결해야 할 문제가 산적해 있는 것도 사실이다. 그러나 동아시아지역 내 물적 및 인적 교류가 지속적으로 확대되고 그 과정에서 상호신뢰가 축적된다면 그리고 대외적 여건들이 조성될 경우, 동아시아지역이 EU와 같은 지역경제공동체로 나아갈 가능성도 배제할 수 없을 것이다.

이러한 현실을 고려할 때 세계경제에서 동아시아의 경제적 위상이 얼마나 확대되었고, 동북아에 있어서 동남아의 경제적 중요성 그리고 동남아에 있어서 동북아의 경제적 중요성은 얼마나 확대되었는지, 또한 동북아와 동남아경제의 상호연계성은 얼마나 강화되고 있는지, 그리고 동아시아국가 간 상호협력 및 경쟁관계는 어떻게 변하고 있는가를 분석하여 밝히는 것은 향후 동아시아국가 간 미래지향적이고 발전적 방향을 설정하는 데 있어서 매우 중요하다 할 것이다.

**아세안지역안보포럼(ASEAN Regional Forum)**

1. 출범경위

ARF는 탈냉전시대의 국제질서 변화에 맞추어 아·태지역 내 안정적 질서를 구축하고, 환경·테러 등 새로운 안보위협에 대하여 대응할 필요성이 제기됨에 따라 1994년 출범하였다.

2. 의의

ARF는 역내국가들 간에 정치·안보문제에 대한 자유로운 의견교환의 장을 제공함으로써 상호신뢰 구축, 투명성 증대, 협력분야 강구 등을 통해 냉전종식 후 아・태지역이 직면한 도전을 항구적인 평화와 안정 상태로 변화시키기 위한 계기를 제공하고 있다. 또한 ARF는 중국, 러시아, 북한, 베트남 등 과거 냉전시대에 적대관계를 유지하던 국가들을 포함한 아・태지역 내 주요 국가들이 참여하여 역내 안보문제를 정기적으로 공식 논의하고 있으며, 상호 경쟁적이거나 적대적인 역내 주요 국가 간의 양자회동 및 대화의 장소를 제공함으로써, 우호적 관계 수립을 촉진하는 역할을 수행하고 있다. 뿐만 아니라 ARF는 민감한 안보문제에 대한 상호 솔직한 의견교환을 통해 분쟁의 사전방지 등 예방외교의 틀을 마련하는 데 기여하고 있으며, 9・11 테러 이후에는 테러 관련 일련의 ARF 의장성명 채택 및 회의 개최 등을 통해 역내국가 간 대테러 및 초국가범죄 대응 협의체로서 역할도 수행하고 있다.

3. 회원국

회원국은 총 27개국으로 ASEAN 10개국, 대화상대 10개국, 기타 7개국으로 구성되어 있다(구체적인 회원국은 아래 표 참조).

| 구분 | 해당 국가 |
|---|---|
| ASEAN (10개국) | 말레이시아, 필리핀, 싱가포르, 인도네시아, 태국, 브루나이, 베트남, 라오스, 미얀마, 캄보디아 |
| 대화상대 (10개국) | 한국, 미국, 일본, 중국, 러시아, 캐나다, 호주, 뉴질랜드, 인도, EU |
| 기타 (7개국) | PNG, 몽골, 북한, 파키스탄, 동티모르, 방글라데시, 스리랑카 |

자료: 한국 외무부(http://www.mofa.go.kr/countries/regional/arf/outline/index.jsp?menu=m_40_70_30)

## 1.2 세계경제에서 동아시아경제 위상 변화

세계경제에서 동아시아의 위상은 크게 확대되고 있다. 특히 2001년 중국의 WTO 가입으로 중국이 세계경제에 본격적으로 편입되면서 세계경제에서 동아시아경제의 비중은 빠른 속도로 확대되고 있다. 세계수출에서 동아시아가 차지하는 비중은 1980년 13.7%에 불과했으나 2009년 28.1%로 확대되었으며, 수입비중 역시 14.3%에서 25.1%로 크게 확대되었다([표 1-1], [표 1-2] 참조). 주지하는 바와 같이 세계교역에서 동아시아의 비중 확대는 중국과 한국 등 동북아국가들에 힘입은 바 크다. 세계수출에서 동북아의 비중은 1980년 10.3%에서 2009년 21.6%로 크게 확대되었다. 세계수입에서 동북아의 비중 역시 1980년 11.1%에서 2009년 19.3%로 확대되었다.

세계교역에서 동아시아의 비중 확대는 중국의 부상에 따른 것이라 할 수 있다. 세계수출에서 중국의 비중은 1980년 0.9%에 불과했으나, 중국의 WTO 가입 이후 급격하게 확대되어 2009년 9.7%를 차지했다. 한편 동북아국가 중 일본의 경우 중국과 달리 세계교역에서 비중이 크게 축소되었다. 일본의 세계수출 비중은 1985년 9.4%에 달하기도 하였으나, 지속적으로 하락하여 2009년에는 4.7%에 그쳤다. 일본의 수입 역시 1980년 7.0%에 달했으나 2009년 4.4%까지 하락하였다. 세계교역에서 일본의 비중 축소는 1985년 플라자합의[3] 이후 지속된 일본의 장기 경기침체를 반영하고 있다 하겠다.

세계교역에서 동남아의 비중 역시 빠르게 확대되었다. 동북아와 마찬가지로 세계교역에서의 비중이 지난 30년 동안 약 두 배로 확대되었다. 구체적으로 살펴보면 동남아의 세계수출 비중은 1980년 3.4%에서 2009년 6.5%로, 세계수입 비중은 3.1%에서 5.8%로 확대되었다. 동남아의 세계교역 비중 확대는 말레이시아, 싱가포르, 태국의 비중 확대에 의해 주도되었다. 한편 동남아에서 경제규모가 가장 큰 인도네시아의 경우 세계교역 비중에 큰 변화가 없었다. 그만큼 인도네시아의 경제활동이 여타 동남아국가에 비해 활발하지 못했다는 것을 의미한다.

한편 세계 GDP에서 동아시아 비중 역시 크게 확대되었다([표 1-3] 참조). 그러나 세계교역에서의 비중 확대 정도와 비교할 때 GDP에서의 비중 확대는 그렇게 빠르지 못했다. 동아시아의 세계 GDP 비중은 1980년 16.2%에서 2009년 23.6%로 확대되었다. 이는 동아시아의 세계수출 비중이 1980년 13.7%에서 28.1%로 확대된 것에 비해서는 확대 정도가 낮다고 할 수 있다. 이는 동아시아경제의 대외의존도가 여타 지역에 비해 높다는 것을 의미하는 것임과 동시에 동아시아국가의 수출의 부가가치가 여

[3] '플라자합의(Plaza Agreement)'란 1985년 G5 재무장관들이 미국 뉴욕의 플라자호텔에 모여서 달러강세를 시정하기로 하고, 이를 위해 일본 엔화와 독일 마르크화 가치를 높이기로 합의한 것을 가리킨다. 플라자합의가 발표되자 일본 엔화는 1주일 만에 달러에 대해 8.3% 가치가 상승하였으며, 독일 마르크화는 약 7% 가치가 상승하였다. 플라자합의 이후 2년 동안 달러가치는 30% 이상 하락하였다. 그 결과 미국기업의 수출경쟁력은 크게 강화된 반면 일본기업의 수출경쟁력은 크게 떨어져 이후 일본경제의 장기침체를 야기하는 한 요인으로 지목되기도 한다.

타 지역에 비해 높지 않았다는 것을 의미한다. 즉 일본경제의 장기침체에 따른 세계 비중 축소와 더불어 중국과 주요 동남아국가들의 조립가공 중심의 수출의존형 경제성장 방식과 깊은 관계가 있다고 할 수 있다.

2009년 기준으로 동북아의 경우 세계수출에서의 비중이 21.6%로 세계 GDP에서의 비중 20.6%와 비슷하다. 그러나 동남아의 경우 세계수출에서의 비중은 6.5%이나 세계 GDP에서의 비중은 3.0%에 그쳐 두 비중 간 큰 격차를 보였다. 중국과 인도네시아의 경우 수출기준이나 GDP기준에 있어 세계경제 비중이 비슷하나 한국, 대만, 그리고 인도네시아를 제외한 대부분 동남아국가들의 경우 세계수출에 비해 세계GDP에서 차지하는 비중이 크게 낮았다. 특히 일본의 경우 세계GDP 비중은 2009년 8.7%로 높았으나 세계수출 비중은 4.7%로 상대적으로 낮아 여타 동아시아국가들에 비해 경제의 대외의존도가 낮음을 보여준다.

**표 1-1 세계 수출에서 동아시아국가의 비중 추이**

| | 1980 | 1985 | 1990 | 1995 | 2000 | 2005 | 2009 |
|---|---|---|---|---|---|---|---|
| 중국 | 0.9 | 1.5 | 1.8 | 3.0 | 3.9 | 7.3 | 9.7 |
| 홍콩 | 1.0 | 1.6 | 2.4 | 3.5 | 3.2 | 2.8 | 2.6 |
| 마카오 | 0.0 | 0.0 | 0.0 | 0.0 | 0.0 | 0.0 | 0.0 |
| 일본 | 6.5 | 9.4 | 8.3 | 9.0 | 7.5 | 5.7 | 4.7 |
| 한국 | 0.9 | 1.6 | 1.9 | 2.5 | 2.7 | 2.7 | 2.9 |
| 대만 | 1.0 | 1.6 | 1.9 | 2.3 | 2.3 | 1.9 | 1.6 |
| 캄보디아 | n/a | n/a | n/a | n/a | 0.0 | 0.0 | 0.0 |
| 인도네시아 | 1.1 | 1.0 | 0.7 | 0.9 | 1.0 | 0.8 | 1.0 |
| 라오스 | 0.0 | 0.0 | 0.0 | 0.0 | 0.0 | 0.0 | 0.0 |
| 말레이시아 | 0.6 | 0.8 | 0.9 | 1.5 | 1.5 | 1.4 | 1.3 |
| 미얀마 | 0.0 | 0.0 | 0.0 | 0.0 | 0.0 | 0.0 | 0.1 |
| 필리핀 | 0.3 | 0.2 | 0.2 | 0.4 | 0.6 | 0.4 | 0.3 |
| 싱가포르 | 1.0 | 1.2 | 1.5 | 2.4 | 2.2 | 2.2 | 2.2 |
| 태국 | 0.3 | 0.4 | 0.7 | 1.1 | 1.1 | 1.1 | 1.2 |
| 베트남 | n/a | n/a | n/a | n/a | 0.2 | 0.3 | 0.5 |
| 동북아 | 10.3 | 15.7 | 16.4 | 20.3 | 19.7 | 20.4 | 21.6 |
| 동남아 | 3.4 | 3.7 | 4.0 | 6.3 | 6.7 | 6.2 | 6.5 |
| 동아시아 | 13.7 | 19.4 | 20.4 | 26.6 | 26.4 | 26.6 | 28.1 |

자료: Direction of Trade(DOT) CD-ROM. International Monetary Fund(IMF).

**표 1-2 세계수입에서 동아시아국가의 비중 추이**

| | 1980 | 1985 | 1990 | 1995 | 2000 | 2005 | 2009 |
|---|---|---|---|---|---|---|---|
| 중국 | 1.0 | 2.1 | 1.5 | 2.6 | 3.4 | 6.2 | 8.1 |
| 홍콩 | 1.1 | 1.5 | 2.3 | 3.8 | 3.2 | 2.8 | 2.8 |
| 마카오 | 0.0 | 0.0 | 0.0 | 0.0 | 0.0 | 0.0 | 0.0 |
| 일본 | 7.0 | 6.6 | 6.6 | 6.7 | 5.8 | 4.8 | 4.4 |
| 한국 | 1.1 | 1.6 | 2.0 | 2.7 | 2.4 | 2.4 | 2.6 |
| 대만 | 1.0 | 1.0 | 1.5 | 2.1 | 2.1 | 1.7 | 1.4 |
| 캄보디아 | n/a | n/a | n/a | n/a | 0.0 | 0.0 | 0.0 |
| 인도네시아 | 0.5 | 0.5 | 0.6 | 0.8 | 0.7 | 0.7 | 0.7 |
| 라오스 | 0.0 | 0.0 | 0.0 | 0.0 | 0.0 | 0.0 | 0.0 |
| 말레이시아 | 0.5 | 0.6 | 0.8 | 1.5 | 1.2 | 1.1 | 1.0 |
| 미얀마 | 0.0 | 0.0 | 0.0 | 0.0 | 0.0 | 0.0 | 0.0 |
| 필리핀 | 0.4 | 0.3 | 0.4 | 0.6 | 0.6 | 0.4 | 0.4 |
| 싱가포르 | 1.2 | 1.3 | 1.7 | 2.5 | 2.0 | 1.9 | 2.0 |
| 태국 | 0.5 | 0.5 | 0.9 | 1.4 | 0.9 | 1.1 | 1.1 |
| 베트남 | n/a | n/a | n/a | n/a | 0.2 | 0.3 | 0.5 |
| 동북아 | 11.1 | 12.9 | 14.0 | 17.9 | 17.0 | 18.0 | 19.3 |
| 동남아 | 3.1 | 3.2 | 4.5 | 6.8 | 5.8 | 5.6 | 5.8 |
| 동아시아 | 14.3 | 16.2 | 18.4 | 24.7 | 22.8 | 23.6 | 25.1 |

자료: DOT, IMF.

**표 1-3 세계GDP에서 동아시아국가의 비중**

| | 1980 | 1985 | 1990 | 1995 | 2000 | 2005 | 2010 |
|---|---|---|---|---|---|---|---|
| 중국 | 2.8 | 2.6 | 1.8 | 2.4 | 3.7 | 4.9 | 9.3 |
| 홍콩 | 0.3 | 0.3 | 0.4 | 0.5 | 0.5 | 0.4 | 0.4 |
| 대만 | 0.4 | 0.5 | 0.8 | 0.9 | 1.0 | 0.8 | 0.7 |
| 일본 | 10.1 | 11.6 | 14.6 | 17.9 | 14.6 | 10.0 | 8.7 |
| 한국 | 0.6 | 0.8 | 1.3 | 1.8 | 1.6 | 1.8 | 1.6 |
| 인도네시아 | 0.8 | 0.8 | 0.5 | 0.7 | 0.5 | 0.6 | 1.1 |
| 말레이시아 | 0.2 | 0.3 | 0.2 | 0.3 | 0.3 | 0.3 | 0.4 |
| 싱가포르 | 0.1 | 0.2 | 0.2 | 0.3 | 0.3 | 0.3 | 0.4 |
| 필리핀 | 0.3 | 0.3 | 0.2 | 0.3 | 0.3 | 0.2 | 0.3 |
| 태국 | 0.3 | 0.3 | 0.4 | 0.6 | 0.4 | 0.4 | 0.5 |
| 베트남 | 0.3 | 0.1 | 0.0 | 0.1 | 0.1 | 0.1 | 0.2 |
| 미얀마 | n/a | n/a | n/a | n/a | 0.0 | 0.0 | 0.1 |
| 캄보디아 | n/a | n/a | 0.0 | 0.0 | 0.0 | 0.0 | 0.0 |

| 라오스 | 0.0 | 0.0 | 0.0 | 0.0 | 0.0 | 0.0 | 0.0 |
|---|---|---|---|---|---|---|---|
| 브루나이 | n/a | 0.0 | 0.0 | 0.0 | 0.0 | 0.0 | 0.0 |
| 동북아 | 14.1 | 15.8 | 18.9 | 23.5 | 21.5 | 18.0 | 20.6 |
| 동남아 | 2.0 | 2.0 | 1.6 | 2.2 | 1.9 | 2.0 | 3.0 |
| 동아시아 | 16.2 | 17.8 | 20.5 | 25.7 | 23.4 | 20.0 | 23.6 |

자료: World Economic Outlook 2013, IMF 이용하여 계산

## 1.3 동아시아에서 동남아경제의 위상 변화

세계경제에서 동아시아경제의 위상 제고는 동북아에 의해 주도되고 있다고 할 수 있다. [표 1-4]에서 알 수 있듯이 동아시아의 세계에 대한 수출에서 동북아시아가 차지하는 비중은 대략 80% 수준에 달하고 있다. 그러나 동아시아경제에서 동남아국가가 차지하는 비중 역시 무시할 수 없다. 개별국가별로 보면 동아시아 수출에서 동남아국가들의 비중이 그리 높지 않다. 즉 2009년 수출액을 기준으로 할 때 동아시아에서 동남아국가들이 차지하는 비중은 싱가포르 7.8%, 말레이시아 4.5%, 태국 4.4%, 인도네시아 3.4% 순이다([표 1-4] 참조).

그러나 동남아를 하나의 경제블록으로 바라보면 이야기는 달라진다. 2009년 기준으로 동남아국가의 수출액은 동아시아 전체 수출액의 약 1/4을 차지하고, 이는 한국과 일본의 비중보다 훨씬 높은 수준이다. 동아시아의 대세계수출에서 동남아의 비중은 1980년대 초반 크게 하락한 이후 지속적으로 확대되어 1990년 중반 이후부터는 지속적으로 23~25% 수준을 유지하고 있다. 동아시아경제에서 동남아의 이러한 위상은 수입에 있어서도 마찬가지로 나타난다([표 1-5] 참조).

한편 교역 측면에서 바라본 동아시아 내 동남아 위상과 GDP 측면에서 바라본 위상은 사뭇 다르다([표 1-6] 참조). GDP 규모 측면에서 동아시아 내에서 동남아의 비중은 교역 측면에서 비중에 비해 크게 낮다. 2009년 기준으로 동아시아의 총교역에서 동남아 비중은 23% 수준을 달하고 있으나, 동아시아 GDP에서 동남아의 비중은 12.6%에 불과하다. 교역과 경제규모 비중에 있어서 이러한 큰 차이는 중계무역항인 싱가포

르로 인해 교역에 있어 동남아 비중이 과대하게 부풀려진 결과라 해석할 수 있다. 싱가포르의 경우 동아시아 총수출액의 7.8%를 차지하나 동아시아 GDP에서 차지하는 비중은 1.5%에 그쳤다. 동아시아에서 동남아의 교역 비중에 비해 GDP 비중이 낮다는 것은 동북아국가에 비해 동남아국가들의 대외의존도가 높다는 것을 의미함과 동시에 이들 국가 수출의 부가가치 창출이 동북아국가들에 비해 낮다는 것을 보여준다.

2009년 기준으로 동남아 전체의 GDP 규모는 중국이나 일본의 1/3 정도에 불과하다. 아래 [표 1-6]에서 볼 수 있듯이 동아시아 GDP에서 동남아가 차지하는 비중은 1980년 12.6%에서 1990년에 7.9%까지 떨어졌으나, 이후 지속적으로 상승하여 2009년 12.6%로 다시 확대되었다. 즉 동아시아 내에서 시장으로서 동남아의 위상은 아직까지 그리 크지 않으나 점차 확대되는 추세임을 확인할 수 있다. 특히 동남아국가 중에서 인도네시아의 동아시아 내 GDP 비중 확대가 두드러지고 있다. 인도네시아가 동아시아 GDP에서 차지하는 비중은 1990년에 2.6%까지 하락하였으나 2009년 4.7%로 큰 폭으로 확대되었다. 인도네시아의 GDP 규모는 태국의 2배, 말레이시아·필리핀·싱가포르의 GDP를 합한 것과 같다.

**표 1-4 동아시아수출에서 각국의 비중 추이**

| | 1980 | 1985 | 1990 | 1995 | 2000 | 2005 | 2009 |
|---|---|---|---|---|---|---|---|
| 중국 | 6.6 | 7.5 | 8.8 | 11.3 | 14.8 | 27.4 | 34.6 |
| 홍콩 | 7.2 | 8.3 | 11.7 | 13.2 | 12.0 | 10.4 | 9.2 |
| 마카오 | 0.2 | 0.2 | 0.2 | 0.2 | 0.2 | 0.1 | 0.0 |
| 일본 | 47.8 | 48.5 | 40.8 | 33.6 | 28.5 | 21.4 | 16.7 |
| 한국 | 6.4 | 8.3 | 9.2 | 9.5 | 10.3 | 10.2 | 10.4 |
| 대만 | 7.2 | 8.4 | 9.5 | 8.5 | 8.8 | 7.1 | 5.9 |
| 캄보디아 | n/a | n/a | n/a | n/a | 0.1 | 0.1 | 0.1 |
| 인도네시아 | 8.0 | 5.1 | 3.6 | 3.4 | 3.9 | 3.1 | 3.4 |
| 라오스 | 0.0 | 0.0 | 0.0 | 0.0 | 0.0 | 0.0 | 0.0 |
| 말레이시아 | 4.7 | 4.2 | 4.2 | 5.6 | 5.8 | 5.1 | 4.5 |
| 미얀마 | 0.2 | 0.1 | 0.0 | 0.1 | 0.1 | 0.1 | 0.2 |
| 필리핀 | 2.1 | 1.3 | 1.2 | 1.3 | 2.4 | 1.4 | 1.1 |
| 싱가포르 | 7.1 | 6.2 | 7.5 | 9.0 | 8.2 | 8.3 | 7.8 |
| 태국 | 2.4 | 1.9 | 3.3 | 4.3 | 4.1 | 4.0 | 4.4 |
| 베트남 | n/a | n/a | n/a | n/a | 0.9 | 1.2 | 1.6 |
| 동북아 | 75.5 | 81.2 | 80.2 | 76.3 | 74.5 | 76.7 | 76.8 |
| 동남아 | 24.5 | 18.8 | 19.8 | 23.7 | 25.5 | 23.3 | 23.2 |

자료: DOT, IMF.

**표 1-5 동아시아수입에서 각국의 비중 추이**

| | 1980 | 1985 | 1990 | 1995 | 2000 | 2005 | 2009 |
|---|---|---|---|---|---|---|---|
| 중국 | 6.9 | 13.3 | 8.1 | 10.6 | 15.0 | 26.2 | 32.1 |
| 홍콩 | 7.7 | 9.3 | 12.6 | 15.5 | 14.2 | 11.9 | 11.1 |
| 마카오 | 0.2 | 0.2 | 0.2 | 0.2 | 0.2 | 0.2 | 0.1 |
| 일본 | 48.7 | 41.0 | 35.9 | 27.0 | 25.3 | 20.4 | 17.6 |
| 한국 | 7.7 | 9.8 | 10.6 | 10.8 | 10.7 | 10.4 | 10.3 |
| 대만 | 6.8 | 6.3 | 8.4 | 8.3 | 9.3 | 7.2 | 5.6 |
| 캄보디아 | n/a | n/a | n/a | n/a | 0.1 | 0.2 | 0.2 |
| 인도네시아 | 3.7 | 3.2 | 3.3 | 3.3 | 2.9 | 3.0 | 3.0 |
| 라오스 | 0.0 | 0.1 | 0.0 | 0.0 | 0.0 | 0.0 | 0.0 |
| 말레이시아 | 3.7 | 3.8 | 4.5 | 6.2 | 5.5 | 4.5 | 4.0 |
| 미얀마 | 0.1 | 0.1 | 0.0 | 0.1 | 0.2 | 0.1 | 0.1 |
| 필리핀 | 2.9 | 1.7 | 2.0 | 2.3 | 2.5 | 1.9 | 1.5 |
| 싱가포르 | 8.3 | 8.3 | 9.3 | 10.0 | 9.0 | 7.9 | 7.9 |
| 태국 | 3.2 | 2.9 | 5.0 | 5.7 | 4.1 | 4.7 | 4.3 |
| 베트남 | n/a | n/a | n/a | n/a | 1.0 | 1.5 | 2.1 |
| 동북아 | 78.1 | 79.9 | 75.8 | 72.4 | 74.7 | 76.2 | 76.9 |
| 동남아 | 21.9 | 20.1 | 24.2 | 27.6 | 25.3 | 23.8 | 23.1 |

자료: DOT, IMF.

**표 1-6 동아시아 GDP에서 각국의 비중**

| | 1980 | 1985 | 1990 | 1995 | 2000 | 2005 | 2010 |
|---|---|---|---|---|---|---|---|
| 중국 | 17.4 | 14.5 | 9.0 | 9.5 | 15.8 | 24.7 | 39.6 |
| 홍콩 | 1.7 | 1.7 | 1.8 | 1.9 | 2.3 | 2.0 | 1.5 |
| 대만 | 2.4 | 3.0 | 3.8 | 3.6 | 4.3 | 4.0 | 2.9 |
| 일본 | 62.2 | 65.2 | 71.4 | 69.5 | 62.5 | 50.0 | 36.7 |
| 한국 | 3.7 | 4.6 | 6.2 | 6.9 | 7.0 | 9.2 | 6.8 |
| 인도네시아 | 4.9 | 4.3 | 2.6 | 2.6 | 2.2 | 3.1 | 4.7 |
| 말레이시아 | 1.4 | 1.5 | 1.0 | 1.2 | 1.2 | 1.6 | 1.6 |
| 싱가포르 | 0.7 | 0.9 | 0.9 | 1.1 | 1.2 | 1.4 | 1.5 |
| 필리핀 | 2.1 | 1.6 | 1.1 | 1.1 | 1.1 | 1.1 | 1.3 |
| 태국 | 1.9 | 1.8 | 2.0 | 2.2 | 1.6 | 1.9 | 2.1 |
| 베트남 | 1.6 | 0.7 | 0.1 | 0.3 | 0.4 | 0.6 | 0.7 |
| 미얀마 | n/a | n/a | n/a | n/a | 0.1 | 0.1 | 0.3 |
| 캄보디아 | n/a | n/a | 0.0 | 0.0 | 0.0 | 0.1 | 0.1 |
| 라오스 | 0.1 | 0.1 | 0.0 | 0.0 | 0.0 | 0.0 | 0.0 |

| 브루나이 | n/a | 0.2 | 0.1 | 0.1 | 0.1 | 0.1 | 0.1 |
|---|---|---|---|---|---|---|---|
| 동북아 | 87.4 | 88.9 | 92.1 | 91.4 | 92.0 | 90.0 | 87.4 |
| 동남아 | 12.6 | 11.1 | 7.9 | 8.6 | 8.0 | 10.0 | 12.6 |

자료: World Economic Outlook 2013, IMF 이용하여 계산

한편 시장이라는 측면에서 동남아가 동아시아에서 갖는 의미가 크지 않았던 것과 달리 생산입지로서 동남아의 중요성은 상당히 높은 편이다. 유엔무역개발회의(UNCTAD: United Nations Conference on Trade and Development)가 발행한 세계투자보고서(World Investment Report 2011)에 따르면 2010년 저량(stock)기준으로 세계의 외국인직접투자(FDI)유입액 중 동아시아 비중은 약 16%이며, 이 중 약 31%가 동남아에 집중되었다([표 1-7] 참조). 중국의 WTO 가입 이후 중국에 대한 외국인직접투자가 집중되었음에도 불구하고 동남아 비중이 30%대에 달한다는 것은 생산입지로서 동남아의 중요성이 그만큼 높다는 것을 의미한다 하겠다.

앞에서 보았듯이 2009년 기준으로 GDP에 있어 동남아의 동아시아 내 비중이 12.6% 수준이었던 것과 비교하면 생산입지로서 동남아의 중요성이 매우 높다는 것을 알 수 있다. 뿐만 아니라 FDI 유입액 추이를 볼 때 동아시아 전체 FDI에서 동남아 비중은 지속적으로 확대되고 있는 바, 생산입지로서 동남아에 대한 인식이 더욱 높아지고 있음을 시사한다. 국가별로 보면, 동남아에 대한 외국인직접투자 규모는 싱가포르, 태국, 인도네시아, 말레이시아 순인데, 두드러진 특징은 베트남에 대한 외국인직접투자가 크게 확대된 점이라 할 수 있다. 베트남은 1986년 개혁개방정책을 시작하고 2006년 WTO에 가입하는 등 여타 동남아국가들에 비해 늦게 개방되어 세계시장에 편입되었다. 그럼에도 불구하고 베트남은 높은 성장잠재력을 배경으로 동남아국가 중에서 주요한 투자대상지로서 인식되면서 2010년 저량기준으로 외국인직접투자액이 필리핀 수준을 크게 상회하고 있다.

한편 외국인직접투자 유출액 측면에서 볼 때 싱가포르가 일본, 홍콩과 더불어 동아시아 중에서 세계에 대한 외국인직접투자를 가장 많이 하는 국가 중 하나라는 점도 두드러진 특징이라 할 수 있다. 2010년 기준으로 홍콩의 외국인직접투자유출액(저량기준)은 유입액과 비슷한 수준이며, 싱가포르의 경우 아직까지 유입액이 유출액보다 많으나, 점차 유출액이 유입액 규모에 근접하고 있다.

이상을 종합하면, 동남아지역은 교역 및 글로벌 생산분업관계에서의 협력대상지역으로서는 그 중요성이 상당하다 할 수 있으나 잠재적 시장으로서의 중요성은 상대적으로 떨어진다고 평가할 수 있다.

**표 1-7 동아시아국가의 FDI유입액 및 유출액(저량기준)** (단위: 백만 달러)

| 구분 | FDI유입액 | | | FDI유출액 | | |
|---|---|---|---|---|---|---|
| | 1990 | 2000 | 2010 | 1990 | 2000 | 2010 |
| 세계(A) | 2,081,299 | 7,445,637 | 19,140,603 | 2,094,169 | 7,962,170 | 20,408,257 |
| 동북아(B) | 240,645 | 716,103 | 1,888,390 | 49,032 | 504,301 | 1,586,468 |
| 중국 | 20,691* | 193,348 | 578,818* | 4,455* | 27,768* | 297,600* |
| 일본 | 9,850 | 50,322 | 214,880 | 201,441 | 278,442 | 831,074 |
| 홍콩 | 201,653* | 455,469 | 1,097,620 | 11,920 | 388,380 | 948,494 |
| 북한 | 572* | 1,044* | 1,475* | – | – | – |
| 한국 | 5,186 | 43,738 | 127,047 | 2,301 | 21,497 | 138,984 |
| 마카오 | 2,809* | 2,801 | 14,631* | – | – | .. |
| 몽골 | 0* | 182* | 4,512* | – | – | 191* |
| 대만 | 9,735* | 19,521 | 64,288 | 30,356 | 66,655 | 201,228 |
| 동남아(C) | 64,303 | 266,291 | 938,401 | 9,472 | 84,551 | 431,529 |
| 브루나이 | 33* | 3,867* | 11,225* | 0* | 512* | 681* |
| 캄보디아 | 38 | 1,580 | 5,958 | .. | 193 | 343 |
| 인도네시아 | 8,732* | 25,060* | 121,527* | 86 | 6,940* | 1,703* |
| 라오스 | 13* | 588* | 2,088* | 1 | 26 | .. |
| 말레이시아 | 10,318 | 52,747 | 101,339 | 753 | 15,878 | 96,758 |
| 미얀마 | 281* | 3,211* | 8,273* | – | – | – |
| 필리핀 | 4,528* | 18,156* | 24,893* | 406* | 2,044* | 6,582* |
| 싱가포르 | 30,468 | 110,570 | 469,871* | 7,808 | 56,755 | 300,010* |
| 태국 | 8,242 | 29,915 | 127,257* | 418 | 2,203 | 25,454* |
| 베트남 | 1,650* | 20,596* | 65,628* | – | – | – |
| C/(B+C)×100 | 20.4 | 25.8 | 30.9 | 3.6 | 9.7 | 15.1 |
| (B+C)/A×100 | 15.1 | 13.9 | 15.9 | 12.4 | 10.9 | 14.0 |

*추정치
자료: UNCTAD, World Investment Report 2011.

Part 2

# 동북아에 있어 동남아, 동남아에 있어 동북아

동아시아와 동남아경제의 이해 *East Asia and Southeast Asian Economy*

# 2 일본에 있어 동남아경제의 의미

Chapter

## 2.1 일본의 대동남아 교역 현황 및 특징

### 2.1.1 일본 수출 및 수입시장으로서 동남아의 중요성

일본의 총수출에서 ASEAN10[1]이 차지하는 비중은 1990년대 중반까지 지속적으로 확대되었으나, 1997년 아시아 외환위기 이후 크게 축소된 이후 답보상태를 보이고 있다. 일본의 수출에서 대ASEAN10 수출이 차지하는 비중은 1996년 18%선에 달했으나 그 후 하락하여 2008년 12%대를 기록하였다([그림 2-1] 참조). 일본에 있어 ASEAN10은 2008년 기준으로 미국, 중국에 이어 3위 수출 대상국이다. 일본의 총수출에서 대ASEAN 수출이 차지하는 비중(즉 ASEAN에 대한 수출의존도)은 중국이나 한국의 ASEAN에 대한 수출의존도에 비해 높게 유지되고 있다.

한편 수출에서와 달리 일본에 있어서 ASEAN의 수입시장으로서 의미는 1988년 이후 지속적으로 확대되고 있다. 일본의 대ASEAN10 수입의존도는 2008년 14% 정도로 한국과 중국의 ASEAN에 대한 수입의존도에 비해서도 크게 높은 수준이다([그림 2-2] 참조). 일본에 있어 ASEAN10은 2008년 기준 중국에 이어 2위 수입 대상국이다. 특히 일본의 대ASEAN 수입구조도 1980년대 1차산품 중심에서 전기전자 등 제조업 중심으로 발전하고 있다. 또한 일본과 ASEAN 간 수평적 분업 정도가 진전되는 등 ASEAN과 일본 간 분업체계가 점차 고도화되고 있다.

---

[1] 인도네시아, 말레이시아, 필리핀, 태국, 싱가포르, 브루나이, 캄보디아, 라오스, 미얀마, 베트남을 지칭한다.

그림 2-1 한 · 중 · 일 수출에서 ASEAN10 의존도(대ASEAN수출/총수출)

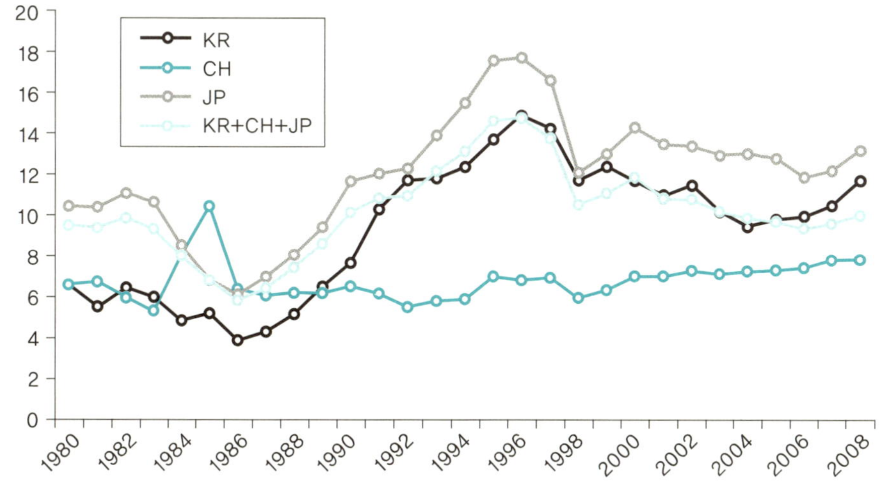


주: KR(한국)+CH(중국)+JP(일본)=한 · 중 · 일의 대ASEAN수출/한 · 중 · 일 총수출
자료: DOT CD-ROM, IMF 자료 활용 계산

그림 2-2 한 · 중 · 일 수입에서 ASEAN10 의존도(대ASEAN수입/총수입)

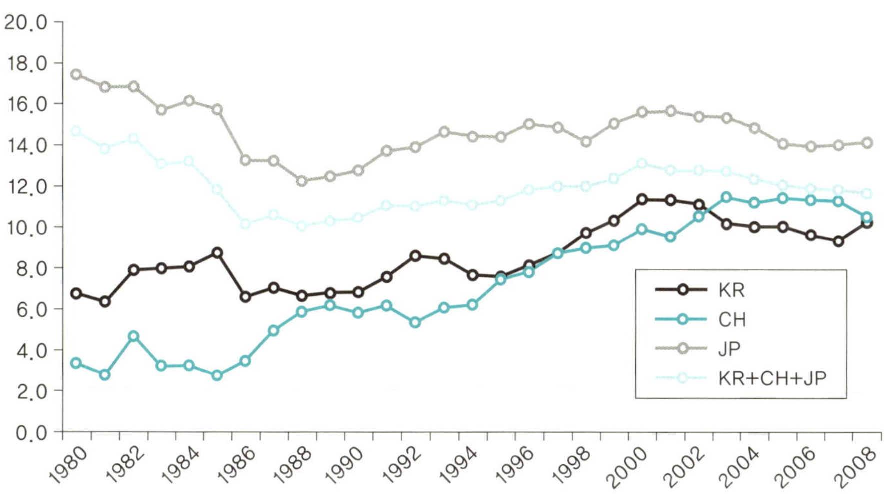


주: KR(한국)+CH(중국)+JP(일본)=한 · 중 · 일의 대ASEAN수입/한 · 중 · 일 총수입
자료: DOT CD-ROM, IMF 자료 활용 계산

중국이 2004년 ASEAN과 FTA를 체결하자, ASEAN 지역에서의 주도권 상실을 우려한 일본 역시 ASEAN 개별국가들과의 FTA 체결과 별도로 2008년 12월 ASEAN 전체와 FTA를 체결하였다. 이에 따라 ASEAN 시장을 놓고 한국, 일본, 그리고 중국 간 경쟁은 치열해지고 있으며, 향후 더욱 치열해질 전망이다. 한편 한국은 2007년 6월 ASEAN과의 FTA협정에 따라 상품협정을 발효시켰다.

일본의 ASEAN10에 대한 높은 수입의존도는 일본의 동아시아 역내 생산네트워크에 있어서 ASEAN이 중요한 위치에 있음을 의미한다. 이러한 일본의 ASEAN에 대한 높은 수입의존도는 일본의 ASEAN에 대한 높은 FDI 집중도와 밀접한 관계가 있다.

### 2.1.2 일본의 대동남아 수출 및 수입품의 구조적 특징

일본의 동남아시아에 대한 수출입구조에는 다음과 같은 특징이 있다. 즉 일본의 ASEAN10에 대한 2008년 수출의 44%가 전기기기(HS 85) 및 기계(HS 84) 산업에 집중되고 있다([표 2-1] 참조). 다음으로 철도 및 궤도용 이외 차량(HS 87) 10.3%, 철강 9.3%(HS 72), 플라스틱 및 그 제품 4.2%(HS 39) 순이다.

한편 일본의 ASEAN10에 대한 2008년 수입의 경우 광물성 연료가 33.2%로 가장 많았다. 이는 일본이 동남아지역에서 많은 광물성 연료를 수입하고 있음을 반영한다([표 2-2] 참조). 이어 전기기기(HS 85)와 원자로, 보일러와 기계류(HS 84)가 각각 18.4%, 8.7%로 수출과 마찬가지로 주요 교역품이다. 그 외에도 ASEAN의 풍부한 보유자원을 반영하여, 일본은 목재와 그 제품, 고무와 그 제품 등을 동남아에서 많이 수입하고 있다.

일본의 ASEAN10에 대한 수출구조와 수입구조를 비교해 보면, 전기기기(HS 85)의 경우 양 지역 간 주요 교역품임을 알 수 있는데, 이는 일본의 동남아에 대한 FDI가 동 산업에 집중되면서 산업 내 또는 기업 내 교역이 확대된 데 기인하고 있다. 한편 일본의 ASEAN10에 대한 수출구조는 중국의 ASEAN10에 대한 수출구조와 아주 유사하다(제3장 3.1 참조). 이는 ASEAN시장에서 일본과 중국 간 경쟁이 치열해지고 있음을 반영한다.

**표 2-1** 일본의 대ASEAN 주요 수출품의 산업별 비중(HS 2단위, 2008년) (단위: %)

| | |
|---|---|
| 전기기기와 그 부분품 | 22.8 |
| 원자로·보일러와 기계류 및 이들의 부분품 | 21.2 |
| 철도 또는 궤도용 이외의 차량 및 그 부분품과 부속품 | 10.3 |
| 철강 | 9.3 |
| 플라스틱 및 그 제품 | 4.2 |
| 철강의 제품 | 4.1 |
| 광물성연료·광물유·이들의 증류물, 역청물질, 광물성왁스 | 3.7 |
| 광학기기, 사진용기기, 영화용기기, 측정기기, 검사기기, 정밀기기와 의료용기기 및 이들의 부분품과 부속품 | 3.3 |
| 진주, 귀석·반귀석, 귀금속, 귀금속을 입힌 금속, 모조 신변장식용품, 주화 | 1.9 |
| 동과 그 제품 | 1.8 |
| 기타 | 17.4 |

자료: ASEAN Statistical Yearbook 2008, ASEAN Secretariat 2009 이용 계산

**표 2-2** 일본의 대ASEAN 주요 수입품의 산업별 비중(HS 2단위, 2008년) (단위: %)

| | |
|---|---|
| 광물성연료·광물유·이들의 증류물, 역청물질, 광물성왁스 | 33.2 |
| 전기기기와 그 부분품 | 18.4 |
| 원자로·보일러와 기계류 및 이들의 부분품 | 8.7 |
| 목재와 그 제품 및 목탄 | 3 |
| 고무와 그 제품 | 2.9 |
| 플라스틱 및 그 제품 | 2.5 |
| 광학기기, 사진용기기, 영화용기기, 측정기기, 검사기기, 정밀기기와 의료용기기 및 이들의 부분품과 부속품 | 2.3 |
| 어류, 갑각류, 연체동물, 기타수생무척추동물 | 2 |
| 철도 또는 궤도용 이외의 차량 및 그 부분품과 부속품 | 1.9 |
| 광, 슬랙, 회 | 1.9 |
| 기타 | 23.2 |

자료: ASEAN Statistical Yearbook 2008, ASEAN Secretariat 2009 이용 계산

## 2.2 일본의 대동남아 투자분야 현황 및 특징

일본의 FDI는 1985년 플라자합의를 계기로 크게 확대된 이후 특정 지역에 편중되기보다는 아시아, 미주, 유럽 등에 고루 분포되는 특징을 보이고 있다([그림 2-3] 참조).

**그림 2-3 | 일본의 지역별 FDI 추이** (단위: 백만 달러)

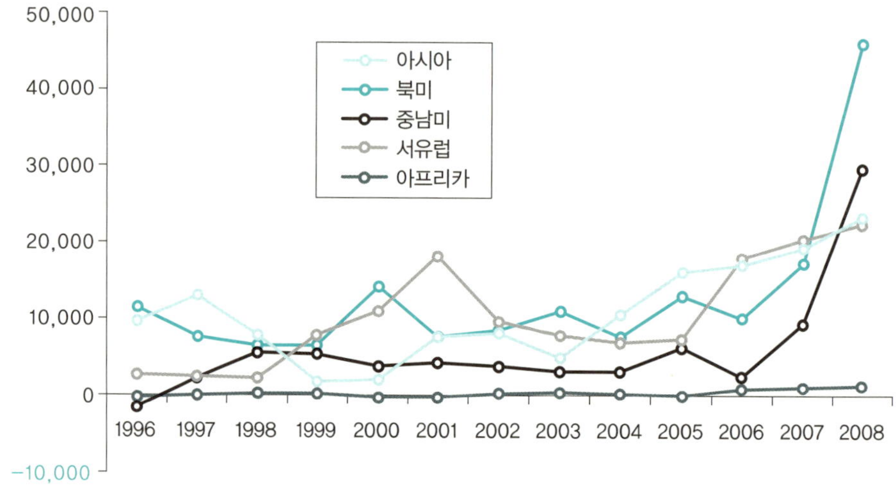


자료: Japan External Trade Organization(JETRO)

**그림 2-4 | 일본의 중국 및 ASEAN에 대한 FDI 추이** (단위: 백만 달러)

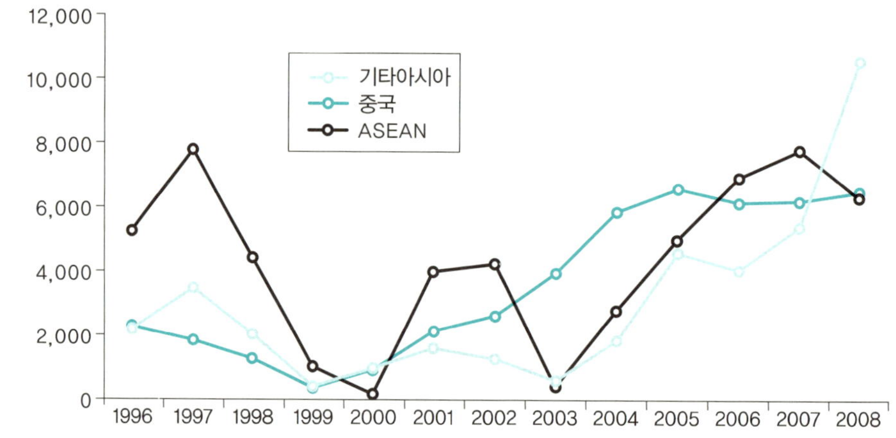


주: ASEAN 자료에 라오스와 미얀마는 1998, 캄보디아는 1999년부터 포함
자료: JETRO

1997년 외환위기 이후 2000년까지 아시아지역에 대한 일본의 FDI는 급감하기도 하였으나 그 이후 다시 빠르게 확대되고 있는데, 2003년 이후 2000년대 중후반까지 일본의 FDI는 아시아에 집중되었다([그림 2-4] 참조). 특히 2000년 이후 일본의 FDI는 중국과 ASEAN에 집중되고 있는데, 2001, 2002, 2006, 2007년의 경우 일본의 ASEAN에 대한 FDI는 중국에 대한 FDI 금액을 상회하기도 했다. 일본기업들은 'ASEAN+1(중국)'이라는 아시아지역 내 생산분업전략을 통해 아시아지역에 대한 투자위험을 분산시키고자 하고 있는데, 중국과 ASEAN에 대한 FDI 비중이 비슷하게 유지되고 있는 것은 이러한 전략을 반영하고 있는 것이라 할 수 있다.

**| 표 2-3 | 일본의 아시아에 대한 해외직접투자 추이(투자액기준, 백만 달러)**

| | 1996 | 1997 | 1998 | 1999 | 2000 | 2001 | 2002 | 2003 | 2004 | 2005 | 2006 | 2007 | 2008 | 잔존누계 (2008년말) |
|---|---|---|---|---|---|---|---|---|---|---|---|---|---|---|
| 아시아 | 9,749 | 13,114 | 7,814 | 1,811 | 2,132 | 7,797 | 8,177 | 5,028 | 10,531 | 16,188 | 17,167 | 19,388 | 23,348 | 159,570 |
| 중국 | 2,317 | 1,862 | 1,301 | 360 | 934 | 2,158 | 2,622 | 3,980 | 5,863 | 6,575 | 6,169 | 6,218 | 6,496 | 49,002 |
| 홍콩 | 1,112 | 1,755 | 823 | −236 | −132 | 496 | 229 | −62 | 491 | 1,782 | 1,509 | 1,131 | 1,301 | 8,830 |
| 대만 | 404 | 743 | 321 | −13 | −107 | 361 | 451 | 217 | 473 | 828 | 491 | 1,373 | 1,082 | 12,180 |
| 한국 | 405 | 172 | 421 | 383 | 1,074 | 650 | 437 | 333 | 771 | 1,736 | 1,517 | 1,302 | 2,369 | 11,716 |
| 싱가포르 | 1,119 | 2,559 | 721 | 595 | −1,521 | 951 | 1,884 | −457 | 138 | 557 | 375 | 2,233 | 1,089 | 19,511 |
| 태국 | 1,337 | 2,044 | 1,668 | −119 | 593 | 1,594 | 528 | 678 | 1,867 | 2,125 | 1,984 | 2,608 | 2,016 | 20,529 |
| 인도네시아 | 1,494 | 1,570 | 916 | 199 | 585 | 481 | 307 | 484 | 498 | 1,185 | 744 | 1,030 | 731 | 8,528 |
| 말레이시아 | 522 | 992 | 445 | −332 | −4 | 570 | 257 | −504 | 163 | 524 | 2,941 | 325 | 591 | 7,743 |
| 필리핀 | 483 | 349 | 521 | 591 | 510 | 275 | 1,074 | 114 | 6 | 442 | 369 | 1,045 | 705 | 7,800 |
| 베트남 | 294 | 265 | 169 | 87 | 39 | 139 | 203 | 230 | 128 | 154 | 467 | 475 | 1,098 | 3,307 |
| 인도 | 262 | 485 | 460 | 261 | 175 | 150 | 146 | 124 | 139 | 266 | 512 | 1,506 | 5,551 | 9,440 |

자료: JETRO

일본의 ASEAN에 대한 FDI에 있어서 발견되는 가장 큰 특징은 태국에 대한 투자가 집중되고 있다는 점이다([표 2-3] 참조). 2008년말 잔존투자액 기준으로 일본의 태국에 대한 투자액은 205억 달러에 달했다. 일본기업의 태국 집중은 동남아국가에서 생산거점으로서의 지리적 장점, 즉 인도차이나와 여타 ASEAN 국가 접근 용이성, 중국 및 인도시장 근접성 등에 기인한 것으로 보인다. JETRO 조사에 따르면(JETRO Survey 2006), 일본기업들은 생산기지 입지로서 중국 다음으로 태국과 베트남을 가장 선호하고 있으며, 판매지로서도 인도와 함께 태국과 베트남을 가장 선호하고 있는 것으로 나타났다.

그림 2-5 일본 해외직접투자의 지역별 비중(1996, 2008년말 잔존누계)

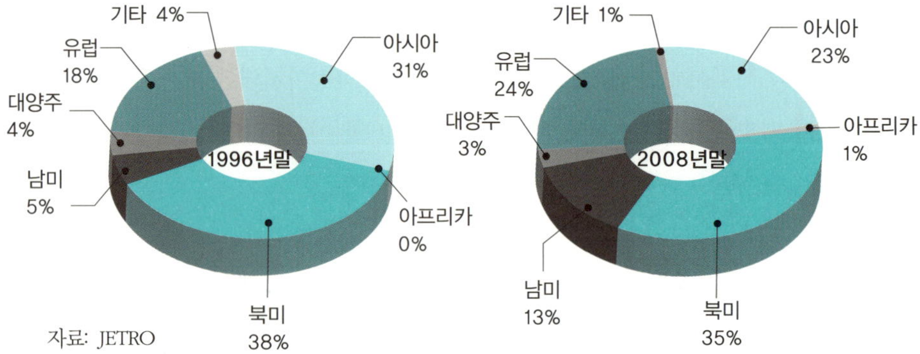


자료: JETRO

그림 2-6 일본 해외직접투자의 아시아 내 비중(1996, 2008년말 잔존누계)

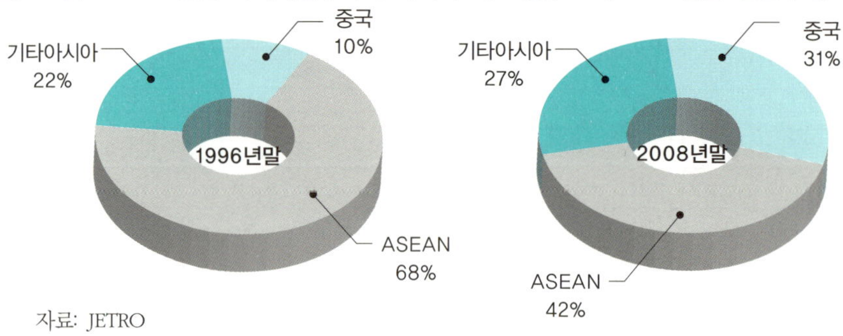


자료: JETRO

한편 잔존투자기준으로 일본의 지역별 FDI를 살펴보면 아시아, 북미, 유럽에 집중되어 있는데, 2008년 기준으로 일본의 총 FDI 중 아시아 비중은 23%로 유럽에 대한 투자 비중과 거의 같은 수준에 달한다([그림 2-5] 참조). 일본의 아시아에 대한 FDI를 아시아지역 내 국가별로 살펴보면 잔존투자기준으로 할 때 2008년 ASEAN 비중이 42%로 중국(31%)보다 더 높았다([그림 2-6] 참조). 1996년과 비교할 때 일본의 아시아에 대한 FDI 중에서 중국의 비중이 크게 증가한 것은 사실이나, 여전히 ASEAN의 비중이 더 높게 유지되고 있는데, 이는 일본기업들의 아시아 생산분업체계에서 여전히 ASEAN이 중요한 위치에 있다는 것을 반증하고 있다.

일본의 ASEAN10에 대한 FDI 중 제조업 비중은 2008년 기준 61.3%로 비제조업 비중에 비해 더 높으며, 제조업 중에서는 운송기계기구 및 전기기계기구, 일반기계기구 등 기계기구의 비중이 절대적으로 높은 특징을 보이고 있다([표 2-4] 참조). 2008년의 경우 ASEAN에 대한 총 FDI 중 운송기계기구 다음으로 많이 투자된 분야는 금융보험업(16.1%)이었으며, 이외에도 통신과 광업에 대한 투자도 활발했다.

**표 2-4 일본의 대ASEAN10 FDI의 산업별 비중(2008년 기준)** (단위: %)

| 제조업 | 61.3 | 비제조업 | 38.7 |
|---|---|---|---|
| 식료품 | 4.1 | 농업, 임업 | 0.0 |
| 섬유 | 0.3 | 어업, 수산물 | 1.2 |
| 목재, 펄프 | 1.3 | 광업 | 4.0 |
| 화학, 의약 | 9.9 | 건설 | 0.4 |
| 석유 | 1.2 | 운수업 | 3.8 |
| 고무, 피혁 | 4.4 | 통신업 | 6.1 |
| 유리, 자기 | 0.9 | 도소매 | -1.7 |
| 철, 비철, 금속 | 2.1 | 금융, 보험업 | 16.1 |
| 일반기계기구 | 5.3 | 부동산업 | 0.9 |
| 전기기계기구 | 9.3 | 서비스 | 1.3 |
| 운송기계기구 | 17.2 | 기타 | 6.6 |
| 정밀기계 | 1.4 | | |
| 기타 | 3.9 | | |

자료: JETRO 자료 이용 계산

## 2.3 일본의 대동남아 공적개발원조

일본의 공적개발원조(ODA: Official Development Assistance)는 아시아 개발도상국에 집중되어 있으며([그림 2-7] 참조), 특히 중국과 ASEAN에 집중되고 있다([표 2-5] 참조). 이는 일본의 해외투자에 있어 패턴과 일치하는 것으로, 일본의 공적개발원조가 일본기업의 해외직접투자와 긴밀한 관계가 있다는 것을 시사한다. 2001~2007

년 누적기준으로 일본이 아시아국가에 제공한 ODA 중에서 최대수혜국은 중국이었다. 중국과 더불어 ASEAN4(인도네시아, 말레이시아, 태국, 필리핀), CLMV(캄보디아, 라오스, 미얀마, 베트남)가 일본의 대아시아 ODA의 51.4%를 차지하는 등 일본의 공적개발원조의 절반 이상이 중국과 동남아에 집중되고 있다.

그러나 동남아를 하나의 블록으로 묶어서 비교하면 일본의 공적개발원조금액 중 ASEAN4 비중은 14.6%, CLMV 비중은 18.4%로, ASEAN4와 CLMV 비중의 합계는 중국 비중 18.4%보다 월등히 높았다. 특히 일본의 ASEAN 국가에 대한 ODA의 많은 부분이 베트남과 인도네시아에 집중된 것이 특징이라 할 수 있다. 이는 일본 정부가 동남아 중에서 인도네시아와 베트남을 경제협력 대상국으로서 그만큼 강조하고 있음을 보여주는 것이라 할 수 있다.

### 공적개발원조(ODA)

개발원조에 관한 명확한 개념은 DAC가 1969년 ODA를 개발도상국의 경제사회 개발을 증진할 목적으로 이루어지는 공적거래와 양허적 성격(concessional)으로 이루어지는 자금으로 설정하면서 정립되었다.

**1. 공적개발원조(ODA)**

OECD/DAC에 따르면 ODA는 중앙 및 지방정부를 포함한 공공기관이니 이를 집행히는 기관이 개도국 및 국제기구에 제공한 자금의 흐름(Resource Flows)을 의미하며, 각각 다음의 조건을 충족하여야 한다. 첫째, 중앙정부와 지방정부를 포함한 공공부문 또는 그 실시기관에 의해 개발도상국, 국제기구 또는 개발 NGO에 공여될 것. 둘째, 개발도상국의 경제개발 및 복지증진에 기여하는 것이 주목적일 것. 셋째, 차관일 경우, 양허성이 있는(concessional) 재원이어야 하며 증여율(Grant Element)이 25% 이상이어야 할 것. 넷째, DAC 수원국 리스트에 속해 있는 국가 및 동 국가를 주요 수혜대상으로 하는 국제기구를 대상으로 할 것.

**2. ODA와 유사개념**

**1) 국제협력**

일반적으로 국제협력이란 국가 간 및 국가와 국제기관 간의 모든 유・무상 자본협력, 교역협력, 기술・인력협력, 사회문화협력 등 국제사회에서 발생하는 다양한 형태의 교류를 총체적으로 지칭하는 개념이다. 이 경우 국제협력은 원조나 경제협력에 비해 더욱 상호주의적이며 평등한 관계를 강조하고 아울러 협력분야를 경제영역으로 한정하지 않고 사회, 문화분야로까지 확대하고자 하는 의지를 담고 있다.

**2) 경제협력**

경제협력은 보통 투자 및 자본협력 등을 일컫지만 광의로는 무역을 포함한 모든 경제교류를 지칭하는 개념으로 쓰이기도 하며, 때로는 개도국에 대한 경제협력의 줄임말로 이해되기도 한다. 경제협력은 정부차원의 개발원조, 상업차관, 수출신용, 민간부문에 의한 직·간접투자, 해외건설, 무역, 해외이주 및 해외취업 등을 포함하며, 국가 상호 간에 이전되는 재원을 포함한다. 따라서 선진국 간, 개도국 간 그리고 선진국과 개도국 간 경제분야의 제반 협력관계를 경제협력이라 할 수 있다.

**3) 개발협력**

개발협력은 개발도상국의 경제성장이나 복지에 기여할 수 있는 '개발재원의 이전(transfer of resources for development)'을 말하며 주로 선진국이나 국제기구로부터 개도국에게 일방적으로 이전되는 재원을 말합니다. 이외 보다 자세한 내용은 KOICA 교육원 참조

자료: KOICA 교육원(http://oda.koica.go.kr/intro/OdaIntroduce.do)

그러나 인도네시아의 경우 2006년부터 순수혜액이 (−)를 보이고 있는바, 이는 일본이 인도네시아에 대한 공적개발원조에 소극적이었다기보다는 인도네시아가 외국으로 원조받는 것을 자제하려고 하는 움직임에 따른 것이라 할 수 있다.

**그림 2-7 | 일본의 지역별 ODA 추이** (단위: 백만 달러)

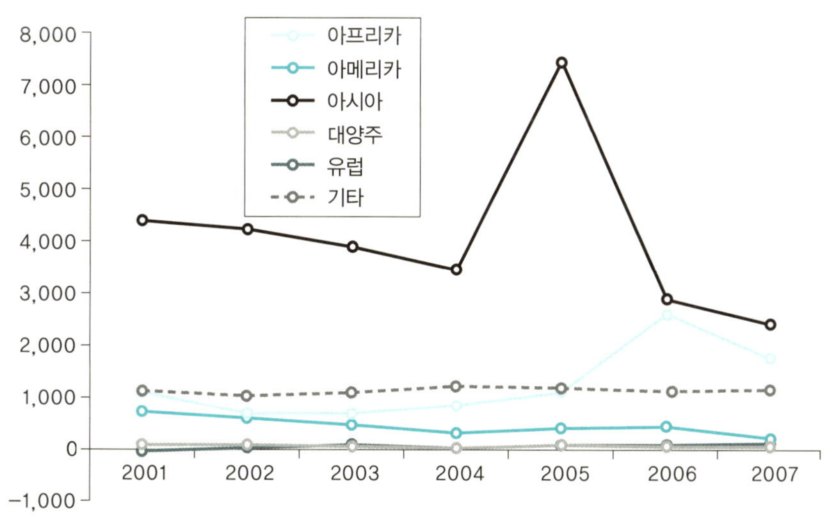


자료: Development Assistance Committee(DAC), OECD.

**표 2-5 일본의 아시아국가에 대한 순ODA 추이** (단위: 백만 달러)

| | 2001 | 2002 | 2003 | 2004 | 2005 | 2006 | 2007 | 2001 ~2007 |
|---|---|---|---|---|---|---|---|---|
| 중국 | 686.1 | 828.7 | 759.7 | 964.7 | 1,064.3 | 561.1 | 435.7 | 5,300.3 |
| 베트남 | 459.5 | 374.7 | 484.2 | 615.3 | 602.7 | 562.7 | 640.0 | 3,739.3 |
| 인도네시아 | 860.1 | 538.3 | 1,141.8 | −318.5 | 1,223.1 | −90.3 | −222.5 | 3,132.0 |
| 필리핀 | 298.2 | 318.0 | 528.8 | 211.4 | 276.4 | 263.6 | 222.2 | 2,118.6 |
| 인도 | 528.9 | 493.6 | 325.8 | −82.1 | 71.5 | 29.5 | 99.9 | 1,467.1 |
| 파키스탄 | 211.4 | 301.1 | 266.2 | 134.1 | 73.8 | 225.0 | 53.2 | 1,264.9 |
| 스리랑카 | 184.7 | 118.9 | 172.3 | 179.5 | 312.9 | 202.6 | 44.2 | 1,215.2 |
| 말레이시아 | 13.1 | 54.2 | 79.2 | 256.5 | −2.1 | 201.7 | 223.0 | 825.4 |
| 캄보디아 | 120.2 | 98.6 | 125.9 | 86.4 | 100.6 | 106.3 | 113.6 | 751.5 |
| 아프가니스탄 | 0.6 | 31.7 | 134.4 | 172.5 | 71.1 | 107.4 | 101.0 | 618.7 |
| 라오스 | 75.5 | 90.1 | 86.0 | 71.7 | 54.1 | 64.1 | 81.5 | 522.9 |
| 카자흐스탄 | 43.9 | 30.1 | 136.3 | 130.8 | 66.2 | 24.9 | 43.3 | 475.4 |
| 몽골 | 81.5 | 79.0 | 67.3 | 65.6 | 56.5 | 46.9 | 51.6 | 448.3 |
| 방글라데시 | 125.6 | 122.7 | 115.3 | 38.2 | −1.0 | −7.5 | −6.6 | 386.8 |
| 우즈벡 | 30.9 | 40.2 | 63.2 | 99.8 | 54.4 | 18.6 | 56.3 | 363.4 |
| 미얀마 | 69.9 | 49.4 | 43.1 | 26.8 | 25.5 | 30.8 | 30.5 | 276.0 |
| 카자흐스탄 | 23.2 | 8.1 | 31.2 | 26.7 | 21.0 | 17.2 | 15.7 | 143.0 |
| 타지기스탄 | 4.6 | 27.0 | 4.8 | 6.6 | 9.9 | 8.0 | 9.4 | 70.3 |
| 투르크메니스탄 | 16.4 | 11.4 | 6.8 | 2.2 | 0.1 | 0.6 | −0.5 | 37.0 |
| 태국 | 209.6 | 222.4 | −1,002.2 | −55.6 | −313.9 | −453.5 | −477.4 | −1,870.5 |
| ASEAN4 | 1,381.0 | 1,132.9 | 747.5 | 93.8 | 1,183.5 | −78.5 | −254.7 | 4,205.5 |
| CLMV | 725.1 | 612.8 | 739.2 | 800.2 | 782.8 | 763.9 | 865.6 | 5,289.6 |

자료: DAC, OECD.

한편 일본의 동남아에 대한 개발원조에서 발견되는 또 다른 특징은 대부분 ASEAN 국가(미얀마 제외)에 대한 총ODA 중 무상의 비중이 축소되고 대신 차관형태의 유상원조 비중이 확대되고 있다는 점이다([표 2-6] 참조). 뿐만 아니라 일본의 동남아에 대한 개발원조 정책에 있어서의 또 다른 특징은 수혜국의 경제발전단계에 따라 ASEAN에 대한 ODA의 유형이 차별화되고 있다는 것이다. 즉 말레이시아, 인도네시아, 태국, 필리핀에 대한 ODA는 무상원조보다는 대부분 차관형태인 반면, 인도차이나 국가에 대한 ODA는 무상원조 형태가 대부분이나 인도차이나 국가 중에서 상대적으로 개발된 국가라 할 수 있는 베트남에 대해서는 무상원조보다는 차관형태가 더 높게 유지되고 있다.

**표 2-6 일본의 ASEAN 국가에 대한 총ODA의 형태별 비중 추이** (단위: %)

| 국가 | 형태 | 2001 | 2002 | 2003 | 2004 | 2005 | 2006 | 2007 |
|---|---|---|---|---|---|---|---|---|
| 인도네시아 | 무상 | 18.8 | 30.1 | 17.7 | 22.5 | 20.2 | 14.9 | 11.4 |
| | 차관 | 81.2 | 69.9 | 82.3 | 77.5 | 79.8 | 85.1 | 88.6 |
| | 기타 | 0.0 | 0.0 | 0.0 | 0.0 | 0.0 | 0.0 | 0.0 |
| 말레이시아 | 무상 | 42.0 | 32.7 | 22.7 | 11.2 | 18.1 | 8.4 | 8.3 |
| | 차관 | 58.0 | 67.3 | 77.3 | 88.8 | 81.9 | 91.6 | 91.7 |
| | 기타 | 0.0 | 0.0 | 0.0 | 0.0 | 0.0 | 0.0 | 0.0 |
| 필리핀 | 무상 | 23.2 | 20.1 | 17.2 | 17.6 | 10.0 | 7.1 | 7.9 |
| | 차관 | 76.8 | 79.9 | 82.8 | 82.4 | 90.0 | 92.9 | 92.1 |
| | 기타 | 0.0 | 0.0 | 0.0 | 0.0 | 0.0 | 0.0 | 0.0 |
| 태국 | 무상 | 11.5 | 13.0 | 13.0 | 9.1 | 10.4 | 18.6 | 36.3 |
| | 차관 | 88.5 | 87.0 | 87.0 | 90.9 | 89.6 | 81.4 | 63.7 |
| | 기타 | 0.0 | 0.0 | 0.0 | 0.0 | 0.0 | 0.0 | 0.0 |
| 베트남 | 무상 | 29.6 | 34.1 | 26.6 | 18.6 | 18.1 | 15.5 | 12.1 |
| | 차관 | 70.4 | 65.9 | 73.4 | 81.4 | 81.9 | 84.5 | 87.9 |
| | 기타 | 0.0 | 0.0 | 0.0 | 0.0 | 0.0 | 0.0 | 0.0 |
| 캄보디아 | 무상 | 99.8 | 91.7 | 93.4 | 90.6 | 95.2 | 90.4 | 86.9 |
| | 차관 | 0.0 | 0.0 | 0.0 | 0.0 | 0.0 | 0.0 | 0.0 |
| | 기타 | 0.2 | 8.3 | 6.6 | 9.4 | 4.8 | 9.6 | 13.1 |
| 라오스 | 무상 | 97.7 | 100.0 | 99.5 | 90.6 | 91.3 | 85.0 | 82.7 |
| | 차관 | 2.3 | 0.0 | 0.5 | 9.4 | 8.7 | 15.0 | 17.3 |
| | 기타 | 0.0 | 0.0 | 0.0 | 0.0 | 0.0 | 0.0 | 0.0 |
| 미얀마 | 무상 | 86.9 | 100.0 | 100.0 | 100.0 | 100.0 | 100.0 | 100.0 |
| | 차관 | 13.1 | 0.0 | 0.0 | 0.0 | 0.0 | 0.0 | 0.0 |
| | 기타 | 0.0 | 0.0 | 0.0 | 0.0 | 0.0 | 0.0 | 0.0 |

자료: DAC, OECD 자료 활용 저자 계산

## 2.4 일본의 대동남아 경제협력전략

일본의 동남아시아정책은 1977년 8월 후쿠다 총리가 동남아 순방 시 발표한 '후쿠다 독트린(Fukuda Doctrine)'으로 거슬러 올라간다. '후쿠다 독트린'은 동등한 파트너십을 바탕으로 일본과 동남아국가 간 관계를 긴밀히 하자는 것으로 동 독트린은 일본의 동남아국가와의 새로운 관계를 설정하는 기반을 조성한 것으로 평가받고 있다. 이후 일본의 대동남아전략은 2003년 '도쿄선언'을 계기로 다시 한 번 큰 전환기를 맡게 된다.

2003년 이후 현재까지 일본의 대동남아정책은 '도쿄선언'과 동 선언을 실천하기 위한 'Plan of Action'의 연장선이라 할 수 있다. 뿐만 아니라 향후 일본의 대동남아전략 역시 '도쿄선언'과 'Plan of Action'을 통해서 전망할 수 있다. 2003년 10월 고이즈미 총리는 발리에서 개최된 일-ASEAN 정상회담에서 포괄적 연대협정(Framework for Comprehensive Partnership)에 서명하고 10년 이내 FTA를 체결하기로 합의하였으며, 이후 실제 대부분 동남아국가와 FTA를 체결하였다.

이어 2003년 12월에 향후 일본의 대동남아 전략이라 할 수 있는 '도쿄선언(Tokyo Declaration for Dynamic and Enduring ASEAN Japan Partnership in the New Millennium)'과 그것을 실천하기 위한 행동계획(The ASEAN-Japan Plan for Action)이 발표되었다. 동 선언에서 일본은 ASEAN을 중심으로 한 동아시아 공동체 형성에 협력하기로 하고 정치, 안보, 경제, 사회, 문화 등 각 분야에서 광범위한 연대를 강화하기로 합의했다.

일본의 대동남아경제협력방향 또는 경제협력전략은 '행동계획'에 잘 드러나고 있다. 동 '행동계획'에 따르면 일본은 기본적으로 ODA를 활용하고, 투자 및 교역 확대를 통해 ASEAN과의 경제협력을 강화한다는 전략이다. '행동계획'은 크게 ① 행동에 있어 공동전략과 ② 행동계획 실천을 위한 기금 및 제도적 장치로 구성되어 있다([그림 2-8] 참조). '행동에 있어 공동전략'은 다시 6가지 분야로 구성되며, 그 중 경제협력 관련 분야는 a) 포괄적 경제협력과 금융 및 통화협력([그림 2-9] 참조), b) ASEAN의 경제발전 및 번영을 위한 기반강화 지원이 포함되어 있다([그림 2-10] 참조). 행동계획 이행 결과는 매년 개최되는 ASEAN-일본 정상회담 시 보고되고 있다.

### 그림 2-8 | '도교선언' 이행을 위한 ASEAN-일본 실천계획

**ASEAN-Japan Plan of Action**

행동에 있어 공동전략

1. 포괄적 경제협력과 금융 및 통화협력
2. 경제발전 및 번영을 위한 기반강화
3. 정치 및 안보협력 강화
4. 인적자원개발, 교류 및 사회문화협력
5. 동아시아협력 심화
6. 글로벌이슈에 있어 협력

계획 실천을 위한 기금 및 제도적 장치

자료: ASEAN사무국 자료(http://www.aseansec.org/15502.htm)를 저자 정리

### 그림 2-9 | ASEAN-일본 실천계획 중 경제 및 금융/통화분야 협력계획

**포괄적 경제협력과 금융 및 통화협력**

가. 양자 간 협력, 지역협력 주도
- A. 양자 간 경제협력협정 실현
- B. 포괄적 경제협력협정 체결협상 개시
- C. 'ASEAN-일본센터'를 통한 무역 및 투자촉진 세미나 개최 및 Survery 실시
- D. 라오스, 캄보디아, 인도네시아 등 희망국의 경제정책지원
- ⋮

나. 금융 및 통화협력
- A. 치앙마이 이니셔티브에 따른 양자 간 스왑협정의 네트워크 완성을 위해 노력 강화
- B. 재보험 분야에서 '일본수출투자보험사'와 'ASEAN 수출신용청' 간 협력
- C. 무역금융협력에 있어 '일본국제협력은행(JTIC)'과 'ASEAN 수출신용청' 간 협력
- ⋮

다. 통관원활화를 위한 기술지원프로젝트 회의 강화
라. 지적재산권 협력
마. 자동차 및 자동차부품 산업 협력
바. 교통협력
사. 정보통시협력
아. 'ASEAN-일본센터' 개혁을 위한 자문
⋮

자료: ASEAN사무국 자료(http://www.aseansec.org/15502.htm)를 저자 정리

### 그림 2-10 ▌ ASEAN-일본 실천계획 중 경제발전 및 번영을 위한 기반강화계획

**경제발전 및 번영을 위한 기반강화**

가. ASEAN 통합 이니셔티브(IAi)협력
나. 매콩강개발 협력
다. BIMP-EAGA 성장지역개발 협력
라. CLM(캄보디아, 라오스, 미얀마)과 태국 간 경제협력전략 수립 지원
마. 동아시아 개발을 위한 이니셔티브에 협력
바. 보건 및 사회복지서비스 분야의 인적자원개발 지원
사. 산업인력인적자원개발 지원
아. 인프라개발 협력
자. 에너지분야 협력
차. 식품안전관련 자문

자료: ASEAN사무국 자료(http://www.aseansec.org/15502.htm)를 저자 정리

한편 경제협력 관련분야 중 포괄적 경제협력에 관련해서는 2003년 서명된 포괄적 연대협정의 후속조치로서 'ASEAN-일본 포괄적 경제협력(AJCEP)'협정이 2008년 체결되었다. AJCEP는 상품교역, 서비스교역, 투자 및 경제협력을 아우르는 포괄적 경제협력 협정인데 현재 일본과 대부분 ASEAN 국가들의 비준이 완료된 상태이다.

한편 ASEAN-일본센터는 양 지역의 무역 및 투자, 관광 촉진을 위해 일본과 ASEAN 각국의 비준하에 1981년 설립되었으나, 2003년 정상회담에서 동 센터 개혁에 대한 요구에 따라 개혁안을 마련 중에 있다. 일본은 동 센터를 적극 활용하여 양 지역 간 경제협력을 강화하고자 하고 있다. 또한 일본은 '행동계획'과 정상회담 공동선언문 등에서 CLMV 국가에 대한 지원 확대 및 메콩강유역개발❷ 협력을 강조하고 있는바,

❷ 인도차이나지역의 젖줄이자 세계에서 12번째로 큰 강인 메콩(Mekong)강은 중국 윈난성과 태국 및 인도차이나지역 국가들의 경제, 사회·문화, 정치 등의 면에서 지대한 영향을 끼쳐온 반면에 이 지역들의 인프라 확충을 가로막아 왔다. 반면에 메콩강유역은 지속적인 경제개발과 본격적인 외국인투자 유치, 지역격차 해소 등을 위해 도로나 철도, 에너지, 통신 등 각종 인프라의 확충이 시급한 실정이었다. 한반도 면적의 10배와 남한인구의 5배가 넘는 규모를 가진 메콩강유역을 개발하자는 움직임은 19세기 후반부터 제기되었으나, 구체화되고 본격화된 것은 1992년 아시아개발은행(ADB)이 주도가 된 확대메콩유역(Greater Mekong Subregion)개발사업(GMS 프로그램)이 시작되면서부터이다. 이를 전후하여 메콩강유역을 개발하자는 움직임은 메콩강위원회(MRC)가 주도가 되는 사업, ASEAN·메콩강유역개발협력(AMBDC)사업, ASEAN 통합 이니셔티브(IAI), 인도차이나 종합개발포럼(FCDI)사업 등으로 나타났다. 이 사업들은 주로 메콩강유역의 수송망 정비, 에너지 개발, 통신망 정비, 관광 개발 등 인프라 전반에 걸친 대규모 개발프로젝트로 구성되어 있다. 그리고 이 개발사업들은 同 유역의 사회간접자본 확충과 풍부한 자연자원 발굴을 통해 유역국가들의 경제개발과 경제체제전환을 지원한다는 목적으

ASEAN6[3]에 비해 일본의 영향력이 높지 않은 CLMV 국가에 대한 경제협력을 더욱 강화할 전망이다.

## 2.5 함의

상기 일본의 FDI 및 ODA 성과에서 확인할 수 있듯이, 일본은 아시아지역에서의 적극적인 통상정책을 전개하고 있다. 특히 중국이 일본에 앞서 ASEAN과 FTA를 체결하는 등 ASEAN에 대한 통상정책을 강화하고 있다고 판단, ASEAN 지역에서의 주도권 유지를 위해 다자간(일–ASEAN FTA)뿐만 아니라, ASEAN 개별국가들(싱가포르, 인도네시아, 말레이시아, 태국, 필리핀, 브루나이)과의 FTA를 체결하는 등 어느 때보다 ASEAN에 대한 통상정책을 강화하고 있다.

무역, 투자 등 다방면에 있어 ASEAN 지역에서 중국의 영향력이 확대되고 있는 상황이고 일본은 이를 견제해야 할 상황이라는 점에서 향후 ASEAN을 놓고 중국과 일본의 통상정책에서의 경쟁은 더욱 치열해질 전망이다. 일본은 교역 및 투자에 있어서의 중국에 대한 지나친 집중이 가질 수 있는 위험을 분산시킨다는 측면에서도 ASEAN에 대한 보다 더 강한 경제협력이 필요한 것으로 인식하고 있다. 특히 일본의 ASEAN 제국과의 적극적인 FTA 정책은 경제적 측면보다도 ASEAN 국가들과의 정치적 유대관계 강화를 통해, ASEAN 지역에서의 중국의 세력 확대를 억제한다는 정치적 측면이 더 강하게 작용하였다. 이를 고려할 때 일본의 향후 추진될 것으로 예상되는 여타 ASEAN 국가(인도차이나)와의 FTA 협상은 보다 더 적극적이고 공격적일 가능성이 높다.

중국과 일본의 ASEAN 끌어안기 경쟁에 대응하여, 수출시장 및 자원확보뿐만 아니라 아시아지역에서 우리나라의 입지 강화를 위해서도 대ASEAN 통상정책을 보다 강화해야 할 것이다. 투자, 무역측면에서 중국에 대한 지나친 의존에 따른 위험을 분산

로 출발하였다(정재완 외, 2003).

[3] ASEAN 선발회원국을 지칭하는 것으로 인도네시아, 말레이시아, 필리핀, 태국, 싱가포르, 브루나이를 포함한다.

하기 위한 일본의 'ASEAN+1(중국)' 전략은 한국의 입장에서도 적극 수용할 필요가 있다. 특히 ASEAN 국가 중 한국의 중점지원대상국인 베트남, 인도네시아, 필리핀에 대한 지원 및 협력은 지속적으로 강화되어야 할 것이다.

중국(2005), 한국(2007)에 이어 일본(2008)도 ASEAN과 FTA를 체결한 상태인 바, 향후 우리 정부의 단기적 과제는 우리 기업들이 중국이나 일본기업들에 비해 ASEAN 시장접근이 상대적으로 용이할 수 있도록 한-ASEAN FTA의 실질적 효과(활용도제고) 극대화에 역량을 집중해야 할 것이다. 아직까지 우리 기업들의 한-ASEAN FTA 활용도가 낮은 것으로 평가되고 있고, 그 원인으로 비관세장벽 등 다양한 요인이 지목되고 있는바 이에 대한 면밀한 분석과 대책 마련이 필요할 것이다.

한국의 경우에도 일본과 마찬가지로 ASEAN 개별국가와의 FTA 추진도 적극 고려할 필요가 있으며, 특히 한국이 중국이나 일본에 비해 선제적으로 진입한 인도차이나 지역에 대한 우위확보를 위해 FTA와 ODA라는 정책수단을 적극적이고 지속적으로 활용할 필요가 있다. ASEAN은 한국의 주요 교역국, 투자대상국, 건설수주국, 원유 및 가스 등 주요 광물의 공급원이다. 또한 ASEAN의 성장잠재력을 고려할 때 향후에도 중국과 함께 한국의 중요한 경제협력 대상국이 되어야 할 것이다. 특히 베트남의 경우 인도네시아, 태국, 필리핀 등과 함께 차세대 성장이 유망한 신흥국가로 자주 선정되고 있다는 점 등을 고려, 한국이 협력을 더욱 강화해야 할 국가이다.

경제적 측면뿐만 아니라 정치 및 (자원)외교적 측면에서의 ASEAN의 중요성을 직시하고, 중장기적 경제협력전략에 따른 ASEAN 접근이 필요하다. ASEAN에 대한 중장기적 경제협력은 협력대상국의 니즈에 맞게 설정하되, 협력대상국에 대한 경제협력이 산발적·부정기적으로 이루어졌던 기존의 방식을 지양하고, 대신 협력대상국별 경제협력 패키지를 만들어 장기적이고 지속적으로 경제협력이 이루어질 있도록 해야 할 것이다.

ASEAN은 이미 여러 국가와 적극적인 FTA 정책을 통해 동아시아 FTA 허브로서 보다 확고한 자리매김을 하고 있는데, 이러한 움직임은 중장기적으로도 지속될 것으로 보인다. 이러한 움직임이 ASEAN 시장에서 또는 미국 등 제3시장에서 우리 기업들에게 어떻게 영향을 주게 될 것인지를 파악, 그에 맞는 통상정책 수립이 필요하다. ASEAN이 다수 국가들과 FTA 체결을 지속해 갈 경우, 규모의 경제 실현 및 효율성 제고 효과가 중장기적으로 발현되어 세계시장에서 한국제품과 ASEAN 제품 간 경쟁이 더욱 심화될 가능성도 존재한다. 또한 ASEAN의 적극적인 FTA 정책은 ASEAN 산업구조에도 적지 않은 영향을 주게 될 것이고, 그 결과 ASEAN 수입시장구조, 한국과 ASEAN간 교역구조에도 변화를 가져올 수 있는바 면밀한 분석이 필요할 것이다.

중국과 일본의 ASEAN 중시정책을 고려할 때 향후 무역, 투자, ODA 등 다양한 측면에서 중국과 ASEAN, 일본과 ASEAN의 경제협력은 보다 강화될 전망이다. 이러한 중국과 일본의 ASEAN과의 경제협력강화가 한국의 세계시장에서의 경쟁구도와 동아시아 분업구조에 어떻게 작용할 것인가를 분석하고 그러한 분석을 바탕으로 동아시아 역학구도에서 한국의 최적 포지셔닝은 무엇인지 도출할 필요가 있다.

일본과 중국의 대ASEAN 경제협력 강화 움직임은 미국과 EU 등 주요 선진국의 ASEAN에 대한 통상정책에도 영향을 줄 전망이다. 실제 미국과 EU도 ASEAN과 다자간뿐만 아니라 양자 간 FTA에 대해 협의하고 있거나 교섭 중인 상태이다. 이를 고려, 한국의 대ASEAN 통상정책도 이들 국가의 ASEAN에 대한 정책방향을 반영하여 수정 및 보완되면서 변화될 필요가 있다.

ASEAN은 역내경제통합을 가속화하고 있고 궁극적으로 2015년까지 ASEAN 경제공동체(ASEAN Economic Community)를 실현한다는 구체적인 일정을 세우고 있는바, 향후 동아시아협력체 논의에 있어서도 주도적 역할이 예상된다. 이에 따라 동아시아 외교 및 경제협력 차원에서 ASEAN과의 중·장기적 관계강화전략을 수립할 필요가 있다.

# 3 Chapter 중국에 있어 동남아경제의 의미

## 3.1 중국의 대동남아 교역 현황 및 특징

### 3.1.1 중국 수출 및 수입시장으로서 ASEAN의 중요성

ASEAN에 대한 지속적인 수출 확대에도 불구하고, 중국에 있어 수출시장으로서 ASEAN의 비중은 6~7% 수준인데, 이는 중국의 수출지역 다변화에 따른 결과라 할 수 있다. 중국의 수출에서 대ASEAN10 수출이 차지하는 비중은 1980년 6.6%에서 빠르게 확대되어 1995년 10.4%에 달하기도 하였으나, 이후 그 비중이 감소하여 최근 6~7%대를 유지하고 있다([그림 2-1] 참조). 중국에 있어 ASEAN10은 2008년 기준 미국, 홍콩, 일본에 이어 4위 수출대상국이다. 이는 동남아국가가 개도국 중에서 중국의 대표적인 수출대상지역이라는 것을 의미한다.

한편 중국에 있어 수입시장으로서 ASEAN의 의미는 수출의 경우와 달리 지속적으로 확대되고 있다. 중국의 수입에서 대ASEAN10 수입이 차지하는 비중은 1980년 3.4%에서 빠르게 확대되어 2008년 10.5%에 달하고 있다([그림 2-2] 참조). ASEAN10은 2008년 기준 일본, 한국에 이어 중국의 3위 수입 대상국이다. 2005년 중국-ASEAN FTA가 발효됨에 따라 중국의 ASEAN에 대한 교역은 더욱더 가속화될 것으로 보인다.

### 3.1.2 중국의 대ASEAN 수출 및 수입품의 구조적 특징

중국의 동남아에 대한 교역구조에 있어서 다음과 같은 특징이 발견된다. 첫째, 중국의 ASEAN10에 대한 수출의 50% 이상이 전기기기(HS 85) 및 기계(HS 84)에 집중되고 있다([표 3-1] 참조). 중국의 동남아에 대한 수출에서 전기기기 및 기계의 비중이 높은 것은 일본의 동남아에 대한 수출에서와 마찬가지로 이는 일본과 중국의 동남아에 대한 수출품이 많이 중복되고 있다는 것을 의미한다. 그 외 철강(HS 72) 및 철강제품(HS 73)이 11%를 차지하고 있으며, 다음으로 광물성연료, 플라스틱 및 그 제품, 유기화학품 등의 비중이 높게 유지되고 있는데, 철강 및 철강제품의 높은 수출 비중은 일본의 동남아에 대한 수출구조에서 발견되는 특징과 다른 점이라 할 수 있다.

한편 중국의 ASEAN10에 대한 수입 역시 전기기기(HS 85) 및 기계(HS 84)(두 산업의 비중은 42.3%)에 집중되는 특징을 보이고 있다([표 3-2] 참조). 이는 중국과 동남아국가 간 동 산업에 있어 산업내무역이 활발히 이루어지고 있다는 것을 보여준다 하겠다. 그 외 광물성연료(HS 27)가 14.4%, 고무 및 그 제품(HS 40)이 중국의 동남아로부터 수입의 7.2%를 차지하고 있으며, 다음으로 동물성 유지, 플라스틱 및 그 제품 등의 비중이 높게 유지되고 있다. 중국의 ASEAN10에 대한 수출구조와 수입구조를 비교해 보면, 일부 산업을 제외하고 거의 비슷한 구조를 가지고 있음을 알 수 있다. 이는 양 지역 간 산업내무역이 활발히 이루어지고 있음을 의미한다.

**표 3-1 중국의 대ASEAN 주요 수출품의 산업별 비중(HS 2단위, 2008년)**

| | |
|---|---|
| 전기기기와 그 부분품 | 28.5 |
| 원자로, 보일러와 기계류 및 이들의 부분품 | 22.1 |
| 철강 | 7.3 |
| 철강의 제품 | 3.7 |
| 광물성연료 · 광물유 · 이들의 증류물, 역청물질, 광물성왁스 | 3.2 |
| 플라스틱 및 그 제품 | 2.1 |
| 유기화학품 | 2.0 |
| 광학기기, 사진용기기, 영화용기기, 측정기기, 검사기기, 정밀기기와 의료용기기 및 이들의 부분품과 부속품 | 1.9 |
| 무기화학품, 귀금속, 희토류금속, 방사성원소, 동위원소의 유기 및 무기화합물 | 1.8 |
| 비료 | 1.8 |
| 기타 | 25.6 |

자료: ASEAN Statistical Yearbook 2008, ASEAN Secretariat 2009 이용 계산

**표 3-2** 중국의 대ASEAN 주요 수입품의 산업별 비중(2008년)

| | |
|---|---|
| 전기기기와 그 부분품 | 26.0 |
| 원자로·보일러와 기계류 및 이들의 부분품 | 16.3 |
| 광물성연료·광물유·이들의 증류물, 역청물질, 광물성왁스 | 14.4 |
| 고무와 그 제품 | 7.2 |
| 동식물성유지, 이들의 분해생산물, 조제식용지, 동·식물성의 납 | 6.8 |
| 플라스틱 및 그 제품 | 4.4 |
| 유기화학품 | 3.2 |
| 광학기기, 사진용기기, 영화용기기, 측정기기, 검사기기, 정밀기기와 의료용기기 및 이들의 부분품과 부속품 | 1.3 |
| 광, 슬랙, 회 | 1.2 |
| 동과 그 제품 | 1.1 |
| 기타 | 18.1 |

자료: ASEAN Statistical Yearbook 2008, ASEAN Secretariat 2009 이용 계산

## 3.2 중국의 대동남아 투자분야 현황 및 특징

중국은 세계 주요 직접투자 대상국이나 해외진출을 강화하고자 하는 중국정부의 대외정책에 따라 중국의 해외직접투자는 2003년 이후 크게 확대되고 있다. 그러한 연장선상에서 중국의 ASEAN10에 대한 투자액 역시 빠른 속도로 증가하고 있다. 그러나 2003년 이후 중국의 전체 해외직접투자에서 ASEAN10이 차지하는 비중은 1.3~4.4%로 매우 낮은 수준이다. 이렇듯 낮은 비중은 2003년 이후 중국 해외직접투자의 28~69% 정도가 홍콩에 집중된 데 기인한다([표 3-3] 참조). 홍콩을 제외할 경우 중국의 해외직접투자 총액에서 ASEAN10이 차지하는 비중은 2007년 7.6%, 2008년 14.4%로 높은 편이라 할 수 있다. 이는 동남아국가가 중국의 주요 교역대상국일 뿐만 아니라 주요 투자대상국으로 인식되고 있다는 것을 보여준다 하겠다.

2003년 이후 ASEAN10에 대한 중국의 해외직접투자는 싱가포르, 인도네시아, 그리고 인도차이나 국가에 집중되고 있다. ASEAN 국가 중 중국의 해외직접투자가 상대적으로 많은 국가들은 싱가포르를 제외하고는 모두 석유 및 가스 등 천연자원이 풍부하다는 공통점을 보이고 있다. 이는 최근 중국의 해외직접투자가 자원이 풍부한 남미와

아프리카에 집중되고 있는 것과 같은 맥락에서 이해할 수 있다.

**| 표 3-3 | 중국의 아시아에 대한 해외직접투자 추이(투자액기준, 백만 달러)**

| | 2003 | 2004 | 2005 | 2006 | 2007 | 2008 |
|---|---|---|---|---|---|---|
| 세계 | 2,855 | 5,498 | 12,261 | 17,634 | 26,506 | 55,907 |
| 아시아 | 1,505 | 3,014 | 4,484 | 7,663 | 16,593 | 43,548 |
| 아프리카 | 75 | 317 | 391 | 520 | 1,574 | 5,491 |
| 유럽 | 145 | 157 | 395 | 598 | 1,540 | 876 |
| 남미 | 1,038 | 1,763 | 6,466 | 8,469 | 4,902 | 3,677 |
| 북미 | 58 | 126 | 321 | 258 | 1,126 | 364 |
| 대양주 | 34 | 120 | 203 | 126 | 770 | 1,952 |
| 홍콩 | 1,149 | 2,628 | 3,420 | 6,931 | 13,732 | 38,640 |
| 한국 | 154 | 40 | 589 | 27 | 57 | 97 |
| 몽골 | 4 | 40 | 52 | 82 | 196 | 239 |
| 일본 | 7 | 15 | 17 | 40 | 39 | 59 |
| 북한 | 1 | 14 | 7 | 11 | 18 | 41 |
| 인도네시아 | 27 | 62 | 12 | 57 | 99 | 174 |
| 말레이시아 | 2 | 8 | 57 | 8 | -33 | 34 |
| 필리핀 | 1 | 0 | 5 | 9 | 5 | 34 |
| 싱가포르 | -3 | 48 | 20 | 132 | 398 | 1,551 |
| 태국 | 57 | 23 | 5 | 16 | 76 | 46 |
| 브루나이 | 0 | 0 | 2 | 0 | 1 | 2 |
| 베트남 | 13 | 17 | 21 | 44 | 111 | 120 |
| 캄보디아 | 22 | 30 | 5 | 10 | 65 | 205 |
| 라오스 | 1 | 4 | 21 | 48 | 154 | 87 |
| 미얀마 | 0 | 4 | 12 | 13 | 92 | 233 |
| ASEAN10 | 120 | 196 | 160 | 337 | 968 | 2,485 |

자료: 2008년도 중국대외직접투자통계공보, 상무부, 총계국, 외환관리국, 2009.

또한 잔존누계기준으로 살펴볼 경우에도, 중국의 해외직접투자는 아시아 특히 홍콩에 집중되고 있는 반면, ASEAN10에 대한 투자 비중은 아직까지 낮은 수준이라 평가할 수 있다. 2008년 잔존누계기준으로 중국의 해외직접투자의 71.4%가 아시아에 집중되었는데([그림 3-1]의 (a) 참조), 특히 홍콩이 중국 전체 해외직접투자의 약 63%를 차지했다. 중국의 잔존누계기준 해외직접투자에서 ASEAN10 비중(잔존누계기준)은 2003년 1.8%에서 2008년 3.5%로 확대되었으나 여전히 낮은 수준이다. 그러나 홍콩을 제외할 경우, 중국의 해외투자 중 아시아 비중은 22.7%([그림 3-1]의 (c) 참조)에 달하며, 특히 ASEAN10 비중은 2003년 6.8%에서 2008년 9.5%로 크게 확대되었다. 한편 중국의 아시아에 대한 해외직접투자 중 ASEAN10의 비중은 2003년 2.2%에서 2008년 4.9%로 확대되었으며([그림 3-1]의 (b) 참조), 특히 중국의 아시아에 대한 해외직접투자 중 홍콩을 제외할 경우 ASEAN10의 비중은 2003년 29.8%에서 2008년 41.9%로 크게 확대되었다([그림 3-1]의 (d) 참조). 이러한 비중 추이는 중국의 해외직접투자의 많은 부분이 아시아에 집중되고 있으며 특히 투자대상지로 중국이 동남아 국가를 중시하고 있음을 보여주는 것이라 할 수 있다. 중국의 ASEAN에 대한 투자(잔존누계기준)를 국가별로 구분해 보면, 싱가포르에 집중되어 있음을 확인할 수 있다([표 3-4] 참조). 또한 2003년과 2008년을 비교하면 말레이시아, 인도네시아, 캄보디아 비중이 축소된 반면, 싱가포르, 베트남, 라오스, 미얀마의 비중이 확대되는 양상을 보이고 있다.

**표 3-4 중국의 대ASEAN 해외직접투자액 및 국가별 비중(잔존누적액)** (단위: 백만 달러, %)

| | ASEAN 투자액 | 브루나이 | 인도네시아 | 말레이시아 | 필리핀 | 싱가포르 | 태국 | 베트남 | 캄보디아 | 라오스 | 미얀마 |
|---|---|---|---|---|---|---|---|---|---|---|---|
| 2003 | 587.6 | 0.0 | 9.2 | 17.2 | 1.5 | 28.1 | 25.7 | 4.9 | 10.1 | 1.5 | 1.7 |
| 2008 | 6,487.5 | 0.1 | 8.4 | 5.6 | 1.3 | 51.4 | 6.7 | 8.0 | 6.0 | 4.7 | 7.7 |

자료: 2008년도 중국대외직접투자통계공보, 상무부, 총계국, 외환관리국, 2009 이용 계산

**그림 3-1 | 중국의 해외직접투자의 지역별 비중(2008년 잔존누계)**

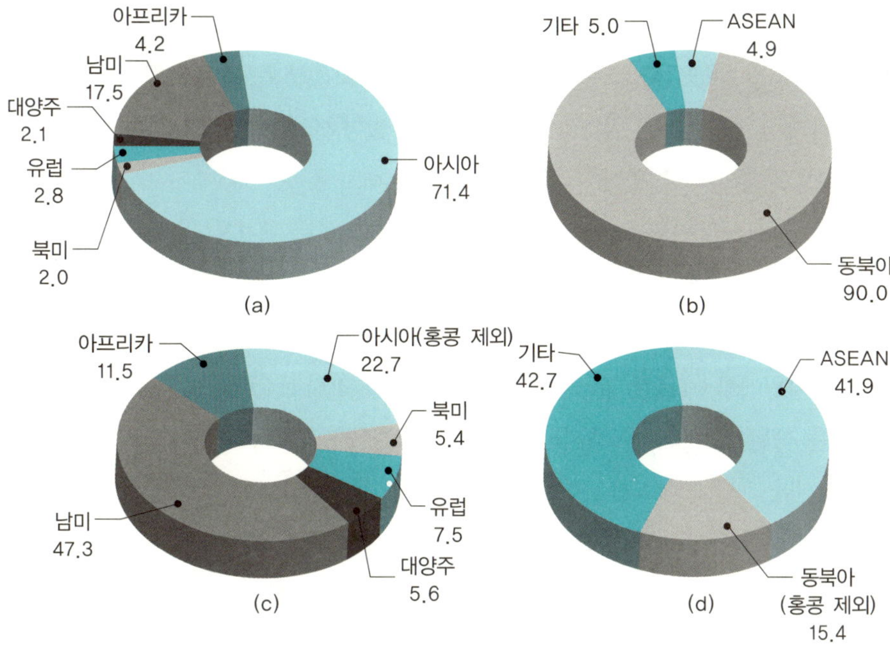


주: 우측 그림은 중국의 아시아에 대한 직접투자액 중 지역별 비중
자료: 2008년도 중국대외직접투자통계공보, 상무부, 총계국, 외환관리국, 2009 이용 계산

## 3.3 중국의 대동남아 공적개발원조

중국은 선진국으로부터 다양한 형태로 공적개발원조를 받고 있지만, 동시에 남남협력(South-South Cooperation)[1]의 일환으로서 개도국에 공적개발원조(ODA)를 제공하고 있다. ODA 수혜국이었던 중국은 1990년 중반 이후 ODA 제공국으로 전환된

[1] 개도국 간 협력을 지칭한다. 개도국은 선진국의 자본과 기술을 도입하여 공업화를 꾀하여 왔으나, 오늘날의 세계불황, 채무문제의 심각성은 종래와 같은 선진국 의존을 허용할 수 없게 되었다. 또한, 공업화 진전에 의해 인근지역에 광대한 시장이 필요해지고 품질은 낮아도 값싼 제품에 대한 수요가 개도국에서는 높다. 기술면에서도 최신의 자본·지식집약적 기술은 개도국의 필요에 대응하지 못하고 오히려 현지조건에 맞는 노동집약적 기술이 필요한 경우가 많다. 이에 따라 개도국 간에 경제·기술협력을 추진하려는 움직임이 최근 활발해지고 있다. 1976년 비동맹제국의 콜롬보 정상회의에서 제창된 '집단적 자력갱생' 이래 UN과 현지정부 주최로 개도국 간 경제협력(EDCD), 개도국 간 기술협력(TCDC)에 관한 회의가 개최되었다.
자료: 수출입은행(http://m.koreaexim.go.kr/kr/custom/dic/view.jsp?ens=S&regNo=154)

것으로 알려져 있으나, 개도국에 대한 ODA 규모 및 대상국가에 대한 통계자료를 공개하지 않고 있다. 중국의 매년 ODA 규모는 재정부가 결정하는데, 공식적인 GDP 대비 원조비율은 2005년 0.22%에 불과하다. 그러나 교육부 등 각 행정부처나 공기업들이 자체 예산 중 일부를 원조사업에 사용하고 있어 GDP 대비 실제 원조 비중은 더 높을 것으로 추정되고 있다.

중국정부의 개발원조에 대한 공식적 자료공개가 이루어지지 않고 있어 제공되는 ODA의 규모 및 수혜국을 정확히 파악할 수 없으나, 정상회담을 전후로 언론을 통해서 발표되는 자료를 종합해 볼 때 중국은 아시아, 남미, 아프리카지역을 중심으로 중국 위상 제고 차원에서 ODA를 활용하고 있는 것으로 알려지고 있다. 중국의 주요 ODA 대상국가는 자원이 풍부한 아프리카와 ASEAN 국가들인데, 2000년대 ODA를 활용한 중국의 아시아 개발도상국과의 경제협력은 자원이 풍부한 접경국가(미얀마, 라오스, 베트남, 파키스탄, 방글라데시)를 중심으로 이루어지고 있는 것이 특징이라 할 수 있다.

중국의 ODA 주요 대상지역, 즉 아시아, 남미, 아프리카는 중국의 주요 FDI 대상국 및 자원협력 대상지역과 일치하고 있다. 이는 앞에서 살펴보았듯이 일본에 있어서도 마찬가지이다. 이는 중국이 ODA를 이들 지역에 대한 투자 및 무역 확대, 그리고 자원 확보 수단으로 활용하고 있음을 짐작하게 하는 대목이라 할 수 있다. 2001~2005년에 완료된 중국의 원조성 플랜트프로젝트 건수는 아프리카와 ASEAN 등 아시아에 집중되고 있는데, 특히 아프리카 비중이 압도적으로 높았다. 동 기간 완료된 플랜트프로젝트 중 아시아국가에 대한 것은 ASEAN(베트남 2건, 미얀마 1건)과 중앙아시아(투르크메니스탄 2건, 타지키스탄 1건)에 집중되었다.

일본자료에 따르면, 2005년 중국의 캄보디아에 대한 원조규모는 2,830만 달러로, 중국은 일본과 미국에 이어 캄보디아의 3위 원조국인 것으로 알려져 있다. 2007년 중국은 캄보디아의 석유 및 광물탐사에서의 협력을 목적으로 6억 달러를 제공한 바 있으며, 2008년 12월에도 중국은 캄보디아의 인프라 건설에 2억 1,500만 달러의 원조 및 차관을 제공하기로 했다고 발표한 바 있다. 중국은 ASEAN 중에서 캄보디아와 함께 베트남에 원조 자금을 집중하고 있다. 베트남자료에 따르면, 1997~2007년 중국은 베트남의 제철소 확장 및 비료공장 업그레이드(upgrade) 등을 포함해 총 11건의 프로젝트에 유상 및 무상원조 형태의 대규모 원조를 제공한 것으로 알려졌다.

중국은 라오스에 대해서도 활발한 원조사업을 추진 중에 있는데, 이미 라오스 남북을 잇는 고속도로를 건설해 주었으며, 국도와 발전소 건설을 약속한 것으로 알려져 있다. 특히 미얀마에 있어 중국의 원조사업은 절대적이다. 즉 미얀마 국도건설에 있어 중국이 독점적 지원을 하고 있으며, 핵심 도로와 발전소 등 대부분 인프라 건설에 중국기술진이 파견된 것으로 알려졌다.

한편 2006년 필리핀 국가경제발전국 장관은 중국이 자국 수출입은행을 통해 향후 3년간 필리핀에 20억 달러 차관을 제공하기로 했다고 밝혔다. 동 자금은 필리핀 4개주를 연결할 철도건설, 마닐라 상수도 개선사업에 투입될 것으로 알려졌다. 또한 2009년 중국은 중국–ASEAN 협력증진을 위해 대규모 원조 및 차관 패키지 제공을 발표하였다. 중국은 총 100억 달러에 달하는 '중국–ASEAN 투자협력기금'을 설립하고 인프라 건설, 에너지 및 자원개발, 정보 및 통신분야의 협력을 위해 사용할 계획이라고 발표하였다. 또한 중국은 협력 프로젝트 지원을 위해 17억 달러의 저리차관을 포함하여 ASEAN 국가에 총 150억 달러의 차관을 제공할 계획이라고 발표하기도 했다. 뿐만 아니라 캄보디아, 라오스, 미얀마에 원조형태로 약 2억 7천만 위안(약 3,970억 달러) 상당의 자금을 제공할 것이라고 발표하였다. 중국의 동남아에 대한 지원확대는 세계 각국의 동남아 지원사업에 대해 큰 영향을 줄 것으로 보인다. 한 인터뷰에서 ADB 톰 크라우치 국장은 "동남아의 경제원조시장에 중국이라는 새로운 스타가 등장했으며, 이는 개발원조에 대한 근원적 변화를 의미한다"고 언급하기도 했다(2006년 9월).

## 3.4 중국의 대동남아 자원분야 협력

중국은 동남아, 아프리카 등 자원부국의 자원을 확보하기 위해 국가개발은행[2] 등 국영은행을 통해 산유국 에너지기업에 자금을 대출해 주는 대신 원유로 상환받는 대출사업(Loan for Oil)을 시행하고 있을 뿐만 아니라, 원조자금을 이용하여 자원협력

[2] 국가개발은행(CDB)은 2008년 이전까지 중국의 국책은행 중 하나였으나, 2008년 상업은행으로 전환되었다. 이로 국가개발은행은 공상은행, 농업은행, 중국은행, 건설은행 등에 이어 5대 상업은행이 되었다. 자본은 중국 재정부가 51.3%, 중앙회금투자공사가 48.7%를 보유하고 있다.

대상국에 대해 자원관련 인프라 구축사업을 지원하는 등 다각도의 노력을 기울이고 있다. 2002~2007년 중국의 대외원조는 아프리카, 남미, 동남아에 집중되고 있으며, 원조금액의 44.5%가 자원개발 관련사업에 지원된 것으로 알려졌다. 2008년 동남아국가에 대한 대표적인 지원으로는 중국-라오스-태국 간 철도건설에 30억 달러, 인도네시아 발전설비 건설에 6억 1,500만 달러를 들 수 있다.

동남아국가 중 중국의 에너지 확보 전략에 있어서 핵심 국가는 미얀마라 할 수 있다. 미얀마 북부지역 천연가스는 중국, 남부지역은 태국이 매입하고 있다. 중국 CNPC[3]는 2001년 TG World Energy가 보유하고 있던 미얀마의 유전지분 70%를 취득하였다. 또한 미얀마의 A-1 가스전에서 30년간 6조 5,000억 평방피트 분량의 가스 수입을 위한 양해각서를 체결(2006년)하였으며, 2006년 윈난성 쿤밍-미얀마의 시트웨(Sittwe) 항구를 잇는 송유관 건설[4]을 결정하고, 공사에 착공했다([그림 3-2] 참조).

**그림 3-2 미얀마-중국 연결 송유관 건설**

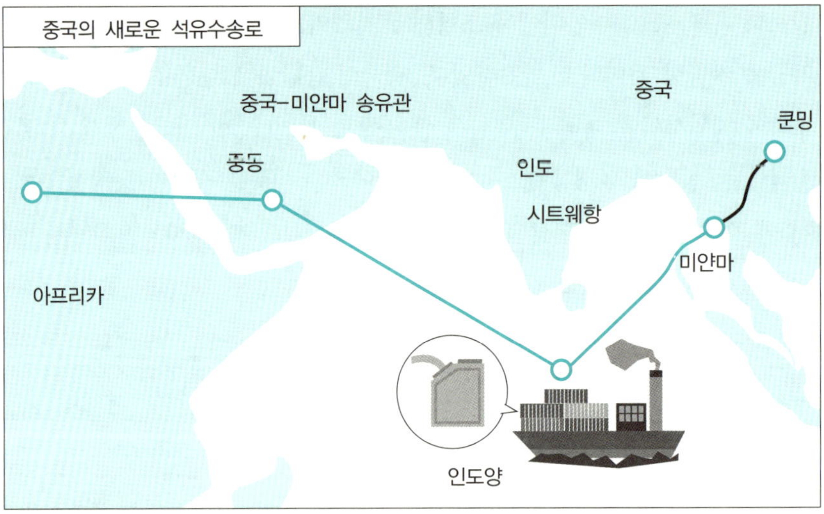


자료: 한겨레신문(2006. 4. 16)

[3] 중국석유천연가스공사(China National Petroleum Corporation). 중국의 거대 국유기업 중 하나로 석유 및 천연가스를 채굴할 뿐만 아니라 정제 및 생산까지 하고 있다.

[4] 말라카해협의 의존도를 줄이고 에너지확보노선 다양화 차원에서 접경국가와의 송유연결정책의 일환이다. 동 송유관은 90km로 벵골만에 있는 시트웨항에서 미얀마 만달라이와 중국 운남성 연결. 시트웨항은 아프리카와 중동에서 수입된 원유를 가장 빨리 육지 송유관으로 옮길 수 있는 곳이다. 송유관으로 운송된 원유를 정유하기 위한 종합 정유시설을 서남지역에 건설한다는 계획이다.

중국은 동 송유관 건설에 1,000억 위안을 투입할 것으로 알려졌다. 또한 중국의 SINOPEC⑤은 미얀마석유가스공사와 미얀마 서부 라카인(Rakhine)주의 D구역 1만 2천$km^2$에서 원유탐사 실시 및 생산물분배계약을 체결(2004)하였으며, 이외 중국은 여러 차례 걸쳐 미얀마와 공동으로 광물자원을 탐사하기도 했다. 중국은 2006년 캄보디아 정부로부터도 원유생산 해저 유전권을 취득하였는데, 연간 예상 원유생산량은 70~100억 달러 규모에 달하는 것으로 알려졌다. 또한 중국은 베트남과 영토분쟁지역인 통킹만의 해저 유전 공동개발에 합의⑥(2005년)하였는데, 중국-베트남 통킹만 공동탐사는 에너지 부족에 대비한다는 의미뿐만 아니라, 양국 간 군사적 긴장을 완화시키는데 기여할 것으로 보인다.

## 3.5 중국의 대동남아 경제협력전략

중국의 대ASEAN 경제협력전략은 중국 경제발전전략의 큰 틀에서 이해할 수 있다. 중국사회과학원에 따르면 중국은 주강삼각주(1980년대), 장강삼각주(1990년대), 발해만 경제권(2000년대)에 이어 베트남과 국경을 접하고 있는 광시성 장족 자치구 일대에 대규모 경제권을 새롭게 개발한다는 계획이다. 동 계획이 국무원의 승인을 얻을 경우 제12차 5개년계획(2011~2015)에 집중 개발될 것으로 보인다. 그 경우 동 지역은 베트남을 포함한 동남아에 중국제품을 수출하는 전진기지가 될 전망이다. 광시성 장족 자치구 일대에 대규모 경제권이 형성된다면, 이는 중국의 국가균형발전이라는 측면 이외에 중국의 남하정책의 관점에서 의미가 크다 할 수 있다.

중-ASEAN FTA 체결, 메콩강유역개발사업(GMS: Great Mekong Subregion) 참여 등도 중국의 그러한 큰 전략의 틀 안에서 이해해야 할 것이다. 그런 의미에서 향후 중국의 대ASEAN 경제협력은 중-ASEAN FTA 실효성 제고, 메콩강유역개발 프로젝트의 적극적 참여 및 완료를 통한 인도차이나 등 동남아지역에 대한 무역 및 투자 확대, 그를 통한

⑤ 중국석유화학유한공사(China Petroleum & Chemical Corporation)의 별칭이다. 중국의 대표적인 에너지 기업으로 원유채굴, 정제, 석유화학제품 등을 생산하는 국유기업이다.

⑥ 양측은 2004년 6월에 중국 측이 주장해온 배타적 경제수역 중간선을 해상경계선으로 하는 '통킹만 해상경계협정'을 체결하였다.

중국제품의 시장확보 및 ASEAN에 대한 경제적 영향력 확대에 집중될 것으로 보인다.

구체적으로 중국이 대ASEAN 경제협력에 있어서 어떤 전략을 가지고 있는가 하는 것은 그동안 중국과 ASEAN 간의 공식적 관계 진전을 통해서 간접적으로 추론해 볼 수밖에 없다. 현재 추진되고 있는 중국의 대ASEAN 경제협력전략은 2002년 중국과 ASEAN 간 체결된 '포괄적 경제협력협정(Framework Agreement on Economic Cooperation)'에 잘 반영되어 있다고 할 수 있다. 동 협정에 따라 중국은 ASEAN6(인도네시아, 말레이시아, 필리핀, 태국, 필리핀, 싱가포르, 브루나이)와 2010년까지 자유무역지대를 형성하고, CLMV(캄보디아, 라오스, 미얀마, 베트남)과는 2010년까지 자유무역지대를 형성한다는 중·단기 통상목표를 발표하였다.

한편 2003년 제7차 중국-ASEAN 정상회담에서 발표된 '평화와 번영을 위한 전략적 파트너십' 공동선언이 발표된 이후 2004년에 공동선언 이행을 위해 'Plan of Action(2005~2010)'이 채택되었다. 동 실천계획은 정치 및 안보협력, 경제협력 등 크게 5가지 분야로 나누어져 있으며, 각 분야별로 세부 협력분야와 그 구체적 내용이 포함되어 있다([그림 3-3] 참조). 경제협력 분야는 FTA, 투자협력, 금융협력, 에너지협력, 메콩강유역개발협력 등 총 10개 세부별 실천계획을 담고 있다([그림 3-4] 참조).

그림 3-3 ASEAN-China 전략적 협력선언(2003년) 이행을 위한 실천계획

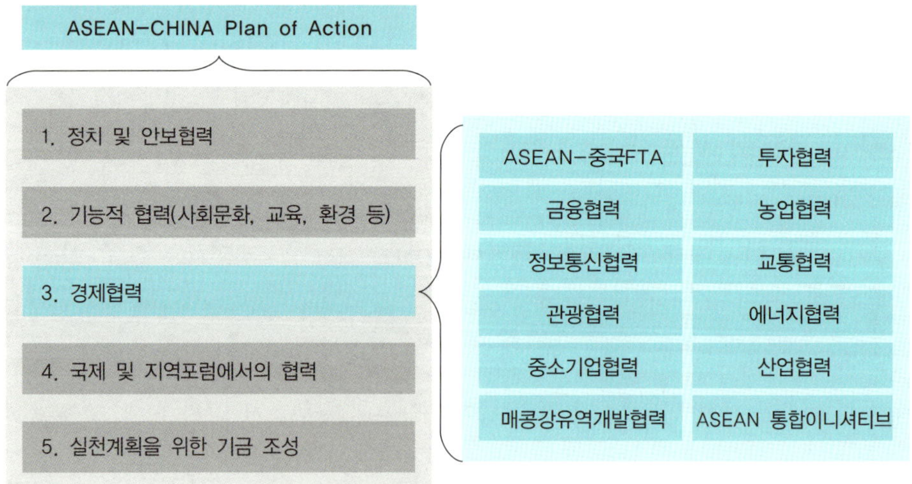


자료: ASEAN 사무국 웹페이지 자료 활용 저자 작성

### 그림 3-4 ▌ ASEAN-China 실천계획 중 경제협력 분야의 세부 협력계획

**경제협력 분야의 세부분야별 주요 현안**

| | |
|---|---|
| **ASEAN-중국 FTA**<br>• 포괄적 경제협력 협정 이행 촉진<br>• 농업, 정보통신기술, 인적자원개발, 메콩강 유역개발, BIMP-EAGA에 있어서의 경제/기술협력 강화 | **교통협력**<br>• 해양운송협력을 위한 자문기구 공식화<br>• 방콕-Kunming 고속도로 건설<br>• 항만관리, 교통인프라 설계 및 건설 능력 한층 강화 |
| **투자협력**<br>• 상호 투자촉진을 위해 정부/경제단체/기업/ 학자 간 네트워크 강화<br>• ASEAN-중국 엑스포(Nanning) 정기 개최<br>• ASEAN-중국 비즈니스/투자 summit ASEAN-중국 비즈니스위원회 활성화 | **에너지 협력**<br>• 에너지 당국간 고위급협력기구 설치<br>• 재생에너지 생산, 에너지 효율성 제고 등에 협력<br>• 에너지자원공동개발에 민간참여 확대<br>• 석유/가스 생산을 통한 지역에너지 운송망 설치 |
| **금융협력**<br>• 치앙마이 이니셔티브의 효과 증진<br>• 각종 포럼을 통해 거시경제 및 금융정책 대화 강화<br>• ASEAN-중국 자본시장 발전협력 및 기술지원 강화 | **메콩강유역(GMS)개발협력**<br>• 싱가포르-Kunming-양곤/미이티키나 철도 건설<br>• Lancang-메콩강 항해 안전 제고 조치 강구<br>• GMS 국가 간 전력판매협정 이행, 국가 간 전력망 확충 |
| **정보통신협력(ICT)**<br>• ASEAN-중국 초고속광통신망 개발 및 설치 촉진<br>• ASEAN-중국 정보통신협력 웹사이트 설치<br>• ASEAN-중국 ICT Week 개최 | **중소기업협력**<br>• 양측 중소기업 간 협력을 위한 공동위원회 설립<br>• 사업협력, 시장개발 등 양측 간 협력가능분야 발굴<br>• ASEAN 중소기업 능력 제고를 위한 프로그램 촉진 |

자료: ASEAN 사무국 웹페이지 자료 활용 저자 작성

공동선언 이행의 일환으로 2004년 중국과 ASEAN 양측은 상품교역에 대한 협정을 체결하고 합의된 일정에 따라 2005년부터 관세 및 비관세장벽을 완화 및 제거하고 있다. 또한 2007년에는 서비스무역에 관한 협정이 체결 및 발효되었으며, 2009년에는 중-ASEAN 투자협정이 체결되었다. 이로써 중-ASEAN 자유무역지대(ACFTA) 실현을 위한 모든 제도적 준비가 완료되었다 할 수 있다. 양측은 양자 간 무역 및 투자 네트워크를 확대하기 위해 2004년부터 매년 'China-ASEAN EXPO'와 'China-ASEAN Business and Investmet Summit'를 민간중심으로 개최하고 있다.

2006년 중국-ASEAN 정상회담에서 '전략적 파트너십 증진' 공동선언에서 양측 간 우선협력분야를 기존 5분야에서 10개 분야로 확대하는 등 양측은 실천계획을 단계적

으로 이행해가고 있다. 10개 우선분야는 농업, 정보통신기술(ICT), 인적자원개발, 양자 간 투자, 메콩강개발, 교통, 에너지, 문화, 관광, 공공보건으로 대부분이 경제협력 분야인데, 이후 2007년 11차 정상회담에서 환경분야도 우선협력분야에 추가되었다. 또한 양측은 공동선언에서 양자 간 무역, 투자, 관광 촉진을 위해 'ASEAN-China Center' 설립에 합의했으며, 중소기업 성장 촉진, 에너지 안보·에너지 효율성·재생에너지자원 개발, 금융 및 관광산업발전에도 상호 협력하기로 합의했다. 또한 중국은 중국남서부와 근접한 BIMP-EAGA,[7] IMT-GT,[8] GMS, 싱가포르-Kunming 철도연결(SKRL) 등 소지역개발(sub-regional development)에 적극 지원하기로 합의했다.

2007년 11차 중국-ASEAN 정상회담에서는 2006년 정상회담 내용을 재확인하였으며, 특히 ASEAN-중국 해운협정을 환영하고, ASEAN-중국 항공협력 프레임워크(Framework)를 채택하는 등 양 지역을 연결시키는 교통인프라 개발 촉진을 강조하기도 했다. 또한 양측은 ASEAN-China 국방분야 학자교환, 해양사고조사 훈련강좌, 인적자원개발 발전을 위한 훈련프로그램, 청소년 교환프로그램, 지적재산권에 대한 ASEAN-China Workshop 같은 분야에서의 협력을 제안했다. 또한 중국은 ASEAN-China 환경보호센터 설립, ASEAN-China 정보망 안보비상대응시스템 설립 등도 제안하였다.

양측 간 경제협력에 필요한 제도적 장치가 대부분 마련되었는바, 향후 중국의 대ASEAN 경제협력은 양측이 합의한 상기 분야에 있어서 합의사항 이행, 그리고 우선협력 분야에서의 협력심화에 초점이 맞춰질 것으로 보인다. 2000년 들어 ASEAN 경제에서의 중국의 영향력 확대 속도를 고려할 때, 실질적인 ASEAN-중국 자유무역지대(ACFTA)가 실현될 경우 중국의 대ASEAN 무역 및 투자확대 속도는 어떤 국가보다 빠를 것이 확실시 된다.

---

[7] 동부ASEAN성장지대(BIMP-EAGA)는 ASEAN의 공동지역개발프로그램 중 하나. 브루나이, 인도네시아, 말레이시아, 필리핀 4개국은 각국이 국경을 접하고 있는 지역을 공동개발하자는 목적으로 1994년 공동개발 양해각서를 체결함. 필리핀의 민다나오섬(숙련된 인적자원), 인도네시아 北술라웨시(농산물, 상업) 및 동부/서부 칼리만탄(석유, 목재, 토지), 말레이시아의 사바 및 사라와크(석유), 브루나이(천연가스, 자본) 등을 포함한 4개국을 연결하여 ASEAN 최대의 농수산업 개발 및 관광단지 조성을 목표로 한다.

[8] 북부ASEAN성장지대(IMT-GT)는 1991년 마하티르 총리가 제안한 것으로 말레이시아 페낭을 중심(북부 4개 주)으로 태국 남부(5개 주)와 인도네시아 수마트라섬(서부 및 북부 수마트라와 아체지역)을 연결하는 지역을 공동개발하자는 계획. 각국은 동 지역에서 협력 가능한 사업을 발굴하여 프로젝트를 진행 중이다.

## 3.6 함의

중국의 대ASEAN 통상정책에 있어서 현안은 ASEAN과의 경제협력강화를 통해 ① 안정적인 에너지원 공급로 확보(미얀마-운남성 송유관 건설 계획), ② 석유, 가스, 철강석 등 자원 확보, ③ 중국 내에서 발전이 뒤처진 서남부지역 개발을 위해 ASEAN, 특히 인도차이나 국가와의 경제협력을 강화하는 것이다. 미얀마, 라오스, 캄보디아는 중국의 남하정책에서 전략적으로 중요한 국가일 뿐만 아니라 천연자원 확보 및 동남아시장 접근에 있어 지리적으로 중요한 국가들이다. 특히 중국은 안정적 자원확보를 위해 미얀마, 베트남, 캄보디아의 협력이 절실한 상황이다. 중국은 중국 서남부지역 개발을 위해 인도차이나 국가들과 많은 국경무역소를 설치하여 교역 확대를 유도하고 있는데, 특히 미얀마는 ASEAN5와 함께 운남성 최대 교역국이다.

중국은 동남아로의 경제력 확대를 위해 필요한 교통인프라 확충에 보다 적극적일 전망이다. 중국은 칭하이와 시짱을 잇는 칭짱철도를 건설한 데 이어, 시짱과 운남성을 연결하는 뎬짱철도를 건설한다는 계획을 발표하였다.

1990년대 초반부터 진행되고 있는 메콩강유역개발사업(GMS: Great Mekong Subregion)이 완료될 경우, 중국의 ASEAN 접근이 보다 용이해져 양 지역 간 교역 및 투자는 더욱 확대될 전망이다. 중국은 GMS 프로그램과 연계하여 윈난성 개발 프로젝트를 적극 추진하고 있는데 수송망 확충에 초점을 맞추고 있다. 즉 윈난성-미얀마 안다만해, 윈난성-태국만, 윈난성-베트남 남중국해를 연결하는 도로건설 사업을 추진할 계획이다. 또한 중국은 메콩강 내륙 운하(中 란창-라오스 비엔티안) 개발을 계획하고 있기도 하다. 메콩강유역은 중국이 남중국해로 진출하는 주요 통로가 될 전망이다. 메콩강유역은 중장기적으로 동남아 내의 화교자본이 연결되는 상권이 형성되어 중국의 경제적 영향력이 커질 것으로 전망된다. 이에 따라서 인도차이나지역에서 무역 및 투자분야에서 한국과 중국 간 경쟁도 보다 치열해질 것으로 보인다.

인도차이나 국가들의 적극적인 FDI 유치 노력과 주요 국가들의 ASEAN 중시정책 등이 복합적으로 작용할 경우 인프라가 부족한 인도차이나지역 내 및 동 지역과 주변 국가와 인프라 연계 프로젝트가 크게 확대될 것이다. 이를 고려할 때 건설분야에서 한국과 ASEAN과의 협력이 확대될 수 있을 것으로 기대된다.

중국과 ASEAN 간 경제협력 강화는 ASEAN 시장에서 한국과 중국 간 경쟁 심화, 중국시장에서 한국과 ASEAN 간 경쟁 심화로 이어질 가능성이 크다. 중국의 ASEAN 시장점유율 확대 추세를 볼 때, 향후 ASEAN 시장에서 한국의 경쟁관계는 일본보다는 중국과 더 심화될 것으로 보인다. 이러한 상황에서 한국 상품이 ASEAN 시장에서 경쟁우위를 점할 수 있는 궁극적인 요인은 결국 기업들의 내부 경쟁력 강화이나, 한국 정부는 한국 기업이 ASEAN과의 비즈니스 활동을 하는 데 있어서 제약요인을 제거하거나 완화시킬 수 있도록 적극 노력해야 할 것이다. 또한 정치, 경제, 문화 등 다양한 측면에서 ASEAN과의 관계강화를 통해 ASEAN 내에서 한국인, 한국 브랜드, 한국제품에 대한 우호적 환경조성도 매우 중요하다 하겠다.

중국과 ASEAN은 상호경제협력을 강화하면서도 세계시장에서 양자 간 경쟁관계 역시 심화될 것인바, 한국은 중국보다 ASEAN과 보완적 관계에 있는 입장을 부각시키면서 상호보완적 분야에서의 협력을 모색할 수 있을 것으로 보인다. 구체적으로 전기 및 전자제품 등 주요 제조업부문에 있어 인도네시아, 말레이시아, 태국, 필리핀 등 대부분의 ASEAN 국가들은 세계시장에서 중국과의 경쟁에서 경쟁력이 약화되고 있는 실정이다.

일본뿐만 아니라 중국 역시 대ASEAN ODA 정책과 투자의 유기적 연계를 통해 보다 공격적으로 ASEAN 시장 및 자원확보에 역량을 집중할 것으로 보인다. 한국의 경우 ODA 등 정책 수단에서 일본과 중국에 비해 열세에 있는바, 대ASEAN 정책에 있어 기업과의 유기적 협력을 통해 열세를 보완할 수 있는 방안이 모색되어야 할 것이다.

# 4 Chapter 동남아경제에 있어 동북아의 의미

## 4.1 동남아 교역 및 투자에 있어서 동북아의 중요성

### 4.1.1 동남아 교역에 있어서 동북아의 중요성

동남아의 수출입에서 한·중·일이 차지하는 비중은 크게 확대되고 있다. 동남아시아국가의 총수출에 있어서 한·중·일에 대한 수출이 차지하는 비중은 1998년 18.6%에서 2008년 27.4%로 확대되었으며, 총수입에 있어서 그 비중도 26.5%에서 28.7%로 높아졌다. 즉 동남아에 있어서 동북아는 중요한 교역대상지역이라 할 수 있다.

동남아의 교역에서 동북아 비중이 확대되고 있는 것은 중국에 대한 큰 폭의 교역 확대에 주로 기인한다. 동남아 수출에서 중국에 대한 수출 비중은 1998년 3.9%에 불과했으나, 2008년 12.1%로 확대되었다. 그리고 동남아의 수입에 있어서도 중국의 비중은 4.1%에서 12.3%로 높아졌다. 그 결과 동남아 교역에서 중국에 대한 교역이 차지하는 비중은 일본에 대한 교역 비중보다 높아졌다. 또한 동남아 수출입에서 중국의 비중이 확대되는 것과 달리 일본의 비중은 축소되어 대조를 이루었다.

동남아국가들의 총수출 및 수입액에서 중간재(부품 및 부분품, 그리고 반제품)가 차지하는 비중이 2008년 기준으로 각각 49.2%와 51.9%에 달했다. 동남아의 주요 교역품인 중간재 교역에 있어서 한·중·일의 비중은 2008년 약 30%에 달하고 있는데, 특히 반제품 수출 및 수입에서 한·중·일의 비중은 각각 33%와 35%로 높게 유지되고 있다. 한편 동남아국가의 1차산품 수출 대상국으로서, 그리고 자본재 수입대상국으로서 한・중・일의 중요성이 매우 높다. 즉 2008년 기준으로 동남아의 1차산품 수출의 52.5%가 한・중・일에 집중되었으며, 자본재 수입의 50%가 한・중・일로부터 이루어졌다. 특히 동남아의 1차산품 수출에 있어서 일본의 비중이, 그리고 자본재 수입에 있어서 중국의 비중이 매우 높게 유지되고 있다.

**표 4-1 동남아수출 중 한・중・일 비중: 생산공정별**

| | 1998 | | | | 2008 | | | |
|---|---|---|---|---|---|---|---|---|
| | 중국 | 한국 | 일본 | 한・중・일 | 중국 | 한국 | 일본 | 한・중・일 |
| 전체 | 3.9 | 2.6 | 12.2 | 18.6 | 12.1 | 4.2 | 11.1 | 27.4 |
| 1차산품 | 6.9 | 9.9 | 26.8 | 43.6 | 18.5 | 11.1 | 22.9 | 52.5 |
| 부품・부분품 | 3.3 | 2.1 | 5.7 | 11.1 | 19.1 | 4.1 | 6.7 | 29.9 |
| 반제품 | 8.3 | 5.3 | 17.9 | 31.5 | 10.4 | 6.0 | 16.8 | 33.3 |
| 자본재 | 1.8 | 1.2 | 11.5 | 14.4 | 15.9 | 2.0 | 7.1 | 25.0 |
| 소비재 | 0.9 | 0.7 | 14.3 | 15.9 | 3.4 | 1.9 | 8.9 | 14.2 |

자료: Comtrade Database, UN 이용하여 계산

**표 4-2 동남아수입 중 한・중・일 비중: 생산공정별**

| | 1998 | | | | 2008 | | | |
|---|---|---|---|---|---|---|---|---|
| | 중국 | 한국 | 일본 | 한・중・일 | 중국 | 한국 | 일본 | 한・중・일 |
| 전체 | 4.1 | 5.3 | 17.0 | 26.5 | 12.3 | 5.3 | 11.1 | 28.7 |
| 1차산품 | 2.7 | 0.3 | 1.1 | 4.0 | 1.3 | 0.1 | 0.3 | 1.7 |
| 부품・부분품 | 2.1 | 6.9 | 20.4 | 29.4 | 10.0 | 4.3 | 14.2 | 28.5 |
| 반제품 | 4.8 | 7.6 | 17.3 | 29.6 | 15.2 | 6.6 | 13.5 | 35.4 |
| 자본재 | 4.6 | 4.2 | 21.1 | 30.0 | 25.5 | 8.5 | 16.0 | 50.0 |
| 소비재 | 10.3 | 2.5 | 9.5 | 22.3 | 22.3 | 2.5 | 8.1 | 32.8 |

자료: Comtrade Database, UN 이용하여 계산

### 4.1.2 동남아 외국인직접투자 유입에 있어서 동북아의 중요성

동남아국가들에 있어서 동북아국가들은 중요한 투자국가들이다. 2004~2011년 기간에 이루어진 동남아국가들의 FDI 유치액에서 동북아(한・중・일과 홍콩과 대만 포함)국가들에 의해서 투자된 금액이 차지하는 비중은 22.6%를 기록하였다([표 4-3] 참조). 그러나 아직까지 동남아국가들에 대한 동북아국가들의 FDI는 일본에 의해 주도되고 있다. 2004~2011년 동안 일본의 동남아국가들에 대한 투자액은 동남아 전체 FDI 유입액의 12.3%를 차지했다. 한편 중국의 적극적인 해외투자가 시작되면서 2000년 중반 이후 ASEAN에 대한 FDI 중 중국의 비중이 증가하고 있으나 아직까지 3%대로 그리 높지 않은 편이다.

**표 4-3 ASEAN10에 대한 FDI 중 투자국별 비중** (단위: %)

| | 2004 | 2005 | 2006 | 2007 | 2008 | 2009 | 2010 | 2011 | 2004~2011 |
|---|---|---|---|---|---|---|---|---|---|
| 한국 | 2.3 | 1.2 | 2.0 | 2.9 | 3.1 | 3.8 | 4.1 | 1.9 | 2.7 |
| 중국 | 1.9 | 1.4 | 3.0 | 2.5 | 2.5 | 4.0 | 3.0 | 5.3 | 3.2 |
| 일본 | 14.6 | 15.5 | 16.9 | 10.4 | 8.8 | 8.1 | 11.7 | 13.2 | 12.3 |
| 홍콩 | 1.0 | 1.3 | 2.1 | 2.3 | 3.5 | 12.1 | 0.4 | 3.6 | 3.0 |
| 대만 | 0.4 | -0.4 | 0.8 | 1.4 | 3.5 | 2.4 | 1.2 | 1.5 | 1.4 |
| 소계 | 20.2 | 19.0 | 24.8 | 19.5 | 21.4 | 30.4 | 20.4 | 25.5 | 22.6 |
| EU | 29.0 | 27.5 | 24.8 | 26.0 | 18.0 | 17.2 | 18.4 | 16.0 | 21.2 |
| USA | 11.0 | 7.7 | 4.7 | 12.3 | 6.6 | 12.2 | 13.8 | 5.1 | 9.1 |
| ASEAN | 8.9 | 9.9 | 13.6 | 10.8 | 19.7 | 13.4 | 15.5 | 23.0 | 15.4 |
| 기타 | 30.9 | 35.9 | 32.1 | 31.4 | 34.3 | 26.8 | 31.9 | 30.4 | 31.7 |

자료: ASEAN Statistical Yearbook 2012 이용하여 정리

한편 ASEAN10 국가들에 유입된 외국인직접투자액 중 BCLMV 국가에 유입된 투자액의 비중은 2000~2010 기간 중 13.5%를 기록하였다. 특히 BCLMV 중 베트남에 대한 투자가 절대적으로 높은데, 동 기간 ASEAN10에 대한 FDI 중 베트남에 대한 FDI 비중이 9.5%에 달했다.

ASEAN10에 대한 역내외 총 FDI 중 동북아국가들(한・중・일 그리고 홍콩, 대만

포함)의 ASEAN10에 대한 투자가 차지하는 비중은 2004~2011년 기간에 22.6%였다. 그러나 BCLMV에 대한 역내외 총 FDI 중 동북아국가들의 BCLMV에 대한 투자가 차지하는 비중은 2004~2011년 기간 41.5%에 달했다. 이는 ASEAN 중 특히 BCLMV 국가에 대한 외국인투자에 있어 동북아국가들이 매우 중요한 투자국들이라는 것을 의미한다. BCLMV 국가들에 대한 외국인직접투자에 있어서 두드러진 특징은 한국의 FDI 비중이 높다는 것이다. 2004~2011년 기간 BCLMV에 대한 FDI 중 한국 비중은 11.1%로 일본과 중국 비중보다 높았다.

**| 표 4-4 | BCLMV에 대한 FDI 중 투자국별 비중** (단위: %)

| | 2004 | 2005 | 2006 | 2007 | 2008 | 2009 | 2010 | 2011 | 2004~2011 |
|---|---|---|---|---|---|---|---|---|---|
| 한국 | 8.2 | 6.5 | 16.1 | 16.9 | 9.2 | 8.0 | 13.6 | 9.0 | 11.1 |
| 중국 | 10.4 | 5.3 | 5.9 | 8.8 | 4.4 | 6.3 | 4.4 | 7.1 | 6.2 |
| 일본 | 15.4 | 5.7 | 9.5 | 11.2 | 11.1 | 2.7 | 10.9 | 14.2 | 10.0 |
| 홍콩 | 3.0 | 7.4 | 6.7 | 7.8 | 4.5 | 6.2 | 1.9 | 17.0 | 7.1 |
| 대만 | 6.1 | 6.5 | 5.9 | 6.8 | 11.7 | 5.5 | 7.3 | 4.0 | 7.1 |
| 소계 | 43.1 | 31.4 | 44.1 | 51.5 | 40.9 | 28.7 | 38.1 | 51.2 | 41.5 |
| EU | 33.2 | 35.9 | 25.0 | 13.7 | 12.1 | 7.3 | 12.1 | 19.7 | 15.6 |
| USA | 2.8 | 9.0 | 9.9 | 10.1 | 2.3 | 33.9 | 9.6 | 1.8 | 10.7 |
| ASEAN | 14.0 | 12.1 | 10.9 | 12.1 | 26.0 | 7.5 | 20.1 | 18.8 | 16.6 |
| 기타 | 6.8 | 11.5 | 10.1 | 12.7 | 18.7 | 22.6 | 20.1 | 8.6 | 15.7 |
| 총계 | 100.0 | 100.0 | 100.0 | 100.0 | 100.0 | 100.0 | 100.0 | 100.0 | 100.0 |

자료: ASEAN Statistical Yearbook 2012 이용하여 정리

## 4.2 동남아경제에 있어서 일본의 중요성

### 4.2.1 동남아시장에서 일본의 영향력

ASEAN10 수입시장에서 한・중・일의 비중은 일정하게 유지되고 있으나, 일본의 비중이 급격히 축소되고 있다. 대신 한국과 중국, 특히 중국의 시장점유율이 급격히

증가되는 등 ASEAN 시장을 놓고 일본과 중국 간 치열한 쟁탈전이 진행 중이다. 2006년 이후부터 중국의 ASEAN 시장점유비율이 일본의 ASEAN 시장점유율을 상회하기 시작했다([그림 4-1] 참조).

그림 4-1 | 한 · 중 · 일의 ASEAN10 수입시장점유율 추이

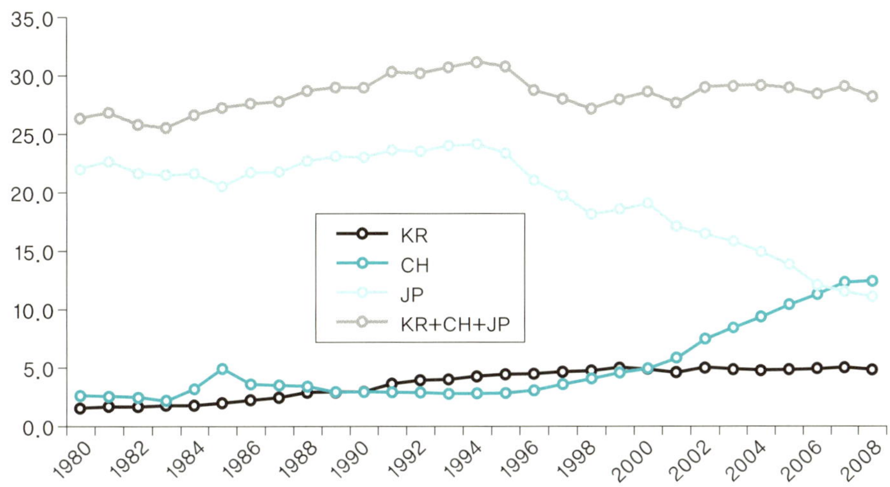


주: KR(한국)+CH(중국)+JP(일본)=ASEAN의 대한 · 중 · 일 수입/ASEAN 총수입
자료: DOT CD-ROM, IMF 활용 계산

ASEAN10 수입시장을 국별로 살펴보면, 1990년대 중반까지 ASEAN5 모든 국가에서 일본의 시장점유율이 20% 이상이었으나 이후 지속적으로 하락하고 있다([그림 4-2] 참조). 2008년의 경우 인도네시아, 말레이시아, 싱가포르 수입시장에서 일본의 시장점유율은 10% 초반으로 하락하였다. ASEAN5 모든 국가에 있어 일본의 시장점유율이 하락하고 있지만, 태국의 경우 여전히 일본의 시장점유율이 20%를 유지하고 있는데, 이는 일본의 동남아경제협력에 있어 태국의 중요성을 반영하는 것이라 할 수 있다. 일본기업들은 태국을 중심으로 하여 동남아 및 서남아시장을 공략한다는 전략을 구사하고 있는 것으로 알려지고 있다.

한편 캄보디아, 라오스, 미얀마 등 인도차이나 대부분 국가의 수입시장에서 일본의 시장점유율은 ASEAN5에 비해 훨씬 낮은 5% 미만에 머물러 있다. 이와 대조적으로 베트남시장에서의 일본의 점유율은 1980년 이후 지속적으로 증가, 2008년 15%선을

유지하는 있는데, 이는 동남아시장에서 가장 빠르게 성장하고 있는 베트남시장에 대한 일본의 높은 관심을 반영하고 있다([그림 4-3] 참조).

그림 4-2 일본의 ASEAN5 수입시장점유율 추이

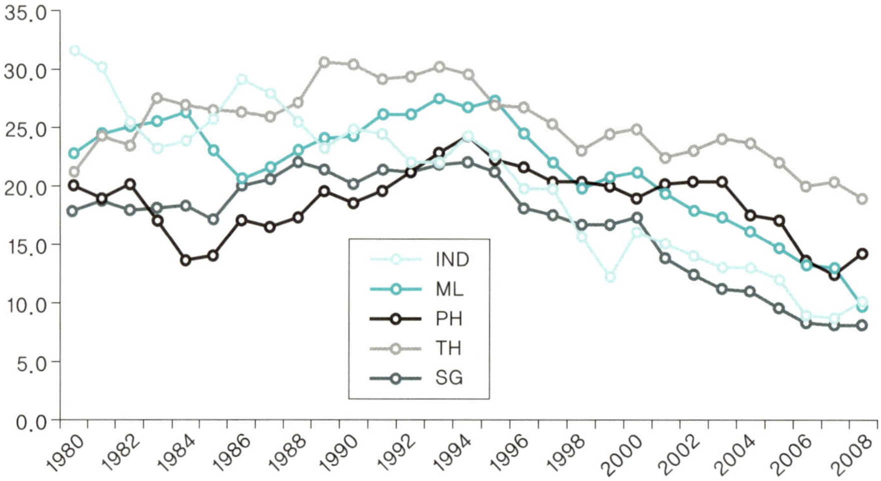


주: IND(인도네시아), ML(말레이시아), TH(태국), SG(싱가포르), PH(필리핀)
자료: DOT CD-ROM, IMF 활용 계산

그림 4-3 일본의 인도차이나 수입시장점유율 추이

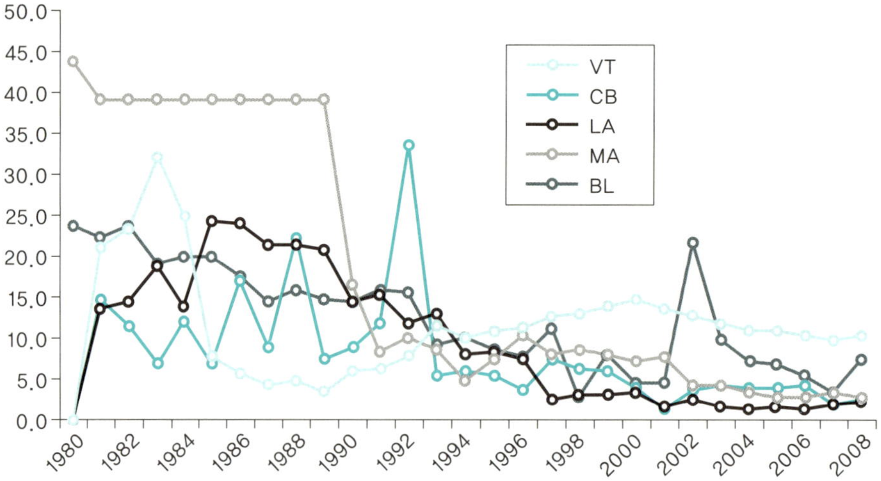


주: VT(베트남), CB(캄보디아), LA(라오스), MA(미얀마), BL(브루나이)
자료: DOT CD-ROM, IMF 활용 계산

### 4.2.2 동남아에 대한 외국인직접투자국으로서 일본의 중요성

2000~2008년 ASEAN10에 대한 전체 FDI 금액(3,462억 달러) 중 일본의 비중은 13.9%로 개별국가를 기준으로 할 때 가장 높았다. 이는 미국의 10.1%, ASEAN(역내투자)의 13%보다도 높은 수준으로, 일본이 동남아에 대한 외국인직접투자국으로서 절대적인 역할을 하고 있음을 의미한다([그림 4-4] 참조). 동남아에 대한 외국인직접투자에서 일본의 비중은 아시아국가 중에서는 한국과 중국에 비해 압도적으로 높게 유지되고 있다. 그러나 인도차이나지역 국가에 대한 FDI에 있어서는 일본보다 한국의 비중이 더 높게 유지되고 있는 것이 특징이라 할 수 있다. 일본의 경우 일-ASEAN FTA뿐만 아니라 대부분 ASEAN 개별국가와 FTA를 체결한 상태인 바, 향후 ASEAN에 대한 FDI는 더욱 증가될 전망이다.

**그림 4-4 | 대ASEAN FDI 금액 중 투자국별 비중(2000~2008년 누계 기준)**

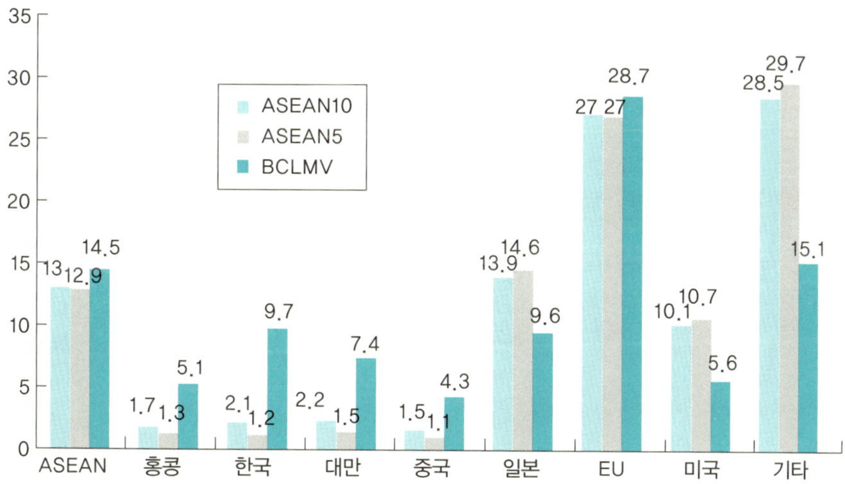


주: ASEAN5: 인도네시아, 말레이시아, 태국, 필리핀, 싱가포르
BCLMV: 브루나이, 캄보디아, 라오스, 미얀마, 베트남
자료: ASEAN Statistical Yearbook 2008, ASEAN Secretariat 2009 이용

## 4.3 동남아경제에서 중국의 중요성

### 4.3.1 동남아시장에서 중국의 영향력

한·중·일 3국의 ASEAN10 수입시장점유율은 1990년대 중반 이후 하락 내지 정체되고 있는 가운데, 중국의 ASEAN 수입시장 점유비율이 급격히 상승하고 있다. 1990년대 중반 이전까지 ASEAN 수입시장에서 일본의 영향력이 절대적이었으나, 2000년 이후 중국의 비중이 빠르게 확대되고 있다. 중국의 ASEAN 수입시장 점유비율은 2000년에 한국을 앞지르고, 2006년에는 일본마저 앞질렀다([그림 4-1] 참조).

한편 중국의 ASEAN10 수입시장점유율은 ASEAN5(인도네시아, 말레이시아, 태국, 필리핀, 싱가포르, 브루나이)보다는 인도차이나지역(베트남, 캄보디아, 라오스, 미얀마)에서 월등히 높은 특징을 보이고 있다([그림 4-5], [그림 4-6] 참조). 인도차이나지역의 경우, 중국과의 지리적 근접성과 정치적인 측면에서 중국과의 관계 강화가 중국의 인도차이나지역과의 교역 확대의 한 요인으로 작용한 것으로 보인다.

그림 4-5 | 중국의 ASEAN5 수입시장점유율 추이

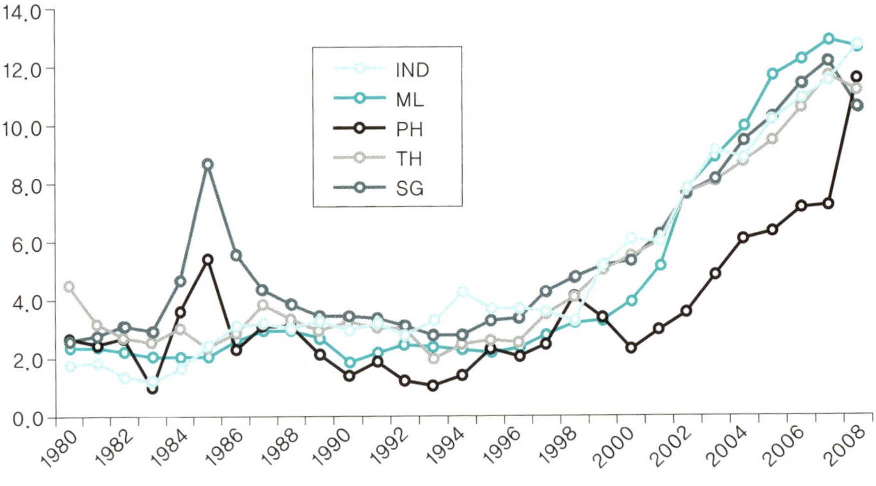


주: IND(인도네시아), ML(말레이시아), TH(태국), SG(싱가포르), PH(필리핀)
자료: DOT CD-ROM, IMF 활용 계산

그림 4-6 | 중국의 인도차이나 및 브루나이 수입시장점유율 추이

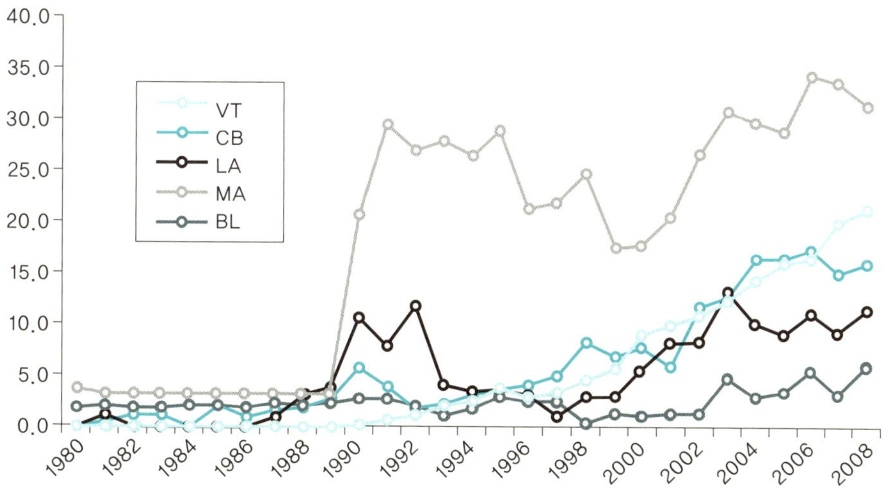


주: VT(베트남), CB(캄보디아), LA(라오스), MA(미얀마), BL(브루나이)
자료: DOT CD-ROM, IMF 활용 계산

## 4.3.2 동남아에 있어 외국인직접투자국으로서 중국의 영향력

2000년대 이후 중국의 동남아에 대한 투자확대에도 불구하고 2000~2008년 ASEAN10에 대한 전체 FDI 금액(3,462억 달러) 중 중국의 비중은 1.5%로 한국(2.1%)과 일본(13.9%)에 비해 크게 낮은 수준이다([그림 4-4] 참조). 동 기간 ASEAN5(인도네시아, 말레이시아, 태국, 필리핀, 싱가포르)에 대한 FDI 금액 중 중국의 비중은 1.1%(한국 1.2%, 일본 14.6%)에 불과했으나, BCLMV에 대한 FDI 금액 중 중국 비중은 4.3%로 상대적으로 높았다. 그러나 BCLMV에 대한 FDI 금액 중 한국과 일본의 비중이 각각 9.7%와 9.6%는 점을 고려할 때 BCLMV에 대한 투자에 있어서 중국의 비중은 그리 높지 않다고 할 수 있다.

중국의 해외투자가 홍콩에 집중되고 있으며, 홍콩으로 유출된 자금의 상당부분이 다른 지역으로 재투자된다는 점에서 홍콩을 통해서 이루어진 FDI까지 고려하면 중국의 ASEAN에 대한 FDI 비중은 공식적으로 발표된 것보다 더 높을 것으로 보인다. 또한 인도차이나 국가 중 미얀마 등 일부의 경우 그동안 정치적 문제로 FDI가 여타 ASEAN 국가들에 비해 저조했으나, 중국뿐만 아니라 한국과 일본 역시 베트남과 캄보

디아를 중심으로 빠르게 FDI를 확대하고 있어 향후 인도차이나지역에서의 한·중·일 간 FDI 경쟁이 격화될 것으로 보인다.

## 4.4 동남아경제에서 한국의 중요성

### 4.4.1 동남아시장에서 한국의 영향력

전반적으로 동남아 수입시장에서 한국의 점유율은 소폭 하락 또는 횡보하는 모습을 보이고 있다([표 4-5] 참조). 한국의 싱가포르 시장점유율이 여타 시장에 비해 상대적으로 크게 높아졌으며, 라오스와 태국 수입시장에서는 소폭 확대되었다. 반면 동남아국가 중에서 한국의 시장점유율이 가장 높은 베트남에 있어서는 시장점유율이 1998년 12.6%에서 2008년 8.8%로 크게 하락했으며, 캄보디아와 미얀마 수입시장에서의 점유율 역시 크게 하락하였다.

**표 4-5 | ASEAN 각국의 수입시장에서 한국의 점유율 추이**

| | 한국 | | |
|---|---|---|---|
| | 1998 | 2003 | 2008 |
| 베트남 | 12.56 | 10.39 | 8.75 |
| 캄보디아 | 8.50 | 4.68 | 3.94 |
| 라오스 | 0.78 | 1.11 | 2.09 |
| 미얀마 | 6.96 | 6.26 | 3.86 |
| 브르나이 | 0.86 | 2.31 | 2.94 |
| 인도네시아 | 5.58 | 4.69 | 5.36 |
| 말레이시아 | 5.76 | 5.50 | 4.65 |
| 필리핀 | 7.41 | 6.40 | 5.18 |
| 싱가포르 | 2.99 | 3.64 | 5.63 |
| 태국 | 3.38 | 3.85 | 3.81 |

주: 2007년 기준
자료: DOT CD-ROM, IMF.

### 4.4.2 동남아에 대한 외국인직접투자국으로서 한국의 중요성

한국에 있어서 동남아국가들은 해외직접투자(ODI: Oversea Direct Investment)의 주요 대상국들 중 하나이다. 1990년대 이후 한국의 동남아에 대한 해외직접투자가 크게 증가하였으나, 여전히 동남아국가에 대한 전체 외국인직접투자(FDI) 중 한국의 비중은 높지 그리 않다. 특히 일본이나 미국에 비해 그 비중은 매우 낮은 편이다([그림 4-4] 참조). 2000~2008년 누적 투자액을 기준으로 할 때 한국의 ASEAN10에 대한 직접투자액이 동남아에 대한 전체 외국인직접투자액에서 차지하는 비중이 2.1%였다. 같은 기간 중국의 비중보다는 높으나 대만의 비중과 비슷한 수준이다.

그러나 ASEAN국가 중 인도차이나 국가들로 국한하면 상황은 달라진다. 같은 기간 인도차이나지역의 국가들에 대한 외국인직접투자 중 한국의 비중은 9.7%로 일본의 9.6%, 미국의 5.6%보다도 높다. 즉 한국의 ASEAN 전체 외국인직접투자에서 차지하는 비중은 높지 않으나, 인도차이나 국가들에 대한 외국인직접투자에서 한국의 비중은 높게 유지되고 있는 것이다. 이는 인도차이나 국가들에 대한 외국인투자가 본격화되기 전부터 한국기업들이 리스크를 감내하고 매우 공격적으로 투자를 감행한 결과라 할 수 있다.

Part 3

# 한국에 있어 동남아경제

동아시아와 동남아경제의 이해 *East Asia and Southeast Asian Economy*



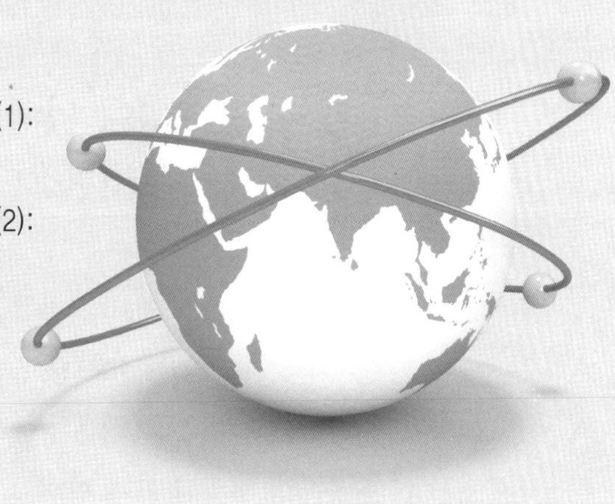

# 5 Chapter 한국에 있어 동남아경제의 의미(1): 교역과 투자[1]

동남아는 중국, EU, 미국, 일본과 더불어 한국의 주요 수출대상국임과 동시에 한국의 주요 투자대상국 중 하나이다. 한국의 전체 수출에서 동남아가 차지하는 비중은 일본의 비중을 크게 상회하고 있다. 또한 한국의 해외직접투자 중에서 동남아국가가 차지하는 비중은 중국 다음으로 높다. 이는 한국 대외경제 관계에서 동남아국가가 매우 중요함을 의미한다. 본 장에서는 한국의 동남아에 대한 교역 및 투자에 대해 살펴보고, 두 변수 간 관계를 조명한다.

## 5.1 한국 교역에 있어 동남아의 중요성 및 대동남아 교역구조 변화

[표 5-1]은 아시아 외환위기 직전인 1996년과 글로벌 금융위기가 교역에 본격적인 영향을 미치기 직전인 2008년에 있어 한국의 총수출에서 각국이 차지하는 비중을 보여주고 있다. [표 5-1]에서 발견되는 특징은 한국의 수출에서 일본의 비중이 크게 축소된 반면 중국의 비중이 크게 확대된 것이다. 1996년의 경우 ASEAN과 일본의 비중이 각각 중국 비중보다 높았으나, 2008년의 경우 ASEAN과 일본의 비중을 합해도 중국의 비중에 미치지 못하고 있다. 중국의 비중 확대과정에서 ASEAN과 일본의 비중이

[1] 김완중, 2012, 한국의 동남아에 대한 직접투자가 교역에 미치는 영향, 동남아시아연구, 제22권 제1호의 내용 중 일부를 발췌하였음을 밝힌다.

모두 축소되었는데, 특히 일본 비중 축소폭이 컸으며 ASEAN 비중 축소폭은 일본 비중에 비해 그리 크지 않았다. 2008년 기준으로 한국의 총수출 중 ASEAN 비중은 11.4%(2008)로 여전히 미국 비중(2008년 기준, 10.9%)보다 높게 유지되고 있다.

한국의 총수입 중에서 각국이 차지하는 비중을 보면, 역시 중국 비중이 크게 확대되고 일본의 비중이 크게 축소된 점은 수출의 경우와 마찬가지이나, 수출의 경우와 달리 수입에 있어서는 ASEAN의 비중이 7.7%(1996)에서 9.0%(2008)로 더욱 확대되었다는 것이다. 즉 ASEAN은 중국, EU, 미국과 더불어 여전히 한국의 중요 수출 및 수입 대상국이라 할 수 있다.

**표 5-1 한국 전체 수출입에서 각국이 차지하는 비중**

| | 수출 | | 수입 | |
|---|---|---|---|---|
| | 1996 | 2008 | 1996 | 2008 |
| 인도네시아 | 2.3 | 1.9 | 2.7 | 2.6 |
| 말레이시아 | 3.1 | 1.4 | 2.0 | 2.3 |
| 필리핀 | 1.4 | 1.2 | 0.4 | 0.7 |
| 싱가포르 | 4.7 | 3.8 | 1.7 | 1.9 |
| 태국 | 1.9 | 1.4 | 0.8 | 1.0 |
| 베트남 | 1.2 | 1.8 | 0.2 | 0.5 |
| ASEAN6 | 14.6 | 11.4 | 7.7 | 9.0 |
| 일본 | 11.4 | 6.6 | 20.9 | 14.0 |
| 중국 | 8.3 | 21.4 | 5.7 | 17.7 |

자료: DOT CD-ROM, IMF 이용 계산

[그림 5-1]과 [그림 5-2]는 한국의 동남아에 대한 교역을 산업간무역과 산업내무역[1]으로 나누었을 때 산업내수출입 추이를 보여주고 있다. 그림에서 볼 수 있듯이 한국의 동남아에 대한 산업내수출입액은 1997년(아시아 외환위기)과 2000년(IT버블 붕괴) 시기를 제외하고 지속적으로 증가하고 있다. 한 가지 특징은 2000년 이후 한국

[1] 동일한 산업 내의 제품을 수출하는 동시에 수입하는 무역패턴을 일컬어 산업내무역(intra-industry trade)라 한다. 산업내무역은 리카르도모형이나 헥셔-올린모형에서와 같이 어떤 산업에서 표준화된 동질의 상품이 생산되고 또 각국은 비교우위에 있는 산업에서 생산된 상품을 수출하고 비교열위에 있는 산업의 상품을 수입하는 산업간무역(inter-industry trade)과 구분되는 개념이다(남종현 외, 2012, p.199).

의 동남아에 대한 산업내무역은 2000년 이후 싱가포르에 의해 주도되고 있다는 점이다. 이는 아시아의 중계무역지로서의 싱가포르가 갖는 특징을 반영한 것이라 할 수 있다.

한편 [표 5-2]~[표 5-4]는 한국의 동남아에 대한 무역 중 산업내무역이 차지하는 비중을 국가별로 보여주고 있다. 여기서 발견되는 특징은 인도네시아를 제외한 모든 국가와의 교역에서 산업내무역 비중이 축소되고 있다는 점이다. 특히 말레이시아와 필리핀에 대한 교역의 경우 산업내무역 비중이 2000년대 초반까지 50~60%로 높게 유지되었으나 이후 그 비중이 크게 축소되는 모습을 보인다. 또 한 가지 특징은 2008년 기준으로 싱가포르를 제외한 분석대상 대부분 국가에서 산업내무역 비중이 20~30%로 낮은 수준이며, 특히 소득수준이 상대적으로 낮은 베트남의 경우 그 비중이 약 8%에 불과하다. 한국의 동남아에 대한 산업내교역을 수출과 수입으로 나누어 볼 때 확인되는 특징은 2000년대 중반 이후 인도네시아로부터의 수입 중 산업내수입 비중이 10%대에서 30%로 크게 확대된 점이다.

**표 5-2 한국의 대동남아 수출입 중 산업내무역 비중** (단위: %)

| | ID | ML | PH | SG | TH | VT |
|---|---|---|---|---|---|---|
| 1996 | 5.5 | 38.4 | 23.4 | 49.8 | 15.7 | 8.1 |
| 1997 | 12.2 | 42.8 | 42.4 | 56.0 | 23.3 | 7.2 |
| 1998 | 6.1 | 56.0 | 60.0 | 61.5 | 22.5 | 6.2 |
| 1999 | 13.9 | 53.7 | 55.1 | 62.9 | 34.1 | 7.1 |
| 2000 | 14.4 | 54.9 | 49.0 | 72.5 | 39.0 | 6.9 |
| 2001 | 18.0 | 52.6 | 56.3 | 71.1 | 29.8 | 6.0 |
| 2002 | 16.6 | 50.2 | 52.0 | 64.3 | 32.8 | 5.0 |
| 2003 | 8.7 | 48.2 | 60.0 | 65.0 | 29.8 | 5.9 |
| 2004 | 14.2 | 31.5 | 50.8 | 70.1 | 27.3 | 7.1 |
| 2005 | 20.9 | 39.3 | 48.2 | 71.8 | 24.7 | 6.4 |
| 2006 | 18.3 | 33.6 | 46.2 | 71.6 | 28.5 | 5.8 |
| 2007 | 21.0 | 25.5 | 36.9 | 55.8 | 24.5 | 6.1 |
| 2008 | 21.5 | 24.0 | 33.5 | 57.4 | 24.8 | 7.9 |

주: ID(인도네시아), ML(말레이시아), PH(필리핀), SG(싱가포르), TH(태국), VT(베트남)
자료: Comtrade Database, UN 이용 계산

### 그림 5-1 | 한국의 대동남아 수출 중 산업내무역

(단위: 백만 달러)

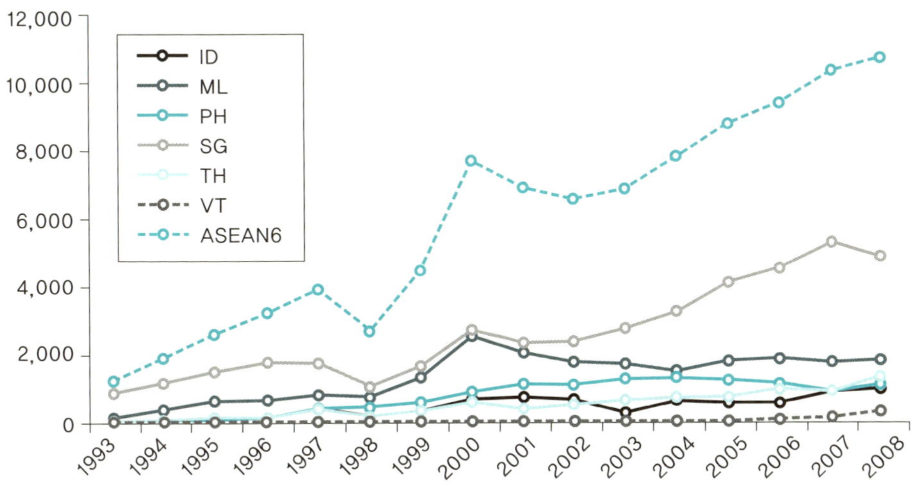


주: ID(인도네시아), ML(말레이시아), PH(필리핀), SG(싱가포르), TH(태국), VT(베트남)
자료: Comtrade Database, UN 이용 계산

### 표 5-3 | 한국의 대동남아 수출 중 산업내무역 비중

(단위: %)

| | ID | ML | PH | SG | TH | VT |
|---|---|---|---|---|---|---|
| 1996 | 3.9 | 23.2 | 45.4 | 72.4 | 19.7 | 25.4 |
| 1997 | 12.0 | 25.9 | 50.1 | 75.0 | 28.8 | 28.7 |
| 1998 | 4.6 | 34.2 | 67.1 | 70.9 | 29.9 | 24.3 |
| 1999 | 10.7 | 42.9 | 53.4 | 73.2 | 35.9 | 21.8 |
| 2000 | 13.5 | 52.9 | 52.5 | 73.9 | 40.7 | 22.5 |
| 2001 | 17.2 | 49.5 | 66.4 | 78.5 | 31.9 | 14.4 |
| 2002 | 14.7 | 44.9 | 57.7 | 69.3 | 34.6 | 13.5 |
| 2003 | 5.5 | 39.7 | 68.8 | 69.0 | 35.8 | 18.5 |
| 2004 | 11.2 | 27.6 | 63.9 | 74.3 | 33.0 | 17.7 |
| 2005 | 7.3 | 30.5 | 55.8 | 78.0 | 30.2 | 15.7 |
| 2006 | 6.8 | 26.7 | 52.8 | 77.6 | 30.8 | 14.9 |
| 2007 | 10.4 | 21.7 | 43.1 | 77.6 | 27.1 | 13.1 |
| 2008 | 9.2 | 18.7 | 38.2 | 58.3 | 33.1 | 18.2 |

주: ID(인도네시아), ML(말레이시아), PH(필리핀), SG(싱가포르), TH(태국), VT(베트남)
자료: Comtrade Database, UN 이용 계산

그림 5-2 | 한국의 대동남아 수입 중 산업내무역 (단위: 백만 달러)

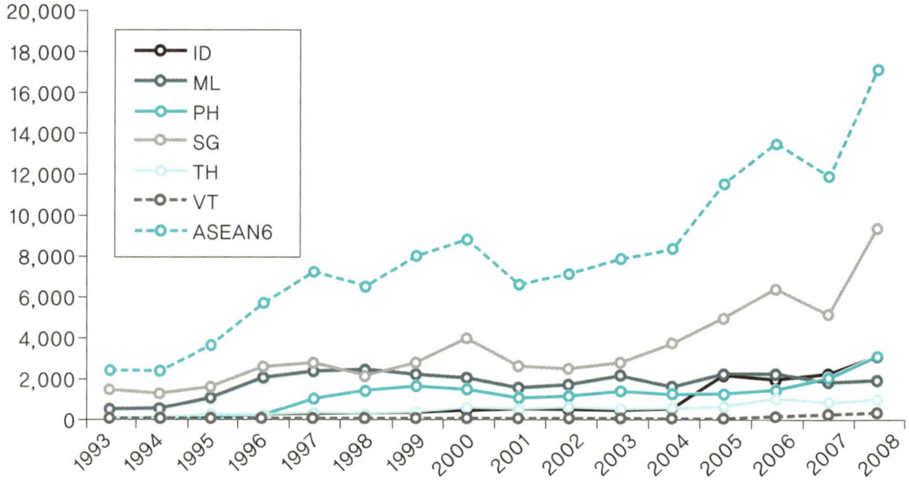


주: ID(인도네시아), ML(말레이시아), PH(필리핀), SG(싱가포르), TH(태국), VT(베트남)
자료: Comtrade Database, UN 이용 계산

| 표 5-4 | 한국의 대동남아 수입 중 산업내무역 비중 (단위: %)

| | ID | ML | PH | SG | TH | VT |
|---|---|---|---|---|---|---|
| 1996 | 7.4 | 48.9 | 16.7 | 40.9 | 13.8 | 5.5 |
| 1997 | 12.4 | 55.6 | 40.3 | 48.1 | 20.2 | 4.0 |
| 1998 | 8.6 | 68.9 | 58.0 | 57.7 | 18.4 | 3.8 |
| 1999 | 18.9 | 63.0 | 55.7 | 58.0 | 32.9 | 4.4 |
| 2000 | 15.7 | 57.6 | 47.1 | 71.7 | 37.7 | 3.9 |
| 2001 | 19.0 | 57.6 | 49.0 | 65.6 | 28.0 | 4.2 |
| 2002 | 19.5 | 57.0 | 48.3 | 60.1 | 31.5 | 3.2 |
| 2003 | 13.5 | 57.5 | 54.2 | 61.4 | 25.3 | 3.3 |
| 2004 | 19.4 | 36.4 | 42.5 | 66.7 | 23.2 | 4.9 |
| 2005 | 42.9 | 50.8 | 42.8 | 67.3 | 20.3 | 4.5 |
| 2006 | 39.2 | 43.2 | 42.5 | 67.9 | 26.7 | 3.6 |
| 2007 | 37.6 | 31.2 | 33.4 | 43.3 | 22.2 | 4.4 |
| 2008 | 38.9 | 33.2 | 30.6 | 57.0 | 18.8 | 5.2 |

주: ID(인도네시아), ML(말레이시아), PH(필리핀), SG(싱가포르), TH(태국), VT(베트남)
자료: Comtrade Database, UN 이용 계산

## 5.2 한국 해외직접투자에서 동남아의 중요성 및 대동남아 직접투자의 특징

1968년부터 2011년 3월 말까지의 해외투자누계액을 기준으로 할 때 한국의 총해외 직접투자액은 1,690억 달러에 달하며, 그 중 동남아(ASEAN6)에 대한 직접투자액은 203억 달러로 전체 직접투자액의 12%(제조업 기준 15.5%)를 차지한다([표 5-5], [표 5-6] 참조). 이는 한국의 총 해외직접투자액에서 중국이 차지하는 비중 19.1%(제조업 기준 38.6%)보다는 낮으나, 여전히 동남아가 한국의 주요 투자대상국이라는 것을 의미한다. [표 5-7]은 동남아국가들과 중국에 대한 한국의 직접투자액 추이를 보여주고 있다. 아시아 금융위기 직후인 1997~1999년, 그리고 글로벌 금융위기 직후인 2009년을 제외하고는 전체적으로 한국의 동남아국가들에 대한 해외직접투자는 증가추세에 있다. 특히 2000년대 중반 이후 투자규모가 크게 확대되었다. 또한 추세적으로 볼 때 동남아국가에 대한 해외직접투자는 중국에 대한 해외직접투자와 같은 추세를 보이고 있는 점이 주목할 만하다. 이는 중국에 대한 해외직접투자가 동남아에 대한 해외직접투자를 구축하는 효과가 크지 않았다는 것을 의미하기 때문이다.

한국의 동남아에 대한 전체 해외직접투자액을 국가별로 살펴보면, 분석대상국가 중 한국과 수교관계(1992년)가 가장 늦었던 베트남에 대한 투자가 오히려 가장 많았고, 다음이 인도네시아, 싱가포르, 말레이시아 순이다([표 5-5] 참조). 이는 베트남의 높은 성장잠재력 그리고 양질의 풍부한 저임금 노동력이 높이 평가되면서 2000년 이후 섬유제품과 1차 금속업종을 중심으로 많은 한국업체들이 베트남에 진출한 데 기인한다.

한편 1968년부터 2011년 3월까지 동남아국가에 대한 누적 해외직접투자액을 기준으로 제조업종에 있어 가장 많은 투자가 이루어진 나라는 베트남, 인도네시아, 말레이시아 순이다. [표 5-5]에서 볼 수 있듯이 한국의 동남아에 대한 직접투자에 있어 발견되는 한 가지 특징은 제조업 중심이라는 점이다. 한국의 세계에 대한 전체 직접투자액 중에서 제조업 비중이 38.8%인 데 반해 동남아시아(ASEAN6)에 대한 투자 중 제조업 비중은 50%이다([표 5-5] 참조). 제조업의 높은 비중은 중국에 대한 직접투자의 경우에 있어서도 마찬가지인데, 이는 중국과 더불어 동남아시아가 한국의 생산기지 역할을 하고 있음을 보여준다. 한국의 동남아국가에 대한 직접투자 중 제조업 비중이 높은 국가는 말레이시아, 필리핀, 태국, 베트남, 인도네시아, 싱가포르 순으로 나타났다. 특히 말레이시아에 있어 제조업 비중이 높게 나타난 이유는 2010년 제조업 중 화학관련 제조업종(구체적으로 호남석유화학)에서 대규모 투자가 이루어진 데 기인한다. 동남아국가에 대한 직접투자 중 국가별 제조업 비중을 살펴보면 싱가포르를 제외하고는 대체로 50~60%대로 비슷하다.

[표 5-8]은 한국의 동남아시아에 대한 제조업 직접투자를 업종별로 보여주고 있다. 1968~2011년 상반기 동안의 누적투자액을 기준으로 할 때, 화학물질 및 화학제품(의약품제외) 업종의 투자가 18.5%로 가장 많았으며, 전자부품 · 컴퓨터 · 영상 · 음향 · 통신장비 업종의 투자가 14.3%로 다음으로 많았다. 그 이외에도 1차 금속(9.2%), 의복 및 모피제품(8.4%), 섬유제품(의복 제외)(7.7%) 업종에 대한 투자가 많았다. 동남아에 대한 투자에 있어 업종별 특징은 섬유 및 의복, 화학 및 전자관련 업종이 주를 이루고 있다는 점이다.

**표 5-5 한국의 국별 해외직접투자액 및 제조업 비중** (단위: 백만 달러, %)

| | 전 산업 | 제조업 | 제조업 비중 |
|---|---|---|---|
| 인도네시아 | 4,755 | 2,416 | 50.8 |
| 말레이시아 | 2,943 | 1,899 | 64.5 |
| 필리핀 | 1,554 | 956 | 61.5 |
| 싱가포르 | 3,347 | 649 | 19.4 |
| 태국 | 1,192 | 693 | 58.1 |
| 베트남 | 6,551 | 3,566 | 54.4 |
| ASEAN6 | 20,343 | 10,177 | 50.0 |
| 중국 | 32,380 | 25,371 | 78.4 |
| 전 세계 | 169,269 | 65,658 | 38.8 |

주: 투자 실행액 기준. 1968~2011. 3월 말 누적기준
자료: 해외투자통계, 한국수출입은행 이용 계산

**표 5-6 한국의 전체 해외직접투자액 중 각국의 비중** (단위: %)

| | 전 산업 | 제조업 |
|---|---|---|
| 인도네시아 | 2.8 | 3.7 |
| 말레이시아 | 1.7 | 2.9 |

| | | |
|---|---|---|
| 필리핀 | 0.9 | 1.5 |
| 싱가포르 | 2.0 | 1.0 |
| 태국 | 0.7 | 1.1 |
| 베트남 | 3.9 | 5.4 |
| ASEAN6 | 12.0 | 15.5 |
| 중국 | 19.1 | 38.6 |

주: 투자 실행액 기준. 1968~2011. 3월 말 누적기준
자료: 해외투자통계, 한국수출입은행 이용 계산

**표 5-7 한국의 국별 및 연도별 해외직접투자액(제조업)** (단위: 백만 달러)

| | ID | ML | PH | SG | TH | VT | ASEAN6 | CH |
|---|---|---|---|---|---|---|---|---|
| 1990 | 191.5 | 48.0 | 37.6 | 9.3 | 35.8 | – | 322.3 | 21.8 |
| 1991 | 112.2 | 69.3 | 45.2 | 2.8 | 25.6 | – | 255.1 | 41.2 |
| 1992 | 146.6 | 22.8 | 20.2 | 0.3 | 25.7 | 16.8 | 232.3 | 117.3 |
| 1993 | 36.4 | 23.2 | 13.2 | 2.9 | 33.9 | 25.0 | 134.6 | 248.9 |
| 1994 | 45.1 | 17.0 | 42.2 | 3.1 | 25.4 | 74.0 | 206.8 | 578.9 |
| 1995 | 187.9 | 109.0 | 35.1 | 4.8 | 20.5 | 156.9 | 514.2 | 707.2 |
| 1996 | 142.0 | 44.9 | 44.1 | 1.3 | 26.9 | 83.9 | 343.1 | 736.4 |
| 1997 | 105.4 | 13.3 | 32.9 | 10.4 | 32.7 | 77.4 | 272.2 | 512.2 |
| 1998 | 79.3 | 7.8 | 64.6 | 24.1 | 33.7 | 62.6 | 272.2 | 597.7 |
| 1999 | 104.0 | 5.4 | 72.9 | 35.3 | 7.8 | 39.0 | 264.5 | 295.0 |
| 2000 | 71.8 | 2.9 | 142.0 | 51.2 | 19.5 | 35.7 | 323.1 | 579.2 |
| 2001 | 160.0 | 4.1 | 57.7 | 6.9 | 27.3 | 41.5 | 297.5 | 596.1 |
| 2002 | 58.5 | 6.8 | 20.9 | 1.3 | 21.7 | 133.4 | 242.5 | 969.1 |
| 2003 | 25.2 | 6.0 | 12.4 | 170.7 | 14.9 | 102.5 | 331.7 | 1,574.0 |
| 2004 | 35.1 | 20.2 | 7.7 | 42.5 | 30.6 | 84.7 | 220.7 | 2,153.8 |
| 2005 | 77.1 | 6.0 | 21.4 | 22.6 | 43.5 | 178.1 | 348.8 | 2,256.6 |
| 2006 | 103.5 | 10.7 | 16.4 | 1.8 | 52.3 | 296.1 | 480.8 | 2,882.9 |
| 2007 | 142.8 | 24.8 | 24.2 | 141.1 | 95.6 | 620.5 | 1,049.0 | 3,799.4 |
| 2008 | 205.0 | 50.3 | 45.4 | 84.9 | 63.0 | 665.0 | 1,113.6 | 2,316.1 |
| 2009 | 78.6 | 38.8 | 26.1 | 8.9 | 18.3 | 304.4 | 475.1 | 1,692.9 |
| 2010 | 171.4 | 1,351.8 | 151.0 | 22.1 | 35.0 | 449.9 | 2,181.2 | 2,283.9 |

주: 투자 실행액 기준. 1990년은 1968~1990년 누적기준. ID(인도네시아), ML(말레이시아), PH(필리핀), SG(싱가포르), TH(태국), VT(베트남), CH(중국)
자료: 해외투자통계, 한국수출입은행 이용 계산

**| 표 5-8 | 한국의 대동남아 업종별 해외직접투자(제조업)** (단위: 백만 달러, %)

| | ID | ML | PH | SG | TH | VT | 합계 | 비중 |
|---|---|---|---|---|---|---|---|---|
| Total | 2,497 | 1,906 | 976 | 779 | 718 | 3,659 | 10,535 | 100 |
| 식료품 | 347 | 4 | 119 | 56 | 9 | 147 | 681 | 6.5 |
| 음료 | 0 | 0 | 103 | 0 | 0 | 0 | 103 | 1.0 |
| 섬유제품(의복 제외) | 303 | 2 | 25 | 0 | 3 | 480 | 813 | 7.7 |
| 의복, 의복액세서리 및 모피제품 | 327 | 0 | 39 | 53 | 2 | 463 | 885 | 8.4 |
| 가죽, 가방 및 신발 | 146 | 0 | 18 | 0 | 14 | 294 | 472 | 4.5 |
| 목재 및 나무제품 (가구 제외) | 92 | 23 | 2 | 0 | 0 | 10 | 128 | 1.2 |
| 펄프, 종이 및 종이제품 | 10 | 6 | 2 | 0 | 62 | 33 | 114 | 1.1 |
| 인쇄 및 기록매체 복제업 | 4 | 0 | 1 | 0 | 1 | 6 | 12 | 0.1 |
| 코크스, 연탄 및 석유정제품 | 104 | 6 | 0 | 281 | 0 | 3 | 395 | 3.7 |
| 화학물질 및 화학제품(의약품 제외) | 200 | 1,354 | 48 | 121 | 39 | 182 | 1,944 | 18.5 |
| 의료용물질 및 의약품 | 4 | 4 | 1 | 0 | 0 | 32 | 40 | 0.4 |
| 고무제품 및 플라스틱제품 | 114 | 14 | 7 | 1 | 7 | 175 | 318 | 3.0 |
| 비금속 광물제품 | 34 | 58 | 22 | 6 | 13 | 102 | 236 | 2.2 |
| 1차금속 | 120 | 163 | 16 | 32 | 122 | 516 | 969 | 9.2 |
| 금속가공제품(기계 및 가구제외) | 113 | 27 | 72 | 1 | 128 | 161 | 502 | 4.8 |
| 전자부품, 컴퓨터, 영상, 음향 및 통신장비 | 338 | 189 | 372 | 61 | 187 | 357 | 1,505 | 14.3 |
| 의료, 정밀, 광학기기 및 시계 | 15 | 3 | 13 | 18 | 4 | 25 | 77 | 0.7 |
| 전기장비 | 28 | 23 | 12 | 2 | 20 | 310 | 394 | 3.7 |
| 기타 기계 및 장비 | 27 | 14 | 60 | 10 | 18 | 112 | 241 | 2.3 |
| 자동차 및 트레일러 | 67 | 9 | 10 | 0 | 17 | 140 | 243 | 2.3 |
| 기타 운송장비 | 1 | 0 | 24 | 83 | 0 | 33 | 141 | 1.3 |
| 가구 | 5 | 2 | 1 | 4 | 0 | 20 | 32 | 0.3 |
| 기타 제품 | 97 | 4 | 11 | 50 | 71 | 57 | 289 | 2.7 |

주: 투자 실행액 기준. 1968~2011. 6월 누적기준. ID(인도네시아), ML(말레이시아), PH(필리핀), SG(싱가포르), TH(태국), VT(베트남)

자료: 해외투자통계, 한국수출입은행 이용 계산

## 5.3 한국의 동남아에 대한 직접투자와 무역관계

김완중(2012a)의 연구에 따르면, 한국의 동남아에 대한 FDI는 한국의 전체적인 교역을 감소시키는 것으로 분석되었다. 즉 FDI가 수출을 대체하는 것으로 나타났다. 그러나 FDI가 산업내교역과 산업간교역에 미치는 영향은 달랐다. 한국의 동남아에 대한 FDI는 이론과 부합되게 산업내교역을 확대시키는 방향으로 작용한 반면, 산업간교역은 축소시키는 것으로 나타났다. 특히 산업내무역 중에서 수평적 산업내무역에는 부정적으로 작용한 반면, 수직적 산업내무역[2]에는 긍정적으로 작용했다. FDI가 산업내무역, 특히 수직적 무역에 긍정적으로 작용한 것은 한국의 동남아에 대한 투자가 수평적 FDI보다는 수직적 FDI라는 점을 고려할 때 어렵지 않게 이해할 수 있다. 즉 수직적 FDI 확대는 자본재와 원자재의 교역을 유발하기 때문이다.

한편 FDI 확대가 산업간교역을 축소시켰다는 분석결과는 자본이라는 생산요소의 이동으로 비교우위에 입각한 산업간교역의 유인이 축소된 결과로 이해할 수 있다. 이러한 결과는 동남아에 대한 FDI가 수출에 미치는 영향에 있어서도 동일하게 나타났다. 이러한 분석결과는 무역이론과 부합되는 것이다. 즉 한국의 동남아에 대한 해외직접투자는 한국의 동남아에 대한 자본재 및 원부자재교역을 유발시켜 수직적 산업내교역을 확대시켰다는 것으로 이해할 수 있다. 해외직접투자는 생산요소의 이동이라는 점을 고려할 때, 생산요소부존량의 상대적 차이에 근거한 산업간교역이 축소될 것이라는 점에서 김완중(2012)의 연구 결과는 이론과 상치되지 않는다.

[2] 수평적 산업내무역과 수직적 산업내무역의 정의는 제11장의 11.1.2를 참조할 수 있다.

# 6 Chapter 한국에 있어 동남아경제의 의미(2): 생산공정별 교역

## 6.1 한 · ASEAN 교역(수출)특징 및 ASEAN의 중요성

한국 수출에 있어 ASEAN은 중국에 이어 제2위 수출대상국으로 한국의 총수출에 있어 ASEAN10 비중은 2008년 11.6%였다([표 6-1] 참조). 개별수출 대상국가 중 중국(21.7%)보다는 낮았지만, 미국(10.98%)보다 높은 비중이다. ASEAN을 기존 ASEAN6 국가(인도네시아, 말레이시아, 태국, 필리핀, 싱가포르, 브루나이)와 나중에 ASEAN에 가입한 CLMV국가(캄보디아, 라오스, 말레이시아, 베트남)로 나누어 살펴보면, 한국의 수출의 내부분은 기존 ASEAN6 국가에 집중되고 있다. 그러나 한국의 전체 대동남아 수출에서 CLMV 국가 비중이 빠르게 높아지고 있다. 전체 대동남아 수출에서 CLMV 국가 비중은 1998년 10.3%에서 2008년 17.0%로 높아졌다.

한국의 대동남아 수출 비중을 국가별로 살펴보면, 싱가포르, 베트남, 인도네시아, 태국 비중이 높아졌는데, 특히 싱가포르와 베트남 비중이 크게 확대되었다. 2008년 기준으로 한국 총수출에서 싱가포르가 차지하는 비중은 3.8%로 동남아국가 중에서 가장 높았다. 반면, 말레이시아와 필리핀의 비중은 낮아지고 있다. ASEAN은 일본과 중국 등 여타 동아시아국가들에 있어서도 매우 중요한 협력파트너로 인식되고 있는데, 한국뿐만 아니라 일본, 중국 역시 ASEAN과 FTA를 체결한 상태이다.

**표 6-1 한국 전체 수출에서 ASEAN이 차지하는 비중**

| | 1998 | 2003 | 2008 |
|---|---|---|---|
| 브루나이 | 0.01 | 0.02 | 0.02 |
| 인도네시아 | 1.34 | 1.74 | 1.86 |
| 말레이시아 | 2.71 | 1.98 | 1.36 |
| 필리핀 | 2.14 | 1.53 | 1.18 |
| 싱가포르 | 3.06 | 2.38 | 3.82 |
| 태국 | 1.09 | 1.30 | 1.35 |
| ASEAN6 | 10.35 | 8.95 | 9.59 |
| 베트남 | 1.03 | 1.32 | 1.83 |
| 캄보디아 | 0.05 | 0.05 | 0.07 |
| 라오스 | 0.00 | 0.00 | 0.01 |
| 미얀마 | 0.11 | 0.09 | 0.06 |
| CLMV | 1.19 | 1.46 | 1.97 |
| ASEAN10 | 11.54 | 10.41 | 11.56 |

자료: DOT CD-ROM, IMF 이용 계산

## 6.2 생산단계별 한·ASEAN 교역 특징

### 6.2.1 생산단계별 한국의 대ASEAN 수출

일반적으로 국가 간 교역은 상품별로 분류(HS, SITC 코드 등으로 분류)하지만, 그와 달리 상품용도별로 분류(BEC 코드로 분류)[1]하기도 한다. BEC(Broad Economic Categories) 코드에 의한 무역분류는 크게 1차산품, 중간재, 그리고 최종재 3단계로 분류된다. 중간재는 다시 반제품, 부품 및 부분품으로 나눌 수 있으며, 최종재의 경우 자본재와 소비재로 나눌 수 있다. 상품용도별 무역분류의 구체적인 내용은 [표 6-2]와 같다. 국가 간 수출입을 상품용도별로 나누어 살펴보는 것은 생산활동에 있어서 교역국가 간 분업관계를 이해할 수 있다는 장점이 있다.

[1] 국제표준무역분류(SITC)에 의해 수집된 무역자료를 최종 용도별로 재분류한 것

**표 6-2** 단계별 BEC 코드 분류

| 3단계 | 5단계 | BEC 코드 | BEC 제품명 |
|---|---|---|---|
| 1차산품 | | 111 | 산업용 식음료품 |
| | | 21 | 산업용 원자재 |
| | | 31 | 연료 및 윤활유 |
| 중간재 | 반제품* | 121 | 가공된 산업용 식음료품 |
| | | 22 | 가공된 산업용 원자재 |
| | | 321 | 자동차 차체 |
| | | 322 | 가공된 연료 및 윤활유 |
| | 부품 및 부분품** | 42 | 운송장비를 제외한 자본재의 것 |
| | | 53 | 운송장비의 것 |
| 최종재 | 자본재 | 41 | 운송장비를 제외한 자본재 |
| | | 521 | 산업용 운송장비 |
| | 소비재 | 112 | 가정용 식음료 제품 |
| | | 122 | 가정용 식음료 반제품 |
| | | 51 | 승객용 자동차 |
| | | 522 | 기타 비산업용 운송장비 |
| | | 61 | 내구성 소비재 |
| | | 62 | 반내구성 소비재 |
| | | 63 | 비내구성 소비재 |

* 반제품(half finished product)은 제조과정의 일부를 완료하고 난 후 다음 공정으로 연계되지 않고 대기 상태에 있는 생산물로서 그 자체로도 판매가 가능한 것

** 부품(parts)은 원형 그대로 제품에 부착되어 제품의 조성부분이 되는 재료

자료: UN Statistical Division 자료 활용 재정리

### 부품과 반제품

- **부품**: 기계 혹은 제품의 어떤 부분에 쓰는 물품으로써 한 제품이 기능을 발휘할 수 있도록 구성하는 것으로 부분품이라고도 함(아래는 자동차의 부품)

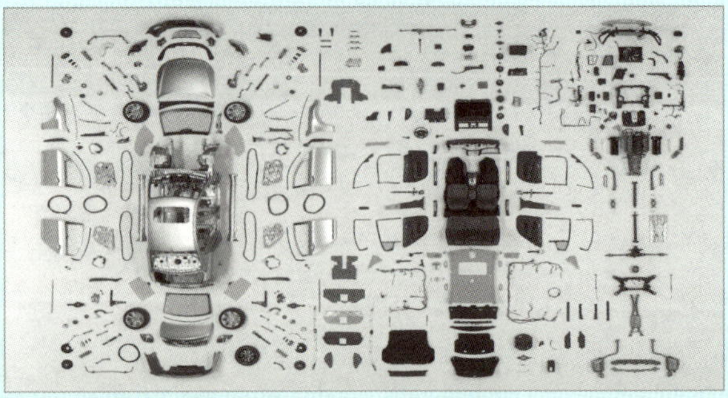

• **반제품**: 완제품의 재료로 쓰기 위하여 기초 원료를 가공한 중간 제품. 또는 모든 제조과정을 거치지는 않았으나, 그대로 저장과 판매가 가능한 중간제품(아래는 자동차의 반제품)

르노삼성 'QM5 반제품(KD)' 인도에 첫 수출 한국경제(2011. 5.16)

• **자본재**: 부의 생산을 위해 사용되는 토지 이외의 물질적 경제재 또는 인간에 의해 생산된 생산수단 또는 중간생산물

한국의 동남아(ASEAN10)에 대한 수출에 있어서 두드러진 특징은 중간재 비중이 최종재 비중에 비해 월등히 높다는 것이다([표 6-3] 참조). 이는 한국, 중국, 일본 등 동북아국가로부터 중간재와 자본재를 수입한 후 최종재를 생산하여 미국, EU 등 선진국으로 수출하는 동남아국가들의 교역에 있어서의 특징이 반영된 것이라 할 수 있다.

**표 6-3 한국의 상품용도별 대동남아 수출비중 추이** (단위: %)

| | 중간재 | | | 최종재 | | | 1차산품 |
|---|---|---|---|---|---|---|---|
| | 반제품 | 부품 및 부분품 | 소계 | 자본재 | 소비재 | 소계 | |
| 1998 | 34.7 | 45.9 | 80.5 | 14.0 | 4.7 | 18.7 | 0.3 |
| 1999 | 32.6 | 45.7 | 78.3 | 14.8 | 6.0 | 20.7 | 0.4 |
| 2000 | 34.5 | 44.1 | 78.5 | 13.8 | 6.7 | 20.4 | 0.5 |
| 2001 | 36.8 | 36.3 | 73.2 | 18.5 | 7.2 | 25.8 | 0.5 |
| 2002 | 35.2 | 37.1 | 72.3 | 20.2 | 6.5 | 26.6 | 0.5 |
| 2003 | 33.2 | 37.6 | 70.8 | 21.0 | 7.1 | 28.1 | 0.4 |
| 2004 | 35.5 | 37.3 | 72.8 | 18.8 | 7.5 | 26.3 | 0.4 |
| 2005 | 36.6 | 34.2 | 70.7 | 20.8 | 7.5 | 28.3 | 0.5 |
| 2006 | 37.4 | 35.8 | 73.2 | 20.2 | 5.6 | 25.8 | 0.5 |
| 2007 | 36.7 | 32.2 | 68.9 | 24.9 | 5.0 | 29.9 | 0.5 |
| 2008 | 40.8 | 26.4 | 67.2 | 27.2 | 4.6 | 31.8 | 0.5 |

주: 비중의 합이 100이 되지 않는 것은 기타제품 비중이 존재하기 때문임.
자료: Comtrade Database, UN.

한국의 동남아에 대한 수출에 있어 중간재 비중이 높게 유지되고 있으나, 중간재 비중 축소 및 최종재 비중 확대라는 구조적 변화가 나타나고 있다. 한국의 대동남아 수출 중 중간재 비중이 1998년 80.8%에 달했으나 2008년 67.5%로 크게 축소된 반면, 최종재의 경우 18.8%에서 31.9%로 확대되었다.

한국의 동남아(ASEAN10)에 대한 수출에서 중간재 중 반제품의 비중이 지속적으로 확대되고 있는 반면, 부품 및 부분품의 비중은 축소되고 있는 것도 두드러진 특징이라 할 수 있다. 이러한 구조 변화에 대한 이유는 면밀히 분석해 보아야 확인할 수 있을 것이나, 생산기지로서의 중국의 부상에 따라 한·중·일 3국 및 동남아에서 생산을 하고 있는 다국적기업들의 생산분할에 있어서 동남아의 역할 변화와 연관되어 있을 것으로 판단된다.

한편 한국의 대동남아 수출에서 최종재 중 하나인 자본재 비중 역시 꾸준히 확대되고 있는 것도 특징 중 하나라 할 수 있다. 자본재 비중은 1998년 14.1%에서 2008년 27.3%로 크게 높아졌다. 반면 최종재 중 소비재 비중은 여전히 낮고 오히려 감소되었다. 이상을 종합할 때 한국의 동남아에 대한 수출은 여전히 생산과 관련된 중간재 및 자본재 중심으로 이루어지고 있는바, 소비재 시장으로서 동남아의 중요성은 여전히 높지 않다고 할 수 있다.

### 6.2.2 한국의 상품용도별 대ASEAN 수출구조: 수출대상국 구조 변화

다음으로 한국의 대동남아 수출에 있어 대상국가별 구조를 상품용도별로 살펴보면 다음과 같다. 첫째, 한국의 대동남아 1차산품 수출은 1998년 싱가포르, 베트남, 인도네시아 중심에서 2008년 베트남, 캄보디아, 필리핀, 태국, 말레이시아, 싱가포르로 다변화되었다([표 6-4] 참조). 특히 필리핀과 태국에 대한 비중이 상대적으로 크게 확대되었다. 그럼에도 불구하고 한국의 동남아에 대한 1차산품 수출 중 베트남의 비중은 여전히 높게 유지되고 있다.

**| 표 6-4 | 한국의 상품용도별 대동남아 수출에서 동남아 각국의 비중: 1차산품**

| | 1998 | 2003 | 2008 |
|---|---|---|---|
| 인도네시아 | 18.9 | 11.4 | 7.7 |
| 캄보디아 | 13.2 | 20.5 | 15.4 |
| 라오스 | 0.0 | 0.0 | 0.0 |
| 미얀마 | 0.2 | 0.7 | 3.4 |
| 말레이시아 | 9.8 | 18.4 | 11.3 |
| 필리핀 | 2.5 | 16.7 | 13.4 |
| 싱가포르 | 25.5 | 14.8 | 11.3 |
| 태국 | 5.6 | 6.3 | 12.1 |
| 베트남 | 24.3 | 11.3 | 25.5 |
| 브루나이 | 0.0 | 0.0 | 0.0 |

자료: Comtrade Database, UN 이용 계산

둘째, 한국의 동남아에 대한 중간재 수출은 1998년까지 말레이시아와 싱가포르를 중심으로 필리핀과 인도네시아 등에 집중되었으나, 2008년 말레이시와 필리핀 비중이 크게 축소된 반면 태국, 베트남 비중이 크게 확대되고 있다([표 6-5] 참조). 2008년 기준으로 한국의 대동남아 중간재 수출에 있어 싱가포르 비중이 24%로 가장 높으며 다음으로 태국, 베트남, 말레이시아 순으로 높은 비중을 보였다. 그러나 중간재 중

**표 6-5 한국의 상품용도별 대동남아 수출에서의 동남아 각국 비중: 중간재**

| | | 1998 | 2003 | 2008 |
|---|---|---|---|---|
| 반제품 | 인도네시아 | 22.6 | 26.8 | 20.5 |
| | 캄보디아 | 0.5 | 0.8 | 0.9 |
| | 라오스 | 0.1 | 0.0 | 0.0 |
| | 미얀마 | 1.0 | 1.3 | 1.1 |
| | 말레이시아 | 9.3 | 12.1 | 12.2 |
| | 필리핀 | 14.5 | 11.5 | 10.3 |
| | 싱가포르 | 19.4 | 10.2 | 12.5 |
| | 태국 | 14.5 | 15.3 | 20.6 |
| | 베트남 | 17.9 | 21.9 | 21.8 |
| | 브루나이 | 0.3 | 0.1 | 0.1 |
| 부품 및 부분품 | 인도네시아 | 3.3 | 11.3 | 6.8 |
| | 캄보디아 | 0.0 | 0.1 | 0.2 |
| | 라오스 | 0.0 | 0.0 | 0.1 |
| | 미얀마 | 0.5 | 0.1 | 0.1 |
| | 말레이시아 | 38.4 | 25.8 | 19.8 |
| | 필리핀 | 24.0 | 19.9 | 15.1 |
| | 싱가포르 | 26.4 | 30.7 | 41.6 |
| | 태국 | 6.0 | 9.1 | 10.9 |
| | 베트남 | 1.4 | 2.9 | 5.4 |
| | 브루나이 | 0.0 | 0.0 | 0.1 |
| 중간재 | 인도네시아 | 11.6 | 18.6 | 15.1 |
| | 캄보디아 | 0.2 | 0.4 | 0.6 |
| | 라오스 | 0.0 | 0.0 | 0.0 |
| | 미얀마 | 0.7 | 0.7 | 0.7 |
| | 말레이시아 | 25.9 | 19.3 | 15.2 |
| | 필리핀 | 19.9 | 16.0 | 12.2 |
| | 싱가포르 | 23.4 | 21.1 | 23.9 |
| | 태국 | 9.7 | 12.0 | 16.8 |
| | 베트남 | 8.5 | 11.9 | 15.3 |
| | 브루나이 | 0.1 | 0.0 | 0.1 |

자료: Comtrade Database, UN 이용 계산

**표 6-6** 한국의 상품용도별 대동남아 수출에서의 동남아 각국 비중: 최종재

| | | 1998 | 2003 | 2008 |
|---|---|---|---|---|
| 자본재 | 인도네시아 | 9.2 | 12.5 | 11.4 |
| | 캄보디아 | 0.4 | 0.3 | 0.6 |
| | 라오스 | 0.0 | 0.1 | 0.2 |
| | 미얀마 | 2.1 | 1.9 | 0.3 |
| | 말레이시아 | 22.9 | 18.3 | 13.9 |
| | 필리핀 | 11.1 | 10.7 | 5.7 |
| | 싱가포르 | 36.5 | 25.6 | 48.6 |
| | 태국 | 10.6 | 16.6 | 9.5 |
| | 베트남 | 7.2 | 13.9 | 9.7 |
| | 브루나이 | 0.0 | 0.2 | 0.2 |
| 소비재 | 인도네시아 | 15.7 | 15.2 | 10.7 |
| | 캄보디아 | 2.8 | 1.1 | 1.9 |
| | 라오스 | 0.1 | 0.2 | 0.9 |
| | 미얀마 | 1.1 | 0.8 | 1.0 |
| | 말레이시아 | 7.3 | 28.2 | 10.8 |
| | 필리핀 | 13.8 | 8.9 | 13.3 |
| | 싱가포르 | 23.2 | 17.2 | 13.8 |
| | 태국 | 11.6 | 9.3 | 12.3 |
| | 베트남 | 23.9 | 17.8 | 34.0 |
| | 브루나이 | 0.5 | 1.4 | 1.3 |
| 최종재 | 인도네시아 | 10.9 | 13.2 | 11.3 |
| | 캄보디아 | 1.0 | 0.5 | 0.8 |
| | 라오스 | 0.1 | 0.1 | 0.3 |
| | 미얀마 | 1.9 | 1.6 | 0.4 |
| | 말레이시아 | 19.0 | 20.8 | 13.4 |
| | 필리핀 | 11.8 | 10.3 | 6.8 |
| | 싱가포르 | 33.1 | 23.5 | 43.5 |
| | 태국 | 10.8 | 14.8 | 9.9 |
| | 베트남 | 11.4 | 14.9 | 13.2 |
| | 브루나이 | 0.2 | 0.5 | 0.3 |

자료: Comtrade Database, UN 이용 계산

반제품 수출에 있어서는 싱가포르의 비중이 줄고 태국과 베트남의 비중이 크게 확대되었는데, 2008년 기준으로 태국, 베트남, 인도네시아의 비중이 상대적으로 빠르게 확대되었다. 한편 부품 및 부분품의 경우 그동안 말레이시아, 싱가포르의 비중이 가장 높게 유지되어 왔는데, 2008년 말레이시아 비중은 크게 축소되고 싱가포르의 비중이 크게 확대되는 양상을 보였다.

이상을 종합해 보면, 한국의 대동남아 중간재 수출은 싱가포르 중심에서 싱가포르, 말레이시아, 태국, 인도네시아, 베트남으로 다변화되고 있음을 알 수 있다. 1998년과 2008년을 비교해 보면 한국의 대동남아 중간재 수출에서 인도네시아, 베트남, 그리고 태국의 비중은 확대되고 있는 반면 전반적으로 말레이시아, 필리핀 비중은 축소되었다. 이러한 변화는 한국의 인도네시아와 베트남 특히 베트남에 대한 FDI 확대와 관계가 깊다고 할 수 있다. 그럼에도 불구하고 한국의 대동남아 중간재 수출에 있어서는 싱가포르 비중이 여전히 가장 높은 상태이다.

셋째, 한국의 경우 중간재와 마찬가지로 최종재 수출에 있어서도 싱가포르에 대한 의존도가 더욱 높아졌으며, 특히 자본재의 경우 싱가포르 의존도가 크게 심화되었다([표 6-6] 참조). 그러나 최종재 중에서 자본재와 달리 소비재의 경우 다소 다른 양상을 보이는데, 즉 싱가포르의 비중이 축소된 대신 베트남의 비중이 크게 확대되었다. 한국의 대동남아 소비재 수출에 있어 베트남 비중은 1998년 24%에서 2008년 34%로 가장 높게 유지되고 있다. 즉 베트남은 동남아국가 중 한국의 소비재 시장으로서 더욱 중요한 국가가 되고 있다고 할 수 있다.

### 6.2.3 함의

한국의 수출대상국으로서 ASEAN의 중요성은 중국에 대한 수출의존도 심화 가운데서도 여전히 높다 할 수 있다. 이는 ASEAN에 대한 지속적인 통상정책의 강화 필요성을 시사한다 할 수 있다. 중국, 한국, 일본 등에 이어 EU 등 많은 국가들이 ASEAN과의 FTA를 추진하고 있어, ASEAN 시장을 놓고 각국 간 경쟁은 더욱 치열해질 전망이다. 특히 지난 10년 동안 한국의 ASEAN 시장점유율이 소폭 하락 및 횡보하고 있는데 주목할 필요가 있다 하겠다.

특히 아직까지 ASEAN6에 비해 상대적인 중요성은 낮지만 빠르게 커지고 있는 CLMV 국가에 대한 시장점유율 확대를 위한 기업 및 정부차원의 노력을 더욱 강화할 필요가 있다. 베트남과 같은 CLMV 국가이면서도 베트남에 비해 캄보디아, 라오스, 미얀마 시장의 경우 한국의 시장점유율이 크게 낮은바, 이에 대한 원인 분석 및 해당 시장점유율 확대를 위한 전략을 수립할 필요가 있어 보인다. 한국의 대ASEAN 수출에서 각국이 차지하는 비중을 기준으로 할 때 베트남은 말레이시아, 필리핀, 태국보다 더 중요하고, 인도네시아와 거의 같은 정도이나 베트남 시장에서 한국의 점유율이 빠르게 축소되고 있는 것은 우려할 사항이라 할 수 있다.

또한 상품용도를 기준으로 할 때 한국의 대ASEAN은 지나치게 중간재에 치우쳐 있는바, 현지 소비자들을 대상으로 하는 소비재 수출 확대에 보다 많은 관심을 가질 필요가 있다. 중간재 교역이 대종을 이루는 것은 한국이 ASEAN 국가와의 생산네트워크 형성 결과에 따른 것으로서 반드시 나쁘다고는 할 수 없겠으나, 장기적으로는 수출전진 기지로서의 의미보다는 최종재 판매시장으로서 ASEAN에 대한 더 많은 관심이 필요하다 하겠다.

한국의 중간재 수출이 싱가포르 중심에서 말레이시아, 태국, 인도네시아, 베트남 등으로 다변화되고 있는 것은 고무적이라 할 수 있다. 한국의 대ASEAN 중간재 수출에서 있어서 각국이 차지하는 비중을 기준으로 할 때, 인도네시아, 베트남, 태국의 중요성이 높아지고, 말레이시아, 필리핀 비중은 축소되고 있는바, 이는 한국 기업들의 ASEAN 내 생산네트워크 형성에 있어서 구조적 변화를 보여주는 것이라 평가할 수 있다.

또한 한국의 대ASEAN 중간재와 최종재 수출에 있어서 싱가포르에 대한 의존도가 더욱 심화되고 있는데, 대ASEAN 수출의 안정성 차원에서 이러한 추세가 바람직스러운 것인지 따져볼 필요가 있다. 이에 대한 판단을 위해서는 한국의 대싱가포르 수출을 싱가포르 자체에 대한 수출과 중계무역 차원에서 이루어지는 수출로 나누어 엄밀히 분석할 필요가 있다.

## 6.3 한국의 상품용도별 대동남아 교역 추이 및 특징: 산업별 분석

다음으로 한국의 대동남아(ASEAN10) 교역에 있어서 상품용도별 교역 추이 및 특징을 주요 교역산업인 기계산업, 전자산업, 봉제·섬유·의류산업을 중심으로 살펴보자.

첫째, 한국의 동남아에 대한 기계산업 수출은 대체적으로 2000년 초·중반 이후 지속적으로 증가하고 있다. 기계 및 장비제조업, 전기기계 및 전기변환 장치의 대동남아 수출은 2001년 이후 지속적으로 증가하고 있으며, 의료정밀·광학기기·시계제조업의 대동남아 수출은 2005년 이후 급격히 증가하고 있다([그림 6-1]~[그림 6-3] 참조). 특히 한-ASEAN FTA가 발효된 2007년 이후 기계산업에 있어 대동남아 수출은 크게 증가하였는데, 이는 교역 양국의 경제규모 확대 등 여러 요인에 의해서 가능한 바, FTA 효과에 의한 것인지 판단을 위해서는 보다 면밀한 분석 필요하다 하겠다(이에 대해서는 제7장 참조).

그림 6-1 상품용도별 대ASEAN 수출: 기계 및 장비제조업 (단위: 1억 달러)

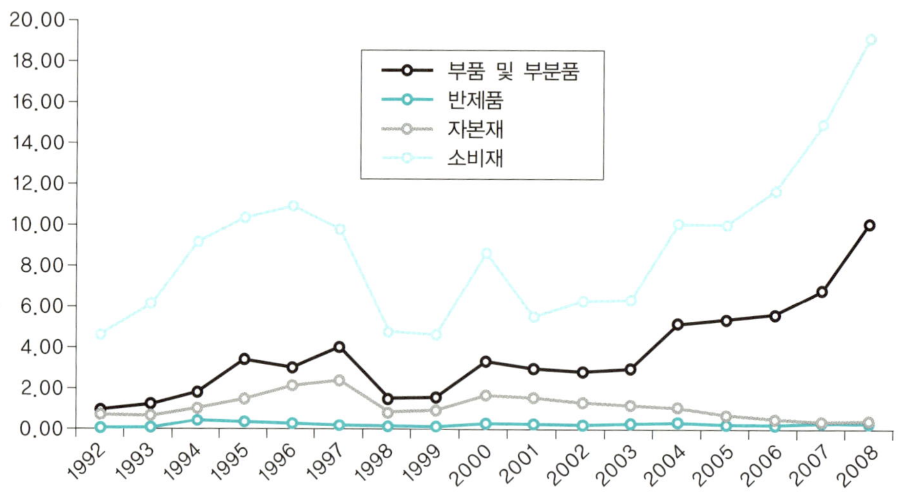


자료: Comtrade Database, UN.

**그림 6-2 | 상품용도별 대ASEAN 수출: 전기기계 및 전기변환장치** (단위: 1억 달러)

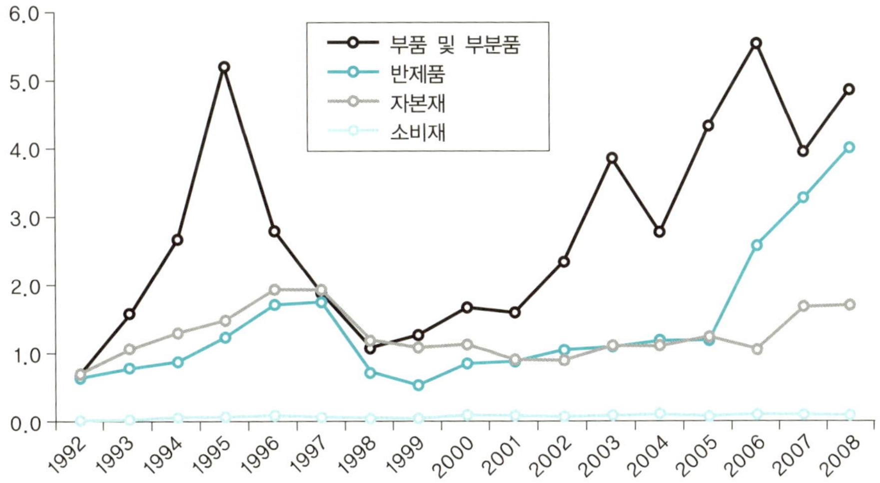


자료: Comtrade Database, UN.

**그림 6-3 | 상품용도별 대ASEAN 수출: 의료정밀 · 광학기기 · 시계제조업**

(단위: 1억 달러)

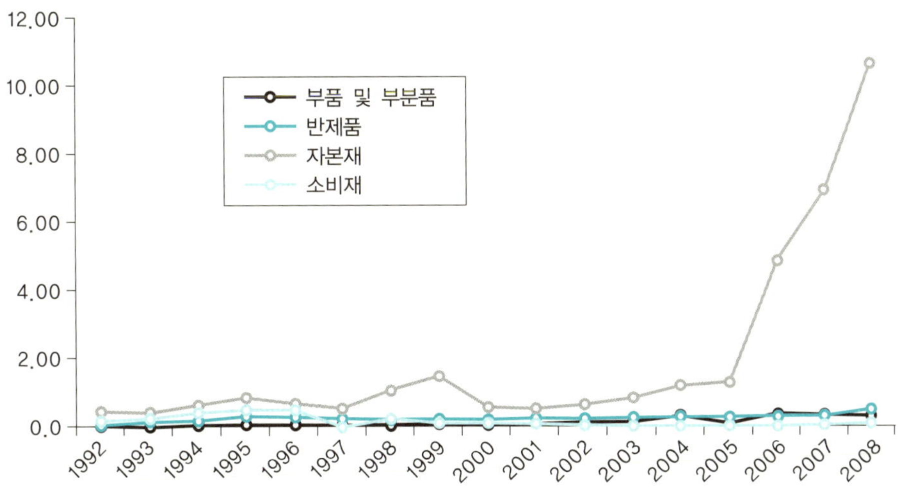


자료: Comtrade Database, UN.

기계산업에 있어 대동남아 수출을 상품용도별로 살펴보면, 대부분의 수출은 중간재(부품 및 부분품과 반제품)와 자본재이며, 소비재 수출은 극히 제한적이라는 특징을 보이고 있다. 기계 및 장비제조업에 있어 수출의 대부분은 자본재이다. 그러나 자본재 비중은 점차 축소되는 반면 부품 및 부분품의 비중이 지속적으로 증가하는 추세이다. 전기기계 및 전기변환 장치산업 역시에 수출의 대부분은 부품 및 부분품, 그리고 반제품이다([표 6-7] 참조). 그러나 의료정밀・광학기기・시계제조업에 있어 한국의 대동남아 수출의 거의 대부분은 자본재로 여타 기계산업과 차이를 보인다.

**표 6-7 기계산업의 상품용도별 대동남아수출 구성비율**

| | | 부품 및 부분품 | 반제품 | 자본재 | 소비재 |
|---|---|---|---|---|---|
| 기계 및 장비 | 1992 | 13.8 | 0.6 | 74.4 | 11.1 |
| | 2000 | 24.2 | 2.4 | 61.4 | 12.0 |
| | 2008 | 33.8 | 1.2 | 63.6 | 1.5 |
| 전기기계* | 1992 | 32.9 | 31.3 | 35.2 | 0.6 |
| | 2000 | 45.1 | 22.8 | 30.4 | 1.7 |
| | 2008 | 45.8 | 37.8 | 15.9 | 0.5 |
| 정밀기기** | 1992 | 3.6 | 15.3 | 56.1 | 25.0 |
| | 2000 | 10.7 | 19.3 | 53.6 | 16.4 |
| | 2008 | 3.0 | 4.7 | 90.9 | 1.4 |

* 전기기계 및 전기변환 장치
** 의료정밀・광학기기・시계제조업
자료: Comtrade Database, UN 자료 이용 계산

둘째, 전자산업에 있어서 대동남아 수출의 장기적 추이는 세부산업별로 차이를 보였다. 즉 전자부품・영상음향 및 통신장비업의 대동남아 수출은 주기적으로 기복을 보이고 있으나, 장기적으로 증가 추세에 있는 반면, 전자산업 중 컴퓨터 및 사무용기기 제조업의 대동남아 수출은 2005년까지 증가추세였으나 이후 감소추세로 전환되어 대조를 보였다([그림 6-4]~[그림 6-5] 참조). 또한 전자산업의 대동남아 수출은 한・ASEAN FTA가 발효된 2007년 직후 오히려 감소를 보여 앞에서 살펴본 기계산업과 다른 양상을 보였다. 전자산업에 있어 대동남아 수출의 많은 부분은 부품 및 부분품이라 할 수 있다. 특히 전자부품・영상음향 및 통신장비업의 경우 부품 및 부분품의 비중이 높다. 즉 전자부품・영상음향 및 통신장비업의 경우 2008년 기준으로 부품 및 부분품 비중은 86.4%에 달했다. 또한 컴퓨터 및 사무용기기 제조업에 있어 한국의 대

동남아 수출은 부품 및 부분품과 더불어 자본재 비중이 높게 유지되고 있다([표 6-8] 참조).

**그림 6-4 | 상품용도별 대ASEAN 수출: 전자부품 · 영상음향 · 통신장비업**

(단위: 1억 달러)

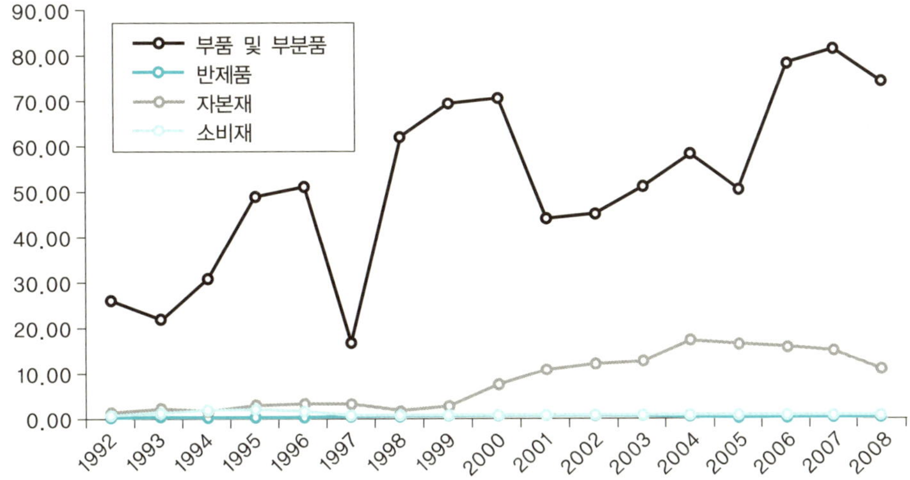


자료: Comtrade Database, UN.

**그림 6-5 | 상품용도별 대ASEAN 수출: 컴퓨터 및 사무용기기 제조업** (단위: 1억 달러)

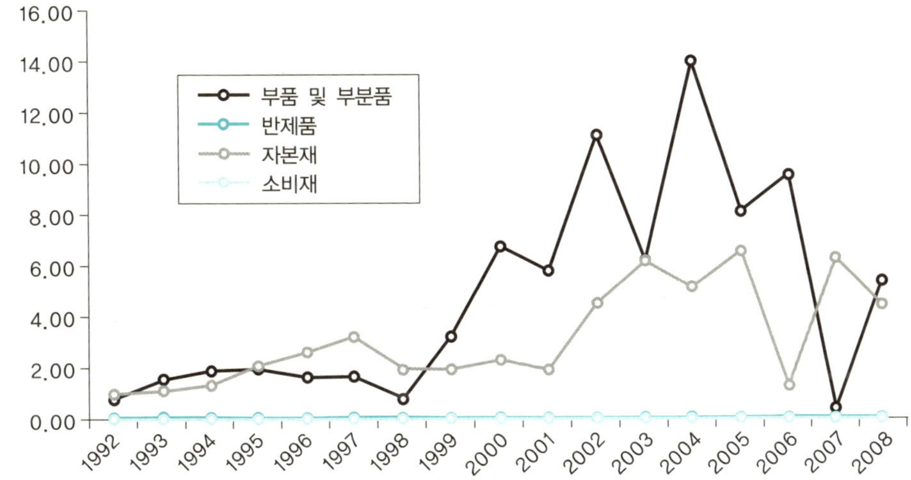


자료: Comtrade Database, UN.

**| 표 6-8 | 전자산업의 상품용도별 대동남아수출 구성비율**

| | | 부품 및 부분품 | 반제품 | 자본재 | 소비재 |
|---|---|---|---|---|---|
| 전자 부품* | 1992 | 92.0 | 0.0 | 5.7 | 2.3 |
| | 2000 | 89.9 | 0.0 | 9.0 | 1.1 |
| | 2008 | 86.4 | 0.0 | 13.1 | 0.5 |
| 컴퓨터** | 1992 | 41.7 | 0.0 | 58.3 | 0.0 |
| | 2000 | 74.2 | 0.0 | 25.8 | 0.0 |
| | 2008 | 54.2 | 0.0 | 45.8 | 0.0 |

* 전자부품 · 영상음향 · 통신장비업
** 컴퓨터 및 사무용기기 제조업
자료: Comtrade Database, UN 자료 이용 계산

셋째, 봉제 · 섬유 · 의류산업의 대동남아 수출은 봉제의복 및 모피제조업을 중심으로 증가추세에 있는 반면, 섬유제품(봉제 · 의복 제외) 수출은 정체상태이다. 봉제의복 및 모피제조업의 경우 대동남아 수출은 2002년 이후 지속적인 증가 추세에 있는데 반해 섬유제품에 있어 수출이 정체된 것은 섬유제품 생산에 필요한 중간재 생산이 현지에서 활발히 이루어지고 있는 것을 반영하고 있다([그림 6-6], [그림 6-7] 참조). 특히 봉제 · 섬유 · 의류산업의 대동남아 수출은 기계산업에서와 마찬가지로 한 · ASEAN FTA가 발효된 2007년 이후 급증하였는데, FTA 효과에 의한 것인지 판단을 위해서는 보다 면밀한 분석이 필요하다.

한편 봉제의복 및 모피제조 산업에 있어 對동남아 수출의 거의 대부분은 소비재인데([표 6-9] 참조), 2008년 기준으로 소비재 비중은 94.6%에 달했다. 반면 섬유제품의 경우 거의 대부분 수출이 반제품인데, 이는 봉제의복 및 모피제조업에 있어 수출에서와 아주 대조적이라 할 수 있다.

그림 6-6 상품용도별 대ASEAN 수출: 봉제의복 및 모피제조업 (단위: 1억 달러)

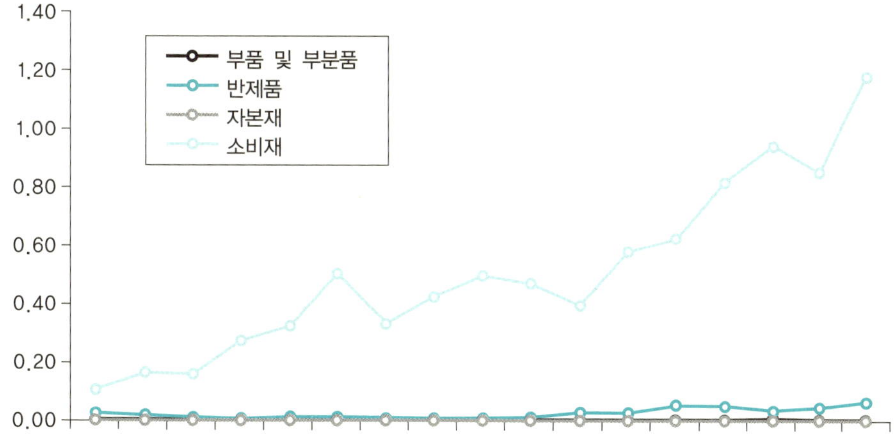


자료: Comtrade Database, UN.

그림 6-7 상품용도별 대ASEAN 수출: 섬유제품 제조업(봉제의복 제외)

(단위: 1억 달러)

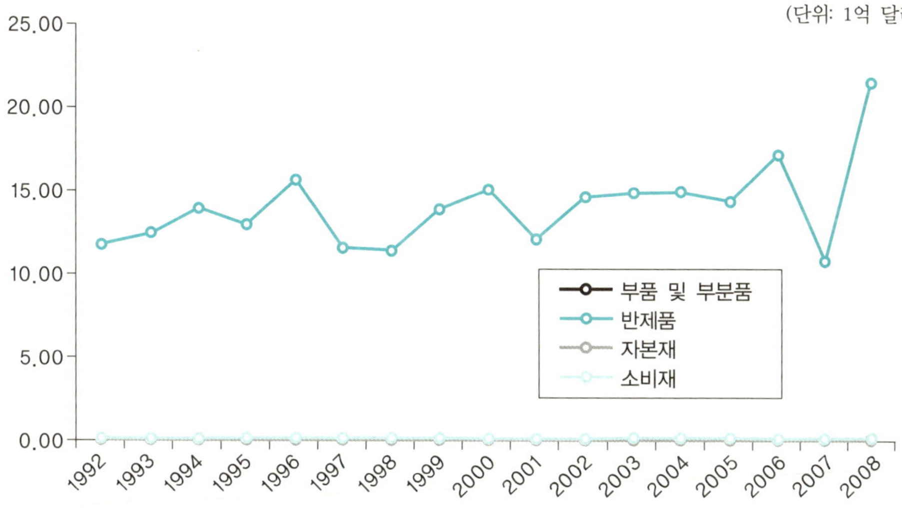


자료: Comtrade Database, UN.

**표 6-9 봉제 · 섬유 · 의류산업의 상품용도별 대동남아수출 구성비율**

| | | 부품 및 부분품 | 반제품 | 자본재 | 소비재 |
|---|---|---|---|---|---|
| 봉제 및 의류* | 1992 | 0.0 | 20.7 | 0.0 | 79.3 |
| | 2000 | 0.0 | 1.5 | 0.0 | 98.5 |
| | 2008 | 0.0 | 5.4 | 0.0 | 94.6 |
| 섬유 제품** | 1992 | 0.1 | 99.0 | 0.0 | 0.9 |
| | 2000 | 0.3 | 98.6 | 0.0 | 1.1 |
| | 2008 | 0.5 | 98.4 | 0.0 | 1.1 |

* 봉제 · 의복 및 모피제조업
** 섬유제품(봉제 · 의복 제외)
자료: Comtrade Database, UN.

한국의 ASEAN에 대한 산업별 및 생산공정별 수출 자료를 분석한 결과, 한국의 대동남아 주요 수출산업인 기계산업, 전자산업, 그리고 봉제 · 섬유 · 의류산업(봉제의복 및 모피제조업 제외)의 경우 수출의 많은 부분이 중간재 및 자본재 중심으로 이루어지고 있다는 점에서 이는 한국의 동남아에 대한 FDI와 다국적기업들의 국제생산분할 과정을 반영한 측면이 강하다 할 수 있다. 중간재 교역이 반드시 국제생산분할을 반영한다고 단정할 수는 없지만, 생산분할이 활발할 경우 중간재 교역이 많아진다는 것을 고려하면, 기계산업의 경우 기계 및 장비제조업과 전기기계 및 전기변환 장치업에서, 그리고 전자산업의 경우 전자부품 · 영상음향 · 통신장비업에서, 섬유산업에서 섬유제품 제조업(봉제의복 제외)에 있어서 생산분할이 활발히 이루어지고 있는 것으로 보인다.

### 국제적 생산분할

생산의 국제적 분할이란 생산활동의 일부가 국경을 넘어 기업 외부에서 수행되는 것을 의미한다(서한식, 2007)(아래 그림 참조). 생산분할이론에 따르면 기업의 국제적인 생산분할은 생산비용 최소화 노력에 따른 것이다. 생산활동을 국경범위 바깥으로 위임할 경우 효율성 제고 및 생산비용을 줄일 수는 있지만, 무역장벽, 공간 및 문화적 거리, 운수송비용, 정보통신비용, 상이한 언어에 따른 의사소통비용, 행정규제 차이에 따른 추가적 비용이 발생하게 된다. 결국 생산의 국제적 분할을 할 것인지에 대한 결정은 생산의 외부위탁에 따른 효율성 이익과 상기 각종 비용의 상대적 크기에 달려있다 할 수 있다.

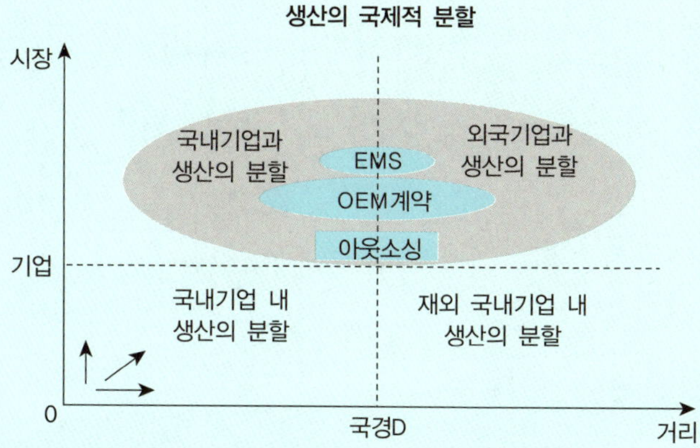


자료: 서한석(2007) 재인용

생산의 국제적 분할이론에서는 생산의 국제적 분할에 수반되는 비용을 서비스링크비용(Service Link Cost)이라는 개념을 사용하여 분석한다. 서비스링크비용이란 여러 다른 나라로 분리되어 생산되는 부품의 공정과 최종재의 공정을 접속시켜주는 데 필요한 비용을 의미한다. 서비스링크비용은 부품을 다른 지역으로 운송하는 운송비, 다른 생산과정을 관리하는 데 소요되는 통신비용 등이 대표적이라 할 수 있다. 정보통신기술의 발달과 운송비용이 하락하면 서비스링크비용이 줄어들어 국제적 생산분할은 보다 활발해질 수 있게 된다.

# 7 Chapter 한국의 동남아에 대한 수출의 국가별 유사성과 차별[1]

동남아는 수출 및 투자 등에 있어 한국의 주요한 경제협력 대상국이라 할 수 있다. 한국의 경제협력 파트너로서 동남아의 중요성은 중국이 한국의 최대 교역 및 투자국이 된 이후에도 변함이 없다. 즉 한국의 총수출에서 차지하는 동남아 비중은 중국과의 수교 이전과 비슷한 수준을 유지하고 있다. 뿐만 아니라 투자에 있어서도 중국과 더불어 동남아는 한국의 주요 투자국으로 자리매김하고 있다.

이렇듯 주요한 경제협력 대상지역임에도 불구하고 한국과 동남아 경제관계에 대한 심도 깊은 학술적 연구는 많이 이루어지지 않고 있다. 본 연구는 한국과 동남아 간 경제관계 중 한국의 동남아에 대한 수출을 집중적으로 분석하고자 한다. 즉 한국의 동남아에 대한 수출과 수출결정요인 간 장기적인 균형관계의 존재 여부를 분석하고, 장기적 균형관계가 존재할 경우, 수출결정요인이 수출에 미치는 영향에 있어 수출대상 국가별 차이점을 비교 분석하고자 한다.

한국의 동남아에 대한 수출입 결정요인에 대한 학술적 연구로는 김완중(2012a)과 조미진 외(2013)를 들 수 있다. 조미진 외(2013)의 경우, 기업별 자료를 활용하고 있다는 장점이 있으나, 분석에 사용된 수출액이 명목 수출액으로 수출가격 변화를 반영하지 못하고 있다. 뿐만 아니라 수출결정요인 중 주요 변수인 수출대상국의 실질 GDP, 환율, 해당 국가에 대한 한국의 FDI를 모형에 포함시키지 않고 있다. 조미진 외(2013)는 수출결정요인 중 상기 주요 변수들을 설명변수에 포함시키지 않고 단지 수출기업의 노동생산성, 기업의 나이, 기업규모더미, 한-ASEAN FTA더미 변수만을

[1] 김완중, 2014, 한국의 대동남아 수출과 수출결정요인의 장기적 균형관계 분석, 동남아시아연구, 제24권 제4호의 내용 중 일부를 발췌하였음을 밝힌다.

가지고 한국의 동남아국가에 대한 수출함수를 추정하였다.

한편 김완중(2012a)은 거시경제변수들을 이용하여 한국의 동남아에 대한 수출결정요인을 분석하였는데, 특히 동남아에 대한 해외직접투자와 수출 간 관계에 초점을 맞추어 분석하였다. 그 연구에 따르면, 한국의 동남아에 대한 해외직접투자는 한국의 동남아에 대한 전체적인 수출을 증가시키는 역할을 하지 못했던 것으로 나타났다. 그러나 교역을 산업내교역과 산업간교역으로 나누어 분석한 결과는 달랐다. 즉 한국의 동남아에 대한 해외직접투자는 동남아에 대한 산업내수출에는 긍정적인 영향을 미친 반면, 산업간수출에는 부정적인 영향을 준 것으로 분석되었다.

김완중(2014)의 연구는 기존의 김완중(2012a)의 연구와 유사하다 할 수 있으나 다음과 같은 점에서 차별성을 갖는다. 첫째, 기존 연구의 경우, 동남아에 대한 수출에 있어서 국가별 차별성을 반영하지 않았다. 즉 수출의 소득탄력성, 수출의 환율탄력성, 수출의 해외직접투자탄력성이 분석 대상 동남아국가에 있어 모두 동일한 것으로 가정하고 분석하였다. 그러나 동남아국가들은 소득수준에 있어서의 차이, 수입구조에 있어서의 차이를 보이고 있고, 한국의 동남아에 대한 직접투자에 있어서도 국가별 차이 등이 존재하는 바, 본 연구는 상기 탄력성들이 국가별로 다를 수 있음을 가정하고 국가별 차이를 반영한 분석을 하고자 한다. 둘째, 기존 연구의 경우, 변수의 안정성을 위해 1차 차분한 자료를 사용하고 있다. 즉 수출과 수출을 결정하는 설명변수 간 단기효과만을 분석하고 있다. 본 연구는 기존 연구와 달리 수출과 수출결정요인 간 장기균형관계를 검정한 후 장기균형관계를 분석한다. 셋째, 기존 연구는 산업내무역 산출에 필요한 자료 확보에 있어 어려움 때문에 분석기간을 1996~2008년에 국한하고 있으나, 본 연구는 1980~2012년간 자료를 대상으로 분석한다. 넷째, 기존 연구의 경우 수출결정요인 중 하나로 한국의 실질실효환율을 포함하고 있다. 그런데 한국의 실질실효환율은 교역대상 모든 국가의 통화에 대한 한국 원화의 상대적 가치를 나타낸다. 그 결과 한국의 전제적인 수출을 설명하는 변수로는 한국의 실질실효환율이 적합할 수 있으나, 특정 국가나 특정 지역(예를 들면 동남아)에 대한 수출을 설명하는 변수로는 한국의 실질실효환율 보다는 수출대상국가 통화와 한국 원화 간 실질환율이 더 적합하다 할 수 있다. 즉 본 연구는 동남아에 대한 수출결정요인으로 한국의 실질실효환율 대신 수출대상국가 통화와 한국 원화 간 실질환율을 사용한다. 다섯째, 기존 연구와 달리 한국과 동남아국가 간 FTA 체결이 대동남아 수출에 미친 효과를 파악하기 위해 FTA 더미변수를 모형에 포함시키고, 1997년 아시아 외환위기 및 2008년 글로벌 금융위기가 한국의 동남아에 대한 수출에 미친 효과 역시 파악한다.

## 7.1 한국의 대동남아 수출 및 FDI 구조 및 특징

### 7.1.1 한국의 동남아에 대한 수출의 구조적 특징

한국의 수출대상국으로서 동남아의 중요성이 부각된 것은 1990년대부터라 할 수 있다. [표 7-1]에서 볼 수 있듯이 한국의 수출에 있어서 동남아시아가 차지하는 비중은 1991년부터 10%를 상회하기 시작했다. 이후 그 비중이 더욱 증가하여 1997년 아시아 외환위기 직전인 1996년에는 15.5%에 달하기도 했다. 이는 1970~1990년대에 있어 동남아시아국가들의 높은 경제성장률에 따른 경제규모 확대에 기인한 바 크다. 아시아개발은행 자료에 따르면, 동남아국가 중 한국의 주요 수출국가인 인도네시아, 말레이시아, 싱가포르, 태국의 1971~1980년 경제성장률은 7~8%(각각 7.9%, 7.9%, 8.8%, 6.9%)에 달했으며, 1981~1990년 역시 6~8%(각각 6.4%, 6.0%, 7.5%, 7.9%)의 고성장을 기록했다. 1990년대 역시 말레이시아와 싱가포르의 경우 연평균 7%대의 고도 경제성장을 기록하였다.

1990년대 들어 확대되었던 한국 수출에서의 동남아 비중은 1992년 한·중 수교 이후 중국에 대한 수출이 상대적으로 빠르게 확대되면서 다소 축소되기도 하였으나, 2000년대 후반부터 다시 확대되고 있다. 2012년 기준으로 한국의 수출에서 동남아 수출 비중은 14%로 미국의 비중 10.7%보다 높았다. 2000년 후반 이후 동남아 비중 확대는 베트남에 대한 수출 확대에 기인한 바 컸다.

중국의 부상으로 한국수출에서 중국의 비중이 크게 확대되었는데, 그 과정에서 미국의 비중은 크게 축소되었지만, 동남아의 비중은 별로 축소되지 않았다. 즉 한국의 수출시장으로서 동남아시아의 중요성은 여전히 높다 할 수 있다.

**표 7-1 한국 전체 수출입에서 각국이 차지하는 비중**

| | ID | ML | PH | SG | TH | VT | 소계 | CH | US |
|---|---|---|---|---|---|---|---|---|---|
| 1988 | 0.7 | 0.7 | 0.6 | 2.2 | 0.9 | 0.0 | 5.0 | 0.0 | 35.4 |
| 1989 | 1.1 | 0.9 | 0.8 | 2.5 | 1.2 | 0.0 | 6.4 | 2.1 | 33.2 |
| 1990 | 1.7 | 1.1 | 0.8 | 2.8 | 1.5 | 0.0 | 7.8 | 2.1 | 29.9 |
| 1991 | 1.9 | 1.4 | 0.9 | 3.8 | 1.9 | 0.3 | 10.2 | 1.4 | 25.9 |
| 1992 | 2.5 | 1.5 | 1.0 | 4.2 | 2.0 | 0.6 | 11.8 | 3.5 | 23.7 |
| 1993 | 2.5 | 1.7 | 1.1 | 3.8 | 2.1 | 0.9 | 12.2 | 6.3 | 22.2 |
| 1994 | 2.6 | 1.7 | 1.3 | 4.3 | 1.9 | 1.1 | 12.9 | 6.5 | 21.6 |
| 1995 | 2.4 | 2.4 | 1.2 | 5.3 | 1.9 | 1.1 | 14.3 | 7.3 | 19.5 |
| 1996 | 2.5 | 3.3 | 1.5 | 5.0 | 2.1 | 1.2 | 15.5 | 8.8 | 16.9 |
| 1997 | 2.6 | 3.2 | 1.9 | 4.3 | 1.6 | 1.2 | 14.8 | 10.0 | 16.0 |
| 1998 | 1.3 | 2.7 | 2.0 | 2.8 | 1.1 | 1.0 | 10.9 | 8.3 | 17.2 |
| 1999 | 1.8 | 2.5 | 2.2 | 3.4 | 1.2 | 1.0 | 12.1 | 9.5 | 20.6 |
| 2000 | 2.0 | 2.0 | 2.0 | 3.3 | 1.2 | 1.0 | 11.5 | 10.7 | 21.9 |
| 2001 | 2.2 | 1.7 | 1.7 | 2.7 | 1.2 | 1.2 | 10.7 | 12.1 | 20.8 |
| 2002 | 1.9 | 2.0 | 1.8 | 2.6 | 1.4 | 1.4 | 11.1 | 14.6 | 20.3 |
| 2003 | 1.7 | 2.0 | 1.5 | 2.4 | 1.3 | 1.3 | 10.3 | 18.1 | 17.7 |
| 2004 | 1.4 | 1.8 | 1.3 | 2.2 | 1.3 | 1.3 | 9.3 | 19.6 | 16.9 |
| 2005 | 1.8 | 1.6 | 1.1 | 2.6 | 1.2 | 1.2 | 9.5 | 21.8 | 14.6 |
| 2006 | 1.5 | 1.6 | 1.2 | 2.9 | 1.3 | 1.2 | 9.7 | 21.3 | 13.3 |
| 2007 | 1.6 | 1.5 | 1.2 | 3.2 | 1.2 | 1.6 | 10.3 | 22.1 | 12.4 |
| 2008 | 1.9 | 1.4 | 1.2 | 3.9 | 1.4 | 1.8 | 11.5 | 21.7 | 11.0 |
| 2009 | 1.7 | 1.2 | 1.3 | 3.7 | 1.2 | 2.0 | 11.1 | 23.9 | 10.4 |
| 2010 | 1.9 | 1.3 | 1.3 | 3.3 | 1.4 | 2.1 | 11.2 | 25.1 | 10.7 |
| 2011 | 2.4 | 1.1 | 1.3 | 3.8 | 1.5 | 2.4 | 12.6 | 24.2 | 10.2 |
| 2012 | 2.5 | 1.4 | 1.5 | 4.2 | 1.5 | 2.9 | 14.0 | 24.5 | 10.7 |

주: ID(인도네시아), ML(말레이시아), PH(필리핀), SG(싱가포르), TH(태국), VT(베트남), CH(중국), US(미국)

자료: Comtrade, UN 이용 계산

한편 지난 20여 년 동안 한국의 동남아에 대한 수출구조에 큰 변화가 있었다. [표 7-2]는 동남아 각국에 대한 한국의 수출 중 산업별(대분류) 비중을 나타낸다. [표 7-2]에서 보듯이 한국의 동남아국가에 대한 수출은 1990년 기타 화학물 및 관련제품

(5), 재료별 제조제품(6), 기계 및 운송장비(7)가 대부분을 차지했으나, 2012년의 경우 이들 산업 이외에도 광물성원료(3) 역시 주요 수출산업으로 등장했다. 그러나 한국의 동남아국가에 대한 수출구조는 수출대상 국가별로 차이를 보였다. 2012년을 기준으로 할 때 인도네시아에 대한 수출 중 광물성연료 비중은 39.7%로 가장 높았으나 태국과 베트남에 대한 수출 중 해당 품목의 비중은 그리 높지 않았다. 한편 인도네시아와 태국을 제외한 분석대상 모든 동남아국가에 대한 수출에 있어 기계 및 운수장비의 비중이 가장 높았는데, 그 비중은 국가별로 차이를 보였다. 즉 싱가포르와 베트남에 대한 수출 중 기계 및 운수장비 비중은 약 50%에 달한 반면 말레이시아와 태국의 경우 그 비중은 30%에 그쳤다. 수출대상국별 수출구조의 차이는 상품분류를 중분류로 하여 살펴보면 더 극명하게 드러난다([표 7-3]과 [표 7-4] 참조).

상품별로 수요의 소득탄력성 및 가격탄력성이 다르다는 점을 고려할 때, 이렇듯 상이한 수출대상국별 수출구조는 한국의 대동남아 수출에 있어 상기 탄력성이 국가별

**표 7-2 한국의 대동남아 수출의 산업별 비중: 대분류** (단위: %)

| | 1990 | | | | | | 2012 | | | | | |
|---|---|---|---|---|---|---|---|---|---|---|---|---|
| | ID | ML | PH | SG | TH | VT | ID | ML | PH | SG | TH | VT |
| 0. 식품 및 산동물 | 3.2 | 0.5 | 0.3 | 0.9 | 3.8 | - | 0.7 | 0.7 | 1.1 | 0.2 | 3.1 | 1.0 |
| 1. 음료 및 담배 | 0.0 | 0.0 | 0.7 | 0.3 | 0.0 | - | 0.0 | 0.0 | 0.1 | 0.1 | 0.0 | 0.5 |
| 2. 비식용원재료(연료 제외) | 2.2 | 1.0 | 1.1 | 0.7 | 1.5 | - | 3.5 | 4.5 | 0.9 | 0.2 | 4.4 | 2.3 |
| 3. 광물성원료, 윤활유 | 0.3 | 0.0 | 1.2 | 2.2 | 1.3 | - | 39.7 | 20.5 | 23.3 | 35.5 | 2.1 | 7.5 |
| 4. 동식물성 유지 및 왁스 | 0.0 | 0.0 | 0.0 | 0.0 | 0.0 | - | 0.0 | 0.1 | 0.0 | 0.0 | 0.0 | 0.0 |
| 5. 기타 화학물 및 관련 제품 | 10.6 | 5.7 | 13.5 | 3.5 | 15.8 | - | 9.5 | 11.0 | 9.1 | 3.0 | 18.3 | 11.9 |
| 6. 재료별 제조제품 | 44.9 | 24.1 | 42.8 | 21.5 | 41.7 | - | 24.7 | 20.3 | 20.1 | 4.6 | 33.8 | 26.3 |
| 7. 기계 및 운수장비 | 32.4 | 65.1 | 34.2 | 62.3 | 32.0 | - | 18.4 | 36.3 | 42.1 | 52.3 | 32.5 | 45.6 |
| 8. 기타 제조제품 | 6.4 | 3.5 | 5.8 | 6.1 | 4.0 | - | 3.4 | 6.2 | 2.6 | 1.2 | 3.0 | 4.8 |
| 9. 달리 분류되지 않은 상품 | 0.0 | 0.0 | 0.3 | 2.5 | 0.0 | - | 0.0 | 0.3 | 0.7 | 2.7 | 2.7 | 0.1 |
| 총계 | 100 | 100 | 100 | 100 | 100 | - | 100 | 100 | 100 | 100 | 100 | 100 |

주: ID(인도네시아), ML(말레이시아), PH(필리핀), SG(싱가포르), TH(태국), VT(베트남). SITC Revision3 기준

자료: Comtrade, UN 이용 계산

**표 7-3** 한국의 대동남아 수출의 산업별 비중: 중분류-재료별 제조제품 (단위: %)

| | 1990 | | | | | | 2012 | | | | | |
|---|---|---|---|---|---|---|---|---|---|---|---|---|
| | ID | ML | PH | SG | VT | TH | ID | ML | PH | SG | VT | TH |
| 61. 가죽 | 8.2 | 0.1 | 2.2 | 0.5 | - | 4.7 | 0.6 | 0.0 | 0.2 | 0.0 | 0.9 | 0.0 |
| 62. 고무제품 | 0.4 | 0.3 | 1.6 | 0.7 | - | 0.8 | 0.3 | 0.4 | 0.2 | 0.1 | 0.1 | 0.8 |
| 63. 코르크제품 및 목제품 | 0.0 | 0.0 | 0.1 | 0.0 | - | 0.0 | 0.0 | 0.0 | 0.0 | 0.0 | 0.0 | 0.0 |
| 64. 종이와 판지 및 그 제품 | 1.0 | 0.7 | 1.0 | 0.3 | - | 0.9 | 0.5 | 1.2 | 0.8 | 0.2 | 0.8 | 0.9 |
| 65. 방직용 섬유사, 직물제품 | 19.1 | 6.1 | 16.9 | 10.1 | - | 16.4 | 8.4 | 0.8 | 2.9 | 0.2 | 11.0 | 2.3 |
| 66. 비(非)금속 광물성제품 | 0.6 | 0.6 | 0.7 | 0.5 | - | 0.7 | 0.3 | 0.4 | 0.4 | 0.1 | 0.2 | 0.3 |
| 67. 철강 | 9.9 | 13.9 | 9.4 | 6.0 | - | 14.5 | 10.3 | 11.2 | 9.0 | 2.0 | 8.1 | 21.5 |
| 68. 비(非)철금속 | 0.9 | 0.6 | 2.8 | 1.5 | - | 0.9 | 2.5 | 4.3 | 3.9 | 1.0 | 3.0 | 6.1 |
| 69. 금속제품 | 4.9 | 1.7 | 8.2 | 1.9 | - | 2.8 | 1.8 | 1.8 | 2.8 | 0.9 | 2.2 | 1.9 |

주: 1. 비중은 특정국가에 대한 전체 수출에서 각 산업이 차지하는 비중을 의미
2. ID(인도네시아), ML(말레이시아), PH(필리핀), SG(싱가포르), TH(태국), VT(베트남). SITC Revision3 기준

자료: Comtrade, UN 이용 계산

**표 7-4** 한국의 대동남아 수출의 산업별 비중: 중분류-기계 및 운수장비 (단위: %)

| | 1990 | | | | | | 2012 | | | | | |
|---|---|---|---|---|---|---|---|---|---|---|---|---|
| | ID | ML | PH | SG | VT | TH | ID | ML | PH | SG | VT | TH |
| 71. 발전용 기계 및 장비 | 1.1 | 0.3 | 0.6 | 1.9 | - | 0.9 | 1.1 | 0.7 | 1.5 | 0.8 | 1.0 | 1.6 |
| 72. 특수산업용 기계 | 13.7 | 3.0 | 4.8 | 0.7 | - | 2.2 | 4.1 | 3.5 | 3.4 | 0.9 | 3.1 | 4.8 |
| 73. 금속가공기계 | 1.0 | 0.7 | 0.3 | 0.1 | - | 0.2 | 0.6 | 0.4 | 0.2 | 0.1 | 0.7 | 1.4 |
| 74. 일반산업용 기계장비 | 8.0 | 3.3 | 2.1 | 1.6 | - | 3.1 | 3.3 | 3.6 | 2.4 | 1.5 | 2.0 | 6.3 |
| 75. 사무용 기계 | 0.7 | 7.1 | 1.2 | 9.9 | - | 3.4 | 0.6 | 1.1 | 0.3 | 1.0 | 1.4 | 0.8 |
| 76. 통신기기와 녹음기기 | 1.8 | 5.3 | 2.6 | 9.4 | - | 8.5 | 2.9 | 5.7 | 1.5 | 1.1 | 6.7 | 3.9 |
| 77. 전기기기 | 5.9 | 36.7 | 17.7 | 29.1 | - | 11.6 | 3.1 | 13.3 | 27.7 | 23.5 | 26.9 | 7.7 |
| 78. 도로주행차량 | 0.1 | 1.1 | 4.7 | 1.7 | - | 0.5 | 1.9 | 4.9 | 5.1 | 0.4 | 3.6 | 6.0 |
| 79. 기타 수송장비 | 0.0 | 7.6 | 0.2 | 7.8 | - | 1.6 | 0.7 | 3.1 | 0.1 | 23.0 | 0.0 | 0.1 |

주: 1. 비중은 특정 국가에 대한 전체 수출에서 각 산업이 차지하는 비중을 의미
2. ID(인도네시아), ML(말레이시아), PH(필리핀), SG(싱가포르), TH(태국), VT(베트남). SITC Revision3 기준

자료: Comtrade, UN 이용 계산

로 다를 수 있다는 것을 짐작케 한다. 즉 경제발전 정도의 차이에 따른 중간재 등 산업관련 수요의 차이, 소득수준의 차이에 따른 최종재 수요구조의 차이 등이 수출대상국별 수출구조를 상이하게 만들고, 그러한 수출구조의 차이는 수출의 소득 및 환율탄력성 등에 있어 국가별 차이를 야기하는 요인이라 할 수 있다. 수출결정요인별 수출탄력성의 국가별 차이는 다음 절(7.3)에서 논의하기로 한다.

### 7.1.2 한국의 대동남아 수출 추이에 있어 특징

[그림 7-1]은 한국의 동남아국가에 대한 수출추이를 보여주고 있다. 한국의 동남아국가에 대한 수출은 대부분 국가에 있어 장기적으로 증가하는 추세인데, 특히 2000년대 중반 이후 빠르게 증가하고 있다. 이러한 추세는 2007년 발효된 한-ASEAN FTA 효과일 수도 있겠으나, 그 진위는 동남아에 대한 수출에 영향을 미치는 주요 변수들을 통제한 후에 면밀히 분석해야 할 것으로 이에 대해서는 다음 절(7.2)에서 살펴보기로 한다.

그림 7-1 | 한국의 대동남아 수출 추이 (단위: 만 달러)

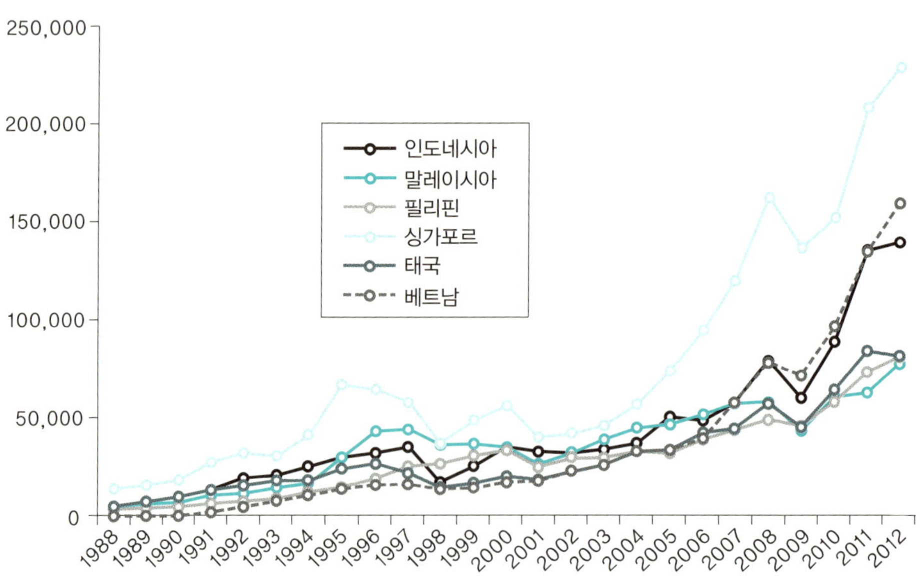


자료: Comtrade, UN 이용 계산

[그림 7-1]의 장기적 추세에서 나타나는 두드러진 특징은 1997년 아시아 외환위기 직후인 1998년과 2008년 글로벌 금융위기 직후인 2009년 동남아에 대한 수출이 큰 폭으로 감소한 점이다. 그러나 1997년 아시아 외환위기 과정에서도 필리핀에 대한 수출은 오히려 확대된 점은 예외적이라 할 수 있다. 이는 당시 태국, 인도네시아, 말레이시아 등에 비해 필리핀의 경우 아시아 외환위기 여파가 상대적으로 크지 않았기 때문이라 할 수 있다. 또한 2000년 세계적인 IT버블 붕괴 직후인 2001년 동남아에 대한 수출 역시 감소하였음을 확인할 수 있다.

**그림 7-2 한국의 대동남아 수출증가율 추이** (단위: %)

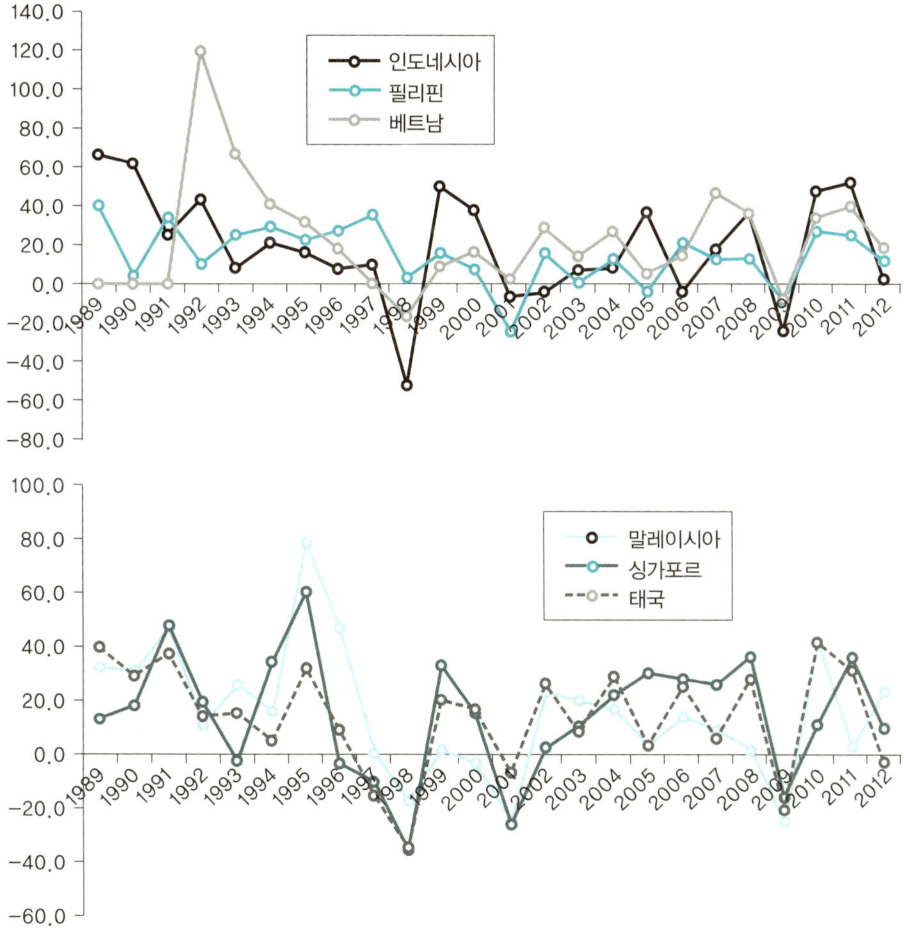


자료: Comtrade, UN 이용 계산

[그림 7-1]에서 나타나듯이 한국의 동남아국가에 대한 수출은 대체로 동조하는 양상을 보이고 있지만, 수출규모와 증가속도에 있어서는 다소 차이를 보이고 있다([그림 7-2] 참조). 이는 수출에 영향을 미치는 요인인 경제성장률, 환율, FDI 등이 동남아국가별로 상이하기 때문에 너무나 당연한 것이라 할 수 있다.

김완중(2014) 연구의 1차적 목적은 한국의 동남아에 대한 수출과 수출결정요인 간 장기적 균형관계의 존재 여부를 파악하는 것이며, 나아가 수출결정요인이 수출에 미치는 영향에 있어서의 수출대상 국가별 차이를 비교하는 것이다. 즉 본 연구는 한국의 동남아국가들에 대한 수출양상에 있어서의 차이 그 자체를 파악하기보다는 수출결정요인이 수출에 미치는 방향과 정도에 있어서의 국가별 차별성을 분석하는 데 있다. 즉 한국의 동남아국가에 대한 수출함수를 추정함으로써 수출에 대한 소득 및 환율탄력성 등에 있어서 수출대상 국가별 차별성의 여부를 확인하고자 한다.

### 7.1.3 한국의 대동남아 직접투자 특징

동남아국가에 대한 한국의 수출함수를 추정하기에 앞서 수출에 영향을 주는 주요 변수 중 하나인 한국의 동남아국가에 대한 FDI에 있어서의 국가별 차이 및 특징을 살펴보면 다음과 같다.[1] 한국의 동남아국가에 대한 직접투자는 1980년대 후반부터 인도네시아를 중심으로 이루어졌으며, 2000년대 들어서면서부터 큰 폭으로 확대되었다([그림 7-3] 참조). 한국의 동남아에 대한 직접투자는 1997년 아시아 외환위기와 2008년 글로벌 금융위기 직후 크게 위축되기도 하였으나 이후 다시 꾸준히 확대되었다.

한국의 동남아에 대한 직접투자는 베트남과 인도네시아에 집중되고 있다([표 7-5] 참조). 베트남과 인도네시아는 경제규모와 성장잠재력이 매우 클 뿐만 아니라 저임의 풍부한 노동력을 보유하고 있어 한국의 기업들의 주요 투자대상국이 되었다. 1968년부터 2014년 3월까지 누적기준으로 한국의 베트남과 인도네시아에 대한 직접투자액은 각각 98.9억 달러와 77.2억 달러를 기록했다. 그 외 싱가포르에 대한 직접투자액

[1] 동남아국가들에 대한 한국의 FDI에 있어서의 국가별 차이는 한국의 동남아국가들에 대한 수출에 있어서의 차이를 가져오는 요인 중 하나이다. 이외에도 한국의 대동남아 수출에 있어 국가별 차이를 야기하는 요인으로는 동남아국가들의 산업구조, 소득수준 등에 있어서의 차이 등을 고려할 수 있다. 동남아국가들의 경제적 측면에서의 동질성 및 이질성에 대한 논의는 김완중(2012b)을 참조할 수 있다.

도 53.1억 달러에 달했는데, 싱가포르의 경제규모를 고려할 때 이는 매우 많은 금액이라 할 수 있다. 한국의 베트남과 인도네시아에 대한 직접투자의 많은 부분이 생산비용 절감과 관계가 깊은 것과 달리 한국의 싱가포르에 대한 직접투자는 현지시장개척이 보다 중요한 요인이라 할 수 있다. 이는 동남아 각국에 대한 직접투자의 산업별 구성을 통해서 확인할 수 있다. 싱가포르를 제외한 여타 동남아국가에 대한 직접투자는 제조업에 집중되고 있는 것과 달리 싱가포르에 대한 직접투자는 서비스업에 집중되고 있다. 1968~2014년 3월 누적기준으로 한국의 싱가포르에 대한 직접투자의 65.5%가 서비스업이었다. 한국의 싱가포르에 대한 직접투자는 서비스업 중에서도 특히 도소매업(총 FDI 중 16.2%)와 금융보험(18.8%)에 집중되었다.

**그림 7-3 | 한국의 대동남아 직접투자** (단위: 억 달러)

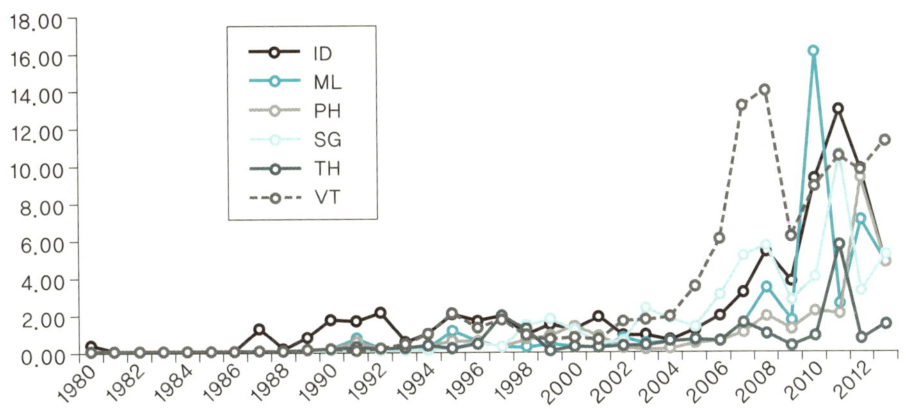


주: ID(인도네시아), ML(말레이시아), PH(필리핀), SG(싱가포르), TH(태국), VT(베트남)
자료: 해외투자통계, 한국수출입은행

**| 표 7-5 | 한국의 대동남아 직접투자액 및 산업별 비중: 대분류** (단위: 억 달러, %)

| | ID | ML | PH | SG | TH | VT |
|---|---|---|---|---|---|---|
| 투자금액 | 77.2 | 45.3 | 31.2 | 53.1 | 20.0 | 98.9 |
| 농림수산업 | 4.9 | 0.5 | 0.4 | 0.1 | 0.0 | 0.2 |
| 광업 | 27.1 | 34.7 | 0.5 | 3.2 | 2.6 | 18.1 |
| 제조업 | 51.4 | 47.5 | 72.2 | 31.1 | 65.6 | 55.7 |
| 서비스업 | 16.7 | 17.3 | 27.0 | 65.5 | 31.7 | 25.9 |

주: 1. 1968~2014년 3월 누적 기준
2. ID(인도네시아), ML(말레이시아), PH(필리핀), SG(싱가포르), TH(태국), VT(베트남)
자료: 해외투자통계, 한국수출입은행 이용하여 계산

**표 7-6 한국의 대동남아 직접투자의 국별 및 산업별 비중: 제조업** (단위: %)

| | ID | ML | PH | SG | TH | VT |
|---|---|---|---|---|---|---|
| 1차금속 | 21.0 | 8.2 | 0.7 | 2.0 | 48.5 | 14.0 |
| 가구 제조업 | 0.1 | 0.1 | 0.0 | 0.2 | 0.0 | 0.4 |
| 가죽, 가방 및 신발 | 6.6 | 0.0 | 1.8 | 0.0 | 1.0 | 6.7 |
| 고무제품 및 플라스틱제품 | 6.6 | 0.7 | 0.4 | 0.1 | 1.2 | 4.9 |
| 금속가공제품 제조업* | 3.2 | 1.5 | 4.0 | 0.1 | 10.5 | 4.4 |
| 기타 기계 및 장비 | 1.0 | 0.9 | 2.9 | 0.6 | 2.1 | 2.7 |
| 기타 운송장비 | 0.0 | 0.0 | 52.3 | 5.0 | 0.0 | 0.7 |
| 기타 제품 | 2.8 | 0.2 | 0.5 | 3.0 | 5.5 | 1.4 |
| 담배 | 0.3 | 0.0 | 0.0 | 7.4 | 0.0 | 0.0 |
| 목재 및 나무제품** | 2.5 | 1.1 | 0.1 | 0.3 | 0.5 | 0.3 |
| 비금속 광물제품 | 2.0 | 2.7 | 1.0 | 0.3 | 1.0 | 3.7 |
| 섬유제품(의복제외) | 8.9 | 0.1 | 1.1 | 3.2 | 0.2 | 10.9 |
| 식료품 | 8.9 | 0.2 | 3.2 | 5.3 | 0.7 | 3.8 |
| 음료 | 0.0 | 0.0 | 5.6 | 3.4 | 0.0 | 0.0 |
| 의료, 정밀, 광학기기 및 시계 | 0.7 | 0.1 | 1.7 | 1.1 | 0.3 | 1.8 |
| 의료용 물질 및 의약품 | 0.1 | 0.2 | 0.0 | 0.0 | 0.0 | 0.6 |
| 의복, 의복액세서리 및 모피제품 | 11.9 | 0.0 | 2.5 | 0.1 | 0.2 | 13.4 |
| 인쇄 및 기록매체 복제업 | 0.1 | 0.0 | 0.1 | 0.0 | 0.1 | 0.2 |
| 자동차 및 트레일러 | 1.7 | 0.6 | 0.5 | 0.0 | 1.9 | 3.1 |
| 전기장비 | 0.8 | 7.0 | 0.6 | 0.1 | 2.4 | 8.9 |
| 전자부품, 컴퓨터, 영상, 음향·통신장비 | 9.3 | 8.8 | 18.2 | 29.8 | 15.6 | 13.0 |
| 코크스, 연탄 및 석유정제품 | 5.4 | 0.3 | 0.1 | 27.0 | 0.0 | 0.3 |
| 펄프, 종이 및 종이제품 | 0.3 | 0.3 | 0.1 | 0.0 | 4.8 | 0.9 |
| 화학물질 및 화학제품(의약품 제외) | 5.6 | 67.0 | 2.7 | 10.9 | 3.4 | 3.8 |

주: 1. 1968~2014년 3월 누적 기준. 비중은 제조업 중 비중을 의미
2. *기계 및 가구 제외, **가구 제외
3. ID(인도네시아), ML(말레이시아), PH(필리핀), SG(싱가포르), TH(태국), VT(베트남)

자료: 해외투자통계, 한국수출입은행 이용하여 계산

한국의 동남아에 대한 직접투자의 구성을 보면, 투자대상 국가에 따라 산업별 비중이 크게 상이함을 발견할 수 있다. 한국의 인도네시아와 말레이시아에 대한 직접투자

는 제조업과 더불어 광업의 비중이 상대적으로 높고, 필리핀과 태국의 경우 제조업 비중이 압도적으로 높다. 한국의 동남아국가들에 대한 직접투자에 있어서 투자대상국별 및 산업별 구조의 차이는 산업분류를 세분화할 경우 더 극명하게 나타난다([표 7-6] 참조).

한국의 동남아에 대한 직접투자를 제조업에 국한하여 살펴보면, 인도네시아는 1차금속, 섬유, 의복 및 액세서리, 전자부품 및 컴퓨터에 집중되어 있고, 말레이시아의 경우 화학 및 화학제품, 태국은 1차금속의 비중이 압도적으로 높았다. 또한 필리핀에 대한 제조업 직접투자는 기타 운송장비, 싱가포르는 전자부품 및 컴퓨터, 코크스 및 석유정제, 베트남은 1차금속, 섬유, 의복 및 액세서리, 전자부품 및 컴퓨터에 집중되었다. 즉 한국의 동남아에 대한 제조업 직접투자에 있어 인도네시아와 베트남은 유사한 구조를 보이고 있으나 여타 국가에 있어서는 많은 차이를 보였다.

기존연구(김완중, 2012a)에 따르면 한국의 동남아에 대한 수출은 직접투자와 관계가 깊은 바, 투자대상 국가에 따라 산업별 투자구조가 상이하다는 점은 동남아에 대한 한국의 수출구조에 있어서의 차별성을 유발하는 하나의 요인이라 할 수 있다. 수출대상국에 따라 상이한 산업별 수출구조는 한국의 동남아에 대한 소득 및 가격탄력성에 있어 국가별 차이를 야기하는 요인이라 할 수 있는바, 그러한 맥락에서 한국의 동남아에 대한 직접투자구조에 있어서의 국가별 차이는 한국의 동남아에 대한 FDI의 수출탄력성이 수출대상국별로 다를 것이라는 것을 짐작케 한다.

## 7.2 한국의 동남아국가에 대한 수출결정요인

김완중(2014)은 패널 동태적최소자승법(DOLS)(Nelson and Sul, 2003)을 이용하여 동남아국가들에 대한 한국의 수출과 수출결정요인과의 장기적인 균형관계를 분석하였는데, 분석결과에 따르면 한국의 동남아에 대한 수출은 동남아국가들의 실질 GDP, 실질환율, 한국의 실질FDI(누적액)와 장기적으로 밀접한 관계가 있는 것으로 나타났다.

분석결과 분석대상 동남아국가들의 경제규모가 1% 커짐에 따라 한국의 동남아에 대한 수출은 평균적으로 0.42% 증가하는 것으로 나타났다. 또한 한국 원화로 표시한 동남아 교역 상대국 통화의 환율(실질환율)이 1% 높아질 경우(즉 수출대상국의 통화가치가 1% 상승), 한국의 분석대상 동남아국가에 대한 수출은 평균적으로 0.67% 증가하는 것으로 나타났다. 또한 한국의 동남아에 대한 수출은 동남아시장에서 한국과 경쟁관계에 있는 여타 국가의 통화와의 동남아국가 통화 간 환율에도 영향을 받게 되는데, 그의 분석결과에 따르면 동남아국가들의 통화가 주요 교역 파트너 통화에 비해 강세를 보일 경우 한국의 동남아에 대한 수출 역시 증가하는 것으로 나타났다.

또한 수출국(한국)의 생산능력을 대변하기 위해 실증분석 모형에 포함된 한국의 제조업생산지수의 계수 추정값 역시 이론에서 기대되었던 대로 (+)부호를 보였다. 즉 크루그먼(Krugman, 1980)의 이론과 같이, 한국의 경제규모가 확대되면서 한국기업들의 제품차별화 능력이 제고되고, 제품차별화 능력 제고가 분석대상 동남아국가에 대한 수출에 긍정적으로 작용한 것으로 해석할 수 있다.

또한 한국의 분석 대상 동남아국가에 대한 FDI는 한국의 동남아국가에 대한 수출에 긍정적인 영향을 주는 것으로 나타났다. 즉 한국의 동남아에 대한 FDI의 1% 증가는 한국의 분석대상 동남아국가에 대한 수출을 평균적으로 0.21% 유발하는 것으로 나타났다. 이러한 결과는 한국의 동남아에 대한 투자가 대체적으로 수평적 FDI보다는 수직적 FDI의 성격이 더 강하다는 점에서 어렵지 않게 받아들여 질 수 있겠다.

그러나 이러한 결과는 김완중(2012a)의 기존 분석결과와 차이를 보인다. 김완중(2012a)에 따르면 한국의 동남아에 대한 FDI는 동남아국가에 대한 교역 중 산업내교역에 해당되는 품목들에 대한 수출, 그 중에서도 특히 수직적 산업내교역에 해당되는 품목에 대한 수출에는 긍정적인 영향을 주나 전반적인 수출에는 통계적으로 유의한 영향을 주지 않는 것으로 나타났다. 김완중(2014)의 연구결과와 기존 연구와의 차이는 분석대상기간, 분석모형, 분석방법에서의 차이에 기인한 것으로 보인다.

한편 두 국가 간 수출에 영향을 미치는 요인 중 거리변수에 대한 추정치는 통계적으로 유의하지 않았다. 즉 한국과 분석대상 동남아국가들과의 거리에 있어서 국가별 차이는 한국의 동남아국가에 대한 수출에 영향을 주지 않는 것으로 나타났다.

김완중(2014)의 분석결과에 따르면, 한국의 동남아국가들에 대한 수출과 수출결정요인과의 장기적인 균형관계가 존재하지만 국가별 차이가 있는 것으로 나타났다. 첫째, 수출대상 동남아국가들의 실질GDP 증가가 한국의 해당 국가에 대한 수출에 미치는 정도는 수출대상국에 따라 차이를 보였다. 즉 동남아국가들의 한국산 제품에 대한 수요의 소득탄력성은 국가별로 차이를 보였다. 한국 제품에 대한 동남아국가들의 소득탄력성은 0.51~1.37로 국가별로 큰 차이를 보였다. 한국 제품에 대한 소득탄력성이 가장 큰 국가는 필리핀으로 1.37인 데 반해 싱가포르의 경우 0.51이었다. 한국의 동남아국가들에 대한 수출에 있어 실질환율이 미치는 효과 역시 국가에 따라 차이를 보였다. 분석 대상 국가 중 태국, 인도네시아 그리고 필리핀에 대한 수출만이 실질환율에 영향을 받고 나머지 국가들에 대한 수출에 있어서는 실질환율이 통계적으로 유의미한 영향을 주지 않는 것으로 나타났다. 태국, 인도네시아, 그리고 필리핀의 한국원화에 대한 실질환율의 1% 상승은 한국의 이들 국가에 대한 수출을 각각 1.69%, 0.73%, 그리고 1.12% 증가시킨 것으로 나타났다.

또한 한국의 동남아국가들에 대한 FDI가 이들 국가에 대한 한국의 수출에 미치는 영향 역시 국가별로 다르게 나타났다. 실증분석에 따르면, 한국의 동남아국가에 대한 FDI가 이들 국가에 대한 수출에 통계적으로 유의미한 영향을 미친 경우는 태국, 말레이시아, 인도네시아, 그리고 필리핀으로 나타났다. 한국의 주요 직접투자 대상국인 인도네시아의 경우 한국의 인도네시아에 대한 FDI 1%증가는 수출을 0.20% 증가시키는 것으로 분석되었다. 반면 한국의 싱가포르에 대한 FDI는 싱가포르 대한 수출에 실질적인 영향을 주지 않은 것으로 나타났다. 이는 한국의 싱가포르에 대한 FDI가 여타 동남아국가에 대한 (수직적) FDI와 달리 수평적 FDI 성격이 강한 측면이 부분적으로 반영된 것으로 보인다.

한국의 경제규모 확대가 동남아에 대한 수출에 미치는 영향도 국가별로 차이를 보였다. 한국의 경제규모 확대는 분석대상 모든 국가에 대한 수출에 긍정적인 영향을 주었으나, 싱가포르의 경우 10% 유의수준 기준으로 통계적 유의성이 없는 것으로 나타났다. 한국의 제조업 생산 1% 증가는 한국의 말레이시아와 필리핀에 대한 수출을 각각 0.65%와 0.90% 확대시키는 것으로 분석되었다.

한편 한-ASEAN FTA 더미변수의 추정 계수값은 (−)의 부호를 보였다. 더미변수의 계수는 종속변수의 조건부 평균(conditional mean)을 의미하는 바, 이러한 결과는 실질GDP, 실질환율, 실질FDI, 제조업생산지수와 같은 설명변수의 변화를 통제한 후 2007년 한-ASEAN FTA 이후 기간의 한국의 동남아에 대한 수출은 2007년 이전에 비해 오히려 축소되었다는 것을 의미한다. [그림 7-1]은 2007년 이후 한국의 동남아국가에 대한 수출은 2008년 크게 하락한 이후 다시 상승추세에 있음을 보여준다. 그러나 2008년 동남아국가에 대한 한국의 수출 위축은 2008년 글로벌 금융위기 여파에 따른 동남아국가의 경제성장률 하락, 한국의 동남아에 대한 FDI 급락 등의 요인에 기인한 바 큰 것으로 보인다.

그러나 김완중(2014)의 분석결과에 따르면 그러한 요인을 통제하더라도 2007년 이전과 이후를 비교할 때 한국의 동남아에 대한 수출은 오히려 축소된 것으로 나타났다. 그러나 한-ASEAN FTA 전후의 평균적 수출에 대한 이러한 분석결과는 수출대상국가에 따라 차이를 보였다. 즉 분석결과에 따르면 한-ASEAN FTA는 한국의 태국에 대한 수출에 긍정적인 영향을 미친 반면 말레이시아와 싱가포르에 대한 수출에는 오히려 부정적인 영향을 미쳤고, 인도네시아와 필리핀에 대한 수출에는 통계적으로 유의미한 영향을 미치지 못한 것으로 나타났다. 그러나 이러한 결과는 2008년 글로벌 금융위기에 따른 세계적인 교역 축소과정에서의 동남아국가들에 대한 수출의 축소가 통계적으로 반영된 것으로 보이는 바, 이 결과만을 가지고 한-ASEAN FTA가 한국의 동남아에 대한 전반적인 수출에 부정적인 영향을 주었다고 단정적으로 이야기하는 데는 무리가 있어 보인다. 본 연구의 이러한 분석결과는 조미진 외(2013)의 연구결과와 상치된다 하겠다. 조미진 외(2013)는 기업자료를 이용하여 한-ASEAN FTA의 수출효과를 분석하였는데, 연구에 따르면 FTA는 한국의 동남아국가에 대한 수출에 긍정적인 영향을 주는 것으로 나타났다.[2]

한편 분석결과, 1997년 아시아 외환위기 더미변수의 계수 추정치는 통계적으로 유의하지 않았다. [그림 7-1]에서 보듯이, 한국의 동남아에 대한 수출에 있어 1997년 아시아 외환위기는 한국의 동남아에 대한 수출 부정적인 영향을 준 것은 사실이다. 그

[2] 조미진 외(2013)의 경우, 수출 결정요인 중 주요 변수인 수출대상국의 실질GDP, 환율, 해당 국가에 대한 한국의 FDI를 모형에 포함시키지 않고 있다. 그러한 상태에서 FTA 발효 전후의 동남아에 대한 평균적 수출의 변화를 기준으로 한-ASEAN FTA 효과를 측정하고 있는바, FTA 효과를 과대평가했을 가능성이 적지 않다. 특히 조미진 외(2013)에서 밝혔듯이 한-ASEAN FTA 이후 우리 기업의 FTA 활용률이 매우 저조한 바, FTA 효과는 그리 크지 않을 것으로 보인다.

럼에도 불구하고 이러한 분석결과가 나온 것은 동남아에 대한 수출감소는 동남아의 경기위축, 한국의 동남아에 대한 FDI 급감 등에 의한 것으로 이러한 요인을 통제했을 때는 외환위기 그 자체가 한국의 대동남아 수출에 별다른 주지는 않았다는 것을 의미한다 하겠다. 반면 1997년 아시아 외환위기와 달리 2008년 글로벌 금융위기는 한국의 동남아에 대한 수출에 통계적으로 유의미하게 부정적인 영향을 미친 것으로 나타났다. 그러나 이러한 결과 역시 수출대상국에 따라 차이를 보였다.

## 7.3 요약 및 함의

김완중(2014)의 분석에 따르면, 한국의 동남아에 대한 수출은 동남아국가들의 실질GDP, 실질환율, 동남아에 대한 실질FDI, 한국의 제조업생산지수와 장기적인 균형관계에 있는 것으로 나타났다. 또한 한국의 동남아에 대한 수출에 있어 주요 수출결정요인들의 수출에 대한 영향은 이론의 기대치와 거의 일치하였다. 즉 수출대상국가인 동남아국가들의 실질GDP의 증가, 한국 통화의 수출대상국 통화에 대한 가치 하락, 한국의 동남아에 대한 FDI 증가, 그리고 한국의 생산능력 확대는 한국의 동남아에 대한 수출에 긍정적인 영향을 미쳤으며, 추정계수들의 통계적 유의성도 대체로 높게 나타났다.

그러나 수출결정요인들의 수출에 대한 영향은 수출대상국에 따라 분명한 차이를 보였다. 이러한 차이는 여러 가지 요인에 의해 나타날 수 있는데, 특히 한국의 동남아국가들에 대한 수출구조가 수출대상국별로 상이한 것도 그러한 차이를 야기하는 주요한 요인이 되고 있는 것으로 보인다. 즉 동남아국가들의 경제발전 정도에 있어서의 차이로 인한 산업구조의 차이 그리고 그에 따른 중간재 등 산업생산관련 수요의 차이, 소득수준의 차이에 따른 최종재 수요구조의 차이 등은 수출대상국별 수출구조를 상이하게 만들고, 그러한 수출구조의 차이는 수출의 소득 및 가격탄력성에 있어 국가별 차이를 야기하는 요인으로 작용했던 것으로 보인다.

김완중(2014)의 분석결과는 한국의 동남아국가에 대한 수출결정요인을 이해하는데 있어서 동남아 전체를 아우르는 평균적인 접근과 더불어 수출대상 국가별 차별성을 함께 고려하는 것이 매우 중요하다는 것을 시사한다. 주지하는 바와 같이 동남아국가들은 역내경제통합을 가속화하면서 EU와 같은 하나의 거대 경제권으로 부상하기 위한 노력을 강화하고 있다. 그러나 본 연구는 동남아경제에 대한 학문적 연구나 통상정책적 결정을 할 때 동남아국가들의 경제를 마치 하나의 동질적인 경제로 판단하는 것이 아직까지는 매우 부적절 할 수 있음을 보여준다.

김완중(2014)의 분석결과에 따르면 아시아 외환위기, 글로벌 금융위기와 같은 외부적 충격이 동남아경제에 미치는 방향이나 정도는 국가별로 각기 다르고, 그 결과 이러한 충격들이 한국의 이들 국가에 대한 수출에 미치는 영향도 상이하게 나타났다. 또한 실질GDP, 실질환율, 그리고 한국의 동남아에 대한 실질FDI가 대동남아 수출에 미치는 영향도 수출대상 국가별로 많은 차이가 있음을 확인할 수 있었다.

Part 4

# 동북아와 동남아경제의 협력과 통합

동아시아와 동남아경제의 이해 *East Asia and Southeast Asian Economy*

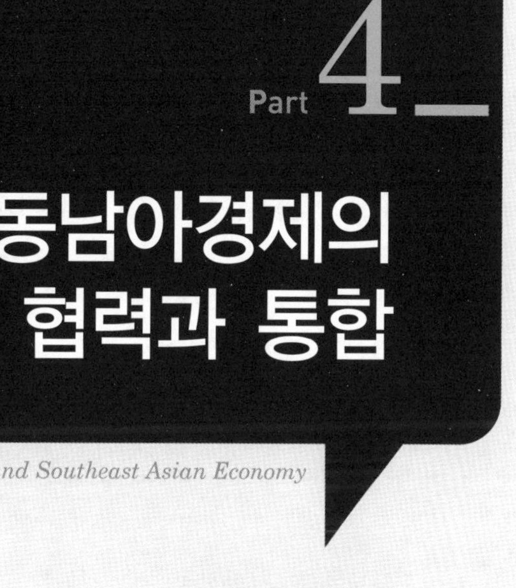

# 8 생산공정별 동아시아의 역내외 교역 및 동남아의 의미

Chapter

## 8.1 생산공정별 동아시아의 역내외 교역

### 8.1.1 동아시아의 생산공정별 역내 및 역외 교역 추이: 전체

동아시아(ASEAN10[1]+한·중·일) 국가 간에 상호 교역이 어떻게 연계되어 있는지, 그리고 그 정도는 더 강화되고 있는지 여부를 살펴보자. 이를 위해 본 절에서는 동아시아국가 간 역내교역이 어떻게 이루어지고 있는지를 생산공정별[2]로 나누어 살펴보도록 한다. 생산공정별로 세분하여 살펴보기 전에 동아시아 전체 교역이 역내 및 역외에서 어떻게 이루어지고 있는지 보자. [표 8-1]과 [표 8-2]는 1998년과 2008년에 있어 동아시아국가의 역내 및 역외교역구조 변화를 보여주고 있다.

본격적인 논의에 앞서 독자의 이해를 돕기 위해 아래 표에 대해 간략히 설명하면 다음과 같다. [표 8-1]은 1998년 상황을 보여주고 있는데, ASEAN은 ASEAN 역내국가들에 약 691억 달러를 수출하고, 중국에 126억 달러, 한국에 85억 달러, 일본에 398억 달러를 수출하여 동아시아 역내수출액은 총 약 1,300억 달러를 기록했다. 이는 동아시아국가들의 역내수출액(ASEAN 1,300억 달러, 중국 471억 달러, 한국 367억 달러, 일본 821억 달러)의 43.9%, ASEAN의 역내외 총수출액 3,268억 달러의 39.8%를 차지

[1] 본 연구에서 수출대상국으로 ASEAN에는 10개국 모두가 포함되나, 수출국으로서의 ASEAN에는 자료 제약상 이유로 라오스와 미얀마가 제외된 8개국만 포함된다.

[2] 본 장에서는 '생산공정별 무역'과 제6장에서 사용한 '상품용도별 무역'을 같은 의미로 사용하고자 한다. 왜냐하면 상품용도별 무역(1차산품, 중간재, 최종재 무역)을 통해서 생산공정별 무역의 패턴을 파악할 수 있기 때문이다.

한다. 한편 ASEAN의 1998년 역내수입액은 약 1,416억 달러인데 이는 동아시아의 역내수입액(ASEAN 1,416억 달러, 중국 437억 달러, 한국 301억 달러, 일본 805억 달러)의 47.9%, ASEAN의 역내외 총수입액 2,739억 달러의 51.7%를 차지하는 것이다.

[표 8-1]과 [표 8-2]에서 알 수 있듯이 1998~2008년이라는 짧은 기간에 동아시아 교역에서 역내교역의 비중은 크게 확대되었다. 즉 동아시아 총수출(역내외 수출) 중 동아시아 역내수출 비중은 1998년 28.7%에서 2008년에는 35.0%로 크게 증가했다. 또한 동아시아 총수입(역내외 수입) 중 동아시아 역내수입 비중 역시 1998년 37.5%에서 2008년 38.6%로 소폭 확대되었다.

특히 동아시아 역내수출 및 역내수입에서 중국 비중이 크게 확대되었다([표 8-1], [표 8-2] 참조)(각국의 역내외 비중은 [부표 8-1], [부표 8-2] 참조). 즉 역내수출에서 중국 비중은 1998년 15.9%에서 2008년 24.2%로 증가하였으며, 역내수입에서 중국 비중 역시 1998년 14.8%에서 2008년 26.5%로 큰 폭으로 증가했다. 이와 대조적으로 동아시아 역내수출 및 역내수입에서 ASEAN 비중은 다소 축소되긴 했으나 여전히 높은 편이라 할 수 있다. 구체적으로 동아시아 역내수출 중 ASEAN 비중은 1998년 43.9%에서 2008년 39.6%로 감소하였으며, 역내수입 중 ASEAN 비중은 1998년 47.9%에서 2008년 39.8%로 감소하였다. 그럼에도 불구하고 여전히 동아시아 역내수출 및 역내수입에서 ASEAN의 비중은 한국, 중국, 일본의 비중보다 높게 유지되고 있다. 한편 동아시아 역내수출에서 한국의 비중은 1998년 12.4%에서 2008년 13.4%로 확대된 반면, 일본의 비중은 1998년 27.8%에서 2008년 22.9%로 축소되었다. 역내수입에 있어서도 한국의 비중은 1998년 10.2%에서 2008년 13.8%로 확대되었으나 일본의 비중은 27.2%에서 20.0%로 축소되었다. 즉 동아시아 역내교역에 있어 중국과 한국의 비중은 확대된 반면 ASEAN과 일본의 비중은 축소되었다.

동아시아 역내교역의 흐름에 있어서도 상당한 변화가 있었다. 각국의 동아시아 역내교역 중 중국에 대한 교역 비중이 크게 확대된 점이 두드러진다. ASEAN의 동아시아 역내수출을 대상국별로 보면, 중국과 한국의 비중이 확대된 반면 ASEAN 역내와 일본의 비중은 축소([표 8-1], [표 8-2], [부표 8-1] 참조)되었다. 한편 ASEAN의 동아시아 역내수입에 있어서는 중국 비중은 확대된 반면 ASEAN, 일본, 한국 비중은 모두 축소되었다. 즉 ASEAN의 동아시아 역내교역에 있어 중국의 비중 확대와 여타 역내국

**표 8-1 동아시아국가의 역내외수출(1998년): 전체** (단위: 1억 달러, %)

| | | 수출대상국가 | | | | | | | |
|---|---|---|---|---|---|---|---|---|---|
| | | ASEAN | 중국 | 한국 | 일본 | 역내수출 (A) | 역내수출 각국비중* | 총수출 (B) | 역내수출 비중** |
| 수출국 | ASEAN | 690.9 | 126.3 | 84.9 | 397.6 | 1,299.7 | 43.9 | 3,267.5 | 39.8 |
| | 중국 | 111.6 | | 62.5 | 296.6 | 470.7 | 15.9 | 1,838.1 | 25.6 |
| | 한국 | 146.4 | 109.7 | | 110.7 | 366.8 | 12.4 | 1,323.0 | 27.7 |
| | 일본 | 466.8 | 200.9 | 153.6 | | 821.3 | 27.8 | 3,881.4 | 21.2 |
| | 역내수입 | 1,415.7 | 436.9 | 301.0 | 804.9 | | | | |
| | 역내수입 각국비중 | 47.9 | 14.8 | 10.2 | 27.2 | | | | |
| | 총수입 | 2,739.0 | 1,402.0 | 932.8 | 2,806.0 | | | | |
| | 역내수입 비중 | 51.7 | 31.2 | 32.3 | 28.7 | | | | |

* 동아시아 역내수출에서 각국의 비중
** 역내수출 비중은 (A/B)×100
자료: Comtrade Database, UN 이용 계산

**표 8-2 동아시아국가의 역내외 수출(2008년): 전체** (단위: 1억 달러, %)

| | | 수출대상국 | | | | | | | |
|---|---|---|---|---|---|---|---|---|---|
| | | ASEAN | 중국 | 한국 | 일본 | 역내수출 | 역내수출 각국 비중 | 총수출 | 역내수출 비중 |
| 수출국 | ASEAN | 2,337.0 | 1,170.0 | 409.2 | 1,070.0 | 4,986.2 | 39.6 | 9,661.0 | 51.6 |
| | 중국 | 1,143.0 | | 739.3 | 1,161.0 | 3,043.3 | 24.2 | 14,310.0 | 21.3 |
| | 한국 | 492.8 | 913.9 | | 282.5 | 1,689.2 | 13.4 | 4,220.0 | 40.0 |
| | 일본 | 1,035.0 | 1,249.0 | 594.9 | | 2,878.9 | 22.9 | 7,814.0 | 36.8 |
| | 역내수입 | 5,007.8 | 3,332.9 | 1,743.4 | 2,513.5 | | | | |
| | 역내수입 각국 비중 | 39.8 | 26.5 | 13.8 | 20.0 | | | | |
| | 총수입 | 9,294 | 1,1330 | 4,353 | 7,625 | | | | |
| | 역내수입 비중 | 53.9 | 29.4 | 40.1 | 33.0 | | | | |

자료: Comtrade Database, UN 이용 계산

가의 비중 축소로 요약할 수 있다. 즉 ASEAN의 동아시아 역내교역은 중국 중심으로 이루어지고 있다고 할 수 있다.

중국의 동아시아 역내수출 및 역내수입의 경우 ASEAN과 한국에 대한 수출입 비중이 확대된 반면 일본 비중은 크게 축소되었다. 한편 한국의 동아시아 역내수출 및 역내수입의 경우 중국 비중이 크게 확대된 반면 ASEAN과 일본 비중은 크게 축소되었다. 또한 일본의 동아시아 역내수출의 경우 중국과 한국의 비중이 크게 확대된 반면 ASEAN의 비중은 크게 축소되었으며, 역내수입에 있어서는 중국 비중은 크게 확대된 반면 ASEAN, 한국의 비중은 축소되었다.

동아시아의 역내수출의 대부분은 부품 및 부분품, 그리고 반제품으로 구성되는 중간재 수출이 대부분을 차지하고 있다.[3] 동아시아 역내수출에서 중간재 비중은 1998년과 2008년에 각각 61%(부품 및 부분품 30.6%, 반제품 30.6%)와 63%(29.1%, 33.8%)를 기록했다. 다음으로 자본재와 소비재로 구성되는 최종재 비중은 1998년과 2008년에 각각 33%(자본재 15.6%, 소비재 17.4%)와 30%(18.3%, 12.1%)이었으며, 1차산품 비중은 각각 6%와 7%를 기록했다. 다음으로 동아시아 역내교역의 변화를 생산공정별로 세분하여 살펴보면 다음과 같다.

### 8.1.2 동아시아의 생산공정별 역내 및 역외 교역 추이: 1차산품

첫째, 동아시아 역내수출에서 1차산품이 차지하는 비중은 생산공정별 교역 중 가장 낮지만, 생산공정별 동아시아 총수출에서 역내수출 비중은 1차산품이 가장 높다. 즉 동아시아의 1차산품 총수출 중 역내 비중은 1998년 58.8%에서 2008년 67.2%로 증가하였다. 한편 1차산품에 있어 동아시아 총수입 중 역내수입 비중은 1998년 15.4%에서 2008년 9.7%로 오히려 축소되었다.

1차산품의 경우, 동아시아 역내수출에서 ASEAN의 비중이 월등히 높은데, 1998년과 2008년을 비교할 때 ASEAN, 한국, 일본의 비중은 확대된 반면 중국 비중은 축소되었다. 한편 역내수입에서는 중국의 비중이 크게 확대된 반면 여타국 비중은 축소되어 대조를 보였다. 즉 2008년 기준으로 1차산품의 동아시아 역내수출은 ASEAN에 의

[3] 생산공정별 각 분류에 대한 설명은 제6장의 [표 6-2]를 참조할 수 있다.

해 주도되고 있는 반면 역내수입은 일본과 중국 중심으로 이루어지고 있다고 할 수 있다. 구체적으로 살펴보면, 1차산품의 동아시아 역내수출에서 ASEAN 비중은 1998년 70.0%에서 2008년 77.3%로 증가하였으며, 역내수입에서 중국 비중은 1998년 9.4%에서 2008년 26.8%로 크게 확대되었다.

**| 표 8-3 | 동아시아국가의 역내외수출(1998년): 1차산업** (단위: 1억 달러, %)

| | | 수출대상국 | | | | | | | |
|---|---|---|---|---|---|---|---|---|---|
| | | ASEAN | 중국 | 한국 | 일본 | 역내수출 | 역내수출 각국비중 | 총수출 | 역내수출 비중 |
| 수출국 | ASEAN | 34.2 | 12.6 | 18.1 | 49.2 | 114.0 | 70.0 | 183.4 | 62.2 |
| | 중국 | 5.4 | | 11.8 | 21.6 | 38.9 | 23.8 | 70.2 | 55.3 |
| | 한국 | 0.5 | 0.3 | | 1.9 | 2.7 | 1.7 | 10.2 | 27.0 |
| | 일본 | 2.1 | 2.4 | 2.9 | | 7.4 | 4.5 | 13.6 | 54.1 |
| | 역내수입 | 42.2 | 15.3 | 32.7 | 72.7 | | | | |
| | 역내수입 각국비중 | 25.9 | 9.4 | 20.1 | 44.6 | | | | |
| | 총수입 | 198.2 | 115.4 | 211.6 | 536.3 | | | | |
| | 역내수입 비중 | 21.3 | 13.3 | 15.5 | 13.6 | | | | |

자료: Comtrade Database, UN 이용 계산

**| 표 8-4 | 동아시아국가의 역내외 수출(2008년): 1차산업** (단위: 1억 달러, %)

| | | 수출대상국 | | | | | | | |
|---|---|---|---|---|---|---|---|---|---|
| | | ASEAN | 중국 | 한국 | 일본 | 역내수출 | 역내수출 각국 비중 | 총수출 | 역내수출 비중 |
| 수출국 | ASEAN | 145.6 | 157.8 | 94.8 | 194.5 | 592.7 | 77.3 | 851.2 | 69.6 |
| | 중국 | 16.4 | | 37.2 | 43.8 | 97.4 | 12.7 | 184.2 | 52.9 |
| | 한국 | 1.9 | 8.0 | | 5.0 | 14.9 | 1.9 | 22.3 | 66.7 |
| | 일본 | 4.0 | 39.5 | 18.2 | | 61.7 | 8.1 | 82.9 | 74.4 |
| | 역내수입 | 167.9 | 205.3 | 150.2 | 243.3 | | | | |
| | 역내수입 각국비중 | 21.9 | 26.8 | 19.6 | 31.7 | | | | |
| | 총수입 | 1,278 | 2,902 | 1,283 | 2,463 | | | | |
| | 역내수입 비중 | 13.1 | 7.1 | 11.7 | 9.9 | | | | |

자료: Comtrade Database, UN 이용 계산

1차산품에 있어 동아시아국가들의 역내교역을 교역대상국별로 살펴보면, ASEAN, 한국, 일본의 역내수출에서 중국의 비중이 크게 확대된 반면, 역내수입에서 중국의 비중은 오히려 축소되어 대조를 보였다([부표 8-3], [부표 8-4] 참조). 이는 중국의 고도성장 과정에서 연료나 원자재 등 1차산품에 대한 급속한 수요 확대를 반영하는 것이라 할 수 있다.

### 8.1.3 동아시아의 생산공정별 역내 및 역외 교역 추이: 부품 및 부분품

둘째, 부품 및 부분품의 경우 동아시아 총수출 중 동아시아 역내수출 비중은 1998년 33.2%에서 2008년 41.7%로 증가하였다. 또한 부품 및 부분품의 동아시아 총수입 중 역내수입 비중 역시 1998년 46.4%에서 2008년 48.0%로 확대되었다. 부품과 부분품 역내교역이 모두 생산분할 결과라 할 수는 없지만, 이는 동아시아의 역내 생산분할의 확대와 긴밀한 관계가 있다.

부품 및 부분품의 동아시아 역내수출에서 중국과 한국 비중이 확대된 반면, ASEAN과 일본의 비중은 축소되었으며, 한편 역내수입에서는 중국의 비중이 크게 확대된 반면 ASEAN 비중이 축소되었다([표 8-5], [표 8-6] 참조). 이는 동아시아 내 생산분할에서 중국의 중요성이 강화되고 ASEAN의 중요성이 상대적으로 감소한 결과로 해석할 수 있다. 부품 및 부분품의 역내수출에서 중국 비중은 1998년 6.8%에서 2008년 18.4%로 확대되었으며, 한국 비중 역시 1998년 12.1%에서 2008년 14.7%로 다소 확대되었다. 반면 부품 및 부분품의 역내수출에서 ASEAN 비중은 1998년 45.3%에서 2008년 41.2%로 축소되었으며, 일본 비중 역시 1998년 35.9%에서 2008년 25.7%로 축소되었다. 이는 동아시아 내 역내 부품 및 부분품 공급이 중국과 한국 중심으로 확대되고 있음을 의미한다.

한편 부품 및 부분품의 역내수입에 있어 중국 비중은 1998년 12.2%에서 2008년 35.0%로 확대되었으며, 한국의 경우도 1998년 9.3%에서 2008년 11.4%로 확대되었다. 반면, 역내수입에서 ASEAN 비중은 1998년 65.5%에서 2008년 40.3%로 크게 축소되었다. 이는 부품 및 부분품을 이용한 반제품 및 완제품 생산의 중심지가 ASEAN에서 중국으로 이동하고 있음을 의미한다. 그럼에도 불구하고 2008년 기준으로 할 때

부품 및 부분품의 동아시아 역내수출은 여전히 ASEAN과 일본이 중심이 되고 있으며, 역내수입에 있어서 역시 중국과 더불어 ASEAN이 중심적 역할을 하고 있다.

**표 8-5 동아시아 역내외 수출(1998년): 부품 및 부분품** (단위: 1억 달러, %)

| | | 수출대상국 | | | | | | | |
|---|---|---|---|---|---|---|---|---|---|
| | | ASEAN | 중국 | 한국 | 일본 | 역내수출 | 역내수출 각국비중 | 총수출 | 역내수출 비중 |
| 수출국 | ASEAN | 284.0 | 33.7 | 20.9 | 57.2 | 395.8 | 45.3 | 1,011.0 | 39.1 |
| | 중국 | 20.6 | | 7.0 | 31.4 | 59.0 | 6.8 | 180.2 | 32.7 |
| | 한국 | 67.4 | 13.4 | | 24.6 | 105.3 | 12.1 | 291.5 | 36.1 |
| | 일본 | 199.9 | 59.7 | 53.5 | | 313.1 | 35.9 | 1,147.0 | 27.3 |
| | 역내수입 | 571.9 | 106.8 | 81.3 | 113.1 | | | | |
| | 역내수입 각국비중 | 65.5 | 12.2 | 9.3 | 13.0 | | | | |
| | 총수입 | 978.0 | 305.2 | 227.1 | 370.5 | | | | |
| | 역내수입 비중 | 58.5 | 35.0 | 35.8 | 30.5 | | | | |

자료: Comtrade Database, UN 이용 계산

**표 8-6 동아시아 역내외 수출(2008년): 부품 및 부분품** (단위: 1억 달러, %)

| | | 수출대상국 | | | | | | | |
|---|---|---|---|---|---|---|---|---|---|
| | | ASEAN | 중국 | 한국 | 일본 | 역내수출 | 역내수출 각국비중 | 총수출 | 역내수출 비중 |
| 수출국 | ASEAN | 654.1 | 456.4 | 99.1 | 160.6 | 1,370.2 | 41.2 | 2,392.0 | 57.3 |
| | 중국 | 240.6 | | 158.2 | 214.7 | 613.5 | 18.4 | 2,493.0 | 24.6 |
| | 한국 | 104.1 | 316.2 | | 68.4 | 488.7 | 14.7 | 1,013.0 | 48.2 |
| | 일본 | 340.7 | 390.4 | 122.6 | | 853.7 | 25.7 | 2,078.0 | 41.1 |
| | 역내수입 | 1,339.5 | 1,163.0 | 379.9 | 443.7 | | | | |
| | 역내수입 각국비중 | 40.3 | 35.0 | 11.4 | 13.3 | | | | |
| | 총수입 | 2,401 | 2,950 | 676.6 | 894.8 | | | | |
| | 역내수입 비중 | 55.8 | 39.4 | 56.1 | 49.6 | | | | |

자료: Comtrade Database, UN 이용 계산

부품 및 부분품에 있어 동아시아 역내수출을 대상국별로 보면, ASEAN, 한국, 일본의 역내수출입에서 중국의 비중이 크게 확대되었다([부표 8-5], [부표 8-6] 참조). 한국과 일본의 동아시아 역내교역 중 중국 비중 확대는 이들 국가의 중국에 대한 직접투자 확대의 결과라 할 수 있으며, ASEAN 국가의 역내교역에서 중국 비중 확대는 다국적기업들의 중국 중심의 아시아 역내생산네트워크 강화에 따른 것이라 할 수 있다.

### 8.1.4 동아시아의 생산공정별 역내 및 역외 교역 추이: 반제품

셋째, 반제품의 동아시아 총수출 중 역내수출 비중은 1998년 38.2%에서 2008년 44.1%로 증가하였으며, 총수입 중 역내수입 비중 역시 1998년 38.5%에서 2008년 46.0%로 확대되었다. 동아시아 반제품 역내수출에서 중국 비중이 확대된 반면, 여타 국가 비중은 축소되었으며, 역내수입에서는 중국과 한국의 비중이 크게 확대된 반면 여타 국가 비중은 축소되었다([표 8-7], [표 8-8] 참조). 동아시아 역내 반제품 수출에서 중국 비중은 1998년 12.0%에서 2008년 24.1%로 확대된 반면, 한국 비중은 18.7%에서 15.0%로, ASEAN 비중은 39.8%에서 34.8%로, 일본 비중 역시 29.5%에서 26.1%로 축소되었다. 한편 동아시아 역내 반제품 수입에서 중국 비중은 1998년 24.5%에서 2008년 25.0%로, 한국 비중은 13.5%에서 18.8%로 확대된 반면, ASEAN 비중은 39.1%에서 36.7%로, 일본 비중 역시 23.0%에서 19.4%로 축소되었다.

반제품에 있어 동아시아 역내교역을 교역 대상국별로 보면, ASEAN, 한국, 일본의 역내수출과 역내수입에서 중국의 비중이 확대되었는데 특히 역내수입에 있어서의 중국 비중이 더욱 크게 확대되었다([부표 8-7], [부표 8-8] 참조). 부품 및 부분품에서와 마찬가지로 반제품 교역에 있어 여타 동아시아국가들의 역내교역에서의 중국 비중 확대는 이들 국가들의 중국에 대한 FDI와 이들 국가에 진출한 다국적 기업들의 역내생산분할 확대를 반영하는 것이라 할 수 있다.

**표 8-7 동아시아 역내외 수출(1998년): 반제품** (단위: 1억 달러, %)

| | | 수출대상국 | | | | | | | |
|---|---|---|---|---|---|---|---|---|---|
| | | ASEAN | 중국 | 한국 | 일본 | 역내수출 | 역내수출 각국비중 | 총수출 | 역내수출 비중 |
| 수출국 | ASEAN | 141.5 | 54.4 | 34.9 | 116.9 | 347.7 | 39.8 | 654.3 | 53.1 |
| 수출국 | 중국 | 32.1 | | 23.0 | 49.6 | 104.7 | 12.0 | 420.2 | 24.9 |
| 수출국 | 한국 | 51.0 | 78.3 | | 33.9 | 163.1 | 18.7 | 455.9 | 35.8 |
| 수출국 | 일본 | 116.7 | 81.0 | 59.7 | | 257.5 | 29.5 | 754.6 | 34.1 |
| | 역내수입 | 341.3 | 213.7 | 117.6 | 200.4 | | | | |
| | 역내수입 각국비중 | 39.1 | 24.5 | 13.5 | 23.0 | | | | |
| | 총수입 | 675.2 | 623.9 | 307.5 | 661.3 | | | | |
| | 역내수입 비중 | 50.5 | 34.2 | 38.3 | 30.3 | | | | |

자료: Comtrade Database, UN 이용 계산

**표 8-8 동아시아 역내외 수출(2008년): 반제품** (단위: 1억 달러, %)

| | | 수출대상국 | | | | | | | |
|---|---|---|---|---|---|---|---|---|---|
| | | ASEAN | 중국 | 한국 | 일본 | 역내수출 | 역내수출 각국비중 | 총수출 | 역내수출 비중 |
| 수출국 | ASEAN | 559.5 | 245.9 | 142.0 | 395.2 | 1,342.6 | 34.8 | 2,355.0 | 57.0 |
| 수출국 | 중국 | 369.0 | | 304.7 | 256.6 | 930.3 | 24.1 | 3,487.0 | 26.7 |
| 수출국 | 한국 | 161.1 | 319.4 | | 98.7 | 579.2 | 15.0 | 1,091.0 | 53.1 |
| 수출국 | 일본 | 328.8 | 398.2 | 280.6 | | 1,007.6 | 26.1 | 1,827.0 | 55.2 |
| | 역내수입 | 1,418.4 | 963.5 | 727.3 | 750.5 | | | | |
| | 역내수입 각국비중 | 36.7 | 25.0 | 18.8 | 19.4 | | | | |
| | 총수입 | 2,429 | 2,682 | 1,379 | 1,905 | | | | |
| | 역내수입 비중 | 58.4 | 35.9 | 52.7 | 39.4 | | | | |

자료: Comtrade Database, UN 이용 계산

## 8.1.5 동아시아의 생산공정별 역내 및 역외 교역 추이: 자본재

넷째, 자본재의 경우 동아시아 총수출 중 동아시아 역내수출 비중은 1998년 20.4%에서 2008년 25.7%로 증가하였으며, 총수입 중 역내수입 비중 역시 1998년 36.2%에서 2008년 47.9%로 확대되었다. 동아시아 역내 자본재 수출 및 수입에서 중국과 한국 비중이 확대된 반면, 여타 국가 비중은 축소되었다([표 8-9], [표 8-10] 참조). 즉 역내 자본재 수출에서 중국 비중은 1998년 13.3%에서 2008년 31.8%로, 한국 비중은 9.8%에서 15.2%로 확대된 반면, ASEAN 비중은 37.8%에서 27.3%로, 일본 비중 역시 39.1%에서 25.8%로 축소되었다. 역내 자본재 수입에 있어서도 중국 비중은 1998년 14.2%에서 2008년 27.9%로, 한국 비중은 9.7%에서 12.7%로 확대된 반면, ASEAN 비중은 52.1%에서 43.0%로, 일본 비중 역시 24.0%에서 16.4%로 축소되었다.

자본재에 있어 동아시아 역내교역을 대상국별로 보면, 여타 동아시아국가들의 역내 자본재 수출입은 중국에 집중되고 있다([부표 8-9], [부표 8-10] 참조). 즉 여타 동아시아국가들의 자본재 역내수출은 1998년의 경우 대부분 ASEAN에 집중되었으나 2008년에는 중국에 집중되었으며, 역내수입 역시 주로 일본에서 수입하던 것을 중국에서 보다 더 많이 수입하게 되었다. 중국이 동아시아 역내에서의 자본재 주요 수입

**| 표 8-9 | 동아시아 역내외 수출(1998년): 자본재** (단위: 1억 달러, %)

| | | 수출대상국 | | | | | | | |
|---|---|---|---|---|---|---|---|---|---|
| | | ASEAN | 중국 | 한국 | 일본 | 역내수출 | 역내수출 각국비중 | 총수출 | 역내수출 비중 |
| 수출국 | ASEAN | 85.5 | 10.2 | 6.7 | 66.0 | 168.3 | 37.8 | 574 | 29.3 |
| | 중국 | 22.7 | | 7.7 | 28.9 | 59.2 | 13.3 | 276.2 | 21.5 |
| | 한국 | 20.6 | 11.1 | | 12.1 | 43.9 | 9.8 | 267.4 | 16.4 |
| | 일본 | 103.2 | 41.8 | 28.9 | | 173.9 | 39.1 | 1,065 | 16.3 |
| | 역내수입 | 232.0 | 63.1 | 43.3 | 107.0 | | | | |
| | 역내수입 각국비중 | 52.1 | 14.2 | 9.7 | 24.0 | | | | |
| | 총수입 | 488.3 | 272.1 | 111.6 | 356.9 | | | | |
| | 역내수입 비중 | 47.5 | 23.2 | 38.8 | 30.0 | | | | |

자료: Comtrade Database, UN 이용 계산

**표 8-10 동아시아 역내외 수출(2008년): 자본재** (단위: 1억달러, %)

| | | 수출대상국 | | | | | | | |
|---|---|---|---|---|---|---|---|---|---|
| | | ASEAN | 중국 | 한국 | 일본 | 역내수출 | 역내수출 각국비중 | 총수출 | 역내수출 비중 |
| 수출국 | ASEAN | 267.7 | 191.3 | 24.6 | 85.9 | 569.4 | 27.3 | 1,205 | 47.3 |
| | 중국 | 321.0 | | 131.6 | 211.5 | 664.1 | 31.8 | 3,991 | 16.6 |
| | 한국 | 107.2 | 164.4 | | 45.0 | 316.6 | 15.2 | 1,229 | 25.8 |
| | 일본 | 201.9 | 227.2 | 109.1 | | 538.2 | 25.8 | 1,704 | 31.6 |
| | 역내수입 | 897.8 | 582.9 | 265.3 | 342.4 | | | | |
| | 역내수입 각국비중 | 43.0 | 27.9 | 12.7 | 16.4 | | | | |
| | 총수입 | 1,259 | 1,916 | 516.2 | 664 | | | | |
| | 역내수입 비중 | 71.3 | 30.4 | 51.4 | 51.6 | | | | |

자료: Comtrade Database, UN 이용 계산

국임과 동시에 주요 수출국이 되었다는 것은 주목해야 할 대목이라 할 수 있다. 다만 이러한 결과를 해석할 때 주의해야 할 점은 중간재에서도 마찬가지지만 중국의 동아시아 역내 자본재 수출의 많은 부분이 중국 진출 다국적기업들에 의해서 이루어지고 있다는 점이다.

## 8.1.6 동아시아의 생산공정별 역내 및 역외 교역 추이: 소비재

다섯째, 소비재의 경우 동아시아 총수출 중 동아시아 역내수출 비중은 1998년 19.5%에서 2008년 18.2%로 오히려 축소된 반면, 총수입 중 역내수입 비중은 1998년 42.0%에서 2008년 47.2%로 확대되어 대조를 보였다. 소비재의 동아시아 역내수출에서 중국과 일본 비중이 확대된 반면 여타 국가 비중은 축소되었으며, 역내수입에서는 ASEAN, 중국과 한국의 비중이 크게 확대된 반면 일본 비중은 크게 축소되었다. 즉 소비재의 동아시아 역내수출에서 중국 비중은 1998년 41.4%에서 2008년 49.2%로, 일본 비중은 8.0%에서 12.0%로 확대된 반면, 한국 비중은 10.4%에서 5.4%로, ASEAN 비중 역시 40.1%에서 33.4%로 축소되었다. 한편 동아시아 역내 소비재 수입에서 중

국 비중은 1998년 4.5%에서 2008년 11.3%, 한국 비중은 4.1%에서 11.3%로, ASEAN 비중은 32.2%에서 35.2%로 확대된 반면, 일본 비중은 53.9%에서 42.2%로 축소되었다. 요약하면 소비재의 경우 동아시아 역내수출은 중국에 의해서 주도되고 있으며, 역내수입은 일본과 ASEAN이 주로 하고 있다고 할 수 있다.

소비재에 있어 동아시아 역내교역을 교역대상 국가별로 보면, 1998년 경우 동아시아 역내 소비재 수출은 일본을 대상으로 집중적으로 이루어졌으나, 2008년의 경우에는 여타 동아시아국가들의 중국에 대한 소비재 수출이 크게 확대되었으며 특히 한국과 일본의 경우 역내 소비재 수출 중 가장 많은 부분이 중국에 대한 것이었다. 뿐만 아니라 동아시아국가들의 역내 소비재 수입 역시 중국으로부터 보다 많이 하고 있다([부표 8-11], [부표 8-12] 참조). 이는 중국이 동아시아 역내 소비재 수출국임과 동시에 수입국이 되었다는 것을 의미하는 것으로 역내 소비재 시장으로서 중국의 중요성이 그만큼 커졌다고 할 수 있다.

지금까지 생산공정별 동아시아 역내교역에 있어서의 구조 변화를 살펴본 결과, 소비재를 제외한 모든 생산공정별 교역에서 동아시아국가들의 총수출에서 역내수출 비중이 높아졌음을 확인할 수 있었다. 이는 동아시아국가들의 상호협력 내지 상호의존 관계가 더욱 강화되었음을 보여준다 하겠다.

**표 8-11 동아시아 역내외 수출(1998년): 소비재** (단위: 1억 달러, %)

| | | 수출대상국 | | | | | | | |
|---|---|---|---|---|---|---|---|---|---|
| | | ASEAN | 중국 | 한국 | 일본 | 역내수출 | 역내수출 각국비중 | 총수출 | 역내수출 비중 |
| 수출국 | ASEAN | 98.0 | 5.8 | 4.3 | 90.2 | 198.3 | 40.1 | 631.3 | 31.4 |
| | 중국 | 28.2 | | 12.1 | 164.7 | 204.9 | 41.4 | 880.5 | 23.3 |
| | 한국 | 6.9 | 6.5 | | 38.2 | 51.7 | 10.4 | 253.9 | 20.3 |
| | 일본 | 26.0 | 9.9 | 3.9 | | 39.8 | 8.0 | 775.5 | 5.1 |
| | 역내수입 | 159.1 | 22.2 | 20.3 | 293.1 | | | | |
| | 역내수입 각국비중 | 32.2 | 4.5 | 4.1 | 59.3 | | | | |
| | 총수입 | 273.4 | 61.5 | 46.5 | 795.5 | | | | |
| | 역내수입 비중 | 58.2 | 36.1 | 43.6 | 36.8 | | | | |

자료: Comtrade Database, UN 이용 계산

**표 8-12 동아시아 역내외 수출(2008년): 소비재** (단위: 1억 달러, %)

| | | 수출대상국 | | | | | | | |
|---|---|---|---|---|---|---|---|---|---|
| | | ASEAN | 중국 | 한국 | 일본 | 역내수출 | 역내수출 각국비중 | 총수출 | 역내수출 비중 |
| 수출국 | ASEAN | 242.2 | 52.9 | 29.7 | 138.5 | 463.3 | 33.4 | 1,553 | 29.8 |
| | 중국 | 166.4 | | 95.9 | 419.2 | 681.5 | 49.2 | 3,993 | 17.1 |
| | 한국 | 18.3 | 28.6 | | 27.7 | 74.6 | 5.4 | 4,94.7 | 15.1 |
| | 일본 | 60.2 | 75.7 | 30.6 | | 166.4 | 12.0 | 1,584 | 10.5 |
| | 역내수입 | 487.1 | 157.1 | 156.2 | 585.4 | | | | |
| | 역내수입 각국비중 | 35.1 | 11.3 | 11.3 | 42.2 | | | | |
| | 총수입 | 746.7 | 528.5 | 322.1 | 1338 | | | | |
| | 역내수입 비중 | 65.2 | 29.7 | 48.5 | 43.8 | | | | |

자료: Comtrade Database, UN 이용 계산

**그림 8-1 동아시아국가 간 역내수출구조(1998년)** (단위: 억 달러)

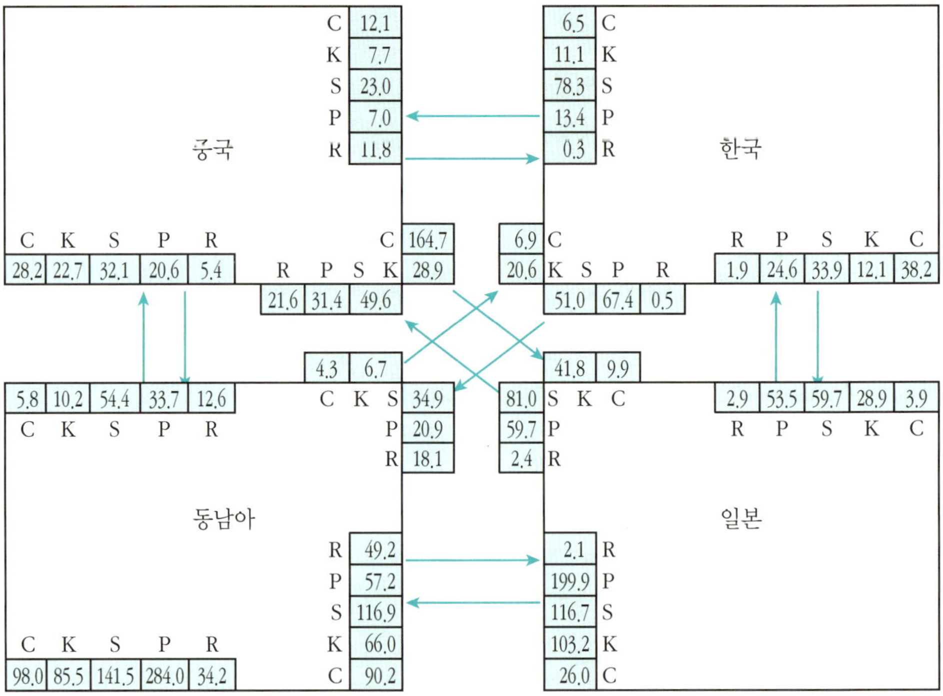


주1: 셀 안의 숫자는 해당국 수출액(=상대국 수입액)
주2: R(1차산품), P(부품 및 부분품), S(반제품), K(자본재), C(소비재)
주3: 동남아에 있어 좌측 하단은 동남아 역내수출

**그림 8-2 동아시아국가 간 역내수출구조(2008년)**

(단위: 억 달러)

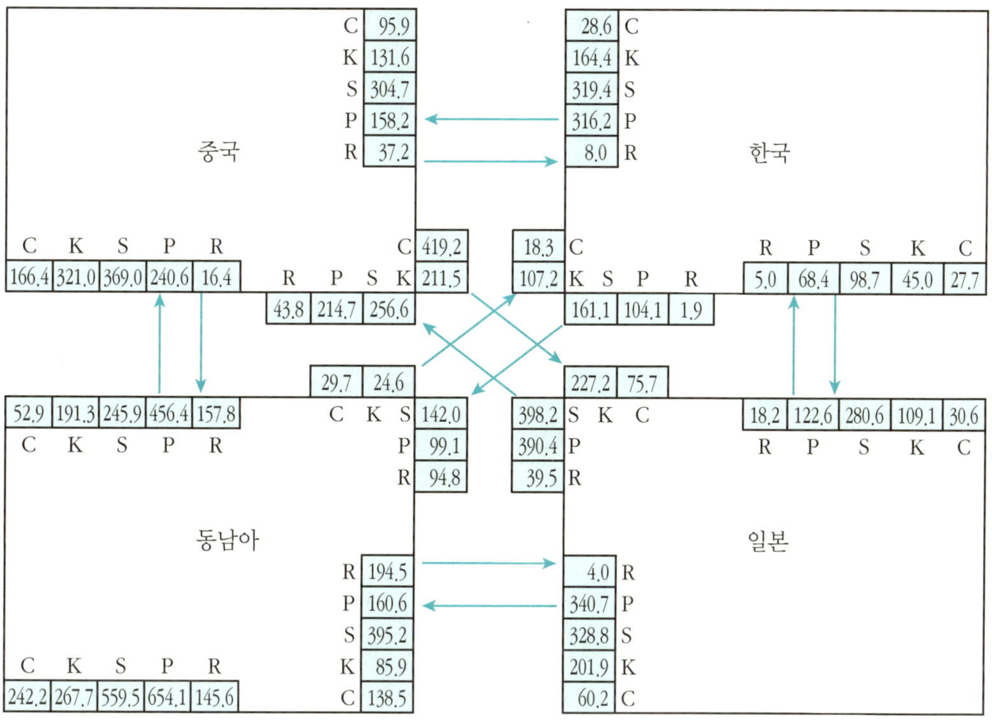


주1: 셀 안의 숫자는 해당국 수출액(=상대국 수입액)
주2: R(1차산품), P(부품 및 부분품), S(반제품), K(자본재), C(소비재)
주3: 동남아에 있어 좌측하단은 동남아 역대수출

## 8.1.7 요약 및 함의

이상을 종합해 볼 때 동아시아 각국의 총교역 중 역내교역 비중이 확대되고 있어, 동아시아경제통합이 강화되고 있음을 알 수 있다. 그러한 가운데 동아시아 역내교역의 중심국가가 일본에서 중국으로 전환되었다. 역내교역에서 각국의 비중을 기준으로 할 때 ASEAN의 비중이 여전히 가장 높지만, 개별국가를 기준으로 하면 역내교역의 중심국가가 일본에서 중국으로 전환되었다 할 수 있다. 역내교역에서 일본의 비중이 중국에 의해 역전되었으나, 일본의 비중은 여전히 높은 수준이다. 한국의 경우 역내수출에서의 비중은 축소된 반면 역내수입 비중은 확대되었는데, 2008년을 기준으로 할 때 동아시아 역내시장에서 한국은 수출국가보다는 수출대상국가로서의 의미가 더 강화되었다 할 수 있다. 그러나 중국을 제외하고 ASEAN과 일본의 역내수입에서 한국 비중은 축소되었는데, 이는 동아시아 역내수입에서 한국의 비중 확대가 주로 중국으로부터의 역내수입에 기인하고 있다는 것을 의미한다.

한편 한국의 대동아시아 역내무역수지에 있어서 큰 변화가 발생하였다. 즉 1998년과 2008년을 비교할 때 한국의 동아시아 역내무역수지는 흑자에서 적자로 반전되었다. 1998년과 2008년 모두 일본을 제외하고 여타 동아시아국가(중국과 ASEAN)에 대해 흑자를 기록했으나, 그럼에도 불구하고 적자로 반전된 것은 중국에 대한 흑자폭보다 일본에 대한 적자폭이 더욱 크게 확대된 데 기인하였다. 생산공정별로는 1차산품과 소비재에 있어서 모든 역내국가에 대해 적자를 기록했으나, 부품 및 부분품, 반제품, 자본재에 있어서는 일본에 대해서만 적자를 기록(2008년 기준)하였다. 즉 한국은 일본에 대해서는 모든 생산공정별 교역에 있어서 적자를 기록하였다.

동아시아 총교역에서 역내교역 비중이 확대되는 가운데, 역내교역에서 중간재 비중이 57%로 높은 것은 동아시아 역내교역이 중간재를 중심으로 확대되고 있음을 의미한다. 이는 동아시아 역내교역 확대는 소비재시장 확대가 아닌 역내 생산분할 확대와 관계가 깊음을 시사한다. 동아시아 역내교역에서 자본재 비중이 빠르게 확대되고 있으나, 상대적으로 중간재 비중에 비해 여전히 크게 낮다. 자본재 비중 확대 역시 역내국가 간 FDI 증가 등에 따른 생산분할 확대와 관계가 깊다고 할 수 있겠다.

동아시아의 부품 및 부분품, 반제품, 자본재 총수출에서 역내수출이 차지하는 비중이 확대되고 있는 것 역시 동아시아의 국가들의 역내 FDI 확대와 생산분할 활성화 결과라 해석할 수 있다. 또한 동아시아 개별국가 중 부품 및 부분품, 그리고 반제품의 역내수출은 일본, 중국, 한국 순으로 특히 일본의 비중이 절대적으로 높은데, 이는 역내투자 및 생산분할이 여전히 일본에 의해서 주도 되고 있음을 의미한다 하겠다. 한편 동아시아 개별국가 중 부품 및 부분품, 그리고 반제품의 역내수입은 중국, 일본, 한국 순으로 특히 중국의 비중이 절대적으로 높은데,[4] 이는 역내투자 및 생산분할 대상국으로서 중국의 중요성이 강화됨을 의미한다.

한편 동아시아 역내수출에서 소비재 비중은 축소되고 있는 바, 이는 동아시아경제

[4] ASEAN 전체로 비교할 경우, 중간재의 역내 수출 및 수입에 있어 ASEAN 비중이 절대적으로 높다. 그러나 동 비중이 크게 하락하고 있을 뿐 아니라, ASEAN 10개국 각국의 비중을 기준으로 할 경우 이들 각국의 비중은 한국, 일본, 중국에 비해 크게 낮다.

규모 및 교역규모 확대에도 불구하고 역내 각국에 있어 동아시아는 시장으로서보다는 생산분할지로서 더 중요함을 의미한다 하겠다. 동아시아 역내수출에 소비재 비중이 축소된 것은 동아시아국가들의 수출이 역내국가보다는 여전히 미국, EU 등 역내국가에 집중되고 있음을 의미한다. 다만 고무적인 것은 동아시아 역내수입 중 소비재 비중이 확대되고 있는 것이다. 1998년의 경우 총 역내 소비재 수입에서 일본 비중이 절대적이었으나 2008년 ASEAN, 중국, 한국 등의 비중이 확대되었다. 또한 동아시아 역내 소비재 수출 중 중국과 일본의 비중은 크게 확대된 반면 한국과 ASEAN 비중은 크게 감소하였다. 이는 동아시아 소비재 시장에서 한국의 경쟁력이 하락하고 있음을 의미하는바, 확대되는 동아시아 소비시장 공략을 위한 전략이 절실히 필요한 상태라 할 수 있다.

## 8.2 생산공정별 동아시아 역내교역에 있어 동남아의 의미

### 8.2.1 동아시아 생산분할[5] 및 각국의 역할 변화: 부품 및 부분품

동아시아 역내 생산분할에 있어서 특징을 부품 및 부분품 중심으로 살펴보면 다음과 같다. 부품 및 부분품의 경우 동아시아국가들의 중국과 한국, 특히 중국에 대한 수출 및 수입이 크게 확대되고 있다. 이는 동아시아 내 생산분할에 있어서 중국과 한국의 역할이 확대되었음을 의미한다 하겠다. 그러나 2008년 기준으로 아직까지 동아시아 내 생산분할에 있어서 ASEAN과 일본의 역할은 중국과 한국을 크게 앞서고 있다. ASEAN의 경우 1998년 동아시아 내 부품 및 부분품 수입액의 65.5%를 차지했으며, 수출액의 45.3%를 차지했으며, 2008년에도 수입액의 40.3%, 수출액의 41.2%를 차지, 여전히 동아시아 내 생산분할의 중심적 역할을 하고 있다 할 수 있다.

ASEAN의 동아시아 역내 부품 및 부분품 교역을 살펴보면, 1998년의 경우 ASEAN 역내 및 일본에서 대부분을 수입하고, ASEAN 역내 및 일본에 대부분을 수출(각국의

[5] 엄밀한 의미에서 중간재 교역 전부가 생산분할 결과는 아닐 수 있지만, 자료 제약상 생산분할 관련 교역과 그렇지 않은 교역을 분리할 수 없어, 본 논의에서는 모든 중간재 교역을 생산분할 결과로 간주하고 논의를 진행하기로 한다.

역내수출입에서 비중을 기준으로 판단)했다. 그러나 2008년의 경우 ASEAN 역내 및 일본 외에도 중국에서 상당부분을 수입하고, 수출 역시 ASEAN 역내, 일본, 중국으로 확대되었다. 즉 ASEAN의 부품 및 부분품 역내교역에서 일본 이외에 중국이 또 다른 중요 파트너로서 역할을 하고 있다고 할 수 있다. 1998년과 2008년을 비교할 때 ASEAN은 중국과 한국의 수입대상국으로서 의미가 다소 확대되었으나, 일본의 수입대상국으로서 의미는 축소되었다. 한편 ASEAN은 중국의 수출대상국으로서 의미가 다소 확대된 반면, 한국과 일본의 수출대상국으로 의미는 크게 축소되어 대조를 보였다. 이는 중국의 부상으로 동아시아 내 일본의 생산분할 대상국으로서의 ASEAN의 의미가 축소된 반면 중국의 생산분할 대상국으로서 ASEAN의 역할은 확대되었음을 의미한다 하겠다.

중국의 동아시아 역내 부품 및 부분품 교역을 살펴보면, 1998년의 경우 일본과 ASEAN에서 대부분을 수입하고, 역시 일본과 ASEAN에 대부분을 수출하였다. 그러나 2008년의 경우 ASEAN과 일본, 그리고 한국에서 수입하고, 수출 역시 ASEAN, 일본, 한국으로 확대되었다. 이는 중국의 부품 및 부분품 역내교역에서 ASEAN과 일본 이외에 한국이 또 다른 중요 파트너로서 역할을 하고 있음을 의미한다. 한편 중국은 한국, 일본, ASEAN의 수출 및 수입대상국으로 의미가 1998년에 비해 2008년에 아주 크게 확대되었다.

한국의 동아시아 역내 부품 및 부분품 교역을 살펴보면, 1998년의 경우 일본과 ASEAN에서 대부분을 수입하고, 역시 ASEAN과 일본에 대부분을 수출하였다. 그러던 것이 2008년의 경우 중국과 일본에서 대부분을 수입하고, 수출은 중국과 ASEAN에 집중하였다. 즉 한국의 부품 및 부분품 역내교역의 주요 파트너가 일본, ASEAN에서 중국으로 이동하고 있다고 할 수 있다. 그럼에도 불구하고 한국의 역내 부품 및 부분품 교역에 있어 ASEAN의 비중은 2008년 기준으로 20% 정도를 유지하고 있다. 한국의 동아시아 역내교역의 경우 1998년과 2008년을 비교할 때 중국의 수입대상국으로서 의미는 확대되었으나, ASEAN과 일본의 수입대상국으로서 의미는 축소되었다. 반면 한국은 중국과 ASEAN의 수출대상국으로 의미는 확대되고 있는 반면 일본의 수출대상국으로서 의미는 축소되었다고 할 수 있다.

일본의 동아시아 역내 부품 및 부분품 교역의 경우 1998년에는 ASEAN에서 대부분을 수입하고, ASEAN에 대부분을 수출하였으나, 2008년에는 중국과 ASEAN에서 대부분을 수입하고, 수출도 중국과 ASEAN에 집중되었다. 특히 중국에 대한 비중이 ASEAN 비중에 비해 압도적으로 높았다. 즉 일본의 역내 부품 및 부분품 교역의 주요 파트너가 ASEAN에서 중국으로 이동하고 있음을 의미한다 하겠다. 그럼에도 불구하고 일본의 역내 부품 및 부분품 교역에 있어 ASEAN의 비중은 2008년 기준으로 35% 이상을 유지, 일본의 역내교역에 있어 ASEAN의 중요성은 여전히 높다 할 수 있다. 한편 한국, 중국, ASEAN의 수출 및 수입대상국으로서 일본의 의미는 1998년에 비해 2008년에 크게 축소되었다.

### 8.2.2 동아시아 생산분할 및 각국의 역할 변화: 반제품

다음으로 동아시아 역내 생산분할에 있어서 특징을 반제품 중심으로 살펴보면 다음과 같다. 즉 동아시아 역내 반제품 수출 및 수입 규모에 있어 중국의 비중이 크게 확대되었다. 이는 부품 및 부분품에 있어서와 마찬가지로 동아시아 역내 생산분할에 있어서 중국의 역할이 확대되었음을 의미한다. 그러나 2008년 기준으로 아직까지 반제품의 동아시아 역내교역에 있어서 ASEAN의 역할은 중국보다 크다. ASEAN의 경우 1998년 동아시아 내 반제품 수입액의 39.1%를 차지했으며, 수출액의 39.8%를 차지했으나, 2008년의 경우 역내수입액의 36.7%, 수출액의 34.8%를 차지하였다.

ASEAN의 동아시아 역내 반제품 교역을 살펴보면, 부품 및 부분품에 있어서와 마찬가지로 1998년의 경우 ASEAN 역내와 일본에서 대부분을 수입하고, ASEAN과 일본에 대부분을 수출하였다. 그러나 2008년의 경우 ASEAN 역내와 일본 외에도 중국에서 상당부분을 수입하고, 수출 역시 ASEAN 역내, 일본, 그리고 중국으로 확대되었다. 즉 부품 및 부분품에 있어서 마찬가지로 ASEAN의 동아시아 역내 반제품 교역에서 중국이 또 다른 중요 파트너로서 역할을 하고 있음을 의미한다. ASEAN은 중국의 반제품 수출 및 수입대상국으로 의미가 다소 확대된 반면, 한국과 일본의 수출 및 수입대상국으로서 의미는 크게 축소되었다. 이는 반제품을 기준으로 할 때, 한국과 일본의 생산분할 대상국가로서의 ASEAN의 의미가 축소된 반면 중국의 생산분할 대상국으로서의 역할은 확대됨을 의미한다.

중국의 역내 반제품 교역을 살펴보면, 1998년의 경우 일본과 한국에서 대부분을 수입하고, 일본과 ASEAN에 대부분을 수출하였다. 2008년의 경우에도 일본과 한국에서 주로 수입하는 것은 마찬가지이나, 수출은 ASEAN과 한국에 집중하였다. 즉 중국의 반제품 역내수입에서 일본과 한국이 여전히 중요한 파트너이며, 역내수출에 있어서는 ASEAN 역시 여전히 중요한 파트너임을 의미한다. 중국의 경우 한국, 일본, ASEAN의 수출 및 수입대상국으로 의미가 1998년에 비해 아주 크게 확대되었다.

한국의 역내 반제품 교역을 살펴보면, 1998년에는 일본과 ASEAN에서 대부분을 수입하고, 중국과 ASEAN에 대부분을 수출하였으나, 2008년의 경우 중국과 일본에서 대부분을 수입하고, 중국과 ASEAN에 수출을 집중하였다. 즉 한국의 역내 반제품 교역의 주요 파트너로서 중국의 의미가 더욱 강화되었다 할 수 있다. 그럼에도 불구하고 한국의 역내 반제품 교역에 있어 ASEAN의 비중은 2008년 기준으로 약 20%를 유지, 역내 반제품 교역파트너로서 ASEAN의 의미는 상당하다 할 수 있다. 한국의 경우 1998년과 2008년을 비교할 때, 중국, 일본, ASEAN의 수입대상국으로서 의미는 다소 축소된 반면 수출대상국으로 의미는 확대되었다.

일본의 역내 반제품 교역을 살펴보면, 1998년에는 ASEAN에서 대부분을 수입하고, ASEAN과 중국에 대부분을 수출하였으나, 2008년의 경우 ASEAN과 중국에서 대부분을 수입하고, 중국, ASEAN, 한국에 수출을 확대하였다. 즉 일본의 역내 반제품 교역파트너로서 중국의 의미가 크게 확대되었다 할 수 있다. 그럼에도 불구하고 일본의 역내 반제품 수입에 있어 ASEAN의 비중은 2008년 기준으로 52.7%로 압도적으로 높다. 일본은 한국과 ASEAN의 수입대상국으로서 의미가 1998년에 비해 축소되었으나, 중국의 수입대상국으로서 의미는 확대되었다. 또한 한국, 중국, ASEAN의 수출대상국으로서 일본의 의미는 1998년에 비해 2008년에 크게 축소되었다.

**부표 8-1 각국의 역내수출 중 교역상대국별 비중: 전체**

| [1998] | ASEAN | 중국 | 한국 | 일본 |
|---|---|---|---|---|
| ASEAN | 53.2 | 9.7 | 6.5 | 30.6 |
| 중국 | 23.7 | | 13.3 | 63.0 |
| 한국 | 39.9 | 29.9 | | 30.2 |
| 일본 | 56.8 | 24.5 | 18.7 | |

| [2008] | ASEAN | 중국 | 한국 | 일본 |
|---|---|---|---|---|
| ASEAN | 46.9 | 23.5 | 8.2 | 21.5 |
| 중국 | 37.6 | | 24.3 | 38.1 |
| 한국 | 29.2 | 54.1 | | 16.7 |
| 일본 | 36.0 | 43.4 | 20.7 | |

주: 행은 수출국, 열은 수출대상국
자료: Comtrade Database, UN 이용 계산

**| 부표 8-2 | 각국의 역내수입 중 교역상대국별 비중: 전체**

| [1998] | ASEAN | 중국 | 한국 | 일본 |
|---|---|---|---|---|
| ASEAN | 48.8 | 28.9 | 28.2 | 49.4 |
| 중국 | 7.9 | | 20.8 | 36.8 |
| 한국 | 10.3 | 25.1 | | 13.8 |
| 일본 | 33.0 | 46.0 | 51.0 | |

| [2008] | ASEAN | 중국 | 한국 | 일본 |
|---|---|---|---|---|
| ASEAN | 46.7 | 35.1 | 23.5 | 42.6 |
| 중국 | 22.8 | | 42.4 | 46.2 |
| 한국 | 9.8 | 27.4 | | 11.2 |
| 일본 | 20.7 | 37.5 | 34.1 | |

주: 행은 수입대상국, 열은 수입국
자료: Comtrade Database, UN 이용 계산

**| 부표 8-3 | 각국의 역내수출 중 교역상대국별 비중: 1차산품**

| [1998] | ASEAN | 중국 | 한국 | 일본 |
|---|---|---|---|---|
| ASEAN | 30.0 | 11.0 | 15.8 | 43.2 |
| 중국 | 14.0 | | 30.4 | 55.6 |
| 한국 | 18.5 | 12.7 | | 68.8 |
| 일본 | 28.2 | 32.8 | 39.0 | |

| [2008] | ASEAN | 중국 | 한국 | 일본 |
|---|---|---|---|---|
| ASEAN | 24.6 | 26.6 | 16.0 | 32.8 |
| 중국 | 16.8 | | 38.2 | 45.0 |
| 한국 | 12.7 | 54.0 | | 33.3 |
| 일본 | 6.5 | 63.9 | 29.5 | |

자료: Comtrade Database, UN 이용 계산

**부표 8-4 각국의 역내수입 중 교역상대국별 비중: 1차산품**

| [1998] | ASEAN | 중국 | 한국 | 일본 |
|---|---|---|---|---|
| ASEAN | 81.0 | 81.9 | 55.1 | 67.7 |
| 중국 | 12.8 | | 36.1 | 29.7 |
| 한국 | 1.2 | 2.3 | | 2.6 |
| 일본 | 4.9 | 15.8 | 8.8 | |

| [2008] | ASEAN | 중국 | 한국 | 일본 |
|---|---|---|---|---|
| ASEAN | 86.7 | 76.9 | 63.1 | 79.9 |
| 중국 | 9.8 | | 24.8 | 18.0 |
| 한국 | 1.1 | 3.9 | | 2.0 |
| 일본 | 2.4 | 19.2 | 12.1 | |

자료: Comtrade Database, UN 이용 계산

**부표 8-5 각국의 역내수출 중 교역상대국별 비중: 부품 및 부분품**

| [1998] | ASEAN | 중국 | 한국 | 일본 |
|---|---|---|---|---|
| ASEAN | 71.8 | 8.5 | 5.3 | 14.4 |
| 중국 | 34.9 | | 11.8 | 53.2 |
| 한국 | 64.0 | 12.7 | | 23.3 |
| 일본 | 63.9 | 19.1 | 17.1 | |

| [2008] | ASEAN | 중국 | 한국 | 일본 |
|---|---|---|---|---|
| ASEAN | 47.7 | 33.3 | 7.2 | 11.7 |
| 중국 | 39.2 | | 25.8 | 35.0 |
| 한국 | 21.3 | 64.7 | | 14.0 |
| 일본 | 39.9 | 45.7 | 14.4 | |

자료: Comtrade Database, UN 이용 계산

**부표 8-6 각국의 역내수입 중 교역상대국별 비중: 부품 및 부분품**

| [1998] | ASEAN | 중국 | 한국 | 일본 |
|---|---|---|---|---|
| ASEAN | 49.7 | 31.6 | 25.7 | 50.5 |
| 중국 | 3.6 | | 8.6 | 27.7 |
| 한국 | 11.8 | 12.5 | | 21.7 |
| 일본 | 35.0 | 55.9 | 65.8 | |

| [2008] | ASEAN | 중국 | 한국 | 일본 |
|---|---|---|---|---|
| ASEAN | 48.8 | 39.2 | 26.1 | 36.2 |
| 중국 | 18.0 | | 41.6 | 48.4 |
| 한국 | 7.8 | 27.2 | | 15.4 |
| 일본 | 25.4 | 33.6 | 32.3 | |

자료: Comtrade Database, UN 이용 계산

**| 부표 8-7 | 각국의 역내수출 중 교역상대국별 비중: 반제품**

| [1998] | ASEAN | 중국 | 한국 | 일본 |
|---|---|---|---|---|
| ASEAN | 40.7 | 15.6 | 10.0 | 33.6 |
| 중국 | 30.7 | | 21.9 | 47.4 |
| 한국 | 31.2 | 48.0 | | 20.8 |
| 일본 | 45.3 | 31.5 | 23.2 | |

| [2008] | ASEAN | 중국 | 한국 | 일본 |
|---|---|---|---|---|
| ASEAN | 41.7 | 18.3 | 10.6 | 29.4 |
| 중국 | 39.7 | | 32.8 | 27.6 |
| 한국 | 27.8 | 55.1 | | 17.0 |
| 일본 | 32.6 | 39.5 | 27.8 | |

자료: Comtrade Database, UN 이용 계산

**| 부표 8-8 | 각국의 역내수입 중 교역상대국별 비중: 반제품**

| [1998] | ASEAN | 중국 | 한국 | 일본 |
|---|---|---|---|---|
| ASEAN | 41.5 | 25.4 | 29.7 | 58.3 |
| 중국 | 9.4 | | 19.5 | 24.8 |
| 한국 | 14.9 | 36.6 | | 16.9 |
| 일본 | 34.2 | 37.9 | 50.8 | |

| [2008] | ASEAN | 중국 | 한국 | 일본 |
|---|---|---|---|---|
| ASEAN | 39.4 | 25.5 | 19.5 | 52.7 |
| 중국 | 26.0 | | 41.9 | 34.2 |
| 한국 | 11.4 | 33.1 | | 13.2 |
| 일본 | 23.2 | 41.3 | 38.6 | |

자료: Comtrade Database, UN 이용 계산

**| 부표 8-9 | 각국의 역내수출 중 교역상대국별 비중: 자본재**

| [1998] | ASEAN | 중국 | 한국 | 일본 |
|---|---|---|---|---|
| ASEAN | 50.8 | 6.1 | 4.0 | 39.2 |
| 중국 | 38.3 | | 13.0 | 48.7 |
| 한국 | 47.0 | 25.3 | | 27.7 |
| 일본 | 59.3 | 24.0 | 16.6 | |

| [2008] | ASEAN | 중국 | 한국 | 일본 |
|---|---|---|---|---|
| ASEAN | 47.0 | 33.6 | 4.3 | 15.1 |
| 중국 | 48.3 | | 19.8 | 31.8 |
| 한국 | 33.9 | 51.9 | | 14.2 |
| 일본 | 37.5 | 42.2 | 20.3 | |

자료: Comtrade Database, UN 이용 계산

**| 부표 8-10 | 각국의 역내수입 중 교역상대국별 비중: 자본재**

| [1998] | ASEAN | 중국 | 한국 | 일본 |
|---|---|---|---|---|
| ASEAN | 36.9 | 16.2 | 15.4 | 61.7 |
| 중국 | 9.8 | | 17.8 | 27.0 |
| 한국 | 8.9 | 17.6 | | 11.4 |
| 일본 | 44.5 | 66.2 | 66.8 | |

| [2008] | ASEAN | 중국 | 한국 | 일본 |
|---|---|---|---|---|
| ASEAN | 29.8 | 32.8 | 9.3 | 25.1 |
| 중국 | 35.8 | | 49.6 | 61.8 |
| 한국 | 11.9 | 28.2 | | 13.1 |
| 일본 | 22.5 | 39.0 | 41.1 | |

자료: Comtrade Database, UN 이용 계산

**| 부표 8-11 | 각국의 역내수출 중 교역상대국별 비중: 소비재**

| [1998] | ASEAN | 중국 | 한국 | 일본 |
|---|---|---|---|---|
| ASEAN | 49.4 | 2.9 | 2.2 | 45.5 |
| 중국 | 13.7 | | 5.9 | 80.4 |
| 한국 | 13.4 | 12.6 | | 74.0 |
| 일본 | 65.4 | 24.9 | 9.7 | |

| [2008] | ASEAN | 중국 | 한국 | 일본 |
|---|---|---|---|---|
| ASEAN | 52.3 | 11.4 | 6.4 | 29.9 |
| 중국 | 24.4 | | 14.1 | 61.5 |
| 한국 | 24.5 | 38.3 | | 37.1 |
| 일본 | 36.2 | 45.5 | 18.4 | |

자료: Comtrade Database, UN 이용 계산

**부표 8-12 각국의 역내수입 중 교역상대국별 비중: 소비재**

| [1998] | ASEAN | 중국 | 한국 | 일본 |
|---|---|---|---|---|
| ASEAN | 61.6 | 25.9 | 21.4 | 30.8 |
| 중국 | 17.7 | | 59.6 | 56.2 |
| 한국 | 4.3 | 29.4 | | 13.0 |
| 일본 | 16.4 | 44.7 | 19.0 | |

| [2008] | ASEAN | 중국 | 한국 | 일본 |
|---|---|---|---|---|
| ASEAN | 49.7 | 33.7 | 19.0 | 23.7 |
| 중국 | 34.2 | | 61.4 | 71.6 |
| 한국 | 3.8 | 18.2 | | 4.7 |
| 일본 | 12.4 | 48.2 | 19.6 | |

자료: Comtrade Database, UN 이용 계산

# 9 Chapter 동북아와 동남아경제의 상호 연계[1]

동아시아[2]의 세계수출 비중이 1980년 13.4%에서 1990년 18.8%로 확대되고 2006년에는 27.2%로 크게 높아졌다(Giang, 2008). 세계수출 및 수입에서 동아시아의 비중이 확대되고 있을 뿐만 아니라 동아시아 총수출입 중 역내무역 비중 역시 크게 증가하고 있다. 1980년 4.9%였던 동아시아(ASEAN5+한・중・일・홍콩) 역내무역 비중이 2008년 15%로 확대되었다. 동아시아의 세계수출시장에서의 비중과 역내교역 비중 확대에 따라 학자들의 동아시아 교역에 대한 관심이 높아지고 있다. 동아시아의 경우 EU나 NAFTA와 같은 경제통합의 제도화가 이루어지지 않았음에도 불구하고 역내무역이 확대되고 있는 것에 대해 일부 학자들은 시장에 의한 경제통합의 전형적인 형태로 평가하고 있다(박성훈, 2001).

특히 ASEAN자유무역협정(AFTA)에 이어 ASEAN과 동북아시아국가 간 자유무역협정(FTA)이 체결되고, ASEAN+3라는 공식적인 동아시아 내 협력의 장이 열리면서 동아시아의 제도적 경제통합에 대해 관심이 높아지면서 이에 대한 연구도 많아지고 있다. 지금까지의 동아시아 교역에 대한 연구는 동아시아경제통합 현황(박성훈, 2001), 동아시아경제통합에 따른 동아시아경제의 동조화(synchronization)(Shin and Wang, 2003; Rana, 2007), 동아시아 내 FTA와 같은 제도적 역내협력체 필요성 및 그 효과분석(Giang, 2008), 동아시아분업구조 분석(고일동 외, 2004; 정성춘, 2007) 등에 집중되어 있다.

[1] 김완중, 2010, 동북아와 동남아의 경제적 상호연계 분석: 지역간무역을 중심으로, 동북아경제연구 제22권 제2호의 내용 중 일부를 발췌하였음을 밝힌다.

[2] 본 논의에 있어 동아시아 관련 자료는 한국, 중국, 일본, 대만, 홍콩, 말레이시아, 인도네시아, 태국, 필리핀, 싱가포르, 브루나이, 베트남, 라오스, 캄보디아를 대상으로 하고 있다.

동아시아 역내교역이 확대된 것은 분명한 사실이다. 그러나 동아시아를 동남아시아와 동북아시아로 나누어 역내교역의 구성 추이를 살펴보면 동아시아 내 소지역(sub-region)들의 역내교역에 있어 몇 가지 특징을 발견할 수 있다. 즉 장기적 추세를 보면, 동남아시아국가 간 역내교역, 그리고 동북아시아국가 간 역내교역은 상대적으로 빠르게 확대되었으나, 동아시아 전체 역내교역에서 동북아국가와 동남아국가 간 역내교역 비중은 횡보하고 있다.

과연 동아시아 역내교역 확대가 동북아시아와 동남아시아 간 실제적인 경제적 상호연계 강화를 의미하고 있는 것일까? 만약 동아시아국가 간 역내교역 확대가 동북아시아와 동남아시아 간 역내교역보다는 동북아 내 국가 간 역내교역 또는 동남아시아국가 간 역내교역 확대에 주로 기인한 것이라면 왜 동아시아 역내교역 중에서 동남아와 동북아 간 역내교역이 상대적으로 높지 않은지에 대한 분석이 필요할 것이다. 즉 시장의 힘에 의한 소지역 내 경제통합이 가속화되는 과정에서 무역전환효과 등에 의해 소지역 간 역내교역 비중이 축소되고 있는 데 기인하고 있는지에 대한 분석이 이루어질 필요가 있다.

뿐만 아니라 동아시아 역내교역 중 동남아시아와 동북아시아 간 비중 축소가 사실이고, 그것이 시장의 힘에 의한 자연스러운 결과라면, 동아시아 역내교역에 대한 분석도 동아시아라는 큰 틀 안에서 이루어지기보다는 동남아와 동북아 각 소지역에 집중하는 것이 바람직 할 수도 있다. 더 나아가 동북아와 동남아 간 상호연계 또는 상호의존도가 높지 않다면 경제적 측면에서 볼 때, 통화동맹과 같은 동아시아 내 금융협력이나 EU나 NAFTA와 같은 제도적 경제협력체 결성의 필요성이 낮아지게 될 것이다. 그리고 동아시아 내 동북아와 동남아가 상호연계성이 높지 않다면, 그러한 사실은 동아시아 내 경제협력체를 결성할 때 바람직한 형태가 무엇인가라는 질문에 대한 답을 찾는 데 있어서 중요한 고려사항이라 할 수 있다.

이러한 점에서 동아시아 역내교역을 동남아시아국가 간 역내교역, 동북아시아국가 간 역내교역, 동북아시아와 동남아시아 간 역내교역으로 분해하여 동아시아 역내교역 확대가 동북아시아와 동남아시아 간 연계강화를 의미하는 것인지 파악하는 것은 중요하다 할 수 있다. 그리고 동아시아 전체의 역내교역이 확대되고 있는 가운데, 동북아와 동남아국가 간 역내교역 비중이 횡보하고 있는 원인을 파악하는 것은 동아시아

경제협력관계의 실상을 보다 더 잘 이해하는데 도움이 될 것이다. 또한 동아시아 내 역내교역의 확대가 동아시아경제의 상호의존성을 높이는 것으로 작용하고 있는지 여부를 파악해 보고는 것이 정책적 측면에서 중요하다 할 수 있다.

## 9.1 동아시아 역내교역 추이 및 특징

### 9.1.1 동아시아국가들의 역내교역은 증가하고 있는가?

[그림 9-1]에서 볼 수 있듯이 동아시아의 교역에서 역내교역의 비중은 1980년에 30% 초반에 그쳤으나 이후 지속적으로 높아져, 2008년 기준으로 40% 중반 수준에 달했다. 동아시아 역내교역 비중은 1997~1998년 아시아 외환위기 때 일시적으로 낮아졌던 것을 제외하고는 장기적으로 증가추세에 있다고 할 수 있다. 한편 동아시아국가들의 총교역 중 역내교역 비중을 수출과 수입으로 나누어보면, 2000년 초반 이후 역내수출 비중이 역내수입 비중보다 더 높게 유지되고 있음을 확인할 수 있다.

그림 9-1 | 동아시아 역내수출입 비중 추이

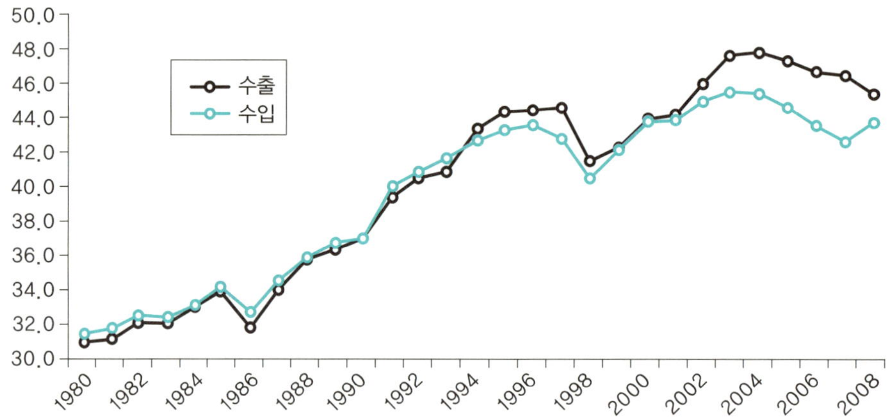


자료: DOT CD-ROM, IMF 자료 이용 계산

그림 9-2 | 동아시아국가 총수출 중 동아시아 역내 비중 추이

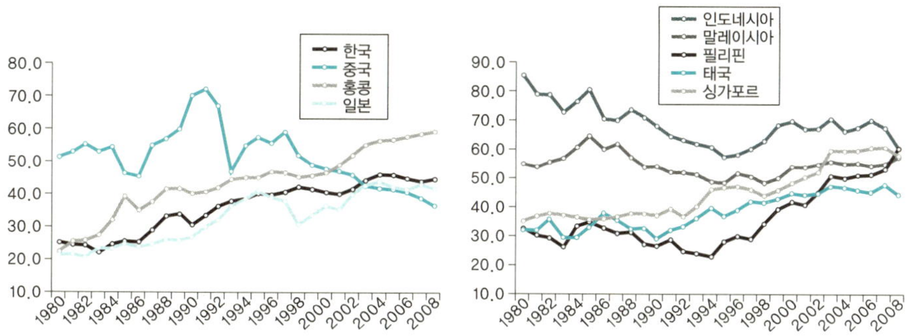


그림 9-3 | 동아시아국가 총수입 중 역내 비중 추이

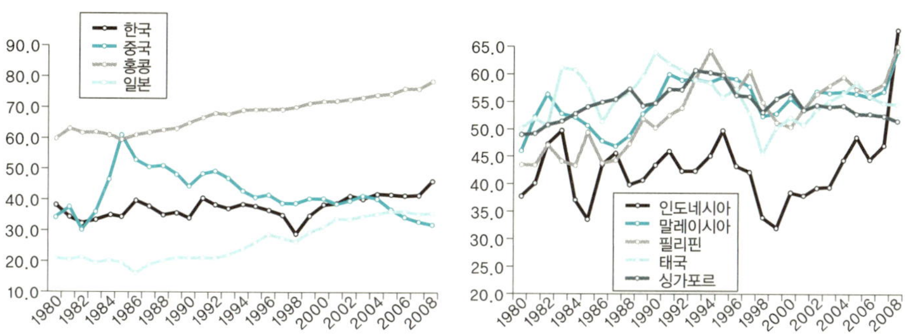


자료: DOT CD-ROM, IMF 자료 이용 계산

## 9.1.2 동아시아 역내교역 비중에 있어서 국가별 차별성이 존재하는가?

동아시아의 전체적인 역내교역 비중 확대가 동아시아 구성 국가 모두의 역내교역 비중 확대를 의미하지는 않는다. [그림 9-2]에서 볼 수 있듯이 동북아국가 중 한국, 일본, 홍콩의 수출 중에서 동아시아 역내국가에 대한 수출이 차지하는 비중은 지속적으로 증가하고 있는 반면 중국의 총수출 중 동아시아에 대한 수출 비중은 1990년 초를 정점으로 하여 점차 하락하고 있다. 이는 중국의 수출이 동아시아에 집중되기보다는 지속적으로 여타 지역으로 다변화되고 있다는 것을 의미한다.

동북아국가의 동아시아 역내수출 비중 확대는 동북아국가 간 수출 확대에 기인할 수도 있고, 동북아시아국가의 동남아시아국가에 대한 수출 확대에 기인할 수도 있다. 그렇다면 중국을 제외한 여타 동북아국가들의 총수출에서 동아시아에 대한 수출 비

중이 확대되는 것은 어디에 기인하고 있을까? 또한 동북아시아국가들의 총수입 중 동아시아 역내수입 비중을 살펴보면, 홍콩과 일본의 경우 역내수입 비중이 빠르게 확대되고 있으며, 한국 역시 비중이 지속적으로 확대되고 있다([그림 9-3] 참조). 그러나 중국의 경우 수출에서와 마찬가지로 총수입에서 동아시아 역내국가로부터의 수입 비중이 지속적으로 하락하고 있다.

한편 동남아시아의 총 교역 중 동아시아에 대한 교역 비중 추이는 수출과 수입에 있어서 다소 상이한 양상을 보이고 있다([그림 9-2]~[그림 9-3] 참조). 수출에 있어서는 동남아시아국가 중 인도네시아와 말레이시아를 제외하고는 동아시아에 대한 수출 비중이 지속적으로 증가하고 있다. 인도네시아와 말레이시아의 경우에도 1990년 중반까지 동아시아 비중이 하락하였으나, 이후 점진적으로 증가하거나 횡보하는 추세이다. 수입에 있어서는 1990년대 중반까지 동남아시아국가들의 총수입 중 동아시아에 대한 수입 비중이 증가하였으나, 이후부터는 소폭 하락하거나 횡보하는 추세이다. 이러한 추세는 동남아시아국가들의 동남아 역내국가들로부터의 수입 비중 감소나, 아니면 동남아국가들의 동북아국가들로부터의 수입 비중 감소 등에 의해 발생할 수 있다. 즉 동북아 또는 동남아 개별국가들의 총수출입 중 동아시아 비중 추이 분석은 개별국가들의 총 교역 중 동아시아 교역 의존도를 판단하는 데는 도움이 될 수 있으나, 동아시아 역내교역의 구조 변화에 대한 상기 질문들에 대해 답하는데 한계를 갖는다 할 수 있다.

### 9.1.3 동아시아 역내교역 확대는 동북아와 동남아시아 간 역내교역 확대를 의미하는가?

동아시아 역내교역 확대가 동북아와 동남아 간 교역의 확대에 기인한 것인지 아니면 각 소지역 역내교역 확대의 결과인지를 파악하기 위해서 또는 각 구성국가의 동아시아 역내교역 비중 증가나 감소 추세가 무엇에 기인하는가를 분석하기 위해서는 동아시아 각 구성국가의 역내교역을 동북아와 동남아로 나누어 분석할 필요가 있다. 즉 동아시아 역내교역을 동북아와 동북아 간 교역, 동남아와 동남아 간 교역, 동북아와 동남아 간 교역으로 분해하면 동아시아 역내교역이 소지역 내 교역 확대에 기인한 것

### 그림 9-4 | 동아시아 역내교역의 소지역별 분해: 수출

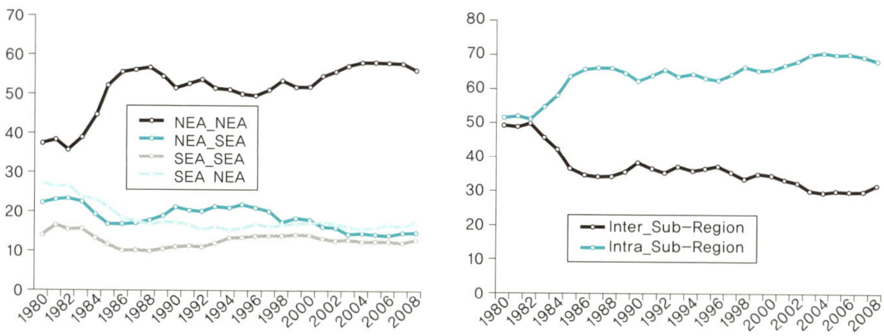


주: NEA_NEA: 동아시아 역내수출 중 동북아국가 간 수출 비중
NEA_SEA: 동아시아 역내수출 중 동북아의 대동남아 수출 비중
SEA_NEA: 동아시아 역내수출 중 동남아의 대동북아 수출 비중
SEA_SEA: 동아시아 역내수출 중 동남아국가 간 수출 비중
Inter–Sub–Region = NEA_SEA + SEA_NEA
Intra–Sub–Region = NEA_NEA + SEA_SEA

### 그림 9-5 | 동아시아 역내교역의 소지역별 분해: 수입

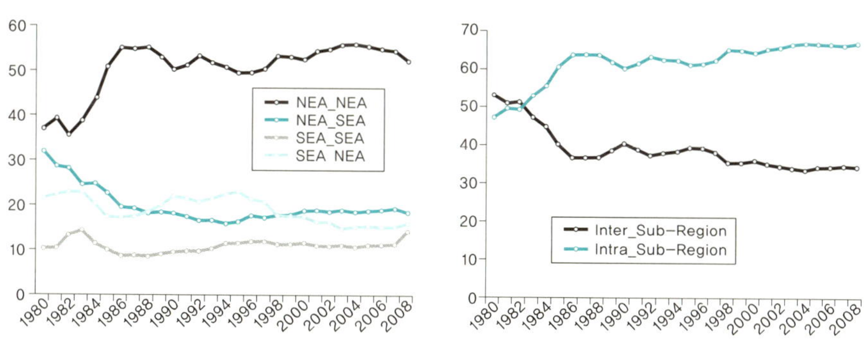


주: NEA_NEA: 동아시아 역내수입 중 동북아국가 간 수입 비중
NEA_SEA: 동아시아 역내수입 중 동북아의 대동남아 수입 비중
SEA_NEA: 동아시아 역내수입 중 동남아의 대동북아 수입 비중
SEA_SEA: 동아시아 역내수입 중 동남아국가 간 수입 비중
Inter–Sub–Region = NEA_SEA + SEA_NEA
Intra–Sub–Region = NEA_NEA + SEA_SEA
자료: DOT CD–ROM과 IFS CD–ROM, IMF 자료 이용 계산

인지, 소지역 간 교역 확대에 기인한 것인지를 알 수 있다.

[그림 9–4]와 [그림 9–5]에서 볼 수 있는 바와 같이 동아시아 역내 수출 및 수입의 확대는 대부분 동북아국가 간 교역 수출 및 수입 확대에 기인하고 있음을 알 수 있다. 수출의 경우 동아시아 역내수출 중 동북아국가 간 교역의 비중이 1980년대 초반에

30% 후반 정도였으나 2008년 기준으로 50% 중반을 초과했다. 수입의 경우에도 1980년 초반에 30% 후반 정도였으나, 2008년 50% 초반 수준으로 확대되었다. 반면 동아시아 역내수출에서 동남아국가 간 수출이 차지하는 비중은 1980년 이후 모두 10%를 조금 상회하는 수준에서 횡보하고 있다. 또한 수입의 경우에는 1990년 중반까지 20% 선을 유지했으나 이후 하락해 10% 선에서 횡보하고 있다.

반면 동아시아 역내수출 및 수입을 소지역 간 교역과 소지역 내 교역으로 나누어 보면, 수출의 경우에도 1980년에 각각 50% 내외 수준으로 거의 비슷했으나 이후 소지역 내 교역이 확대되면서 2008년 기준으로 소지역 내 수출이 약 70% 수준에 달한 반면 소지역 간 교역은 30% 수준으로 축소되었다. 수입의 경우에도 1980년에는 각각 50%내외 수준으로 비슷했으나 이후 소지역 내 교역이 확대되면서 2008년 기준으로 소지역 내 수출이 약 60% 중반 수준에 달한 반면 소지역 간 교역은 30% 중반 수준으로 축소되었다. 이상을 통해서 알 수 있는 것은 동아시아 역내교역의 확대는 주로 동북아국가 간 교역 확대에 기인하고 있다는 점이다. 특히 동아시아국가의 역내교역 확대가 동북아나 동남아와 같은 동아시아 내 소지역 간 무역연계 강화보다는 소지역 내 역내무역확대에 의존하고 있을 뿐만 아니라, 시간이 경과되어도 그 차이가 축소되기보다는 오히려 확대되고 있다는 점은 동아시아 역내교역 확대의 의미에 대해 다시 생각해 보게 하는 부분이다.③

동아시아지역의 역내교역 확대가 소지역 내 교역 확대 방향으로 가고 있는 이유는 무엇일까? 시장의 힘에 의한 소지역 내 역내경제통합의 정도가 동아시아라는 보다 큰 범위의 역내경제통합의 정도와 속도보다 높기 때문일까? 또한 만약 그렇다면 FTA와 같은 동북아국가 간 제도적 경제통합이 가시화될수록 동북아와 동남아국가 간 연계는 강화되기보다 약화될 가능성이 더 클 수 있다. 그 가능성을 판단하기 위해서는 동아시아의 소지역내 경제통합이 가속되면서 무역전환효과가 발생하여 다른 소지역과의 교역이 축소되고 있는지를 분석할 필요가 있다.

③ 한편 각 국가의 총교역 중 역내교역 비중을 동북아와 동남아에 대한 교역으로 나누어 분석하면 각 구성국가의 동아시아 역내교역 비중 변화가 어디에 기인하고 있는지를 파악할 수 있다 ([부도 9-1]~[부도 9-2] 참조).

### 9.1.4 동북아의 역내교역과 동남아의 역내교역은 상호 대체적인가 보완적인가?

동남아의 동북아에 대한 수출자료를 분석한 결과에 따르면, 동북아의 역내수입 확대가 동남아국가의 동북아에 대한 수출에 긍정적인 영향을 준 것으로 나타나 무역창출효과가 발생한 것으로 판단되나 통계적 유의성은 높지 않았다(김완중, 2010). 다음으로 동북아의 동남아에 대한 수출자료를 분석한 결과에 따르면, 동남아의 역내수입 확대는 동북아의 동남아에 대한 수출에 부정적인 영향을 준 것으로 나타나 무역창출효과보다는 오히려 무역전환효과가 발생한 것으로 판단되며, 통계적 유의성도 높았다. 즉 동북아 소지역 내 역내무역 확대는 동남아의 동북아에 대한 수출을 대체하기보다는 확대하는 방향으로 작용했을 개연성이 높으나, 동남아 소지역 내 무역확대의 경우 동북아의 동남아에 대한 수출을 대체하는 방향으로 작용한 것으로 나타났다.

## 9.2 동북아시아와 동남아시아의 상호의존도 변화

동아시아의 역내교역이 빠르게 증가하면서 동아시아경제의 역내국가에 대한 의존도 역시 크게 높아졌을 것으로 기대된다. 실제로 동아시아 각국의 총수출 중 역내수출을 동아시아 전체의 GDP로 나눈 값(역내수출의존도로 정의)을 기준으로 살펴보면, 동아시아경제의 동아시아 역내수출의존도는 1980년 4.9%에서 2007년 15%로 크게 확대되었다([부표 9-1] 참조).

[그림 9-6]은 동북아경제의 동아시아 수출의존도(EA), 동북아경제의 동북아 수출의존도(NEA), 동북아경제의 동남아 수출의존도(SEA) 추이를 보여 준다. 그림에서 볼 수 있는 바와 같이 1990년 후반 이후 동북아시아경제의 동아시아 역내수출의존도가 가파르게 증가하고 있는 것을 발견할 수 있다.

구체적으로 살펴보면, 동북아시아경제의 동아시아 수출에 대한 의존도는 1980년 3.2%에서 2007년 12.2%로 높아졌다. 한 가지 두드러진 특징은 동북아경제의 동북아 역내수출에 대한 의존도는 급격히 상승하고 있는 데 반해, 동남아 수출에 대한 의존

그림 9-6 동북아의 동남아, 동북아, 동아시아 역내수출의존도

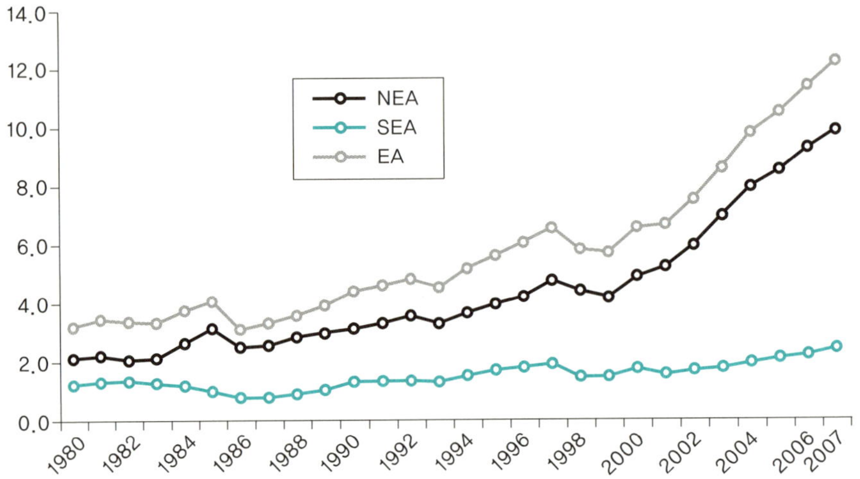


주: EA: 동북아 경제의 동아시아 역내수출의존도(역내수출/동북아GDP)
NEA: 동북아 경제의 동북아 역내수출의존도(동북아 역내수출/동북아GDP)
SEA: 동북아 경제의 동남아 수출의존도(동북아의 동남아 수출/동북아GDP)

그림 9-7 동남아의 동북아, 동남아, 동아시아 역내수출의존도

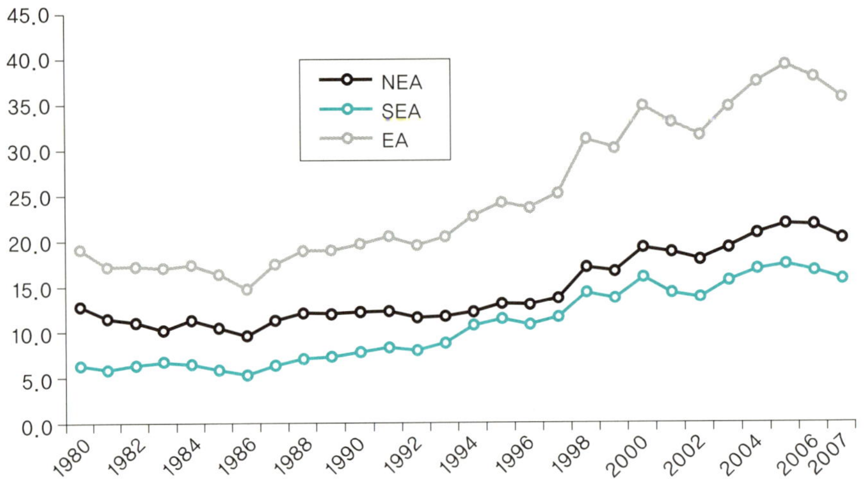


주: EA: 동남아경제의 동아시아 역내수출의존도(역내수출/동남아GDP)
NEA: 동남아경제의 동북아 수출의존도(동남아 역내수출/동남아GDP)
SEA: 동남아경제의 동남아 역내수출의존도(동남아의 동북아수출/동남아GDP)

도는 아주 미미한 증가세에 그치고 있다는 점이다. 동북아경제의 동북아 및 동남아 수출에 대한 의존도는 1980년 각각 2%와 1.2%로 그 차이가 크지 않았으나, 2007년에는 각각 9.8%, 2.4%로 격차가 매우 커졌다.

한편 동북아 개별국가들의 동북아, 동남아, 동아시아 역내수출에 대한 의존도는 [부표 9-1]에서 확인할 수 있다. [부표 9-1]에서 볼 수 있듯이 홍콩경제의 동북아시아 의존도가 월등히 높은 반면, 일본경제의 경우 동북아시아 수출에 대한 의존도는 상대적으로 낮았다. 이는 일본 경제규모 자체가 다른 국가들에 비해 크고, 수출보다는 내수 비중이 큰 것을 반영하는 것이라 할 수 있다. 동북아국가 중 동남아 수출에 대한 의존도가 상대적으로 높은 국가는 홍콩과 한국이었다.

한편 [그림 9-7]은 동남아경제의 동아시아 수출의존도(EA), 동남아경제의 동북아 수출의존도(NEA), 동남아경제의 동남아 수출의존도(SEA) 추이를 보여 준다. 그림에서 볼 수 있는 바와 같이 1990년 중반 이후 동남아시아경제의 동아시아 역내수출의존도가 빠르게 확대되고 있는 것을 발견할 수 있다. 구체적으로 동남아시아경제의 동아시아 수출에 대한 의존도는 1980년 19.1%에서 2007년 36.0%로 높아졌다. 한 가지 두드러진 특징은 1980년 이후 계속해서 동남아시아경제는 동남아시아 자체 수출보다는 동북아에 대한 수출에 더 많이 의존하고 있으며, 1990년 중반 이전까지는 격차가 축소되었으나 1990년 중반 이후부터 다시 그 격차가 더 확대되고 있다는 점이다. 그렇지만 동남아경제의 동남아 자체 수출에 대한 의존도도 꾸준히 상승해 1980년 6.4%에서 2007년 15.6%까지 높아졌다. 또한 동남아경제의 동남아 및 동북아 수출에 대한 의존도가 어느 정도 균형을 보이고 있다는 점이 동북아의 경우와 대조적이라 하겠다. 동남아경제의 동북아 및 동남아 수출에 대한 의존도는 2007년 기준으로 각각 20.5%, 15.6%였다.

동남아 개별국가들의 동북아, 동남아, 동아시아 역내수출에 대한 의존도는 [부표 9-2]에서 확인할 수 있다. [부표 9-2]에서 볼 수 있듯이 싱가포르와 말레이시아경제의 동남아시아 의존도가 월등히 높은 반면, 인도네시아와 필리핀경제의 경우 동남아시아 수출에 대한 의존도가 상대적으로 낮다. 동남아국가 중에서 인도네시아와 필리핀경제의 경우 동남아보다는 동북아 수출에 대한 의존도가 상대적으로 더 높다.

동아시아경제에 대한 동북아와 동남아의 의존도를 정리하면 다음과 같다. 첫째, 동아시아 수출에 대한 의존도는 동남아가 동북아보다 훨씬 커, 동남아시아 경제에 있어 동아시아의 의미는 동북아시아 경제에 있어 동아시아의 의미보다 훨씬 크다. 둘째, 동북아경제에 있어서 동남아의 의미는 동북아 자체에 비해서 상대적으로 크지 않았으나, 동남아경제에 있어서 동북아의 의미는 동남아 자체보다도 더 컸다. 셋째, 동남아의 경제통합이 심화되면서 동남아경제에 있어서 동남아 자체의 의존도 역시 크게 높아졌다.

이상을 종합하면, 동아시아 총교역 중 동아시아 역내교역 비중이 빠르게 증가되고 있는 것으로 분석되었다. 그러나 그 구성을 분석해 보면 동아시아 역내교역 비중의 많은 부분이 동북아시아국가 간 활발한 교역에 기인하고 있다고 할 수 있다. 반면 동아시아 역내교역 비중 확대 속에서도 동남아시아와 동북아시아 간 교역의 비중은 확대되지 못하고 횡보하고 있음이 드러났다. 동남아시아와 동북아시아 간 교역의 절대적인 금액은 지속적으로 증가하고 있으나, 동아시아 역내교역 전체에서 동남아시아와 동북아시아 간 교역 비중이 확대되지 않고 있다는 것은 교역측면에서 두 지역 간 상호연계가 강화되지 못하고 있다는 것을 반증하는 것이라 할 수 있다. 실증분석결과에 따르면, 동북아시아의 역내수입 확대는 동남아의 동북아시아에 대한 수출에 부정적인 영향을 주기보다는 긍정적인 영향을 준 것으로 파악되었으나, 통계적 유의성이 확보되지 못했다. 그렇지만 동남아시아 간 역내수입 확대는 동북아시아의 동남아에 대한 수출을 대체하면서 동북아시아의 동남아시아에 대한 수출에 통계적으로 유의한 (−) 효과로 작용했던 것으로 분석되었다.

한편 1980년부터 2007년까지 동아시아의 역내교역 확대로 동아시아경제의 역내교역에 대한 의존도도 지속적으로 커졌던 것으로 밝혀졌다. 그러나 동아시아 역내교역에 대한 의존도 측면에 있어서도, 동북아와 동남아 간 큰 차이를 보였다. 즉 동북아시아경제의 경우 동아시아 역내수출에 대한 의존도가 크게 증가했지만, 그 대부분은 동북아 역내수출 확대에 기인했다. 반면 동남아 수출에 대한 의존도는 높지 않았다. 반면 동남아경제의 경우 분석기간 전 기간에 걸쳐 동남아 역내교역 자체보다도 동북아에 대한 수출에 더 높은 의존도를 보였다. 그렇지만 동남아의 경우 동아시아 역내수출의존도가 동남아나 동북아 어느 한쪽에 크게 치우치기보다 두 지역 간에 균형 있게 유지되고 있다는 점이 동북아의 경우와 대조적이었다. 의존도 측면에서 볼 때, 동남아는 동북아에 크게 의존하고 있는 데 비해 동북아의 동남아에 대한 의존도는 높지 않고 대신 동북아 자체에 크게 의존하고 있었다.

두 지역 간에 무역의 연계성이 강화되기보다 약화되거나 횡보하고, 동남아와 동북아 두 지역경제의 상대 지역에 대한 의존도 측면에서도 상호의존적이기보다 한쪽이 다른 한쪽에 크게 의존하고 있다는 결론이 진실이라면 동아시아 통화동맹이나 동아시아 자유무역지대와 같은 제도적 경제통합과 같은 동아시아 단위의 통합 필요성이 높지 않을 수 있다.

**부도 9-1 | 동북아국가의 총수출 중 동북아(좌) 및 동남아(우) 추이**

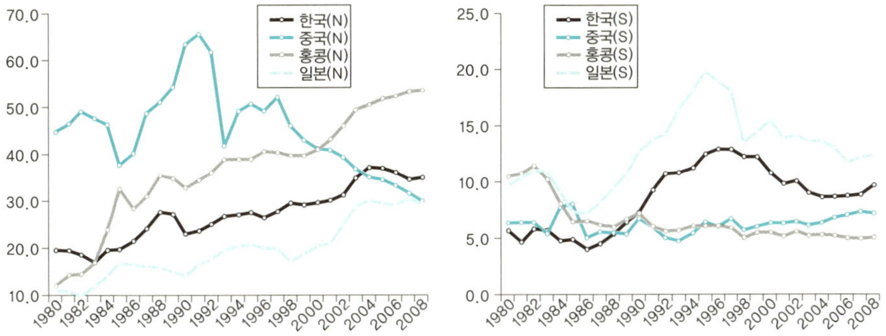


**부도 9-2 | 동남아국가의 총교역 중 동북아(좌) 및 동남아(우) 추이**

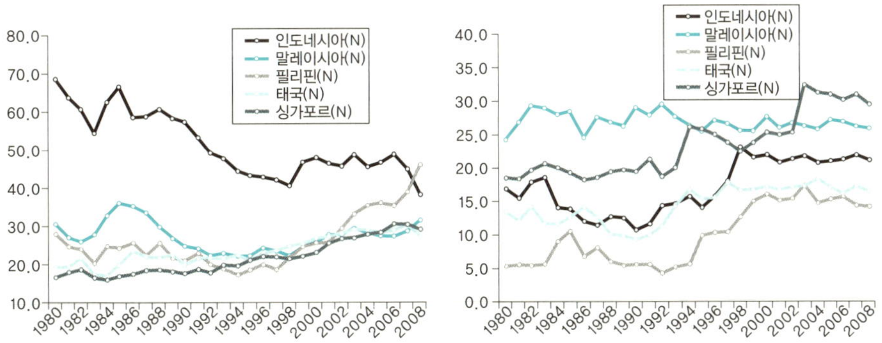

**부표 9-1 동북아국가들의 동북아 및 동남아 수출의존도* 추이**

| | 한국 | | 중국 | | 홍콩 | | 일본 | | 동아시아 |
|---|---|---|---|---|---|---|---|---|---|
| | NEA | SEA | NEA | SEA | NEA | SEA | NEA | SEA | EA |
| 1980 | 6.2 | 1.8 | 2.7 | 0.4 | 8.4 | 7.7 | 1.4 | 1.2 | 4.9 |
| 1981 | 6.7 | 1.6 | 3.4 | 0.5 | 10.7 | 8.2 | 1.4 | 1.3 | 5.0 |
| 1982 | 5.8 | 1.8 | 3.4 | 0.4 | 10.1 | 7.9 | 1.2 | 1.3 | 5.1 |
| 1983 | 5.1 | 1.7 | 3.3 | 0.4 | 13.1 | 8.0 | 1.3 | 1.3 | 4.9 |
| 1984 | 6.5 | 1.5 | 3.7 | 0.6 | 20.6 | 6.9 | 1.6 | 1.1 | 5.3 |
| 1985 | 6.5 | 1.6 | 4.3 | 0.9 | 27.6 | 5.7 | 1.4 | 0.8 | 5.3 |
| 1986 | 6.6 | 1.2 | 4.9 | 0.6 | 24.9 | 5.7 | 1.4 | 0.5 | 4.0 |
| 1987 | 7.9 | 1.5 | 6.1 | 0.7 | 30.4 | 6.0 | 1.2 | 0.6 | 4.3 |
| 1988 | 8.6 | 1.7 | 6.4 | 0.7 | 38.3 | 6.5 | 1.2 | 0.7 | 4.6 |
| 1989 | 7.5 | 1.7 | 6.6 | 0.7 | 37.4 | 7.1 | 1.2 | 0.9 | 5.0 |
| 1990 | 6.5 | 2.0 | 9.1 | 1.0 | 35.7 | 7.8 | 1.2 | 1.1 | 5.6 |
| 1991 | 6.1 | 2.4 | 10.5 | 1.0 | 39.2 | 7.0 | 1.3 | 1.1 | 5.9 |
| 1992 | 6.4 | 2.7 | 10.3 | 0.8 | 42.7 | 6.7 | 1.3 | 1.1 | 6.0 |
| 1993 | 6.4 | 2.6 | 6.3 | 0.7 | 44.1 | 6.5 | 1.4 | 1.1 | 5.8 |
| 1994 | 6.6 | 2.7 | 10.0 | 1.1 | 44.7 | 7.0 | 1.4 | 1.3 | 6.6 |
| 1995 | 7.1 | 3.2 | 9.4 | 1.2 | 49.4 | 7.8 | 1.5 | 1.5 | 7.2 |
| 1996 | 6.9 | 3.3 | 8.0 | 1.0 | 48.3 | 7.3 | 1.7 | 1.6 | 7.7 |
| 1997 | 7.8 | 3.6 | 8.6 | 1.1 | 45.3 | 6.6 | 1.8 | 1.6 | 8.4 |
| 1998 | 9.7 | 4.0 | 7.2 | 0.9 | 42.4 | 5.4 | 1.5 | 1.2 | 7.7 |
| 1999 | 8.7 | 7.0 | 7.0 | 1.0 | 43.0 | 5.9 | 1.6 | 1.2 | 7.5 |
| 2000 | 9.7 | 8.2 | 8.2 | 1.3 | 50.1 | 6.7 | 1.9 | 1.4 | 8.8 |
| 2001 | 9.2 | 7.9 | 7.9 | 1.2 | 50.8 | 6.0 | 1.9 | 1.3 | 8.8 |
| 2002 | 9.0 | 2.9 | 8.4 | 1.4 | 57.0 | 6.9 | 2.4 | 1.4 | 9.7 |
| 2003 | 11.0 | 2.9 | 9.5 | 1.6 | 70.7 | 7.6 | 2.9 | 1.4 | 11.0 |
| 2004 | 13.2 | 3.0 | 10.5 | 1.9 | 80.6 | 8.5 | 3.3 | 1.5 | 12.3 |
| 2005 | 12.8 | 3.0 | 10.6 | 2.1 | 85.4 | 8.5 | 3.6 | 1.6 | 13.2 |
| 2006 | 12.9 | 3.1 | 10.5 | 2.2 | 90.0 | 8.6 | 4.1 | 1.6 | 14.2 |
| 2007 | 13.1 | 3.3 | 10.6 | 2.5 | 91.7 | 8.7 | 4.6 | 1.9 | 15.0 |

주1: * 각국의 동북아 또는 동남아에 대한 수출을 각국의 GDP로 나눈 값
주2: NEA(동북아), SEA(동남아), EA(동아시아).

**부표 9-2** 동남아국가들의 동북아 및 동남아 수출의존도 추이

| | 인도네시아 | | 말레이시아 | | 태국 | | 필리핀 | | 싱가포르 | |
|---|---|---|---|---|---|---|---|---|---|---|
| | NEA | SEA | NEA | SEA | NEA | SEA | NEA | SEA | NEA | SEA |
| 1980 | 15.5 | 3.8 | 15.1 | 11.9 | 4.6 | 3.3 | 6.1 | 1.2 | 31.2 | 34.3 |
| 1981 | 12.9 | 3.1 | 13.0 | 12.5 | 4.8 | 2.9 | 4.9 | 1.2 | 31.9 | 31.8 |
| 1982 | 12.7 | 3.7 | 12.1 | 13.5 | 4.6 | 2.9 | 4.3 | 1.0 | 29.9 | 31.4 |
| 1983 | 12.0 | 4.1 | 12.7 | 13.1 | 3.7 | 2.5 | 4.0 | 1.1 | 23.9 | 29.9 |
| 1984 | 12.8 | 2.8 | 14.7 | 12.7 | 3.7 | 2.5 | 4.5 | 1.6 | 23.2 | 28.0 |
| 1985 | 10.9 | 2.2 | 16.2 | 12.7 | 4.2 | 2.6 | 4.0 | 1.7 | 23.8 | 26.6 |
| 1986 | 8.7 | 1.8 | 16.1 | 10.9 | 5.0 | 2.9 | 4.3 | 1.2 | 23.8 | 24.4 |
| 1987 | 11.3 | 2.2 | 16.3 | 13.2 | 5.5 | 3.1 | 4.3 | 1.5 | 27.6 | 28.2 |
| 1988 | 11.3 | 2.3 | 16.2 | 14.4 | 6.5 | 3.0 | 5.2 | 1.3 | 31.0 | 31.7 |
| 1989 | 11.1 | 2.4 | 16.8 | 16.2 | 7.1 | 3.1 | 4.9 | 1.2 | 29.2 | 31.0 |
| 1990 | 12.0 | 2.2 | 16.8 | 19.3 | 6.6 | 3.0 | 5.1 | 1.3 | 27.1 | 29.9 |
| 1991 | 11.4 | 2.5 | 17.8 | 20.2 | 7.4 | 3.4 | 5.5 | 1.4 | 27.0 | 30.6 |
| 1992 | 10.9 | 3.1 | 15.4 | 20.1 | 7.3 | 3.7 | 4.7 | 1.0 | 24.5 | 25.5 |
| 1993 | 9.8 | 3.0 | 16.2 | 19.3 | 7.3 | 4.7 | 5.0 | 1.4 | 27.4 | 27.6 |
| 1994 | 9.1 | 3.2 | 17.8 | 21.1 | 8.1 | 5.9 | 4.9 | 1.6 | 28.1 | 36.8 |
| 1995 | 9.2 | 3.0 | 19.2 | 21.9 | 8.8 | 6.4 | 5.7 | 3.0 | 30.3 | 37.5 |
| 1996 | 8.7 | 3.2 | 19.2 | 21.2 | 8.5 | 5.6 | 6.3 | 3.2 | 30.9 | 34.5 |
| 1997 | 9.3 | 3.9 | 18.7 | 21.1 | 9.9 | 7.3 | 7.3 | 4.0 | 29.8 | 31.8 |
| 1998 | 16.1 | 9.1 | 20.5 | 23.4 | 11.3 | 7.4 | 9.8 | 5.7 | 28.0 | 28.3 |
| 1999 | 12.2 | 5.6 | 23.3 | 24.3 | 11.4 | 7.4 | 10.8 | 6.4 | 29.9 | 32.4 |
| 2000 | 14.0 | 6.3 | 25.0 | 26.7 | 14.4 | 9.2 | 12.3 | 7.8 | 33.9 | 36.9 |
| 2001 | 12.6 | 5.6 | 24.4 | 22.8 | 15.0 | 9.1 | 11.9 | 6.9 | 35.2 | 34.4 |
| 2002 | 10.4 | 4.8 | 24.0 | 22.9 | 14.7 | 8.9 | 13.5 | 7.0 | 36.8 | 34.6 |
| 2003 | 9.8 | 4.3 | 25.3 | 22.4 | 16.1 | 9.6 | 15.5 | 8.1 | 43.2 | 51.4 |
| 2004 | 10.4 | 4.8 | 26.6 | 24.1 | 16.9 | 10.7 | 17.1 | 7.1 | 47.6 | 53.1 |
| 2005 | 11.7 | 5.2 | 25.7 | 25.3 | 18.4 | 11.0 | 16.2 | 6.9 | 51.6 | 55.1 |
| 2006 | 10.8 | 4.7 | 25.4 | 25.3 | 18.5 | 10.2 | 14.8 | 6.6 | 56.9 | 56.3 |
| 2007 | 9.8 | 4.7 | 24.9 | 22.6 | 18.2 | 10.2 | 14.3 | 5.3 | 52.9 | 53.8 |

# 10 Chapter 동북아와 동남아경제통합 논의

동아시아경제통합에 대한 논의는 1990년 말레이시아 마하티르 총리가 동아시아경제협의체(East Asia Economic Caucus)를 제창하면서부터 시작되었다. 당시 마하티르 총리는 EC통합과 북미자유무역협정(NAFTA) 등의 세계경제블록화에 대응하여 동아시아국가 간 경제협력의 필요성을 제기하고, ASEAN 6개국(인도네시아, 말레이시아, 필리핀, 태국, 싱가포르, 브루나이), 한국, 중국, 일본, 홍콩, 대만이 연합체를 형성하자고 제안했다. 그러나 미국을 배제한 동아시아국가 간 협력체 형성에 대한 미국의 거부감 등에 의해 당시 하나의 주장에 그치고 말았다. 미국, 호주 등은 아시아지역의 경제협력은 아시아태평양경제협력체(APEC)를 중심으로 논의하는 것이 바람직하다는 입장을 견지했다.

그러나 1997년 아시아 외환위기를 계기로 동아시아국가 간 경제협력이 본격화되기 시작했다. 1997년 태국에서 시작된 외환위기가 인도네시아, 말레이시아 등 동남아국가를 넘어 한국으로 전이되었다. 그로 인해 이들 국가와 긴밀한 경제관계에 있던 일본경제도 타격을 받게 되었으며, 나아가 중국경제에도 부정적인 영향을 주기에 이르렀다. 이를 계기로 동아시아국가들은 외환위기와 같은 경제적 위기상황에 공동 대응할 필요성을 인식하게 되었다. 1998년 ASEAN+3(한·중·일) 정상들은 정상회의에서 아시아 경제위기 재발방지를 위해 협력하기로 합의하고, 2000년 태국 치앙마이에서 개최된 ASEAN+3 재무장관회의에서 역내 상호자금지원체계(CMI: Chiang Mai Initiative)를 수립하기로 합의하였다.

이후 동아시아국가 간 경제협력을 위한 협력체 구성 등 협력의 움직임이 본격화되었다. 동아시아경제협력은 동북아와 동남아가 중심이 되어 진행되고 있다. 동북아경제협력은 한·중·일이 중심이 되고 있으며, 동남아경제협력은 동남아국가연합(ASEAN) 중심으로 이루어지고 있다. 동아시아국가 간 경제협력 및 경제통합 움직임은 역내 교역자유화와 역내 금융협력 중심으로 진행되고 있다.

### 아시아태평양경제협력체(APEC: Asia-Pacific Economic Cooperation)

APEC은 유럽연합(EU), 북미자유무역협정(NAFTA) 등 유럽과 북미의 지역주의의 심화 현상이 가속화되면서 아시아 태평양지역의 국가들이 그러한 지역주의에 대응하고자 결성한 경제협력체이다. APEC은 동아시아와 마찬가지로 어떤 지역통합의 추세에 편승하지 못한 호주의 주도적 추진으로 1989년 창설되었다. 현재 APEC에는 21개국(한국, 미국, 일본, 캐나다, 호주, 뉴질랜드, 태국, 말레이시아, 인도네시아, 싱가포르, 필리핀, 브루나이, 중국, 대만, 홍콩, 멕시코, 파푸아뉴기니, 칠레, 러시아, 베트남, 페루)이 가입되어 있다. 2012년 기준으로 APEC 회원국의 GDP합계는 세계GDP의 55.7%, 수출액 합계는 세계수출액의 48.7%, 수입액 합계는 세계수입액의 50%를 차지한다.

현재 APEC이 추진하고 있는 중점사업은 무역·투자자유화 및 원활화, 경제·기술협력 사업이라 할 수 있다. APEC은 역내교역 활성화를 위해 1994년 보고르 목표(Bogor Goals)를 발표하고, 역내 자유무역을 위한 일정을 제시하였다. 즉 선진국은 2010년까지, 개도국은 2020년까지 무역자유화를 실현한다는 것이다. APEC은 무역자유화 목표 실행을 위해 구체적이고 단계적인 이행 계획을 각국이 자발적으로 작성하여 APEC에 보고하도록 하고 있다. APEC은 무역자유화 실현을 위한 전략으로 '부문별자유화(sectoral liberalization)'를 추진하고 있다. 이러한 노력은 가시적 성과를 거두기도 했다. 즉 APEC은 1996년 '정보기술협정'(Information Technology Agreement)에 합의하고, 컴퓨터, 통신, 소프트웨어, 반도체 등 전기전자 부문의 회원국 관세를 2000년까지 철폐하기로 합의했다. 더 나아가 APEC은 1997년 밴쿠버 정상회담에서 15개 분야를 선정하고 '분야별 조기 자유화'를 추진하고자 했다. 그러나 1997년 아시아 외환위기 여파로 보호주의가 고조되어 일본과 미국 등 주요국들이 조기 자유화에 미온적 태도를 보이면서 '분야별 조기 자유화'는 적극적으로 이행되지 않고 있다.

APEC은 느슨한 형태의 지역주의라 할 수 있는데, 여타 지역주의와 다른 특징을 가지고 있다. 첫째, 회원국들의 자발적·개별적·일방적 자유화를 지향한다. 둘째, 개방적 지역주의(Open Regionalism)를 표방한다. 즉 APEC 회원국의 역내 교역자유화 조치는 역내회원국뿐만 아니라 APEC 비회원국에게도 동일하게 적용한다. 셋째, 회원국들을 강제할 수 있는 제도적 장치가 없다. APEC의 이러한 성격으로 인해 여타 지역주의에 비해 회원국을 통제하는 정도가 매우 약해 목표 실행을 위한 추진력이 높지 않다는 한계를 가지고 있다.

자료: APEC연구컨소시엄 홈페이지 내용, 이승주, 2005, 'APEC의 진화에 관한 정치경제적 고찰' 등 참조

## 10.1 역내 교역자유화

동아시아지역에서 역내 교역자유화를 제일 먼저 시작한 것은 ASEAN이다. ASEAN은 동남아 역내 교역자유화를 1992년에 합의하고, 1994년부터 역내 관세인하를 시작하여 현재 역내 교역자유화는 거의 완성되었다 할 수 있다. ASEAN은 역내 교역자유화를 넘어 EU와 같은 경제공동체를 목표로 노력하고 있다(ASEAN의 교역자유화 내용은 제16장 16.1에서 상술).

동북아지역 역시 한국, 중국, 일본을 중심으로 교역자유화에 노력하고 있다. 한·중·일은 2012년 경제무역담당 장관회의에서 한국·중국·일본 FTA 협상개시를 선언하였으며, 2014년 4월 현재 4차 협상을 진행 중에 있다(FTA에 대한 내용은 [표 10-1] 참조). 또한 한국과 중국 양자 간 FTA 협상 역시 진행되고 있는데 2014년 3월 현재 10차 협상이 완료된 상태이다. 한·일 FTA 협상 역시 2003년 시작되었으나, 2004년 이후 협상이 중단된 상태이다. 그러나 한국이 환태평양경제동반자협정(TPP)에 가입할 경우, 사실상 한·일간 FTA를 체결한 것과 같게 된다. 왜냐하면 TPP 참여국가 중 한국과 이미 FTA를 체결했거나 협상중인 국가를 제외하면 일본과 멕시코만 남기 때문이다.

한편 동북아와 동남아 간 교역자유화를 위한 제도적 장치가 강화되고 있다. 2000년대 들어 시작된 세계적인 FTA 확산 추세 가운데, 한국과 ASEAN, 중국과 ASEAN, 그리고 일본과 ASEAN 간 양자 간 FTA가 체결되었다. 또한 동아시아국가 간 다자간 FTA도 추진되고 있다([표 10-2] 참조). 즉 1997년 아시아 외환위기를 계기로 ASEAN과 한·중·일 간 경제협력체제가 만들어지면서 동아시아경제공동체 논의가 시작되었고, 그러한 맥락에서 중국을 중심으로 동아시아 내 역내 FTA 체결 논의가 본격화되었다. 이렇게 시작된 동아시아 FTA 논의는 2012년보다 구체화되었다. 2012년 ASEAN 10개국, 한국, 중국, 일본, 인도, 호주, 뉴질랜드를 포함하는 16개국은 동아시아 FTA라 할 수 있는 역내포괄적경제동반자협정(RCEP: Regional Comprehensive Economic Partnership)에 합의하고, 역내 교역자유화를 위한 협상개시를 선언하였다. 동 협정은 2014년 3월 현재 4차 협상이 완료되었는데, 2015년 타결을 목표로 하고 있다. 이렇게 되면 동아시아는 경제통합을 위한 3중장치를 가지게 된다. 즉 동북아 개별국가와

ASEAN 간 FTA, RCEP 그리고 TPP가 그것이다. 이러한 제도적 측면의 경제통합 노력에 앞서 이미 동아시아국가 간 경제협력 내지 경제통합은 교역 및 투자를 중심으로 강화되고 있다. 또한 [표 10-1]에서 볼 수 있듯이 FTA는 낮은 수준의 경제통합이라는 점에서, 동아시아국가 간 경제통합은 초보적인 단계이지만 이미 시작되었다 할 수 있다. 한편 동아시아국가 간 FTA 체결과 별도로 ASEAN 역내협력 프로그램에 한·중·일이 적극 참여하면서 동아시아국가 간 협력은 더욱 강화되고 있다(메콩강유역개발, ASEAN 이니셔티브 등).

**| 표 10-1 | 특혜무역협정의 유형별 특징**

| 통합 수준 | 특혜무역협정 유형 | 특징 | 예 |
|---|---|---|---|
| 낮은 통합 | Free Trade Agreement | 회원국 역내 관세 자유화, 독립적인 대외관세 유지 | US-Israel FTA |
| ↑ | FTA+ | FTA+국경표준 등 일부 교역관련 항목 조화(환경표준 등) | NAFTA |
| | 관세동맹 (Customs Union) | 역내관세 자유화<br>역외지역에 대해 공동 대외관세 채택 | SACU* |
| | 공동시장 (Common Market) | 역내 모든 생산요소의 자유이동(노동, 자본 포함) | EU |
| ↓ | 통화동맹 (Monetary Union) | 공동통화 창설,<br>금융 및 환율정책 통합 실시 | Euro Area |
| 높은 통합 | 재정동맹 (Fiscal Union) | 공동재정정책 시행 | US |

* Southern African Customs Union
자료: WTO, World Trade Report 2011, p.110.

**| 표 10-2 | 동아시아국가들의 FTA 체결 현황(2014년 3월말 기준, 종축: 대상국)**

| | ASEAN | 한국 | 중국 | 일본 | 인도 |
|---|---|---|---|---|---|
| 한국 | ● | | ● | ◔ | ● |
| 중국 | ● | ● | | | ◐ |
| 일본 | ● | ◔ | | | ● |
| 인도 | ● | ● | ◐ | ● | |
| 호주 | ● | ● | ◐ | ◐ | ◐ |
| 뉴질랜드 | ● | ◐ | ● | | ◐ |

주: ● 체결, ◐ 협상 중, ◔ 준비 중(공동연구)
자료: 저자 작성

### TPP와 RECP

**환태평양경제동반자협정(TPP: Trans-Pacific Partnership)**

아시아·태평양지역국 간에 진행 중인 광역 자유무역협정(FTA)으로 2005년 뉴질랜드, 싱가포르, 칠레, 브루나이 등 4개국 체제로 출발했다. 2013년 4월 현재 미국, 캐나다, 멕시코, 호주, 뉴질랜드, 싱가포르, 브루나이, 베트남, 말레이시아, 칠레, 페루, 일본 등 12개국이 참여하고 있다. 협상 참가국이 모두 최종 협정에 서명하면 국내총생산 합계로 세계경제의 40퍼센트를 훨씬 초과하는 세계 최대 규모의 자유무역지대가 된다. TPP는 복수국 간 FTA이지만 '예외 없는 관세 철폐'를 추구하는 등 양자 FTA 이상으로 높은 수준의 포괄적 자유화를 목표로 하고 있다는 게 특징이다.

특히 미국이 TPP에 많은 관심을 가지고 있다. 미국은 세계무역기구(WTO) 도하라운드 진행이 지지부진하고 있는 가운데, 'ASEAN+3(동남아국가연합+한·중·일)'의 역내자유무역협정(RCEP) 협상이 중국 주도로 빠르게 진전되자 아시아태평양지역에서의 미국을 제외한 광역FTA가 등장할 수 있다는 위기감을 느끼고 TPP 성사를 위해 적극적인 노력을 하고 있다. 한편 중국은 TPP에 대해 매우 민감한 반응을 보이고 있다. 미국과 마찬가지로 중국 역시 TPP가 '중국 배제 블록'이 될 가능성을 우려하고 있다. 미국은 TPP에 중국이 참여하는 것이 가능하다고 표명하고 있으나 중국의 TPP 참여는 매우 어려운 상황이다. 왜냐하면 TPP 협상이 현재의 중국경제상황에서 수용하기 어려운 내용들로 구성되어 있기 때문이다. 즉 TPP 협상은 국유 기업의 불공정한 지위나 행위에 대한 규제와 정부 구매, 지식재산권, 노동권 및 환경보호 등 정부주도 경제인 중국이 아직 감당하기 어려운 내용까지 다루고 있을 뿐만 아니라 12개 회원국 가운데 한 국가라도 거부권을 행사하면 참여할 수 없기 때문이다.

**역내포괄적경제동반자협정(RCEP: Regional Comprehensive Economic Partnership)**

동남아시아국가연합(ASEAN) 10개국과 한·중·일, 호주, 인도, 뉴질랜드 등 16개국의 역내 무역자유화를 위한 협정으로 다자간 자유무역협정(FTA)이다. 역내국가들의 제반 경제상황을 고려해 RCEP는 단계적이고 점진적인 개방을 기본 개념으로 설정하고 있다. 2012년 협상 개시를 선언했으며, 2015년 말 타결을 목표로 하고 있다. RCEP 협상이 체결되면 EU보다 더 큰 거대 경제권이 탄생하게 된다.

참가국들은 무역협상위원회(TNC)를 구성해 상품과 서비스, 투자분야부터 협상을 시작했다. 하지만 협상을 타결하기 위해서는 많은 어려움을 해결해야만 한다. 즉 협상 주도권을 누가 가질 것이며, 개방은 어느 수위까지 할 것인가를 놓고 참가국 간 이해관계가 대립하고 있다. ASEAN은 '아세안 중심성'을 내세우며 상품분야에서 자유화 수준을 낮추는 특별대우를 원하고 있다. 아세안은 협상분야도 상품과 서비스, 투자분야로 국한하자고 주장하고 있어 지적재산권 등 규범분야 논의로 협상이 확대될지도 미지수다. 한국은 호주, 뉴질랜드 등 농업 강국들과 농산물 개방폭을 놓고 갈등이 예상된다.

RCEP를 주도하고 있는 국가는 지역 내 영향력을 강화하고자 하는 중국이다. 애초 RCEP는 중국 중심의 아시아지역 블록이 형성될 것을 우려한 일본이 중국을 견제하기 위해 제안한 것이었다. 하지만 중국은 동아시아지역 내에서 영역을 확장하기 위한 디딤돌로 RCEP를 받아들였고 미국 주도의 TPP를 견제하기 위해 노골적으로 RCEP에 드라이브를 걸고 있다. (자료: 김환표, 2013, 트렌드 지식사전 등 참조)

그림 10-1 | 동아시아국가 간 FTA 체결 현황과 TPP 및 RCEP와의 관계

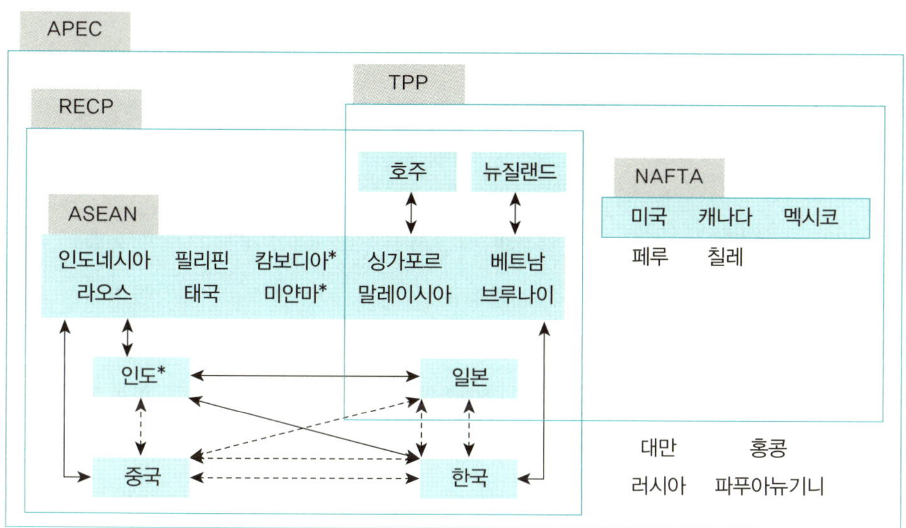


주1: ⟷ FTA 체결
주2: ⇠--⇢ FTA 협상중
주3: *인도, 캄보디아, 미얀마는 APEC 미가입 상태

## 10.2 역내 금융협력❶

한편 동아시아국가 간 금융협력은 제도적 협력을 출발점으로 하여 강화되고 있다. 동아시아국가 간 제도적 금융협력은 동북아와 동남아 간에 이루어지고 있는데, 협력의 축은 크게 경제위기 시 외화유동성지원 체계, 역내 채권시장 발전방안, 경제상황

❶ 역내 금융협력 내용은 많은 부분은 기획재정부 금융협력과의 "ASEAN+3 금융협력의 성과 및 향후 방향" 자료(2008. 4)를 참조하였다.

평가와 정책공조 등으로 요약할 수 있다. 상기 세 가지 측면에서의 협력을 위해 협력체가 필요한데, 동아시아 금융협력체는 ASEAN+3 재무장관 회담체계이다([그림 10-2] 참조).

**그림 10-2 | 동아시아(ASEAN+3) 금융협력체제**

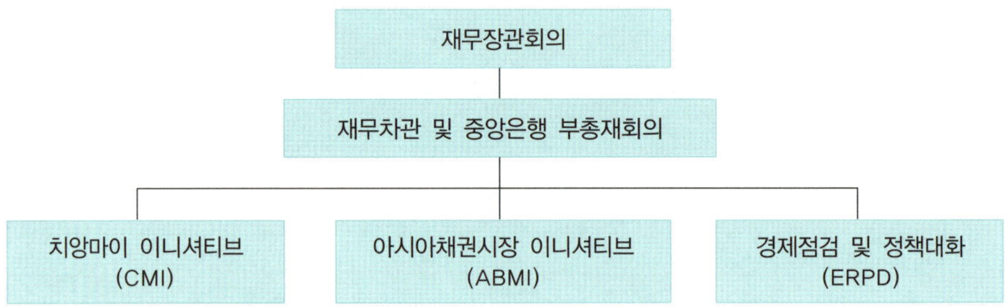


동아시아국가들은 아시아 외환위기의 직접적인 발생 원인이 단기적인 외환의 부족에 있었다고 판단하고, 외환위기의 재발방지를 위해 2000년 태국 치앙마이에서 개최된 ASEAN+3 재무장관회의에서 역내 상호자금지원체계(CMI)를 수립하였다. 즉 ASEAN과 한·중·일 중앙은행들이 상호 통화스왑 계약을 체결하여, 외환위기가 발생하면 자국통화를 상대국에 맡기고 외국통화(미달러)를 단기에 차입할 수 있도록 하였다. 상호자금지원 규모는 2005년까지 395억 달러였으나, 2007년 800억 달러로 확대하였고, 2009년 1,200억 달러로 대폭 확대하였다. CMI는 당초 양자 간 통화스왑 계약 형태였으나, 2010년에 IMF와 같은 다자간 협약이라 할 수 있는 단일 공동펀드 형태(CMIM: CMI Multilateralization)로 변경되었다. 공동펀드의 국별분담금 및 대출한도는 [표 10-3]과 같다. [표 10-3]에서 알 수 있듯이 공동펀드의 80%가 동북아국가에 조성되었으며, 특히 중국과 일본의 비중이 높다. 한편 국별 분담금 대비 대출한도는 ASEAN 국가들이 높게 책정하였다. 즉 ASEAN은 공동펀드 분담금에 비해 큰 혜택을 누릴 수 있게 되어 있다([표 10-3] 참조). CMI 펀드의 성격은 IMF펀드와 유사하나 해당 출자금은 각국 중앙은행이 직접 관리 및 운영하는 방식(self-managed reserve pooling arrangement)을 채택하고 있다는 점에서 차이가 있다 할 수 있다.

**| 표 10-3 | CMI 펀드의 국별 분담금 및 대출가능비율**

| | ASEAN | 중국 | 일본 | 한국 |
|---|---|---|---|---|
| 분담금 | 240억 달러<br>(20%) | 384억 달러<br>(32%) | 384억 달러<br>(32%) | 192억 달러<br>(16%) |
| 분담금 대비<br>대출가능비율 | Big 5*: 2.5<br>Small 5**: 5.0 | 0.5 | 0.5 | 1.0 |

*Big 5: 인도네시아, 말레이시아, 필리핀, 태국, 싱가포르
**Small 5: 캄보디아, 미얀마, 라오스, 베트남, 브루나이

동아시아국가들은 아시아 외환위기 이후 외환위기 재발을 방지하기 위해 많은 외환보유고를 유지하게 되었다. 그러나 보유액의 상당부분이 아시아지역이 아닌 미국 등의 국채매입 형식으로 운영되고 있다. 그렇게 된 주요 이유는 아시아 채권시장이 발달되어 있지 않기 때문이다. 동아시아국가들은 동아시아지역의 지속적인 경제성장을 위해서는 지역내 기업들의 안정적인 자금조달이 필요하다는데 의견을 같이 하고, 이를 위해 아시아 채권시장을 활성화시키고, 나아가 동아시아 외화자금의 효율적 운용을 촉진시키로 하였다. 2003년 ASEAN+3 차관회의에서 한국측이 '증권화 및 신용보증을 통한 역내 채권시장 발전방안'을 제안한 이후 지역내 채권시장 발전을 위한 구체적인 작업이 진행 중에 있다.

현재 역내 채권시장 발전을 위해 6개 실무작업반이 구성되어 발전방향을 연구하고 있다. 주요 내용으로는 ① 역내기업이 발행한 채권을 담보로 엔화표시 채권을 발행하는 증권의 유동화, ② 역내 신용보증제도 활성화, ③ 역내 결제시스템 구축, ④ 아시아 각국의 신용평가기관 간 협력, ⑤ 아시아채권 표준규범 등이다. 지금까지 역내 채권시장 활성화 노력의 성과는 다음과 같다. 한국은 2004년에 중소기업 채권을 유동화하여 엔화표시 채권(P-CBO)을 발행하였으며, ADB는 2006년 싱가포르와 홍콩에서 현지 통화표시채권(ACN: Asian Currency Note)을 발행하였다. 또한 역내 신용보증 및 투자기구를 설치하는 것을 적극 고려하고 있다. 또한 아시아국가들의 채권관련 규제를 조화시키기 위해 'ASEAN+3 채권포럼'을 설립하기로 했다.

한편 동아시아국가들은 위기발생 징후를 조기에 발견하기 위해 2002년 이래 공동감시체제를 구축하였다. 즉 역내 위기감시를 위한 감시시스템을 구축하고 공동 대응그룹을 구성하는 등 위기 감시능력을 강화하였다. 또한 민간전문가그룹(GoE: Group of Experts)를 구성하여, 재무차관 및 중앙은행 부총재들의 경제상황 평가 및 정책공조(ERPD)를 지원하고 있다. ERPD의 원래기능은 ① 세계, 지역 및 개별국가의 경제와 금융의 분석을 촉진하고, ② 역내 자본흐름과 금융시장의 발전을 감시하고, ③ 역내 취약성 및 리스크를 평가하여 이를 효율적으로 관리하며, ④ 역내 경제에 영향을 미치는 이슈들에 대한 공동대처를 추진하는 것이다(장홍범, 2014). 뿐만 아니라 ERPD는 스왑제공국가가 신속한 스왑제공에 대한 의사결정을 할 수 있도록 지원하는 것을 목표로 해왔다. ASEAN+3 국가들은 ERPD 기능을 강화하기 위해 AMRO(ASEAN+3 Macroeconimc Research Office)라는 기구를 설립하여 정책당국자들이 역내경제를 감시하고 CMIM에 대한 국제사회의 신뢰성을 향상시키도록 하고 있다. 또한 동아시아 국가들은 향후 역내 금융협력 강화차원에서 ① 인프라확충을 위한 금융협력(Infrastrucure Financing), ② 재난위험에 대비한 보험(Disaster Risk Insurance), ③ 역내 무역결제에 있어 현지통화 사용 등에 대해 우선적으로 논의해나가기로 했다.

Part 5

# 동북아와 동남아경제의 상호보완 및 경쟁



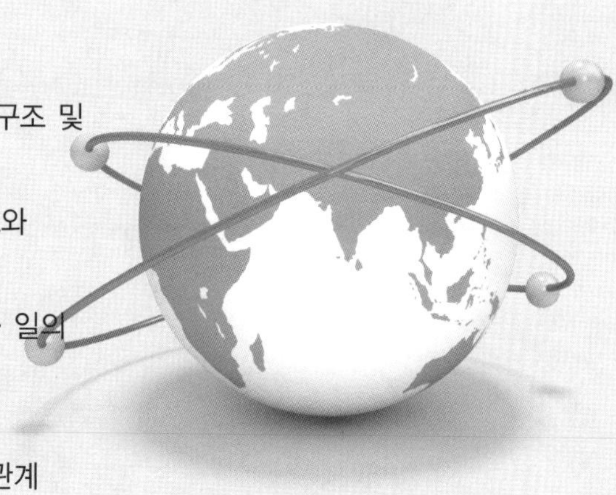

# 11 Chapter 중국과 동아시아국가 간 교역구조 및 결정요인[1]

중국경제의 빠른 성장으로 중국과 여타 국가들과의 교역관계가 긴밀해지고 있으며, 특히 동아시아국가들의 중국에 대한 교역의존도가 높아지고 있다. 그 결과 중국경제에 대한 내부적 또는 외부적 충격이 주변 동아시아국가들에 미치는 영향 역시 그만큼 커졌다. 즉 중국의 경제성장률, 이자율, 주가, 환율의 변화가 주변 동아시아경제에 직·간접적으로 영향을 미치고 있고, 또한 그 정도가 커짐에 따라 중국경제 변화의 주변국 파급효과에 대한 연구가 활발히 진행되고 있다.

중국경제에 대한 충격이 주변 국가에 파급되는 중요한 경로 중 하나로서 교역을 고려할 수 있다. 그러한 맥락에서 중국경제의 변화가 주변 국가에 미치는 영향을 이해하기 위해서는 중국과 주변국가와의 교역구조와 교역 결정요인에 대한 이해가 선행되어야 한다. 중국의 교역구조에서 관찰되는 특징으로는 동아시아 역내국가들과의 교역액 확대를 들 수 있으며, 특히 역내교역 중 산업내교역 확대를 꼽을 수 있다. 또한 중국과 주변국가와의 주요 교역 결정요인으로는 경제규모, FDI, 환율 등을 들 수 있는데, 특히 (위안화) 환율이 중국과 여타 국가 간 주요 통상이슈가 되곤 한다.

지금까지 연구 중 위안화 환율이 중국 교역에 미치는 영향에 대한 연구는 다수 이루어졌다(김완중, 2010; 신민영 외, 2003; 배민근, 2010; 김봉한, 2008).[2] 또한 동아시아의 산업내무역에 대한 연구도 몇몇 연구자에 의해서 이루어졌다(주성환 외, 2003; Hu 외, 1999;, Sawyer 외, 2010). 주성환 외(2003)는 일본과 동아시아국가들 간 산업내무역지수를 측정하고, 산업내무역 결정요인을 분석하였다. 그 연구에 따르면 일본

---

1. 김완중, 2011, 중국과 동아시아국가 간 교역구조와 결정요인 분석: 산업내무역과 환율탄력성 관계를 중심으로, 한중사회과학연구, 제9권 제3호의 내용 중 일부를 발췌하였음을 밝힌다.
2. 위안화환율과 한국의 대중국 수출에 대한 기존 연구결과는 김완중(2010) 참조

의 동아시아국가들에 대한 산업내무역지수는 1990년대 이후 빠르게 확대되었다. 또한 회귀분석결과에 따르면 일본과 동아시아국가 간 산업내무역은 교역 양국국 평균 경제규모, 양국 간 1인당 평균소득 차이, 그리고 환율과는 정(+)의 관계를 보인 반면, 1인당 평균소득수준, 교역당사국 간 GDP 차이, 지리적 거리, FDI, 무역불균형과는 부(−)의 관계를 보였다. Hu 외(1995)는 1995년 횡단면 자료를 이용하여 중국의 45개 주요 교역국과의 산업내교역을 분석하였다. 분석에 따르면 중국의 수직적 산업내무역은 FDI 유입액, GDP에서 교육지출액이 차지하는 비율에 대해 통계적으로 유의한 정(+)의 관계를 보였으며, 소득분포 유사성 더미변수에 대해서는 통계적으로 유의한 부(−)의 관계로 나타났다. 한편 수평적 산업내무역은 GDP에서 교육지출액이 차지하는 비율과 생산차별화정도(Hufbauer지수로 측정)에 대해 통계적으로 유의한 정(+)의 관계를 보였다.

한편 산업내무역과 환율탄력성을 연계한 연구는 아직까지 별로 없다. Oguro외(2008)는 수출의 환율탄력성이 산업내무역이 높아질수록 작아진다는 것을 이론적으로 보이고, 실증분석을 통해 확인했다. 분석에 따르면 중국과 세계 교역에서 산업내무역이 전반적으로 증가하고 있으며, 그 중요성이 더욱더 커지고 있다. 그리고 선진국과 개도국의 소득수준과 기술수준의 수렴에 따라 향후 산업내무역이 더 확대될 것으로 예상한다. 또한 1974년부터 2004년까지 38개 국가 간 수출자료를 분석한 결과, 수출의 환율과 산업내무역지수는 부(−)의 관계에 있는 것으로 확인되었다. 즉 산업내무역지수가 높아질수록 환율이 수출에 미치는 영향은 작아진다는 것이다. 한편 김완중(2011)은 동아시아국가에 있어서 산업내무역과 환율 간 관계를 분석하였다. 본 장에서는 김완중(2011)을 중심으로 중국과 동아시아국가 간 교역구조와 결정요인[3]을 살펴본다.

[3] 중국과 동아시아국가 간 교역분석 대상은 한국, 일본, 인도네시아, 말레이시아, 필리핀, 태국, 싱가포르로 국한한다. 대만이 제외된 이유는 연구의 자료출처인 UN의 Comtrade DB에 중국과 대만과의 교역 자료가 포함되지 않기 때문이다.

## 11.1 중국과 동아시아국가 간 교역구조

### 11.1.1 동아시아국가 간 교역구조

[표 11-1]과 [표 11-2]에서 볼 수 있듯이 동아시아국가의 중국에 대한 교역의존도는 크게 확대되었다. 한국의 경우 수출 및 수입에서 중국 비중이 1996년 8.3%와 5.7%에서 2008년 각각 21.4%와 17.7%로 높아졌으며, 일본 역시 5.3%와 11.6%에서 16.0%와 18.8%로 상승했다. 동남아시아국가들 역시 수출 및 수입에서 중국 비중이 확대되었으나, 전반적으로 한국과 일본의 비중에 비해서는 높지 않다. 동남아시아의 대중국 수출 비중은 필리핀이 2008년 11.1%로 가장 높았으며, 수입 비중은 베트남이 19.4%로 가장 높았다.

한편 1996년과 2008년을 비교했을 때, 중국의 동아시아국가들에 대한 교역의존도는 전반적으로 축소되었다. 이는 중국의 교역이 동아시아국가 이외의 국가들로 그만큼 다변화되었다는 것을 의미한다. 중국의 동아시아들에 대한 교역 비중 변화는 개별 국가에 따라 많은 차이를 보였다. 즉 중국의 일본에 대한 수출 및 수입 비중은 크게 축소된 반면, 한국, 말레이시아, 태국, 그리고 베트남에 대한 비중은 확대되었다.

**표 11-1 동아시아국가 간 수출구조(상: 1996, 하: 2008)**

| | JP | ID | KR | ML | PH | SG | TH | VT | CH | OTHER |
|---|---|---|---|---|---|---|---|---|---|---|
| JP | – | 2.2 | 7.13 | 3.72 | 2.04 | 5.05 | 4.44 | 0.28 | 5.3 | 69.84 |
| ID | 25.82 | – | 6.57 | 2.22 | 1.38 | 9.15 | 1.65 | 0.68 | 4.12 | 48.42 |
| KR | 11.43 | 2.32 | – | 3.14 | 1.38 | 4.67 | 1.93 | 1.16 | 8.25 | 65.73 |
| ML | 13.42 | 1.56 | 3.05 | – | 1.2 | 20.48 | 4.1 | 0.41 | 2.41 | 53.37 |
| PH | 17.82 | – | 1.8 | 3.34 | – | 5.95 | 3.79 | – | 1.59 | 65.71 |
| SG | 8.19 | – | 3.76 | 17.97 | 1.83 | – | 5.67 | 1.37 | 2.71 | 58.5 |
| TH | 16.38 | 1.48 | 1.77 | 3.52 | 1.1 | 11.8 | – | 0.84 | 3.26 | 59.85 |
| VT | 20.72 | 0.62 | 7.48 | 1.05 | 1.77 | 17.29 | 1.43 | – | 4.56 | 45.1 |
| CH | 20.43 | 0.94 | 4.98 | 0.91 | 0.67 | 2.48 | 0.83 | 0.56 | – | 68.19 |

| | JP | ID | KR | ML | PH | SG | TH | VT | CH | OTHER |
|---|---|---|---|---|---|---|---|---|---|---|
| JP | – | 1.61 | 7.59 | 2.1 | 1.27 | 3.4 | 3.77 | 1 | 15.96 | 63.29 |
| ID | 20.25 | – | 6.65 | 4.69 | 1.5 | 9.39 | 2.67 | 1.22 | 8.49 | 45.13 |

| | | | | | | | | | | |
|---|---|---|---|---|---|---|---|---|---|---|
| KR | 6.62 | 1.86 | – | 1.36 | 1.18 | 3.82 | 1.35 | 1.83 | 21.41 | 60.57 |
| ML | 10.76 | 3.13 | 3.91 | – | 1.47 | 14.74 | 4.8 | 1.22 | 9.55 | 50.42 |
| PH | 15.68 | 1.23 | 5.13 | 3.98 | – | 5.3 | 3.07 | 0.78 | 11.13 | 53.69 |
| SG | 4.92 | 10.53 | 3.62 | 12.05 | 2.15 | – | 3.89 | 2.58 | 9.17 | 51.09 |
| TH | 11.39 | 3.54 | 2.06 | 5.61 | 1.9 | 5.68 | – | 2.86 | 9.22 | 57.74 |
| VT | 13.62 | 1.27 | 2.85 | 3.12 | 2.91 | 4.24 | 2.15 | – | 7.24 | 62.61 |
| CH | 8.13 | 1.2 | 5.17 | 1.5 | 0.64 | 2.26 | 1.09 | 1.06 | – | 78.96 |

주: JP(일본), ID(인도네시아), KR(한국), ML(말레이시아), PH(필리핀), SG(싱가포르), TH(태국), VT(베트남), CH(중국)
자료: DOT Database, IMF(KITA DB)

**표 11-2** 동아시아국가 간 수입구조(상: 1996, 하: 2008)

| | JP | ID | KR | ML | PH | SG | TH | VT | CH | OTHER |
|---|---|---|---|---|---|---|---|---|---|---|
| JP | – | 4.35 | 4.57 | 3.36 | 1.29 | 2.1 | 2.94 | 0.58 | 11.55 | 69.26 |
| ID | 19.82 | – | 5.62 | 1.92 | 0.21 | 6.7 | 2.55 | 0.48 | 3.72 | 58.98 |
| KR | 20.94 | 2.67 | – | 2 | 0.39 | 1.68 | 0.81 | 0.15 | 5.69 | 65.66 |
| ML | 24.52 | 1.82 | 5.19 | – | 1.02 | 13.35 | 3.31 | 0.19 | 2.39 | 48.22 |
| PH | 21.63 | – | 5.14 | 2.48 | – | 5.28 | 1.8 | – | 2.04 | 61.64 |
| SG | 18.15 | – | 3.7 | 15.02 | 1.06 | – | 5.46 | 0.33 | 3.38 | 52.9 |
| TH | 26.72 | 1.23 | 3.51 | 4.71 | 0.75 | 5.23 | – | 0.09 | 2.55 | 55.22 |
| VT | 11.17 | 1.32 | 15.78 | 1.77 | 0.26 | 18.02 | 4.39 | – | 2.92 | 44.39 |
| CH | 21.01 | 1.65 | 8.99 | 1.62 | 0.27 | 2.6 | 1.36 | 0.22 | – | 62.29 |

| | JP | ID | KR | ML | PH | SG | TH | VT | CH | OTHER |
|---|---|---|---|---|---|---|---|---|---|---|
| JP | – | 4.27 | 3.87 | 3.05 | 1.11 | 1.04 | 2.73 | 1.19 | 18.84 | 63.9 |
| ID | 11.7 | – | 5.36 | 6.9 | 0.58 | 16.86 | 4.9 | 0.56 | 11.8 | 41.34 |
| KR | 14 | 2.6 | – | 2.28 | 0.71 | 1.92 | 0.98 | 0.47 | 17.67 | 59.36 |
| ML | 12.48 | 4.63 | 4.65 | – | 1.34 | 11.02 | 5.61 | 1.49 | 12.8 | 45.98 |
| PH | 11.79 | 2.65 | 5.18 | 4.27 | – | 10.29 | 4.96 | 2.98 | 7.55 | 50.33 |
| SG | 8.11 | 5.5 | 5.63 | 11.93 | 1.54 | – | 3.53 | 0.75 | 10.54 | 52.47 |
| TH | 18.85 | 3.02 | 3.81 | 5.53 | 1.25 | 4.02 | – | 0.77 | 11.17 | 51.6 |
| VT | – | 2.14 | 8.75 | 3.22 | 0.48 | 11.64 | 6.08 | – | 19.39 | 48.3 |
| CH | 13.32 | 1.27 | 9.91 | 2.84 | 1.72 | 1.78 | 2.26 | 0.38 | – | 66.51 |

주: JP(일본), ID(인도네시아), KR(한국), ML(말레이시아), PH(필리핀), SG(싱가포르), TH(태국), VT(베트남), CH(중국)
자료: DOT Database, IMF(KITA DB)

### 11.1.2 중국과 동아시아국가 간 산업내교역 구조

어떤 한 산업에 있어 산업내무역 정도는 해당 산업의 총교역액 중에서 중첩되는 수출입액의 비중으로 정의할 수 있다. 그리고 어떤 한 국가에 있어 산업내무역의 정도는 각 산업의 산업내무역지수를 전체 산업에서 각 산업이 차지하는 비중으로 가중평균하여 계산할 수 있다. 또한 국가 A(예를 들면 한국)와 국가 B(예를 들면 중국) 간 교역에서 산업내무역지수 역시 같은 논리로 계산할 수 있다. Fukao, Ishido and Ito(2003), Greenaway, Hine and Milner(1995) 등에 따라 A와 B국가의 $i$산업에 있어서의 산업내무역(IIT: Intra-Industry Trade) 지수를 다음과 같이 정의할 수 있다. 아래식에서 $EX^i_{AB}$는 $i$산업에서 국가 A의 국가 B에 대한 수출, $IM^i_{AB}$는 국가 A의 국가 B에 대한 수입을 의미한다.

$$IIT^i = \frac{Min(EX^i_{AB}, EX^i_{BA})}{Max(EX^i_{AB}, EX^i_{BA})} = \frac{Min(EX^i_{AB}, IM^i_{AB})}{Max(EX^i_{AB}, IM^i_{AB})} \qquad (1)$$

한편 수출단가와 수입단계의 상대적 크기를 기준으로 산업내무역은 다시 수직적 산업무역(VIIT: Vertical Intra-Industry Trade)과 수평적 산업내무역(HIIT: Horizontal Intra Industry Trade)으로 다시 분류될 수 있다. 김완중(2011)은 기존연구와 미친가지로 수출과 수입단가 차이가 25% 이하인 경우를 수평적 산업내무역으로 분류하고 나머지는 수직적 산업내무역으로 분류한다. 수평적 산업내무역을 수식으로 표시하면 아래 식과 같다. 아래 식에서 분자는 수출단가, 분모는 수입단가를 의미한다.

$$\frac{1}{1.25} \leq \frac{P^x_{AB}}{P^m_{AB}} \leq 1.25 \qquad (2)$$

김완중(2011)은 HS 6단위 수출입 자료를 이용하여 동아시아 각국과 중국 간 산업내무역지수를 계산하였다. [표 11-3]에서 볼 수 있듯이 동아시아국가들 중 한국 및 일본의 중국과의 산업내무역지수는 지속적으로 상승하고 있다. 동남아국가들 역시 1996년부터 2000년 중반까지는 산업내무역지수가 상승했으나 이후 점차 하락추세를 보이고 있다. 2008년 기준으로 동아시아국가 중에서 대중 산업내무역지수가 가장 높은 국가는 한국과 싱가포르이다.

**표 11-3** 동아시아국가의 대중국 산업내무역지수 추이

| | 일본 | 인도네시아 | 한국 | 말레이시아 | 필리핀 | 싱가포르 | 태국 |
|---|---|---|---|---|---|---|---|
| 1996 | 0.10 | 0.09 | 0.14 | 0.08 | 0.05 | 0.21 | 0.09 |
| 1997 | 0.12 | 0.07 | 0.12 | 0.08 | 0.06 | 0.24 | 0.16 |
| 1998 | 0.12 | 0.02 | 0.11 | 0.12 | 0.06 | 0.25 | 0.20 |
| 1999 | 0.12 | 0.05 | 0.15 | 0.14 | 0.25 | 0.26 | 0.21 |
| 2000 | 0.13 | 0.09 | 0.16 | 0.19 | 0.07 | 0.34 | 0.22 |
| 2001 | 0.12 | 0.16 | 0.19 | 0.23 | 0.14 | 0.34 | 0.24 |
| 2002 | 0.13 | 0.12 | 0.19 | 0.24 | 0.17 | 0.31 | 0.20 |
| 2003 | 0.17 | 0.16 | 0.18 | 0.19 | 0.18 | 0.30 | 0.28 |
| 2004 | 0.18 | 0.15 | 0.19 | 0.18 | 0.15 | 0.27 | 0.22 |
| 2005 | 0.20 | 0.13 | 0.20 | 0.20 | 0.11 | 0.31 | 0.18 |
| 2006 | 0.20 | 0.16 | 0.23 | 0.20 | 0.11 | 0.31 | 0.16 |
| 2007 | 0.20 | 0.06 | 0.23 | 0.22 | 0.09 | 0.32 | 0.15 |
| 2008 | 0.20 | 0.04 | 0.22 | 0.18 | 0.08 | 0.27 | 0.14 |

자료: Comtrade Database, UN 자료 이용 계산

**표 11-4** 동아시아국가의 대중 산업간 및 산업내교역 비중

| | | 1996 | 1997 | 1998 | 1999 | 2000 | 2001 | 2002 | 2003 | 2004 | 2005 | 2006 | 2007 | 2008 |
|---|---|---|---|---|---|---|---|---|---|---|---|---|---|---|
| 일본 | OWT | 0.77 | 0.73 | 0.73 | 0.71 | 0.70 | 0.71 | 0.68 | 0.62 | 0.59 | 0.58 | 0.58 | 0.56 | 0.55 |
| | HIIT | 0.03 | 0.03 | 0.04 | 0.03 | 0.05 | 0.04 | 0.04 | 0.04 | 0.03 | 0.07 | 0.05 | 0.06 | 0.09 |
| | VIIT | 0.17 | 0.19 | 0.19 | 0.22 | 0.20 | 0.21 | 0.22 | 0.25 | 0.30 | 0.35 | 0.37 | 0.33 | 0.34 |
| | NTWT | 0.03 | 0.04 | 0.04 | 0.05 | 0.05 | 0.04 | 0.06 | 0.08 | 0.08 | 0.00 | 0.00 | 0.05 | 0.03 |
| 인도네시아 | OWT | 0.62 | 0.69 | 0.96 | 0.76 | 0.67 | 0.70 | 0.72 | 0.67 | 0.67 | 0.66 | 0.75 | 0.80 | 0.85 |
| | HIIT | 0.35 | 0.29 | 0.01 | 0.20 | 0.27 | 0.23 | 0.15 | 0.24 | 0.17 | 0.18 | 0.12 | 0.01 | 0.07 |
| | VIIT | 0.03 | 0.02 | 0.03 | 0.04 | 0.06 | 0.07 | 0.13 | 0.09 | 0.16 | 0.15 | 0.14 | 0.19 | 0.08 |
| | NTWT | 0.00 | 0.00 | 0.00 | 0.00 | 0.00 | 0.00 | 0.00 | 0.00 | 0.00 | 0.00 | 0.00 | 0.00 | 0.00 |
| 한국 | OWT | 0.70 | 0.73 | 0.72 | 0.63 | 0.63 | 0.55 | 0.55 | 0.51 | 0.52 | 0.49 | 0.42 | 0.36 | 0.45 |
| | HIIT | 0.07 | 0.08 | 0.06 | 0.11 | 0.10 | 0.12 | 0.17 | 0.13 | 0.10 | 0.09 | 0.11 | 0.13 | 0.16 |
| | VIIT | 0.22 | 0.19 | 0.21 | 0.26 | 0.27 | 0.33 | 0.28 | 0.37 | 0.38 | 0.42 | 0.47 | 0.51 | 0.39 |
| | NTWT | 0.00 | 0.00 | 0.00 | 0.00 | 0.00 | 0.00 | 0.00 | 0.00 | 0.00 | 0.00 | 0.00 | 0.00 | 0.00 |

| | | | | | | | | | | | | | | |
|---|---|---|---|---|---|---|---|---|---|---|---|---|---|---|
| 말레이시아 | OWT | 0.80 | 0.81 | 0.73 | 0.65 | 0.55 | 0.50 | 0.43 | 0.49 | 0.52 | 0.47 | 0.41 | 0.44 | 0.51 |
| | HIIT | 0.01 | 0.05 | 0.08 | 0.01 | 0.01 | 0.01 | 0.06 | 0.24 | 0.27 | 0.32 | 0.21 | 0.08 | 0.12 |
| | VIIT | 0.02 | 0.06 | 0.09 | 0.15 | 0.20 | 0.25 | 0.28 | 0.10 | 0.18 | 0.18 | 0.36 | 0.29 | 0.32 |
| | NTWT | 0.18 | 0.08 | 0.10 | 0.18 | 0.24 | 0.23 | 0.24 | 0.17 | 0.03 | 0.03 | 0.02 | 0.19 | 0.05 |
| 필리핀 | OWT | 0.85 | 0.85 | 0.74 | 0.67 | 0.79 | 0.73 | 0.73 | 0.72 | 0.71 | 0.76 | 0.76 | 0.86 | 0.87 |
| | HIIT | 0.09 | 0.05 | 0.02 | 0.21 | 0.01 | 0.00 | 0.07 | 0.10 | 0.07 | 0.03 | 0.04 | 0.03 | 0.02 |
| | VIIT | 0.06 | 0.10 | 0.25 | 0.12 | 0.20 | 0.27 | 0.20 | 0.18 | 0.22 | 0.21 | 0.20 | 0.11 | 0.11 |
| | NTWT | 0.00 | 0.00 | 0.00 | 0.00 | 0.00 | 0.00 | 0.00 | 0.00 | 0.00 | 0.00 | 0.00 | 0.00 | 0.00 |
| 싱가포르 | OWT | 0.53 | 0.45 | 0.42 | 0.42 | 0.37 | 0.37 | 0.36 | 0.33 | 0.32 | 0.32 | 0.33 | 0.35 | 0.36 |
| | HIIT | 0.07 | 0.15 | 0.08 | 0.01 | 0.30 | 0.29 | 0.21 | 0.25 | 0.20 | 0.16 | 0.25 | 0.24 | 0.15 |
| | VIIT | 0.04 | 0.04 | 0.05 | 0.05 | 0.26 | 0.28 | 0.36 | 0.43 | 0.47 | 0.52 | 0.39 | 0.09 | 0.20 |
| | NTWT | 0.35 | 0.36 | 0.45 | 0.52 | 0.06 | 0.06 | 0.07 | 0.00 | 0.00 | 0.00 | 0.02 | 0.32 | 0.29 |
| 태국 | OWT | 0.82 | 0.74 | 0.62 | 0.65 | 0.63 | 0.62 | 0.64 | 0.55 | 0.58 | 0.64 | 0.68 | 0.65 | 0.67 |
| | HIIT | 0.02 | 0.02 | 0.01 | 0.19 | 0.22 | 0.09 | 0.09 | 0.14 | 0.22 | 0.10 | 0.15 | 0.15 | 0.10 |
| | VIIT | 0.11 | 0.19 | 0.33 | 0.11 | 0.12 | 0.27 | 0.24 | 0.29 | 0.17 | 0.26 | 0.16 | 0.15 | 0.19 |
| | NTWT | 0.05 | 0.05 | 0.04 | 0.05 | 0.03 | 0.02 | 0.03 | 0.03 | 0.02 | 0.00 | 0.02 | 0.05 | 0.03 |

주: OWT(일방향교역), NTWT(미분류양방향교역), VIIT(수직적 산업내교역), HIIT(수평적 산업내교역)
자료: Comtrade Database, UN 자료 이용 계산

한편 [표 11-4]는 동아시아 각국과 중국 간 교역에서 산업간무역(OWT), 분류되지 않은 산업내무역(NTWT),[4] 수직적 산업내무역(VIIT), 수평적 산업내무역(HIIT)이 차지하는 비중을 나타내고 있다. 각국의 대중국 교역에서 산업내무역이 차지하는 비중의 추이는 [표 11-3]에서 살펴본 산업내무역지수 추이와 전반적으로 같다. 즉 한국과 일본의 경우 대중국 교역 중 산업내무역 비중이 지속적으로 확대되고 있으나, 말레이시아를 제외한 동남아시아국가의 경우 동 비중이 상승하다가 2000년대 중반 이후 하락하고 있다. 한국과 일본의 대중국 교역 중 산업내무역 비중 확대는 주로 수직적 산업내무역 비중 확대에 기인하고 있으며, 수평적 산업내무역 비중은 높지 않은 수준이다. 특히 동아시아국가 중 일본, 인도네시아, 필리핀의 경우 대중국 교역 중 수평적 산업내무역 비중이 매우 낮다. 반면 한국, 싱가포르, 말레이시아, 태국의 경우 연도별로 기

[4] 산업내무역을 다시 수평적 산업내무역과 수직적 산업내무역 분류할 때, 수출입량 자료의 부재로 수출입 단가를 계산할 수 없는 것을 분류되지 않은 산업내무역으로 별도로 분류하도록 한다.

복은 있으나 수평적 산업내무역이 여타 국가들에 비해 높은 10~20%대를 보이고 있다.

동아시아국가와 중국 간 산업내교역 구조를 주요 제조업 중심으로 살펴보면 다음과 같다. 해당 산업군(의류, 철강, 기계, 전기전자설비, 광학 및 의료기기)은 중국과 동아시아국가 간 주요 수출입 산업이 속해 있는 산업군이다. 유기화학(HS29)의 경우에 있어 분석대상 국가의 대중국 교역은 대부분 산업간무역이나, 1996년과 비교해서 2008년 산업내무역 비중이 확대되었음을 알 수 있다. 특히 일본의 산업내무역 비중이 여타 국가들에 비해 상대적으로 높다. 또한 플라스틱 및 그 제품(HS39)의 경우, 인도네시아를 제외한 대부분 국가에 있어 산업내무역 비중이 40~50%에 달하고 있으며, 1996년과 비해서 2008년 동 비율이 크게 확대되었다.

의류 및 섬유산업군(HS 61, 62)에 있어 중국과 동아시아국가 간 교역은 산업간교역이 주를 이루고 있다. 특히 수평적 산업내무역은 한국을 제외하고는 전무에 가깝다. 이 산업군에 있어서 두드러진 특징은 한국, 인도네시아, 필리핀, 태국을 중심으로 중국과의 교역에서 수직적 산업내무역이 확대되고 있다는 점이다.

철강(HS 72) 교역의 경우 분석 대상 모든 국가가 중국과 대부분 산업간교역을 하고 있을 뿐 산업내무역은 아직까지 미미한 수준이다. 한편 철강제품군(HS 73)의 경우, 한국과 일본은 대중국 교역에 있어 산업내무역이 높은 비중을 차지하고 있으며, 특히 한국의 경우 산업내무역이 압도적으로 높다. 동남아국가 중에서는 말레이시아, 태국, 그리고 싱가포르의 대중국 교역에 있어 산업내무역이 상당 부분 이루어질 뿐 여타 국가들의 경우 산업간무역이 지배적이다.

한편 광학 및 의료기기(HS 90)의 경우 일본, 한국, 싱가포르의 대중국 교역에서 산업내무역이 산업간무역에 비해 압도적으로 높으며, 여타 동남아국가들의 경우도 산업내무역 비중이 2008년 10~20%를 차지했을 뿐이다. 두드러진 특징은 일본, 말레이시아, 싱가포르의 경우 대중국 교역에서 1996년에 거의 전무했던 수평적 산업내무역이 2008년 20%대로 확대되었다는 점이다.

마지막으로 동아시아국가들의 주요 대중 수출산업 중에서 가장 높은 비중을 차지하는 기계(HS 84) 및 전기전자설비(HS 85) 산업의 경우, 어떤 다른 산업에 비해 높은 산업내무역을 보여주고 있다. 특히 한국의 대중국 교역에 있어 기계(HS 84)산업의 산업내무역 비중은 1996년 29%에서 2008년 77%로 크게 확대되었다.

**표 11-5 동아시아국가의 주요 산업별 대중 산업간 및 산업내교역 비중**

| | | HS29 | | HS39 | | HS61 | | HS62 | |
|---|---|---|---|---|---|---|---|---|---|
| | | 1996 | 2008 | 1996 | 2008 | 1996 | 2008 | 1996 | 2008 |
| 일본 | OWT | 0.71 | 0.70 | 0.67 | 0.62 | 1.00 | 1.00 | 0.97 | 1.00 |
| | HIIT | 0.03 | 0.07 | 0.00 | 0.05 | 0.00 | 0.00 | 0.01 | 0.00 |
| | VIIT | 0.26 | 0.23 | 0.33 | 0.34 | 0.00 | 0.00 | 0.02 | 0.00 |
| | NTWT | 0.00 | 0.00 | 0.00 | 0.00 | 0.00 | 0.00 | 0.00 | 0.00 |
| 인도네시아 | OWT | 0.99 | 0.84 | 0.90 | 0.83 | 0.96 | 0.72 | 1.00 | 0.78 |
| | HIIT | 0.01 | 0.00 | 0.01 | 0.04 | 0.00 | 0.00 | 0.00 | 0.01 |
| | VIIT | 0.00 | 0.16 | 0.09 | 0.13 | 0.04 | 0.28 | 0.00 | 0.21 |
| | NTWT | 0.00 | 0.00 | 0.00 | 0.00 | 0.00 | 0.00 | 0.00 | 0.00 |
| 한국 | OWT | 0.81 | 0.77 | 0.91 | 0.55 | 0.86 | 0.79 | 0.68 | 0.73 |
| | HIIT | 0.10 | 0.16 | 0.06 | 0.23 | 0.03 | 0.09 | 0.11 | 0.16 |
| | VIIT | 0.09 | 0.08 | 0.02 | 0.22 | 0.10 | 0.12 | 0.21 | 0.10 |
| | NTWT | 0.00 | 0.00 | 0.00 | 0.00 | 0.00 | 0.00 | 0.00 | 0.00 |
| 말레이시아 | OWT | 0.99 | 0.89 | 0.82 | 0.51 | 0.73 | 0.96 | 0.84 | 0.98 |
| | HIIT | 0.00 | 0.00 | 0.03 | 0.29 | 0.00 | 0.00 | 0.00 | 0.00 |
| | VIIT | 0.00 | 0.11 | 0.15 | 0.20 | 0.00 | 0.04 | 0.00 | 0.02 |
| | NTWT | 0.00 | 0.00 | 0.00 | 0.00 | 0.27 | 0.00 | 0.16 | 0.00 |
| 필리핀 | OWT | 1.00 | 1.00 | 0.87 | 0.66 | 0.76 | 0.84 | 0.75 | 0.25 |
| | HIIT | 0.00 | 0.00 | 0.02 | 0.10 | 0.00 | 0.00 | 0.02 | 0.00 |
| | VIIT | 0.00 | 0.00 | 0.11 | 0.24 | 0.24 | 0.16 | 0.23 | 0.75 |
| | NTWT | 0.00 | 0.00 | 0.00 | 0.00 | 0.00 | 0.00 | 0.00 | 0.00 |
| 싱가포르 | OWT | 0.76 | 0.77 | 0.69 | 0.69 | 0.94 | 0.98 | 0.97 | 1.00 |
| | HIIT | 0.01 | 0.10 | 0.04 | 0.20 | 0.00 | 0.00 | 0.00 | 0.00 |
| | VIIT | 0.22 | 0.13 | 0.07 | 0.11 | 0.00 | 0.02 | 0.00 | 0.00 |
| | NTWT | 0.02 | 0.00 | 0.20 | 0.00 | 0.06 | 0.00 | 0.03 | 0.00 |
| 태국 | OWT | 1.00 | 0.93 | 0.66 | 0.59 | 0.92 | 0.61 | 0.69 | 0.86 |
| | HIIT | 0.00 | 0.00 | 0.26 | 0.12 | 0.00 | 0.10 | 0.00 | 0.02 |
| | VIIT | 0.00 | 0.07 | 0.08 | 0.29 | 0.00 | 0.28 | 0.05 | 0.11 |
| | NTWT | 0.00 | 0.00 | 0.00 | 0.00 | 0.08 | 0.01 | 0.26 | 0.01 |

주: 1. OWT(일방향교역), NTWT(미분류양방향교역), VIIT(수직적 산업내교역), HIIT(수평적 산업내교역)
2. HS29(유기화학), HS39(플라스틱), HS61(의류제품), HS62(니트류 제외 의류)

자료: Comtrade Database, UN 이용하여 계산

**표 11-6 동아시아국가의 산업별 대중 산업간 및 산업내교역 비중(계속)**

| | | HS72 | | HS73 | | HS84 | | HS85 | | HS90 | |
|---|---|---|---|---|---|---|---|---|---|---|---|
| | | 1996 | 2008 | 1996 | 2008 | 1996 | 2008 | 1996 | 2008 | 1996 | 2008 |
| 일본 | OWT | 0.88 | 0.81 | 0.43 | 0.55 | 0.67 | 0.53 | 0.29 | 0.20 | 0.44 | 0.22 |
| | HIIT | 0.01 | 0.15 | 0.00 | 0.04 | 0.01 | 0.02 | 0.14 | 0.11 | 0.02 | 0.29 |
| | VIIT | 0.11 | 0.04 | 0.57 | 0.41 | 0.29 | 0.45 | 0.42 | 0.58 | 0.46 | 0.49 |
| | NTWT | 0.00 | 0.00 | 0.00 | 0.00 | 0.03 | 0.00 | 0.15 | 0.11 | 0.08 | 0.00 |
| 인도네시아 | OWT | 0.81 | 0.99 | 0.98 | 0.95 | 0.89 | 0.84 | 0.91 | 0.81 | 0.99 | 0.87 |
| | HIIT | 0.17 | 0.01 | 0.00 | 0.02 | 0.01 | 0.08 | 0.00 | 0.00 | 0.00 | 0.00 |
| | VIIT | 0.01 | 0.00 | 0.02 | 0.04 | 0.11 | 0.08 | 0.09 | 0.19 | 0.01 | 0.13 |
| | NTWT | 0.00 | 0.00 | 0.00 | 0.00 | 0.00 | 0.00 | 0.00 | 0.00 | 0.00 | 0.00 |
| 한국 | OWT | 0.73 | 0.77 | 0.54 | 0.27 | 0.70 | 0.23 | 0.28 | 0.07 | 0.62 | 0.34 |
| | HIIT | 0.20 | 0.16 | 0.03 | 0.24 | 0.05 | 0.04 | 0.16 | 0.34 | 0.09 | 0.01 |
| | VIIT | 0.07 | 0.07 | 0.42 | 0.48 | 0.24 | 0.73 | 0.56 | 0.59 | 0.30 | 0.64 |
| | NTWT | 0.00 | 0.00 | 0.00 | 0.00 | 0.00 | 0.00 | 0.00 | 0.00 | 0.00 | 0.00 |
| 말레이시아 | OWT | 0.92 | 0.94 | 0.63 | 0.72 | 0.56 | 0.22 | 0.32 | 0.21 | 0.49 | 0.57 |
| | HIIT | 0.03 | 0.01 | 0.01 | 0.02 | 0.00 | 0.11 | 0.00 | 0.15 | 0.00 | 0.19 |
| | VIIT | 0.04 | 0.05 | 0.16 | 0.26 | 0.00 | 0.66 | 0.02 | 0.45 | 0.00 | 0.21 |
| | NTWT | 0.00 | 0.00 | 0.19 | 0.00 | 0.44 | 0.00 | 0.67 | 0.19 | 0.51 | 0.03 |
| 필리핀 | OWT | 1.00 | 0.99 | 0.95 | 0.93 | 0.66 | 0.68 | 0.78 | 0.97 | 0.86 | 0.78 |
| | HIIT | 0.00 | 0.00 | 0.00 | 0.01 | 0.00 | 0.00 | 0.02 | 0.00 | 0.00 | 0.00 |
| | VIIT | 0.00 | 0.01 | 0.05 | 0.06 | 0.34 | 0.32 | 0.20 | 0.03 | 0.13 | 0.22 |
| | NTWT | 0.00 | 0.00 | 0.00 | 0.00 | 0.00 | 0.00 | 0.00 | 0.00 | 0.00 | 0.00 |
| 싱가포르 | OWT | 0.87 | 0.95 | 0.47 | 0.68 | 0.19 | 0.19 | 0.37 | 0.24 | 0.54 | 0.34 |
| | HIIT | 0.01 | 0.01 | 0.00 | 0.01 | 0.00 | 0.13 | 0.00 | 0.05 | 0.00 | 0.26 |
| | VIIT | 0.12 | 0.04 | 0.49 | 0.31 | 0.00 | 0.27 | 0.03 | 0.25 | 0.00 | 0.14 |
| | NTWT | 0.00 | 0.00 | 0.04 | 0.00 | 0.81 | 0.40 | 0.61 | 0.46 | 0.46 | 0.27 |
| 태국 | OWT | 0.98 | 0.93 | 0.56 | 0.87 | 0.41 | 0.61 | 0.68 | 0.46 | 0.58 | 0.55 |
| | HIIT | 0.00 | 0.04 | 0.21 | 0.01 | 0.00 | 0.07 | 0.03 | 0.18 | 0.00 | 0.17 |
| | VIIT | 0.01 | 0.03 | 0.24 | 0.12 | 0.45 | 0.31 | 0.09 | 0.22 | 0.27 | 0.26 |
| | NTWT | 0.00 | 0.00 | 0.00 | 0.00 | 0.13 | 0.01 | 0.20 | 0.14 | 0.14 | 0.02 |

주: HS72(철강), HS73(철강제품), HS84(핵반응기, 보일러, 기계), HS85(전기전자설비), HS90(광학, 의료기기)
자료: Comtrade Database, UN 자료 이용 계산

한국 이외에도 일본, 말레이시아도 대중국 교역에서 산업내무역 비중이 높게 유지되고 있다. 전기전자설비(HS 85)의 경우에 있어서도 한국, 일본, 말레이시아의 대중국 교역에서 산업내무역 비중이 매우 높았다. 흥미로운 것은 기계 및 전기전자설비 산업에 있어 한국, 말레이시아, 태국의 대중국 교역에서 수평적 산업내무역이 확대되었다는 점이다.

## 11.2 중국과 동아시아국가 간 교역 결정요인

김완중(2011b)에 따르면, 중국과 동아시아국가 간 수출 및 수입 결정요인에 대한 분석결과는 다음과 같다. 우선, 중국과 동아시아 간 수출의 경우, 양국(중국과 여타 동아시아국가)의 경제규모가 확대됨에 따라 양국 간 교역이 확대된다는 중력모형의 기대치와 일치한다. 또한 FDI 계수가 양의 값을 가지고 통계적으로 유의하게 나타났는데, 이는 동아시아국가의 대중 FDI가 증가함에 따라 이들의 대중 수출이 확대된다는 것으로 이 역시 기대와 일치한다. 동아시아국가의 대중 FDI는 대부분 생산공정 간 분업으로 대표되는 수직적 FDI인바, 이 경우 대중 FDI 증가는 생산에 필요한 원자재 및 자본재 교역을 유발하게 된다. 그리고 수출품목수 및 임금격차 변수의 계수 추정치가 양의 값을 보였는데, 이 역시 기대치와 일치한다. 왜냐하면 이론에 따르면 수출품목수 계수의 증가 및 임금격차의 확대는 산업내교역 증진에 긍정적으로 기여하기 때문이다.[5]

동아시아국가의 실질실효환율 및 위안화 실질실효환율의 상승의 경우 일반적인 실질환율 공식의 역수 값을 사용하고 있어 실질환율의 상승(해당 통화의 가치 상승을 의미)은 이들 국가의 대중국 수출에 부정적인 영향을 미치는 것으로 나타났다. 이는 동아시아국가의 통화가치 상승은 이들 국가 상품의 중국 내 가격경쟁력을 약화시켜

[5] 임금격차와 산업내무역 간 관계는 이론적으로 불분명하다. 임금격차(생산비용의 대리변수) 확대는 FDI 증가로 이어져 수직적 산업내무역에 긍정적으로 작용할 수 있다. 한편, 교역국가 간 임금격차 확대(즉 1인당 소득격차 확대)는 교역국 간 소비자 취향(또는 소비구조)을 더욱 이질적으로 만들어 결국 산업구조에 차이를 야기할 수 있는바 이 경우 그만큼 산업내무역의 가능성은 축소될 수 있다.

대중 수출에 부정적인 영향을 줄 수 있다는 점에서 쉽게 이해할 수 있다. 또한 위안화 가치 상승은 수출중심의 중국경제구조를 고려할 때 경제성장에 부정적인 영향을 미치고 그 결과 동아시아국가의 대중 수출에도 부정적으로 작용할 수 있다는 점에서 이해할 수 있겠다.

다음으로 동아시아국가의 중국에 대한 산업내수출과 수출의 환율탄력성 관계를 살펴보자. 산업내무역 확대가 수출의 환율탄력성에 어떠한 영향을 미치는가를 판단하기 위해서는 환율과 산업내무역지수의 곱으로 되어 있는 항의 계수 부호를 살펴보아야 한다. 이론에 따르면 양의 계수값이 기대되는데(Oguro, 2008 p.10 참조). 김완중(2011b)의 실증분석 결과, 이론적 기대와 일치되게 계수값이 양의 부호를 가지고 있으며 통계적으로도 유의성이 높은 것으로 나타났다.

한편 김완중(2011)에 따르면, 동아시아의 대중국 수입결정요인 분석결과는 다음과 같다. 수입(동아시아의 대중수입, 즉 중국의 대동아시아 수출 의미)의 경우 위안화 변수의 계수 추정값 부호가 음의 값을 보였는데, 이는 위안화 실질실효환율 상승(즉 위안화 가치 상승)이 동아시아국가 통화표시 대중 수입 가격을 상승시킨다는 측면에서 당연한 결과라 할 수 있다. 또한 동아시아국가의 실질실효환율의 계수가 정(+)의 값을 갖는 것으로 나타났는데, 이는 동아시아국가의 통화가치 상승으로 동아시아 수입시장에서 중국 수출품의 가격경쟁력이 제고된다는 측면에서 쉽게 이해할 수 있다. 또한 분석결과에 따르면 산업내무역지수와 동아시아국가의 실질실효환율의 곱, 그리고 산업내무역지수와 위안화 실질실효환율의 곱으로 되어 있는 항들의 추정계수가 모두 양의 값을 갖는 것으로 나타났는데, 이는 산업내무역이 확대됨에 따라 동아시아국가의 환율 변화뿐만 아니라, 중국 위안화의 환율 변화가 중국과 동아시아 간 교역에 미치는 영향(수출입의 환율탄력성)이 작아질 수 있음을 의미하는 것으로 해석할 수 있다.

이상을 요약하면, 국가 간에 다소의 차이는 있으나 전반적으로 동아시아국가의 대중 교역구조가 산업간교역 중심에서 점차 산업내교역으로 변화하고 있음을 확인할 수 있었다. 그리고 동아시아국가의 대중 교역증대에 있어 이들 국가의 대중 FDI가 긍정적인 영향을 미친 것으로 확인되었다. 이는 동아시아국가의 FDI 증가가 이들 국가의 대중 수출에 긍정적이다는 기존 연구결과와 일치한다(Aminian, 2007). 또한 산업내무역을 결정하는 주요 변수(수출품목의 다양성, 양국 간 임금격차의 차이) 역시 동아시아국가의 대중 수출에 긍정적인 영향을 미치는 것으로 확인되었다.

한편 동아시아국가의 대중 산업내무역 확대는 이들 국가의 환율에 대한 대중 수출 탄력성을 축소시키는 것으로 나타났다. 이는 동아시아국가와 중국 간 산업내무역이 확대될 경우 이들 국가의 환율 변화가 대중 수출에 미치는 영향력은 축소된다는 것으로 다음과 같은 시사점을 의미한다. 즉 위안화 등 주요 환율 변화에 따른 동아시아국가의 통화가치 변화가 이들 국가의 대중 수출에 미치는 영향은 산업내무역이 확대될수록 줄어든다는 것으로, 이는 대중 수출에 있어 환율의 중요성이 현재보다 축소될 수 있다는 것을 의미한다.

김완중(2011b)의 연구에서 도출된 또 다른 시사점은 임금상승 등 비용측면에서의 중국의 경영여건 악화가 동아시아국가의 FDI 감소로 이어질 경우, 동아시아국가의 대중 수출은 감소할 수 있다는 것이다. 또한 그의 연구에 따르면, 중국과 동아시아국가 간 임금격차 축소는 동아시아국가의 대중 수출을 축소시킬 것으로 예상되었으나, 동아시아국가의 수출 품목수 증가는 이들 국가의 대중 수출로 이어질 것으로 기대되는 바, 대중 수출 확대를 위해서는 수출품목의 다양화가 요구된다 할 수 있다. 마지막으로 중국은 성장과정에서 최저임금상승, 5대 보험 강제가입과 같은 사회안전망을 더욱 강화할 것으로 예상되는 바, 제3국 우회 수출목적의 대중 FDI 확대와 연계된 대중 수출여건은 악화될 수밖에 없을 것이다. 이러한 상황에서 대중 수출의 유지 및 확대를 위해서는 제3국 우회수출에서 탈피하여 확대되는 중국내수시장을 목표로 한 중국 내 사업전략을 강화해야 할 것으로 보인다.

# 12 Chapter 동아시아국가의 역내수출구조와 경쟁력 관계[1]

세계시장에서 동아시아국가들의 교역 비중이 높아짐에 따라 동아시아국가들의 교역에 대한 많은 분석이 이루어지고 있다. 동아시아국가의 교역 확대는 중국의 부상과 깊은 관계에 있는바, 동아시아국가의 교역에 대한 분석 중 특히 중국과 관련된 연구가 활발히 이루어지고 있다. 특히 2001년 중국의 WTO 가입을 전후로 중국의 세계시장 편입이 여타 국가교역에 어떠한 영향을 미칠 것인가에 대한 분석이 많았다.[2] 또한 중국의 부상에 따른 아시아국가들의 경쟁력 및 비교우위에 대한 분석도 많이 이루어졌다.[3]

그러나 기존 연구 중 동아시아국가들 간 수출경쟁관계에 대한 분석은 그리 많지 않다. 동아시아국가 간 수출경쟁관계 연구로는 Eichengreen(2004), Greenaway(2008), 김완중(2009a) 등이 있으나, 이들은 모두 미국 등 제3시장에서 중국과 여타 동아시아국가 간 수출경쟁관계 분석에 치중하고 있다. 특히 제3시장이 아닌 동아시아시장에서 역내국가들의 경쟁력 변화에 대한 분석은 거의 없다고 할 수 있다. 그러나 동아시아국가들의 수출에서 역내수출 비중이 35%(2008)에 달할 정도로, 동아시아국가에서 역내시장 역시 미국, 유럽 등 역외시장 못지않게 중요한 시장이라는 점에서 동아시아 역내시장에서의 경쟁력 변화 분석이 필요하다 하겠다.

동아시아 역내시장에서의 경쟁관계에 대한 연구로는 김완중(2010a), 김완중

[1] 김완중, 2011, "동아시아 국가의 역내 수출구조와 경쟁력 변화 분석", 동북아경제연구, 제23권 제2호의 내용 중 일부를 발췌하였음을 밝힌다.

[2] 이와 관련된 연구는 Eichengreen 외(2004), Greenaway 외(2008), Yang and Vines(2000) 등을 들 수 있다.

[3] 이와 관련된 연구는 Adams 외(2003), Shafaeddin(2004), Ahearne 외(2003) 등을 들 수 있다.

(2010b), 김완중(2010c)를 들 수 있다. 김완중(2010a)은 동북아와 동남아국가 간 교역이 상호보완적인가 대체적인가를 분석하고 있다. 그에 따르면 동북아시아국가 간 역내수입 확대는 동남아의 동북아에 대한 수출에 긍정적인 효과를 주는 것으로 나타났으나, 추정치의 통계적 유의성이 낮았다. 한편 동남아국가 간 역내교역 확대는 동북아의 동남아에 대한 수출에 부정적인 효과가 있으며, 추정치 역시 통계적으로 유의한 것으로 나타났다. 또한 김완중(2010b)은 동남아시장에서 한・중・일 3국의 경쟁관계를 산업별(HS 2 digit 기준, 1998~2008))로 분석하고 있는데, 전체적으로는 한・중・일 3국이 상호경쟁적 관계에 있는 것으로 나타났으나 산업에 따라서 상호보완적 관계에 있는 것과 상호경쟁적 관계가 병존하는 것도 있는 것으로 나타났다. 김완중(2010c)은 동남아시장에서 중국수출의 한국과 일본수출에 대한 구축(crowding-out) 여부를 생산공정별(부품 및 부분품, 반제품, 자본재, 소비재) 자료(1998~2008)를 이용하여 분석하였다. 그 분석에 따르면, 전체적으로 중국의 대동남아 수출증가는 한국과 일본의 대동남아 수출을 구축시키지만, 구축효과의 방향성 및 크기는 생산공정별로 차이를 보였다. 특히 반제품의 경우 모든 부문에 있어서 중국의 동남아에 대한 수출증가는 한국과 일본의 동 지역에 대한 수출을 구축한 것으로 나타났다.

본 절에서는 동아시아의 교역 확대가 역내교역을 중심으로 확대되고 있는 점에 주목하여 동아시아 역내에서 동아시아국가들의 경쟁력 변화를 분석하고자 한다. 특히 동아시아국가에서 가장 큰 수입시장인 중국, 일본, 그리고 한국시장에서 동아시아국가들의 수출구조 및 수출경쟁력 변화를 비교 분석하고자 한다. 즉 한・중・일 수입시장에서 여타 동아시아국가들의 수출경쟁력은 어떻게 변화하고 있는지, 그리고 그러한 산업별 수출경쟁력 변화는 국가에 따라 어떻게 다른지 분석하고자 한다. 나아가 한・중・일 각 시장에서 동아시아국가의 수출경쟁력이 산업간에 수렴하고 있는지 여부를 살펴본다.

# 12.1 한 · 중 · 일의 수입구조 변화

## 12.1.1 한 · 중 · 일의 국별 및 산업별 수입구조 변화

[표 12-1]에서 볼 수 있듯이 한 · 중 · 일 3국 수입시장에서 발견되는 주요한 특징은 주요 수입대상국이었던 미국, 독일의 시장점유율이 축소되고 대신 산유국인 중동국가의 비중이 크게 확대되었다는 점이다. 중국수입시장의 경우 일본과 미국의 점유율이 1996년 각각 21.0%, 11.6%에서 2008년 13.3%, 7.2%로 크게 축소된 반면 사우디아라비아의 점유율은 0.6%에서 2.7%로 확대되었고, 일본수입시장의 경우 미국과 독일의 비중은 1996년 각각 22.8%와 4.1%에서 2008년 10.4%와 2.7%로 축소되었으나 사우디아라비아, 아랍에미네이트연합(UAE), 카타르의 점유율은 1996년 각각 3.1%, 3.3%, 0.7%에서 2008년 6.7%, 6.1%, 3.5%로 크게 확대되었다. 한국수입시장에서 역시 미국과 독일의 비중은 1996년 22.2%, 4.8%에서 2008년 8.9%와 3.4%로 크게 축소된 반면, 사우디아라비아, UAE, 카타르 점유율은 4.4%, 1.5%, 0.2%에서 7.8%, 4.4%, 3.3%로 대폭 확대되었다. 미국, 독일 등 선진국의 시장점유율 축소는 한 · 중 · 일 3국의 수입다변화와 특히 중국의 부상과 깊은 관계가 있으며, 반면 중동국가들의 비중 확대는 한 · 중 · 일 3국의 석유수요 확대와 유가 상승에 기인했다고 할 수 있다.

**표 12-1** 한 · 중 · 일 수입시장에서 주요국이 차지하는 비중(단위: %): 1996(상), 2008(하)

| 한국 | | | 중국 | | | 일본 | | |
|---|---|---|---|---|---|---|---|---|
| 순위 | 대상국가 | 비중 | 순위 | 대상국가 | 비중 | 순위 | 대상국가 | 비중 |
| 1 | 미국 | 22.2 | 1 | 일본 | 21.0 | 1 | 미국 | 22.8 |
| 2 | 일본 | 20.9 | 2 | 미국 | 11.6 | 2 | 중국 | 11.6 |
| 3 | 중국 | 5.7 | 3 | 한국 | 9.0 | 3 | 한국 | 4.6 |
| 4 | 독일 | 4.8 | 4 | 홍콩 | 5.6 | 4 | 인도네시아 | 4.4 |
| 5 | 사우디아라비아 | 4.4 | 5 | 독일 | 5.3 | 5 | 호주 | 4.1 |
| 6 | 호주 | 4.2 | 6 | 러시아 | 3.7 | 6 | 독일 | 4.1 |
| 7 | 인도네시아 | 2.7 | 7 | 싱가포르 | 2.6 | 7 | 말레이시아 | 3.4 |
| 8 | 이탈리아 | 2.0 | 8 | 호주 | 2.5 | 8 | UAE | 3.3 |

| 9 | 말레이시아 | 2.0 | 9 | 이탈리아 | 2.3 | 9 | 사우디아라비아 | 3.1 |
|---|---|---|---|---|---|---|---|---|
| 10 | 영국 | 2.0 | 10 | 캐나다 | 1.8 | 10 | 태국 | 2.9 |
| 12 | 싱가포르 | 1.7 | 11 | 인도네시아 | 1.6 | 12 | 싱가포르 | 2.1 |
| 22 | 태국 | 0.8 | 12 | 말레이시아 | 1.6 | 16 | 필리핀 | 1.3 |
| 32 | 필리핀 | 0.4 | 15 | 태국 | 1.4 | 32 | 베트남 | 0.6 |
| 37 | 브루나이 | 0.3 | 34 | 필리핀 | 0.3 | 37 | 브루나이 | 0.4 |
| 47 | 베트남 | 0.2 | 38 | 베트남 | 0.2 | 73 | 미얀마 | 0.0 |
| 79 | 미얀마 | 0.0 | 46 | 미얀마 | 0.1 | 107 | 라오스 | 0.0 |
| | | | 88 | 라오스 | 0.0 | | | |

| 한국 | | | 중국 | | | 일본 | | |
|---|---|---|---|---|---|---|---|---|
| 순위 | 대상국가 | 비중 | 순위 | 대상국 | 비중 | 순위 | 대상국가 | 비중 |
| 1 | 중국 | 17.7 | 1 | 일본 | 13.3 | 1 | 중국 | 18.8 |
| 2 | 일본 | 14.0 | 2 | 한국 | 9.9 | 2 | 미국 | 10.4 |
| 3 | 미국 | 8.9 | 3 | 미국 | 7.2 | 3 | 사우디아라비아 | 6.7 |
| 4 | 사우디아라비아 | 7.8 | 4 | 독일 | 4.9 | 4 | 호주 | 6.3 |
| 5 | UAE | 4.4 | 5 | 호주 | 3.2 | 5 | UAE | 6.1 |
| 6 | 호주 | 4.1 | 6 | 말레이시아 | 2.8 | 6 | 인도네시아 | 4.3 |
| 7 | 독일 | 3.4 | 7 | 사우디아라비아 | 2.7 | 7 | 한국 | 3.9 |
| 8 | 카타르 | 3.3 | 8 | 브라질 | 2.6 | 8 | 카타르 | 3.5 |
| 9 | 쿠웨이트 | 2.8 | 9 | 태국 | 2.3 | 9 | 말레이시아 | 3.0 |
| 10 | 인도네시아 | 2.6 | 10 | 러시아 | 2.1 | 10 | 독일 | 2.7 |
| 11 | 말레이시아 | 2.3 | 13 | 싱가포르 | 1.8 | 11 | 태국 | 2.7 |
| 12 | 싱가포르 | 1.9 | 15 | 필리핀 | 1.7 | 18 | 베트남 | 1.2 |
| 20 | 태국 | 1.0 | 17 | 인도네시아 | 1.3 | 20 | 필리핀 | 1.1 |
| 26 | 필리핀 | 0.7 | 37 | 베트남 | 0.4 | 23 | 싱가포르 | 1.0 |
| 30 | 베트남 | 0.5 | 89 | 라오스 | 0.0 | 28 | 브루나이 | 0.6 |
| 32 | 브루나이 | 0.4 | 116 | 캄보디아 | 0.0 | 64 | 미얀마 | 0.0 |
| 71 | 미얀마 | 0.0 | | | | 128 | 라오스 | 0.0 |

자료: Direction of Trade, IMF DB.

한·중·일 3국 수입시장점유율에서 발견되는 또 다른 특징은 동아시아 역내국가들의 점유율 확대라 할 수 있다. 중국수입시장의 경우 한국, 말레이시아, 태국, 필리핀 등 동아시아국가들의 점유율이 확대되었으며, 일본과 한국수입시장에서의 경우 중국 점유율이 큰 폭으로 확대되었다. 중국수입시장에서 일본의 시장점유율은 1996년 21%에서 13.3%로 크게 축소되었으나 여전히 가장 높게 유지되고 있다. 한편 일본수입시장에서 중국의 점유율은 1996년 11.6%에서 18.8%로 확대되었으며, 한국수입시장에서 중국의 점유율 역시 5.7%에서 17.7%로 크게 확대되었다.

한·중·일 3국 수입시장에서 모든 동아시아국가들의 점유율이 확대된 것은 아니다. 중국수입시장에서 싱가포르와 인도네시아, 일본수입시장에서 인도네시아, 말레이시아, 태국, 필리핀, 싱가포르, 그리고 한국수입시장에선 인도네시아의 점유율이 소폭 축소되었다. 그러나 이들 시장에서 상기 국가들의 시장점유율 축소는 그리 크지 않으며, 특히 한국과 일본시장에서의 동아시아 역내국가들의 시장점유율 축소는 해당 시장에서 중국의 시장점유율 확대와 깊은 관계에 있어 보인다. 종합하면 국가에 따라 약간의 차이는 있으나 전반적으로 한·중·일 수입시장에서 동아시아 역내국가들의 시장점유율이 확대되었으며, 그 중심에는 중국이 있었다 할 수 있다.

다음으로 한·중·일 수입시장에서 동아시아국가들의 산업별 경쟁관계를 분석하기에 앞서 한·중·일 3국의 산업별 수입구조에는 어떤 변화가 있었는지 살펴보도록 하자. [그림 12-1]~[그림 12-3]을 통해서 확인할 수 있는 것은 1996년과 2008년 사이에 이들 국가의 수입구조가 크게 바뀌었다는 점이다. 첫째, 한·중·일 3국 수입시장에 있어 광물연료의 비중이 큰 폭으로 확대되었다. 각국의 총수입에서 광물연료(HS 2 Digit 기준 27)의 비중을 국가별로 살펴보면, 중국의 경우 1996년 5.0%에서 2008년 14.9%, 일본의 경우 17.4%에서 35.1%, 한국의 경우 16.1%, 32.7%로 대폭 확대되었다. 이는 에너지수요 증가와 더불어 2008년 달러약세와 유가상승에 기인했다고 할 수 있다. 광물연료(HS 27)는 2008년 기준으로 한국과 일본수입시장에서 가장 큰 비중을 차지하는 산업이며, 중국수입시장에서 역시 제2위 수입대상품목이다.

둘째, 한·중·일 3국 수입시장에서 특히 중국과 한국시장에서 핵반응기·보일러·기계(HS 84)의 비중이 크게 하락했다. 중국시장에서 HS 84 비중은 1996년 21.6%에 달했으나 2008년 12.3%로 큰 폭으로 축소되었고, 한국시장에서 역시 동 비중은 17.1%에 9.6%로 크게 줄었다. 일본시장에서도 동 비중은 9.3%에서 7.8%로 축소되었다. HS 84는 1996년까지만 해도 한국과 중국수입시장에 있어서 가장 높은 비중을 차지했으나, 2008년 3위로 밀렸다. 그럼에도 불구하고 HS 84는 한·중·일 3국 수입에 있어 여전히 주요 산업이 되고 있다(2008년 수입시장에서의 비중 기준으로 한·중·일 3국에서 3위 기록).

**그림 12-1 | 중국의 주요 산업별 수입시장구조 변화** (단위: %)

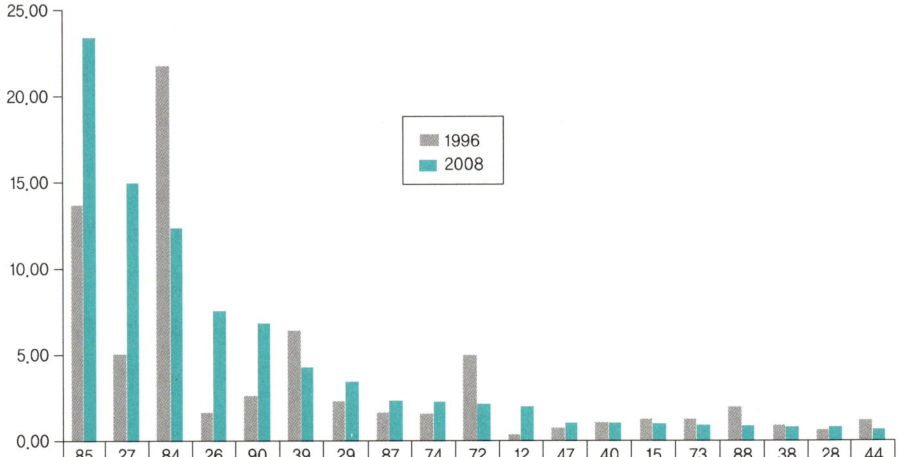


| | 85 | 27 | 84 | 26 | 90 | 39 | 29 | 87 | 74 | 72 | 12 | 47 | 40 | 15 | 73 | 88 | 38 | 28 | 44 |
|---|---|---|---|---|---|---|---|---|---|---|---|---|---|---|---|---|---|---|---|
| 1996 | 13.6 | 4.96 | 21.6 | 1.58 | 2.55 | 6.35 | 2.24 | 1.59 | 1.50 | 4.89 | 0.30 | 0.70 | 1.03 | 1.23 | 1.18 | 1.91 | 0.81 | 0.54 | 1.12 |
| 2008 | 23.4 | 14.9 | 12.3 | 7.59 | 6.87 | 4.32 | 3.46 | 2.38 | 2.30 | 2.17 | 2.05 | 1.08 | 1.05 | 0.99 | 0.93 | 0.89 | 0.82 | 0.81 | 0.71 |

**그림 12-2 | 일본의 주요 산업별 수입시장구조 변화** (단위: %)

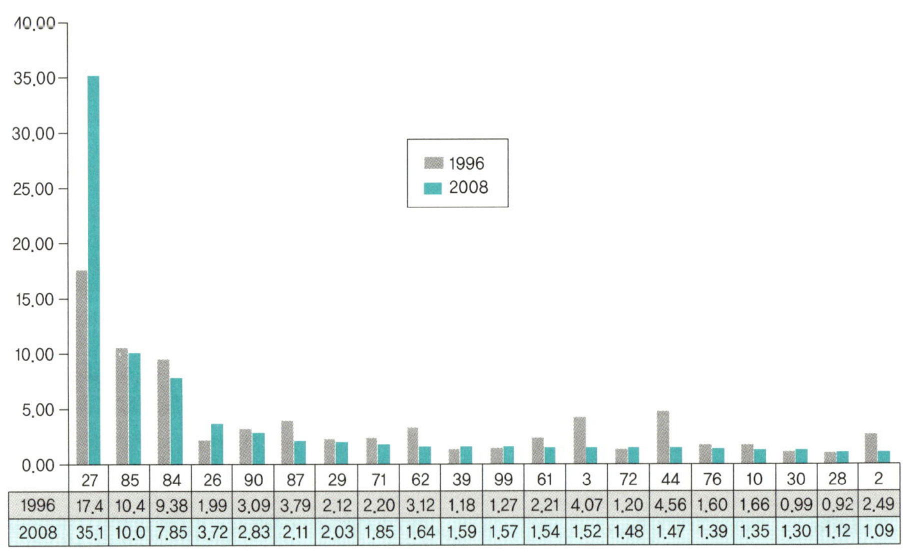


| | 27 | 85 | 84 | 26 | 90 | 87 | 29 | 71 | 62 | 39 | 99 | 61 | 3 | 72 | 44 | 76 | 10 | 30 | 28 | 2 |
|---|---|---|---|---|---|---|---|---|---|---|---|---|---|---|---|---|---|---|---|---|
| 1996 | 17.4 | 10.4 | 9.38 | 1.99 | 3.09 | 3.79 | 2.12 | 2.20 | 3.12 | 1.18 | 1.27 | 2.21 | 4.07 | 1.20 | 4.56 | 1.60 | 1.66 | 0.99 | 0.92 | 2.49 |
| 2008 | 35.1 | 10.0 | 7.85 | 3.72 | 2.83 | 2.11 | 2.03 | 1.85 | 1.64 | 1.59 | 1.57 | 1.54 | 1.52 | 1.48 | 1.47 | 1.39 | 1.35 | 1.30 | 1.12 | 1.09 |

자료: Comtrade DB 이용 계산

**그림 12-3 | 한국의 주요 산업별 수입시장구조 변화** (단위: %)

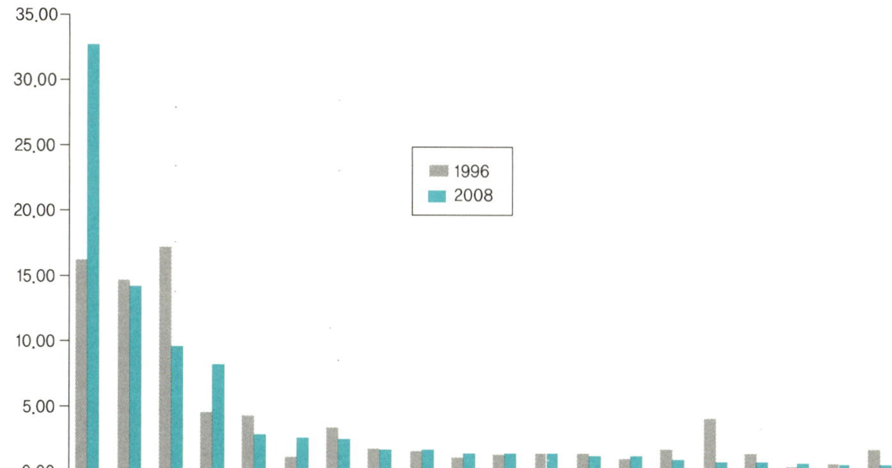


| | 27 | 85 | 84 | 72 | 90 | 26 | 29 | 39 | 87 | 73 | 74 | 38 | 76 | 28 | 10 | 71 | 89 | 30 | 62 | 44 |
|---|---|---|---|---|---|---|---|---|---|---|---|---|---|---|---|---|---|---|---|---|
| 1996 | 16.1 | 14.5 | 17.1 | 4.52 | 4.21 | 1.04 | 3.36 | 1.68 | 1.51 | 1.04 | 1.23 | 1.28 | 1.31 | 0.96 | 1.71 | 4.02 | 1.29 | 0.29 | 0.58 | 1.71 |
| 2008 | 32.7 | 14.2 | 9.55 | 8.22 | 2.89 | 2.56 | 2.53 | 1.72 | 1.65 | 1.45 | 1.44 | 1.40 | 1.25 | 1.19 | 0.99 | 0.81 | 0.77 | 0.69 | 0.62 | 0.59 |

자료: 상동

셋째, 일본과 한국시장에서와 달리 중국수입시장의 경우 전기전자설비(HS 85)의 비중이 크게 확대되었다. 중국수입시장에서 동 산업이 차지하는 비중은 1996년 13.6%에서 23.4%로 크게 확대되었으나, 일본과 한국수입시장에서는 각각 10.4%에서 10.0%, 14.5%에서 14.2%로 소폭 축소되었다. 그럼에도 불구하고 HS 85이 한·중·일 3국 수입시장에서 주요 산업임에는 변함이 없다.

넷째, 한·중·일 3국 수입시장에서 HS 85, 27, 84가 차지하는 비중이 압도적으로 높다. 상기 세 산업이 전체 수입에서 차지하는 비중은 2008년 기준으로 중국 50.6%, 일본 52.9%, 한국 55.5%에 달했다. 즉 한·중·일 수입은 공히 이들 특정 산업에 크게 집중되고 있음을 의미한다.

다섯째, 한국과 일본과 달리 중국의 경우 전체수입에서 철광석(HS 26)이 차지하는 비중이 상대적으로 높다. 이는 고정자본투자를 중심으로 한 중국의 고성장 과정에서 철강에 대한 수요 확대와 관계가 있다고 할 수 있다. 중국수입시장에서 철광석 비중은 1996년 1.6%에 불과했으나 2008년 7.6%로 높아졌다. 반면 일본과 한국 수입시장의 경우 동 비중은 2008년 기준 각각 3.7%와 2.6%에 그쳤다.

여섯째, 중국수입시장의 경우 한국과 일본에 비해 상대적으로 광학·사진·의료기

(HS 90)의 비중이 크게 확대되었다. 중국의 경우 동 비중은 1996년 2.6%였으나, 2008년 6.9%로 확대되었다. 반면 일본과 한국의 2008년 동 비중은 각각 2.8%, 2.9%로 1996년에 비해 오히려 축소되었다.

일곱째, 1996년과 2008년 사이에 한・중・일 3국의 수입구조 변화에도 불구하고 국가에 따라 산업별 비중에 있어 어느 정도 차이가 있기는 하나, 상위 10대 수입품목을 기준으로 할 때 한・중・일 3국의 수입구조는 전반적으로 유사함을 확인할 수 있다.

### 12.1.2 동아시아국가의 한・중・일에 대한 산업별 수출구조

지난 10여 년 동안 동아시아국가들의 한・중・일 각국에 대한 수출구조 역시 많은 변화가 있었다. 한・중・일에 대한 동아시아국가의 수출구조 변화에서 발견되는 특징은 수출이 특정 산업에 집중되고 있다는 점이다. 또한 1996년과 2008년을 비교할 때, 특정 산업에 대한 수출집중이 축소되지 않고 오히려 심화되는 국가도 발견되고 있다([표 12-2], [표12-3] 참조). 한편 중국시장에 대한 대부분 동아시아국가들의 수출은 전기전자(HS 85), 핵반응기・보일러・기계(84) 중심이라는 점에서는 변화가 없으나, 전기전자 비중이 크게 확대되는 특징을 보였다.

또 한 가지 두드러진 특징은 인도네시아, 태국의 경우 광물연료(27)와 고무 및 관련제품(40)의 비중이 다른 국가들에 비해 상대적으로 높게 유지되고 있으며, 말레이시아와 싱가포르 경우 역시 각각 광물연료(27)와 고무 및 관련제품(40) 비중이 높다는 점이다. 뿐만 아니라 인도네시아와 말레이시아의 경우 동식물성 유지 및 오일(15)의 비중이 매우 높은데, 동 산업은 말레이시아와 인도네시아의 대중국 수출품목 중 각각 1위와 2위를 기록하고 있다. 중국시장에서의 두드러진 수출구조 변화를 국가별로 살펴보면, 한국의 경우 1996년 주요 수출산업이었던 플라스틱 및 관련 제품(39) 비중이 크게 축소되었으며, 말레이시아의 경우 대표적인 수출산업이었던 목재 및 관련제품(44)의 비중이 크게 축소되었고, 태국 역시 주요 수출산업이었던 곡물류(10)의 비중이 크게 줄었다.

일본과 한국시장에서의 동아시아국가들의 수출구조 및 그 변화 역시 중국시장에서의 그것과 유사하다. 즉 인도네시아와 말레이시아를 제외한 분석대상 여타 국가들의 일본과 한국시장에 대한 주요 수출산업은 전기전자(85)와 핵반응기 · 보일러 · 기계(84)이며 대부분 국가에서 전기전자의 비중이 확대되었다(단, 말레이시아와 필리핀의 경우 일본시장에 대한 수출품목에서 전기전자 비중이 축소되었다). 중국시장에서와 마찬가지로 일본과 한국시장에서도 인도네시아와 말레이시아의 주요 수출산업은 광물연료(27)인데, 특히 한국시장에서 두 국가의 동 산업 수출 비중이 60% 이상으로 매우 높았으며, 일본시장에서 역시 동 비중이 50%를 넘었고, 1996년과 비교해서 2008년 그 비중이 더욱 확대되고 있다.

일본시장에서 발견되는 특징은 1996년 중국의 주요 수출산업이었던 의류(62) 비중이 크게 축소되고 대신 전기전자(85)와 핵반응기 · 보일러 · 기계(84) 비중이 큰 폭으로 확대된 점과 인도네시아의 주요 수출산업이었던 목재 및 그 제품(44) 비중이 대폭 축소된 반면, 한국의 주요 수출산업으로 핵반응기 · 보일러 · 기계(84)이 등장한 점이다. 한편 한국시장에서 발견되는 특징은 1996년 중국의 주요 수출산업이었던 광물성연료(27)의 비중이 축소되고 전기전자(85) 및 핵반응기 · 보일러 · 기계(84)의 비중이 크게 확대된 점이라 할 수 있다.

또한 한국시장에서 일본의 수출구조에 변화를 발견할 수 있는데, 1996년에 높은 수출 비중을 보였던 전기전자(85) 및 핵반응기 · 보일러 · 기계(84) 비중은 오히려 크게 축소되고 대신 철강(72) 비중이 큰 폭으로 확대되었다. 그리고 인도네시아와 말레이시아의 한국에 대한 주요 수출품목 있었던 목재 및 관련 제품(44)의 비중이 큰 폭으로 축소되었으며, 태국의 경우 설탕 및 그 제품(17)의 비중이 크게 축소되는 등 한국시장에 대한 동아시아 각국의 수출구조에도 많은 변화가 있었다. 또한 한국시장에 대한 필리핀의 수출 중 구리 및 관련제품(74) 비중이 높게 유지되고 있는데, 이것은 여타 국가들과 다른 특징이라 할 수 있다. 이상을 통해서 볼 수 있듯이 한 · 중 · 일에 대한 동아시아국가들의 수출구조는 공통적인 측면을 가지고 있음과 동시에 상이한 측면도 함께 가지고 있다고 할 수 있다.

**표 12-2** 동아시아국가들의 중국(상)과 일본(하)에 대한 품목별 수출비중 (단위: %)

| 일본 | | | 한국 | | | 인도네시아 | | | 말레이시아 | | | 필리핀 | | | 태국 | | | 싱가포르 | | |
|---|---|---|---|---|---|---|---|---|---|---|---|---|---|---|---|---|---|---|---|---|
| | 1996 | 2008 | | 1996 | 2008 | | 1996 | 2008 | | 1996 | 2008 | | 1996 | 2008 | | 1996 | 2008 | | 1996 | 2008 |
| 85 | 19.3 | 24.0 | 85 | 10.0 | 25.2 | 27 | 52.1 | 39.2 | 15 | 27.7 | 28.5 | 85 | 2.0 | 61.5 | 84 | 10.5 | 31.8 | 85 | 15.7 | 43.9 |
| 84 | 29.3 | 18.7 | 84 | 13.4 | 13.6 | 15 | 4.7 | 19.0 | 84 | 9.1 | 18.7 | 84 | 8.3 | 24.7 | 40 | 26.6 | 15.4 | 84 | 22.9 | 17.7 |
| 87 | 4.0 | 7.2 | 90 | 0.7 | 13.5 | 40 | 3.3 | 7.7 | 85 | 7.7 | 14.3 | 27 | 33.9 | 2.6 | 85 | 4.4 | 13.7 | 27 | 21.2 | 12.8 |
| 72 | 7.3 | 6.9 | 29 | 5.6 | 9.9 | 47 | 4.1 | 6.4 | 40 | 5.7 | 11.0 | 26 | 3.7 | 2.5 | 27 | 3.1 | 10.9 | 39 | 4.2 | 5.8 |
| 99 | 1.6 | 5.9 | 27 | 7.2 | 9.7 | 26 | 0.2 | 5.6 | 27 | 5.5 | 5.5 | 74 | 19.0 | 2.1 | 39 | 2.3 | 7.4 | 29 | 2.6 | 3.4 |
| 90 | 4.1 | 5.5 | 39 | 12.9 | 7.3 | 29 | 0.7 | 2.8 | 39 | 2.4 | 4.9 | 15 | 3.9 | 1.0 | 29 | 4.0 | 4.4 | 90 | 2.0 | 1.8 |
| 39 | 4.0 | 4.9 | 72 | 6.5 | 4.0 | 74 | 0.4 | 2.7 | 29 | 0.8 | 3.8 | 39 | 1.5 | 0.9 | 44 | 0.1 | 1.8 | 99 | 0.4 | 1.7 |
| 29 | 3.7 | 4.6 | 87 | 1.6 | 3.1 | 85 | 0.2 | 2.4 | 90 | 0.6 | 2.2 | 87 | 0.4 | 0.8 | 7 | 0.0 | 1.3 | 88 | 0.5 | 1.5 |
| 27 | 1.7 | 3.8 | 74 | 0.6 | 2.1 | 84 | 1.0 | 2.2 | 44 | 29.1 | 1.7 | 90 | 0.1 | 0.7 | 90 | 0.7 | 1.2 | 38 | 1.3 | 1.4 |
| 74 | 0.8 | 2.7 | 73 | 1.1 | 0.9 | 48 | 6.5 | 1.7 | 74 | 0.4 | 1.4 | 72 | 1.9 | 0.5 | 10 | 14.7 | 1.0 | 72 | 0.4 | 0.9 |

| 중국 | | | 한국 | | | 인도네시아 | | | 말레이시아 | | | 필리핀 | | | 태국 | | | 싱가포르 | | |
|---|---|---|---|---|---|---|---|---|---|---|---|---|---|---|---|---|---|---|---|---|
| 85 | 11.8 | 18.2 | 85 | 24.8 | 22.3 | 27 | 48.6 | 57.8 | 27 | 22.8 | 49.8 | 85 | 34.9 | 27.3 | 85 | 18.9 | 20.5 | 85 | 30.9 | 45.6 |
| 84 | 3.8 | 17.6 | 27 | 11.0 | 13.9 | 26 | 4.8 | 6.2 | 85 | 32.3 | 15.8 | 84 | 21.1 | 26.9 | 84 | 13.2 | 14.8 | 84 | 32.4 | 16.0 |
| 61 | 8.1 | 7.4 | 84 | 5.0 | 11.6 | 75 | 1.7 | 5.0 | 44 | 15.4 | 5.8 | 44 | 1.8 | 11.6 | 40 | 8.2 | 7.2 | 27 | 11.0 | 8.7 |
| 62 | 17.3 | 7.2 | 72 | 8.3 | 10.4 | 40 | 1.3 | 4.8 | 84 | 8.5 | 5.4 | 87 | 1.9 | 5.6 | 16 | 4.8 | 7.0 | 99 | 1.3 | 5.0 |
| 27 | 7.5 | 4.1 | 90 | 1.4 | 5.2 | 85 | 2.2 | 4.4 | 15 | 2.9 | 3.7 | 26 | 5.5 | 5.2 | 27 | 0.2 | 4.5 | 90 | 2.2 | 3.6 |
| 90 | 2.5 | 3.0 | 39 | 2.4 | 4.8 | 84 | 1.6 | 2.7 | 90 | 1.9 | 3.3 | 8 | 4.8 | 3.6 | 39 | 1.6 | 4.2 | 39 | 1.2 | 3.0 |
| 87 | 0.8 | 2.5 | 29 | 2.1 | 3.8 | 44 | 15.8 | 2.5 | 39 | 0.8 | 3.0 | 74 | 3.4 | 2.8 | 90 | 2.9 | 4.2 | 29 | 1.0 | 1.7 |
| 94 | 1.5 | 2.5 | 73 | 2.8 | 3.6 | 3 | 7.6 | 1.9 | 70 | 0.6 | 1.3 | 90 | 1.7 | 2.7 | 87 | 0.3 | 4.1 | 38 | 0.8 | 1.5 |
| 28 | 1.8 | 2.4 | 71 | 2.4 | 2.0 | 76 | 1.8 | 1.6 | 94 | 2.4 | 1.3 | 28 | 0.0 | 2.5 | 3 | 9.8 | 3.5 | 88 | 0.2 | 1.4 |
| 72 | 1.7 | 2.4 | 3 | 5.5 | 1.9 | 39 | 0.6 | 1.4 | 40 | 1.5 | 0.9 | 15 | 0.8 | 1.2 | 76 | 1.3 | 2.3 | 33 | 0.3 | 1.4 |

**표 12-3** 동아시아국가들의 한국에 대한 품목별 수출비중 (단위: %)

| 중국 | | | 일본 | | | 인도네시아 | | | 말레이시아 | | | 필리핀 | | | 태국 | | | 싱가포르 | | |
|---|---|---|---|---|---|---|---|---|---|---|---|---|---|---|---|---|---|---|---|---|
| 85 | 10.4 | 24.9 | 84 | 28.4 | 17.9 | 27 | 56.9 | 63.7 | 27 | 35.4 | 60.0 | 85 | 30.4 | 38.8 | 85 | 13.0 | 21.5 | 85 | 30.0 | 56.5 |
| 72 | 12.1 | 18.7 | 72 | 7.0 | 17.2 | 26 | 5.3 | 6.5 | 84 | 5.1 | 6.6 | 74 | 24.4 | 28.8 | 27 | 8.3 | 17.4 | 84 | 29.3 | 13.0 |
| 84 | 2.7 | 11.8 | 85 | 23.2 | 16.2 | 47 | 3.6 | 3.5 | 85 | 11.5 | 6.4 | 84 | 6.1 | 13.0 | 40 | 15.0 | 12.9 | 27 | 12.3 | 4.6 |
| 27 | 12.9 | 4.9 | 39 | 3.2 | 6.3 | 40 | 4.1 | 3.3 | 15 | 5.6 | 4.1 | 27 | 4.4 | 3.2 | 84 | 7.2 | 9.0 | 99 | 0.6 | 3.8 |
| 73 | 1.7 | 3.5 | 29 | 4.8 | 5.7 | 85 | 1.4 | 2.3 | 44 | 14.5 | 4.1 | 24 | 0.0 | 2.3 | 44 | 0.8 | 2.8 | 87 | 0.3 | 3.6 |
| 29 | 3.4 | 2.6 | 90 | 8.2 | 5.2 | 74 | 0.0 | 2.1 | 40 | 6.2 | 2.4 | 8 | 5.4 | 1.9 | 17 | 18.6 | 2.7 | 38 | 2.6 | 2.7 |

| | | | | | | | | | | | | | | | | | | | | |
|---|---|---|---|---|---|---|---|---|---|---|---|---|---|---|---|---|---|---|---|---|
| 90 | 0.7 | 2.5 | 99 | 1.8 | 4.2 | 72 | 1.4 | 1.9 | 80 | 1.2 | 1.9 | 23 | 1.9 | 1.6 | 48 | 0.9 | 2.7 | 90 | 2.1 | 2.6 |
| 76 | 0.2 | 2.3 | 38 | 1.9 | 4.1 | 44 | 14.4 | 1.9 | 29 | 0.4 | 1.7 | 72 | 0.4 | 1.5 | 3 | 5.4 | 2.3 | 29 | 4.0 | 2.4 |
| 62 | 5.3 | 2.3 | 87 | 2.1 | 3.1 | 55 | 2.0 | 1.6 | 90 | 0.3 | 1.6 | 26 | 0.3 | 1.2 | 7 | 6.3 | 2.3 | 33 | 0.7 | 1.8 |
| 61 | 2.5 | 2.1 | 27 | 1.6 | 2.7 | 28 | 0.2 | 1.3 | 70 | 0.5 | 1.5 | 20 | 2.8 | 0.8 | 88 | 0.0 | 1.9 | 39 | 1.1 | 1.0 |

자료: Comtrade, UN 이용 계산

## 12.2 동아시아국가의 한·중·일 수입시장에서 수출경쟁력 변화

### 12.2.1 수출경쟁력지수

본 절에서는 비교우위지수를 통해 동아시아국가들의 한·중·일 수입시장에서 경쟁력이 어떻게 변화했는지 살펴본다. 세계시장에서 특정 산업의 국가별 경쟁력을 측정하는 방법으로 주로 현시비교우위(RCA: Revealed Comparative Advantage)를 많이 사용한다. 식 (1)에서 분모는 세계 총수출에서 한 국가(예를 들면 한국, $j$) 수출이 차지하는 비중을 나타내고, 분자는 특정 산업(예를 들면 전기전자산업, $i$)의 세계 총수출에서 그 국가 수출이 차지하는 비중을 의미한다. RCA는 0과 무한대 사이의 값을 가질 수 있다. 일반적으로 어떤 국가의 특정 산업에서의 RCA가 1보다 크면 그 국가의 그 산업이 세계시장에서 수출경쟁력이 높다고 할 수 있으며, 반대로 1보다 작으면 수출경쟁력이 낮다고 할 수 있다. 그것을 통해 세계시장에서 특정 국가가 어떤 산업에 비교우위를 가지고 있는가를 판단할 수 있다. 또한 산업별 RCA를 통해 특정 산업의 세계시장에서 국가별 비교우위를 비교·분석할 수 있다.

$$RCA_{ij} = \frac{(X_i^j / X_i)}{(X^j / X)} \qquad (1)$$

$$RCA_j = \sum_{i=1}^{N} w_i RCA_{ij} \qquad (2)$$

한편 산업별 경쟁력이 아닌 국가 전체적인 차원에서의 수출경쟁력 추이를 보기 위해서는 산업별 RCA에 개별산업의 수출 비중(식 (2)에서 $w_i$)을 곱하여 가중평균값을 이용할 수 있다(식 (2) 참조). 식 (2)에서 보듯이, 국가 전체 RCA는 산업별 비중을 반영하고 있기 때문에 특정 국가의 특정 산업에 대한 수출집중 정도를 나타내게 된다. 어떤 국가가 특정 산업에 대한 수출집중 정도가 높고, 그 산업의 RCA가 높다는 것(즉 국가전체 RCA값이 높다 것)은 수출이 집중된 산업 중심으로 세계시장에서 수출경쟁력이 제고되는 것을 의미할 수 있다. 그런 의미에서 특정 국가 전체의 RCA의 추세를 살펴보면 해당 국가의 세계시장에서의 전반적인 수출경쟁력이 어떻게 변화고 있는가를 알 수 있다.

본 절에서는 중국, 일본 그리고 한국시장에서 동아시아국가의 수출경쟁력 변화를 파악하는 것을 목적으로 하기 때문에, 세계시장이 아닌 한・중・일 3국 시장에서 동아시아국가들의 국가별 RCA(이하 MRCA라 칭하기로 함)를 살펴보고자 한다. 이 경우 식 (1)은 식 (3)으로, 식 (2)는 식 (4)로 전환된다. 예를 들어 중국시장(식 (3)에서 $k$에 해당)에서 한국의 비교우위를 분석할 경우, 식 (3)에서 분모는 중국의 총수입에서 한국으로부터의 수입(즉 한국의 대중 수출)이 차지하는 비중을 나타내고, 분자는 특정 산업에 있어서 중국의 총수입에서 한국으로부터의 수입(즉 한국의 대중 수출)이 차지하는 비중을 의미한다. 그 결과, 특정 산업(예를 들면 전기전지산업)의 어떤 시장(예를 들면 중국시장)에서 특정 국가(예를 들면 한국)의 MRCA가 1보다 크다는 것은 그 산업의 그 시장에서 해당 국가의 수출경쟁력이 높다는 것을 의미한다 할 수 있다. 또한 앞에서와 마찬가지로 수출 비중을 반영한 MRCA를 통해서 특정 시장에서 국가 간 수출경쟁력을 비교할 수 있게 된다.

$$MRCA_{ij}^{k} = \frac{(X_i^{kj}/X_i^k)}{(X^{kj}/X^k)} \tag{3}$$

$$MRCA_j^k = \sum_{i=1}^{N} w_{ij} MRCA_{ij}^k \tag{4}$$

그러나 국가 전체의 연도별 RCA를 산출할 때 각 산업이 수출에서 차지하는 비중(식 (2)에서 $w_{ij}$)을 이용하여 가중평균을 구하는 바, 분석대상 국가들의 수출구조가 상이할 경우 국가 전체 RCA 값을 이용하여 국가 간 경쟁력을 비교하는 것은 문제가 있다. 왜냐하면 앞에서 살펴본 바와 같이 한·중·일 수입시장에서 동남아국가들과 동북아국가들의 수출구조가 상이한데, 만약 각기 서로 다른 산업에 높은 수출집중도를 가지고 있으며 그 산업에서 높은 비교우위를 가진 경우라면 국가 전체 RCA는 특정 국가와 비교대상 국가가 서로 다른 산업에 얼마나 수출을 집중하고 있는가를 나타내는 데 불과할 수 있기 때문이다. 즉 수출구조가 매우 유사한 경우에는 국가 전체 RCA를 이용하여 국가 간 수출경쟁력을 비교할 수 있겠지만, 수출구조가 상이한 경우에는 국가전체 RCA 해석에 주의를 기울일 필요가 있다. 그러나 동일한 시장에서 특정 국가의 국가 전체 RCA 확대는 수출 비중이 상대적으로 높은 산업의 비교우위가 높아지고 있음을 의미하는 것이기 때문에 국가 전체 RCA 추이를 통해 그 국가의 수출경쟁력 추이를 판단하는 데 큰 무리가 없다.

### 12.2.2 국별 수출경쟁력 변화

[표 12-4]는 중국시장에서 동아시아국가들의 RCA지수를 산업별로 보여주고 있다. [표 12-4]에 따르면, 중국의 10대 수입산업 중에서 일본이 비교우위를 가지고 있는 산업은 철강(72), 철도 이외 운송장비(87), 핵반응기·보일러·기계(84), 유기화학(29), 구리 및 관련제품(74), 플라스틱 및 관련제품(39), 전기전자(85) 순으로 총 7개 산업이다. 한편 중국 10대 수입산업에서 한국의 비교우위가 높은 산업은 유기화학(29), 광학·사진·의료(90), 철강(72), 플라스틱 및 관련제품(39), 철도 이외 운송장비(87), 핵반응기·보일러·기계(84), 전기전자(85) 순으로 일본과 마찬가지로 7개 산업이며, 일본과 6개 산업이 겹친다. 이는 중국 주요 시장에서 한국과 일본이 높은 경쟁관계에 있음을 보여준다.

반면 동남아시아국가들의 경우 중국 10대 수입시장에서 비교우위에 있는 산업은 2~3개에 불과하며 핵반응기·보일러·기계(84), 플라스틱 및 관련제품(39)에 있어 비교우위를 가진 국가가 많다. 중국 수입시장에서 가장 큰 산업인 전기전자(85)에 있어서도 필리핀과 싱가포르만이 비교우위를 보였다. 그리고 중국의 주요 수입산업 중 하나인 유기화학(29) 분야에서 비교우위를 보인 동남아국가는 말레이시아와 태국뿐이다. 요약하면, 중국 10대 수입시장에서 한국과 일본이 비교우위에 있는 산업은 많이 유사하나, 동북아와 동남아국가 간 비교우위 산업구조에 있어서 유사성은 높지 않다고 할 수 있다.

또한 중국 주요 수입시장에서 각국의 비교우위 산업구조 역시 1996년과 2008년을 비교할 때 많은 변화를 보이는데, 일본과 한국의 경우 철강(72), 철도이외 운송장비(87), 특히 한국의 경우 광학 · 사진 · 의료(90), 필리핀의 경우 전기전자(85), 말레이시아와 태국의 경우 핵반응기 · 보일러 · 기계(84) 산업의 비교우위지수가 상대적으로 크게 높아졌다.

**표 12-4 동아시아국가들의 산업별 중국시장 비교우위(RCA)지수**

| | 일본 | | 한국 | | 인도네시아 | | 말레이시아 | | 필리핀 | | 태국 | | 싱가포르 | |
|---|---|---|---|---|---|---|---|---|---|---|---|---|---|---|
| | 1996 | 2008 | 1996 | 2008 | 1996 | 2008 | 1996 | 2008 | 1996 | 2008 | 1996 | 2008 | 1996 | 2008 |
| 85 | 1.4 | 1.0 | 0.7 | 1.1 | 0.0 | 0.1 | 0.6 | 0.6 | 0.1 | 2.6 | 0.3 | 0.6 | 1.2 | 1.9 |
| 27 | 0.3 | 0.3 | 1.5 | 0.7 | 10.5 | 2.6 | 1.1 | 0.4 | 6.8 | 0.2 | 0.6 | 0.7 | 4.3 | 0.9 |
| 84 | 1.4 | 1.5 | 0.6 | 1.1 | 0.0 | 0.2 | 0.4 | 1.5 | 0.4 | 2.0 | 0.5 | 2.6 | 1.1 | 1.4 |
| 26 | 0.0 | 0.0 | 0.0 | 0.0 | 0.1 | 0.7 | 0.1 | 0.1 | 2.4 | 0.3 | 0.0 | 0.1 | 0.1 | 0.0 |
| 90 | 1.6 | 0.8 | 0.3 | 2.0 | 0.0 | 0.0 | 0.2 | 0.3 | 0.0 | 0.1 | 0.3 | 0.2 | 0.8 | 0.3 |
| 39 | 0.6 | 1.1 | 2.0 | 1.7 | 0.2 | 0.3 | 0.4 | 1.1 | 0.2 | 0.2 | 0.4 | 1.7 | 0.7 | 1.3 |
| 29 | 1.7 | 1.3 | 2.5 | 2.9 | 0.3 | 0.8 | 0.3 | 1.1 | 0.0 | 0.1 | 1.8 | 1.3 | 1.2 | 1.0 |
| 87 | 2.5 | 3.0 | 1.0 | 1.3 | 0.0 | 0.1 | 0.1 | 0.2 | 0.2 | 0.3 | 0.2 | 0.2 | 1.2 | 0.3 |
| 74 | 0.6 | 1.2 | 0.4 | 0.9 | 0.3 | 1.2 | 0.3 | 0.6 | 12.7 | 0.9 | 0.1 | 0.2 | 3.5 | 0.3 |
| 72 | 1.5 | 3.2 | 1.3 | 1.8 | 0.2 | 0.1 | 0.1 | 0.2 | 0.4 | 0.2 | 0.1 | 0.2 | 0.1 | 0.4 |
| 12 | 0.1 | 0.0 | 0.1 | 0.0 | 0.0 | 0.2 | 0.1 | 0.0 | 1.1 | 0.0 | 0.2 | 0.0 | 0.2 | 0.0 |
| 47 | 0.0 | 0.5 | 0.0 | 0.0 | 5.9 | 5.9 | 0.0 | 0.0 | 0.2 | 0.1 | 0.4 | 0.4 | 0.0 | 0.0 |
| 40 | 0.8 | 0.8 | 0.5 | 0.6 | 3.2 | 7.4 | 5.5 | 10.5 | 2.9 | 0.2 | 25.8 | 14.6 | 2.1 | 0.7 |
| 15 | 0.0 | 0.0 | 0.0 | 0.0 | 3.8 | 19.1 | 22.4 | 28.7 | 3.2 | 1.0 | 0.0 | 0.4 | 0.3 | 0.0 |
| 73 | 1.4 | 2.0 | 0.9 | 1.0 | 0.0 | 0.2 | 0.6 | 0.4 | 0.1 | 0.1 | 0.7 | 0.5 | 0.6 | 0.6 |
| 88 | 0.0 | 0.0 | 0.0 | 0.1 | 0.0 | 0.0 | 0.8 | 0.1 | 0.0 | 0.0 | 0.0 | 0.3 | 0.3 | 1.7 |
| 38 | 0.8 | 1.5 | 0.4 | 0.9 | 0.1 | 0.6 | 0.2 | 0.9 | 0.1 | 0.0 | 0.1 | 0.3 | 1.6 | 1.8 |
| 28 | 0.6 | 1.2 | 0.4 | 1.0 | 0.0 | 1.1 | 0.1 | 0.4 | 0.0 | 0.1 | 0.0 | 0.1 | 0.3 | 0.1 |
| 44 | 0.0 | 0.0 | 0.4 | 0.0 | 11.2 | 1.9 | 26.0 | 2.4 | 2.9 | 0.2 | 0.0 | 2.5 | 0.7 | 0.0 |
| 71 | 0.3 | 0.7 | 0.4 | 0.2 | 0.0 | 0.0 | 0.0 | 0.3 | 0.0 | 0.0 | 0.3 | 0.1 | 0.6 | 0.5 |

주: 1996년과 2008년을 비교한 것은 분석대상국가(특히 중국)에 대한 Comtrade 자료 1996년부터 제공되고, 연구시점에서 이용 가능한 최근 자료가 2008년이었기 때문

**표 12-5 동아시아국가들의 연도별 중국시장 비교우위(RCA)지수**

| | RCA | | | | | | | RSCA | | | | | | |
|---|---|---|---|---|---|---|---|---|---|---|---|---|---|---|
| | JP | KR | ID | ML | PH | TH | SG | JP | KR | ID | ML | PH | TH | SG |
| 1996 | 1.44 | 1.76 | 8.22 | 14.69 | 14.47 | 13.38 | 4.22 | 0.13 | 0.16 | 0.64 | 0.47 | 0.51 | 0.46 | 0.25 |
| 1997 | 1.48 | 1.71 | 6.47 | 13.59 | 10.46 | 9.40 | 8.12 | 0.13 | 0.16 | 0.60 | 0.43 | 0.45 | 0.32 | 0.23 |
| 1998 | 1.38 | 1.88 | 6.87 | 11.49 | 11.11 | 6.79 | 12.82 | 0.13 | 0.18 | 0.57 | 0.36 | 0.35 | 0.32 | 0.21 |
| 1999 | 1.35 | 1.72 | 6.05 | 6.07 | 4.41 | 4.12 | 1.56 | 0.11 | 0.15 | 0.55 | 0.28 | 0.33 | 0.24 | 0.15 |
| 2000 | 1.41 | 1.66 | 5.05 | 4.57 | 5.07 | 3.52 | 1.47 | 0.13 | 0.13 | 0.50 | 0.20 | 0.24 | 0.19 | 0.14 |
| 2001 | 1.40 | 1.69 | 5.22 | 4.62 | 4.06 | 4.74 | 1.53 | 0.11 | 0.14 | 0.47 | 0.18 | 0.28 | 0.19 | 0.15 |
| 2002 | 1.52 | 1.50 | 5.47 | 5.22 | 2.64 | 4.39 | 1.41 | 0.11 | 0.11 | 0.48 | 0.19 | 0.27 | 0.19 | 0.13 |
| 2003 | 1.71 | 1.36 | 5.21 | 5.27 | 2.27 | 4.39 | 1.41 | 0.11 | 0.09 | 0.46 | 0.20 | 0.25 | 0.20 | 0.13 |
| 2004 | 1.97 | 1.35 | 5.39 | 4.48 | 2.03 | 4.58 | 1.42 | 0.12 | 0.09 | 0.43 | 0.20 | 0.25 | 0.21 | 0.14 |
| 2005 | 2.06 | 1.36 | 5.55 | 4.65 | 2.01 | 4.46 | 1.47 | 0.13 | 0.10 | 0.46 | 0.19 | 0.27 | 0.22 | 0.15 |
| 2006 | 2.22 | 1.38 | 6.48 | 5.50 | 1.96 | 5.11 | 1.51 | 0.14 | 0.10 | 0.44 | 0.22 | 0.26 | 0.24 | 0.14 |
| 2007 | 2.86 | 1.38 | 5.95 | 6.17 | 1.87 | 4.28 | 1.60 | 0.16 | 0.11 | 0.43 | 0.26 | 0.25 | 0.23 | 0.16 |
| 2008 | 2.33 | 1.47 | 6.00 | 10.01 | 2.19 | 4.28 | 1.81 | 0.17 | 0.13 | 0.41 | 0.32 | 0.30 | 0.26 | 0.17 |

주: JP(일본), KR(한국), ID(인도네시아), ML(말레이시아), PH(필리핀), TH(태국), SG(싱가포르)

[표 12-5]는 중국시장에서 동아시아국가들의 국가 전체 차원의 비교우위지수 추이를 나타내고 있는데, 한국과 동남아국가들은 대체로 1990년대에 비해 2000년대에 비교우위가 하락하고 있는 반면, 일본의 비교우위는 확대되고 있다.④ 그러나 RCA는 연도에 따라 그 값이 큰 폭으로 변하는 단점이 있다. 이러한 문제점을 회피하기 위해 RCA지수를 조정한 대칭적 현시비교우위(RSCA: Revealed Symetric Comparative Advantage, 동 지수에 대해서는 다음 절 식 (5)에서 상술)를 산출할 수 있다. 중국 수입시장에서 동아시아국가들의 국가 전체 차원의 RSCA를 살펴보면 급격한 변화 없이 안정적 추이를 보여준다.

일본의 10대 수입산업 중에서 중국이 비교우위를 가지고 있는 산업은 의류(62), 핵반응기·보일러·기계(84), 전기전자(85), 플라스틱 및 관련제품(39), 철도 이외 운송장비(87), 광학·사진·의료(90) 순으로 총 6개 산업이다([표 12-6] 참조). 한편 일본

④ 산업분류(HS 6단위, HS 2단위 등)에 따라 비교우위지수가 달라질 수 있다. HS 6단위로 분석한 결과와 HS 2단위로 분석한 결과를 비교할 때 지수의 절대값에 있어서는 차이가 있었으나 지수의 추세에 있어서는 큰 차이가 없었다.

10대 수입산업에서 한국의 비교우위가 높은 산업은 플라스틱 및 관련제품(39), 전기전자(85), 유기화학(29), 광학·사진·의료(90), 핵반응기·보일러·기계(84), 보석류(71) 순으로 중국과 마찬가지로 6개 산업이며, 중국과 3개 산업이 겹친다. 반면 동남아시아국가들의 경우 일본 10대 수입 시장에서 비교우위에 있는 산업은 4개(단, 인도네시아의 경우 2개 산업)로 중국과 한국에 비해 상대적으로 적으며 전기전자(85), 핵반응기, 보일러, 기계(84), 광학·사진·의료(90)에 있어 비교우위를 가진 국가가 많다. 인도네시아와 말레이시아의 경우 일본 수입시장에서 가장 큰 산업인 광물연료(27)에 있어 비교우위를 가지는 특징을 보인다.

**표 12-6 동아시아국가들의 산업별 일본시장 비교우위(RCA)지수**

| | 중국 | | 한국 | | 인도네시아 | | 말레이시아 | | 필리핀 | | 태국 | | 싱가포르 | |
|---|---|---|---|---|---|---|---|---|---|---|---|---|---|---|
| | 1996 | 2008 | 1996 | 2008 | 1996 | 2008 | 1996 | 2008 | 1996 | 2008 | 1996 | 2008 | 1996 | 2008 |
| 27 | 0.4 | 0.1 | 0.6 | 0.4 | 2.8 | 1.6 | 1.3 | 1.4 | 0.2 | 0.0 | 0.0 | 0.1 | 0.6 | 0.2 |
| 85 | 1.1 | 1.8 | 2.4 | 2.2 | 0.2 | 0.4 | 3.1 | 1.6 | 3.3 | 2.7 | 1.8 | 2.0 | 3.0 | 4.5 |
| 84 | 0.4 | 2.2 | 0.5 | 1.5 | 0.2 | 0.3 | 0.9 | 0.7 | 2.2 | 3.4 | 1.4 | 1.9 | 3.5 | 2.0 |
| 26 | 0.0 | 0.0 | 0.0 | 0.1 | 2.4 | 1.7 | 0.3 | 0.0 | 2.8 | 1.4 | 0.0 | 0.0 | 0.0 | 0.0 |
| 90 | 0.8 | 1.1 | 0.4 | 1.8 | 0.1 | 0.0 | 0.6 | 1.2 | 0.6 | 0.9 | 0.9 | 1.5 | 0.7 | 1.3 |
| 87 | 0.2 | 1.2 | 0.2 | 0.8 | 0.0 | 0.7 | 0.0 | 0.1 | 0.5 | 2.6 | 0.1 | 1.9 | 0.1 | 0.2 |
| 29 | 0.5 | 0.9 | 1.0 | 1.9 | 0.3 | 0.3 | 0.4 | 0.4 | 0.1 | 0.4 | 0.2 | 0.2 | 0.5 | 0.8 |
| 71 | 0.1 | 0.1 | 1.1 | 1.1 | 0.0 | 0.0 | 0.1 | 0.4 | 0.2 | 0.2 | 1.6 | 0.6 | 0.3 | 0.6 |
| 62 | 5.6 | 4.4 | 0.8 | 0.2 | 0.5 | 0.2 | 0.1 | 0.0 | 0.7 | 0.7 | 0.8 | 0.2 | 0.1 | 0.0 |
| 39 | 0.9 | 1.4 | 2.0 | 3.0 | 0.5 | 0.9 | 0.7 | 1.9 | 0.8 | 0.6 | 1.3 | 2.7 | 1.1 | 1.9 |
| 99 | 0.0 | 0.5 | 0.0 | 0.0 | 0.0 | 0.0 | 0.3 | 0.0 | 0.0 | 0.0 | 0.9 | 0.0 | 1.0 | 3.2 |
| 61 | 3.7 | 4.8 | 2.6 | 0.4 | 0.3 | 0.1 | 0.2 | 0.2 | 0.9 | 0.2 | 1.1 | 0.5 | 0.2 | 0.0 |
| 3 | 0.7 | 0.7 | 1.4 | 1.2 | 1.9 | 1.3 | 0.2 | 0.2 | 1.2 | 0.8 | 2.4 | 2.3 | 0.3 | 0.1 |
| 72 | 1.4 | 1.6 | 7.0 | 7.0 | 0.2 | 0.1 | 0.0 | 0.1 | 0.3 | 0.2 | 0.3 | 0.3 | 0.1 | 0.1 |
| 44 | 0.4 | 0.7 | 0.0 | 0.0 | 3.5 | 1.7 | 3.4 | 3.9 | 0.4 | 7.9 | 0.2 | 0.4 | 0.1 | 0.0 |
| 76 | 0.2 | 0.7 | 0.7 | 1.2 | 1.1 | 1.1 | 0.1 | 0.2 | 0.1 | 0.3 | 0.8 | 1.6 | 0.1 | 0.2 |
| 10 | 0.1 | 0.0 | 0.0 | 0.0 | 0.0 | 0.0 | 0.0 | 0.0 | 0.0 | 0.0 | 0.4 | 0.4 | 0.0 | 0.0 |
| 30 | 0.2 | 0.1 | 0.1 | 0.2 | 0.0 | 0.0 | 0.0 | 0.0 | 0.4 | 0.0 | 0.0 | 0.0 | 0.2 | 0.6 |
| 28 | 2.0 | 2.2 | 0.6 | 1.0 | 0.0 | 0.3 | 0.0 | 0.0 | 0.0 | 2.3 | 0.2 | 0.6 | 0.1 | 0.1 |
| 2 | 0.7 | 0.0 | 0.5 | 0.0 | 0.0 | 0.0 | 0.0 | 0.0 | 0.0 | 0.2 | 1.2 | 0.0 | 0.0 | 0.0 |

또한 말레이시아, 태국, 싱가포르의 경우 플라스틱 및 관련제품(39)에서 높은 비교우위를 보였다. 요약하면, 일본 10대 수입시장에서 중국과 한국이 비교우위에 있는 산업은 어느 정도 유사하며, 동북아와 동남아국가 간 비교우위 산업구조에 있어서 다소 유사성을 보이고 있다. 또한 일본 주요 수입시장에서 각국의 비교우위 산업구조 역시 1996년과 2008년을 비교할 때 많은 변화를 보이는데, 중국과 한국의 경우 핵반응기· 보일러·기계(84), 플라스틱 및 관련제품(39)의 비교우위가 강화되었으며, 필리핀의 경우 철도 이외 운송장비(87), 핵반응기·보일러·기계(84), 태국의 경우 플라스틱 및 관련제품(39), 싱가포르의 경우 전기전자(85)의 비교우위가 크게 강화되었다. 한편 [표 12-7]에 따르면 일본시장에서 중국과 말레이시아의 비교우위는 1990년대에는 약화되었으나, 2000년대 중반부터 다시 개선되고 있음을 보여준다. 또한 한국, 필리핀, 태국, 싱가포르 역시 2000년대 중반 이후 경쟁력이 강화되고 있다. 이러한 추세는 RSCA를 통해서도 확인된다.

**| 표 12-7 | 동아시아국가들의 연도별 일본시장 비교우위(RCA)지수**

| | RCA | | | | | | | RSCA | | | | | | |
|---|---|---|---|---|---|---|---|---|---|---|---|---|---|---|
| | CH | KR | ID | ML | PH | TH | SG | CH | KR | ID | ML | PH | TH | SG |
| 1996 | 2.64 | 2.16 | 2.48 | 2.46 | 2.69 | 3.03 | 2.66 | 0.23 | 0.20 | 0.33 | 0.28 | 0.30 | 0.28 | 0.31 |
| 1997 | 2.57 | 2.14 | 2.38 | 2.42 | 2.89 | 2.85 | 2.65 | 0.23 | 0.18 | 0.31 | 0.26 | 0.34 | 0.27 | 0.31 |
| 1998 | 2.51 | 2.50 | 2.55 | 2.58 | 2.98 | 2.69 | 2.62 | 0.23 | 0.25 | 0.32 | 0.28 | 0.35 | 0.27 | 0.32 |
| 1999 | 2.70 | 1.76 | 2.54 | 2.32 | 2.91 | 2.45 | 2.53 | 0.25 | 0.14 | 0.31 | 0.27 | 0.36 | 0.25 | 0.32 |
| 2000 | 2.70 | 1.66 | 2.11 | 1.94 | 2.56 | 2.54 | 2.53 | 0.24 | 0.14 | 0.26 | 0.24 | 0.33 | 0.26 | 0.32 |
| 2001 | 2.44 | 1.67 | 2.17 | 1.89 | 2.66 | 2.44 | 2.64 | 0.22 | 0.14 | 0.27 | 0.23 | 0.34 | 0.25 | 0.33 |
| 2002 | 2.21 | 1.71 | 2.31 | 2.04 | 2.75 | 2.43 | 2.65 | 0.21 | 0.15 | 0.29 | 0.23 | 0.36 | 0.26 | 0.34 |
| 2003 | 2.10 | 1.86 | 2.23 | 1.96 | 2.93 | 2.60 | 2.65 | 0.21 | 0.16 | 0.27 | 0.22 | 0.37 | 0.26 | 0.33 |
| 2004 | 2.03 | 1.90 | 2.37 | 1.91 | 3.34 | 2.67 | 2.72 | 0.21 | 0.17 | 0.27 | 0.21 | 0.41 | 0.27 | 0.32 |
| 2005 | 2.06 | 2.00 | 2.44 | 1.90 | 3.32 | 2.77 | 2.66 | 0.22 | 0.17 | 0.25 | 0.20 | 0.41 | 0.28 | 0.32 |
| 2006 | 2.18 | 2.07 | 2.39 | 2.04 | 3.15 | 2.95 | 2.68 | 0.24 | 0.19 | 0.25 | 0.20 | 0.40 | 0.30 | 0.31 |
| 2007 | 2.27 | 2.12 | 2.65 | 2.16 | 2.93 | 2.84 | 2.79 | 0.26 | 0.20 | 0.25 | 0.21 | 0.39 | 0.29 | 0.34 |
| 2008 | 2.35 | 2.28 | 2.24 | 2.08 | 3.63 | 3.75 | 3.10 | 0.29 | 0.22 | 0.21 | 0.19 | 0.43 | 0.33 | 0.36 |

주: CH(중국), KR(한국), ID(인도네시아), ML(말레이시아), PH(필리핀), TH(태국), SG(싱가포르)

한편 한국의 10대 수입산업 중에서 중국이 비교우위를 가지고 있는 산업은 철강제품(73), 철강(72), 전기전자(85), 핵반응기·보일러·기계(84), 유기화학(29) 순으로 총 5개 산업이다([표 12-8] 참조). 또한 한국 10대 수입산업에서 일본의 비교우위가 높은 산업은 플라스틱 및 관련제품(39), 유기화학(29), 철강(72), 핵반응기·보일러·기계(84), 광학·사진·의료(90), 전기전자(85) 순으로 7개 산업이며, 중국과 4개 산업이 겹친다. 반면 동남아시아국가들의 경우 한국 10대 수입시장에서 비교우위에 있는 산업은 1~3개에 불과하다.

**표 12-8 동아시아국가들의 산업별 한국시장 비교우위(RCA)지수**

| | 중국 | | 일본 | | 인도네시아 | | 말레이시아 | | 필리핀 | | 태국 | | 싱가포르 | |
|---|---|---|---|---|---|---|---|---|---|---|---|---|---|---|
| | 1996 | 2008 | 1996 | 2008 | 1996 | 2008 | 1996 | 2008 | 1996 | 2008 | 1996 | 2008 | 1996 | 2008 |
| 27 | 0.8 | 0.2 | 0.1 | 0.1 | 3.5 | 1.9 | 2.2 | 1.8 | 0.3 | 0.1 | 0.5 | 0.5 | 0.8 | 0.1 |
| 85 | 0.7 | 1.8 | 1.6 | 1.1 | 0.1 | 0.2 | 0.8 | 0.5 | 2.1 | 2.7 | 0.9 | 1.5 | 2.1 | 4.0 |
| 84 | 0.2 | 1.2 | 1.7 | 1.9 | 0.0 | 0.1 | 0.3 | 0.7 | 0.4 | 1.4 | 0.4 | 0.9 | 1.7 | 1.4 |
| 72 | 2.7 | 2.3 | 1.5 | 2.1 | 0.3 | 0.2 | 0.9 | 0.2 | 0.1 | 0.2 | 0.2 | 0.1 | 0.0 | 0.0 |
| 90 | 0.2 | 0.8 | 2.0 | 1.8 | 0.0 | 0.0 | 0.1 | 0.6 | 0.0 | 0.2 | 0.2 | 0.3 | 0.5 | 0.9 |
| 26 | 0.2 | 0.1 | 0.0 | 0.0 | 5.1 | 2.5 | 0.1 | 0.0 | 0.3 | 0.5 | 0.2 | 0.0 | 0.0 | 0.0 |
| 29 | 1.0 | 1.0 | 1.4 | 2.2 | 0.2 | 0.5 | 0.1 | 0.7 | 0.1 | 0.3 | 0.1 | 0.5 | 1.2 | 0.9 |
| 39 | 0.4 | 0.6 | 1.9 | 3.7 | 0.1 | 0.1 | 0.3 | 0.6 | 0.7 | 0.2 | 0.5 | 1.0 | 0.7 | 0.6 |
| 87 | 0.2 | 0.8 | 1.4 | 1.9 | 0.0 | 0.0 | 0.0 | 0.0 | 0.0 | 0.0 | 0.1 | 0.6 | 0.2 | 2.2 |
| 73 | 1.7 | 2.4 | 1.6 | 0.9 | 0.1 | 0.0 | 0.3 | 0.2 | 0.3 | 0.2 | 0.4 | 0.7 | 0.3 | 0.3 |
| 74 | 0.6 | 0.8 | 0.6 | 1.1 | 0.0 | 1.4 | 0.7 | 0.3 | 19.9 | 19.9 | 0.3 | 1.1 | 0.5 | 0.3 |
| 38 | 0.3 | 0.4 | 1.5 | 2.9 | 0.1 | 0.7 | 6.3 | 1.0 | 0.1 | 0.0 | 0.1 | 0.1 | 2.0 | 1.9 |
| 76 | 0.2 | 1.9 | 0.5 | 0.2 | 0.2 | 0.2 | 0.0 | 0.4 | 0.3 | 0.2 | 0.1 | 0.7 | 0.1 | 0.3 |
| 28 | 2.0 | 1.6 | 1.3 | 1.2 | 0.2 | 1.1 | 0.0 | 0.1 | 0.0 | 0.0 | 0.3 | 0.2 | 0.3 | 0.1 |
| 10 | 0.4 | 0.1 | 0.0 | 0.0 | 0.0 | 0.1 | 0.0 | 0.0 | 0.0 | 0.0 | 0.9 | 1.0 | 0.0 | 0.0 |
| 71 | 0.1 | 0.2 | 0.1 | 0.9 | 0.0 | 0.0 | 0.0 | 0.1 | 0.0 | 0.1 | 0.1 | 0.7 | 0.2 | 0.1 |
| 89 | 0.4 | 1.2 | 0.2 | 0.5 | 0.0 | 0.0 | 0.0 | 0.0 | 0.0 | 0.0 | 0.0 | 0.1 | 0.6 | 0.0 |
| 30 | 1.0 | 0.3 | 0.5 | 0.5 | 0.2 | 0.5 | 0.2 | 0.0 | 0.6 | 0.0 | 0.0 | 0.0 | 2.0 | 0.7 |
| 62 | 9.2 | 3.6 | 0.1 | 0.1 | 0.4 | 0.2 | 0.1 | 0.1 | 1.8 | 0.5 | 0.7 | 0.3 | 0.0 | 0.1 |
| 44 | 1.0 | 0.8 | 0.1 | 0.0 | 8.4 | 3.2 | 8.5 | 6.9 | 0.5 | 0.1 | 0.5 | 4.7 | 0.1 | 0.0 |

**표 12-9 동아시아국가들의 연도별 한국시장 비교우위(RCA)지수**

| | RCA | | | | | | | RSCA | | | | | | |
|---|---|---|---|---|---|---|---|---|---|---|---|---|---|---|
| | CH | JP | ID | ML | PH | TH | SG | CH | JP | ID | ML | PH | TH | SG |
| 1996 | 3.44 | 2.00 | 4.14 | 4.69 | 9.85 | 16.27 | 2.11 | 0.27 | 0.20 | 0.52 | 0.36 | 0.44 | 0.39 | 0.20 |
| 1997 | 3.50 | 3.55 | 10.03 | 3.92 | 8.15 | 12.16 | 3.04 | 0.26 | 0.22 | 0.52 | 0.33 | 0.41 | 0.33 | 0.21 |
| 1998 | 4.57 | 3.92 | 9.75 | 3.23 | 3.66 | 9.73 | 5.27 | 0.25 | 0.24 | 0.50 | 0.26 | 0.31 | 0.30 | 0.27 |
| 1999 | 4.04 | 6.52 | 3.65 | 2.60 | 3.25 | 9.68 | 2.43 | 0.23 | 0.21 | 0.48 | 0.22 | 0.39 | 0.28 | 0.25 |
| 2000 | 4.11 | 1.65 | 2.82 | 2.27 | 3.11 | 4.17 | 4.18 | 0.24 | 0.21 | 0.40 | 0.18 | 0.34 | 0.24 | 0.27 |
| 2001 | 3.64 | 32.24 | 2.89 | 2.58 | 3.43 | 4.71 | 11.77 | 0.21 | 0.23 | 0.39 | 0.19 | 0.36 | 0.26 | 0.29 |
| 2002 | 3.42 | 35.74 | 3.04 | 3.00 | 2.80 | 6.39 | 7.07 | 0.21 | 0.22 | 0.41 | 0.20 | 0.33 | 0.25 | 0.28 |
| 2003 | 3.17 | 62.66 | 2.94 | 4.65 | 2.91 | 7.86 | 8.14 | 0.20 | 0.22 | 0.40 | 0.19 | 0.33 | 0.28 | 0.32 |
| 2004 | 2.64 | 1.55 | 2.93 | 8.55 | 3.28 | 12.29 | 17.31 | 0.17 | 0.22 | 0.40 | 0.19 | 0.33 | 0.27 | 0.34 |
| 2005 | 2.20 | 1.62 | 2.76 | 11.28 | 3.83 | 7.73 | 44.87 | 0.16 | 0.23 | 0.38 | 0.16 | 0.41 | 0.27 | 0.35 |
| 2006 | 2.11 | 1.74 | 2.43 | 12.88 | 4.35 | 8.49 | 74.68 | 0.18 | 0.25 | 0.33 | 0.18 | 0.40 | 0.25 | 0.37 |
| 2007 | 1.89 | 47.39 | 2.43 | 2.33 | 4.36 | 4.41 | 28.74 | 0.18 | 0.25 | 0.33 | 0.21 | 0.40 | 0.22 | 0.39 |
| 2008 | 1.90 | 1.83 | 2.27 | 2.69 | 8.11 | 5.30 | 2.84 | 0.21 | 0.27 | 0.28 | 0.21 | 0.45 | 0.23 | 0.38 |

주: CH(중국), JP(일본), ID(인도네시아), ML(말레이시아), PH(필리핀), TH(태국), SG(싱가포르)

인도네시아와 말레이시아의 경우, 광물연료(27)에서 필리핀, 태국, 싱가포르의 경우 전기전자(85)에 있어 비교우위를 보였다. 특히 싱가포르의 경우 여타 동남아국가들과 달리 철도이외 운송장비(87)에 있어 높은 비교우위를 보였다. 요약하면, 한국 10대 수입시장에서 중국과 일본이 비교우위에 있는 산업은 다소 유사하나, 동북아와 동남아국가 간 비교우위 산업구조에 있어서는 큰 차이를 보였다. 또한 한국 주요 수입시장에서 각국의 비교우위 산업구조에 변화가 보이는데, 중국의 경우 전기전자(85), 핵반응기・보일러・기계(84), 일본의 경우 유기화학(29), 플라스틱 및 관련제품(39), 필리핀의 경우 핵반응기・보일러・기계(84), 싱가포르의 경우 전기전자(85), 철도이외 운송장비(87)의 비교우위가 크게 강화되었다. 한국시장에서 중국, 인도네시아, 태국의 국가 전체차원의 전반적인 비교우위는 약화되고 있다([표 12-9] 참조). 그러나 일본, 말레이시아, 싱가포르 등 일부 국가들의 RCA 지수가 연도에 따라 변동이 매우 크다. 대신 RSCA를 보면, 한국시장에서 중국, 인도네시아, 말레이시아, 태국의 전반적인 비교우위가 약화된 반면, 일본, 필리핀, 싱가포르는 2000년 중반 이후 비교우위가 강화되고 있는 것으로 나타났다. 지금까지를 요약하면 일본의 경우 중국과 한국시장에서 비교우위가 개선 중이며, 한국과 동남아국가들의 경우 일본시장에서는 비교우위가 개선 중이나 중국시장에서는 악화되고 있다고 평가할 수 있다.

## 12.3 동아시아국가의 역내 수출경쟁력 수렴성 분석

본 절에서는 한·중·일 수입시장에서 동아시아 각국들의 비교우위가 동태적으로 수렴하고 있는지 아니면 발산하고 있는지 분석하고자 한다. 이를 위해 앞 절에서 살펴본 RSCA지수를 이용한 골토니언 회귀분석(Goltonian regression)을 하고자 한다. RCA지수 대신 RSCA지수를 이용하는 이유는 RCA의 경우 앞 절에서 살펴본 바와 같이 연도에 따라 분석대상 국가들의 지수값이 너무 큰 폭으로 변동하는 반면, RSCA의 경우 값이 −1과 1 사이 값으로 한정됨으로써 시계열 자료가 안정적으로 변한다는 장점이 있기 때문이다.[5] 식 (5)는 산업별 RSCA를 나타내며, 식 (6)은 산업별 수출액의 가중치를 이용한 국가 전체의 전반적인 RSCA를 나타낸다.

$$RSCA_{ij} = \frac{(RCA_{ij} - 1)}{(RCA_{ij} + 1)} \tag{5}$$

$$RSCA_j = \sum_{i=1}^{N} w_{ij} RSCA_{ij} \tag{6}$$

본 절에서는 각국의 산업별 RSCA지수를 이용하여 국가별 골토니언 회귀분석 결과를 살펴보고자 한다(식 (7) 참조). 식 (7)의 계수값($\beta$)이 0과 1 사이 값이면, 어떤 국가에 있어 비교우위지수가 산업 간에 수렴하고 있음을 의미한다. 즉 초기에 그 국가의 평균보다 높은 수준의 비교우위를 보였던 산업들의 비교우위는 평균수준으로, 그리고 초기에 평균보다 낮은 수준의 비교우위를 보였던 산업들은 시간이 경과함에 따라 평균적인 수준으로 접근함을 의미한다. 반면에 계수값이 1보다 크다는 것은 초기에 평균보다 높은 비교우위를 보였던 산업의 비교우위는 더 높아지고, 초기에 평균보

[5] 보다 자세한 내용은 이홍식 외(2010) 참조

다 낮은 비교우위를 보였던 산업의 비교우위는 더 낮아짐을 의미한다. 계수값이 0보다 작다면 초기에 평균보다 높은 비교우위를 보였던 산업들의 비교우위는 평균보다 작아지고, 초기에 평균보다 낮은 비교우위를 보였던 산업들의 비교우위는 평균보다 높아짐을 의미한다.

$$RSCA_{ij}^{t+1} = \alpha_i + \beta_i RSCA_{ij}^{t} + \varepsilon_{ij}^{t+1} \tag{7}$$

골토니언 회귀분석[6]을 위해서 1996과 2008년의 HS 2 digit 산업별 RSCA값[7]을 이용하였다.[8] 분석결과, [표 12−10]~[표 12−12]에서 보는 바와 같이, 시장에 관계없이 즉 중국시장, 한국시장, 그리고 일본시장 모두에서 분석대상 국가들의 추정계수 값이 0과 1 사이의 값을 보였다. 즉 동아시아국가들의 한・중・일 수입시장에서의 비교우위는 시간이 지남에 따라서 평균에 수렴하고 있다고 할 수 있다. 즉 초기에 비교우위가 평균수준 이하였던 산업의 비교우위는 높아지고, 초기에 평균수준보다 높았던 산업의 비교우위는 평균수준으로 접근하고 있다고 할 수 있다.

한편 비교우위 지수의 분산이 확대되고 있는지, 축소되고 있는지를 통해 시간이 경과함에 따라 각국의 수출특화가 확대되는지 축소되고 있는지를 분석할 수 있다. 추정계수값을 결정계수 값($R^2$)으로 나눈 값이 1보다 크면 시간이 경과함에 따라 특정 국가의 수출특화가 확대될 가능성이 커지는 것을 의미하고 반면, 1보다 작으면 그 국가의 수출특화가 축소될 가능성이 높음을 의미하고, 1이면 초기의 수출특화에 변화가 없을 것임을 의미한다.[9] 추정계수값 [표 12−10]~[표 12−12]에서 볼 수 있듯이 분석대상 모든 시장에서 동아시아국가들의 수출특화는 시간이 지남에 따라 커질 것으로 예상할 수 있다.

---

[6] 골토니언 회귀분석에 대한 기존 연구는 Pavitt(1989), Cantwell(1989), Dalum et al.(1998), Hinloopen and Marrewjik(2004) 참조

[7] 산업별 RSCA값은 [표 12-4], [표 12-6], [표 12-8]에 제시된 산업별 RCA값을 식 (5)에 대입하면 간단히 계산할 수 있어 지면 절약을 위해 별도로 제시하지 않는다.

[8] 1996~2008년의 자료로 구성된 패널자료에 대한 골토니언 회귀분석을 실시하였는데, 분석대상 개별국가에 있어 비교우위의 산업 간 수렴이라는 결론에 있어서는 1996년도와 2008년도 2개 연도 자료만을 분석한 경우와 동일하였다.

[9] 식 (7)에서 설명변수와 잔차항이 서로 독립이기 때문에 $\sigma_{t+2}^2 = \beta^2\sigma_{t+1}^2 + \sigma_{\varepsilon}^2$이 성립한다. 식에서 좌측은 $t+2$기의 대칭적 현시비교우위지수(RSCA) 분산을 가리킨다. $\widetilde{R}^2 = 1-(\sigma_{\varepsilon}^2/\sigma_{t+2}^2)$이

**표 12-10** 골토니언 회귀분석: 중국시장(1996/2008)

| | 일본 | 한국 | 인도네시아 | 말레이시아 | 필리핀 | 태국 | 싱가포르 |
|---|---|---|---|---|---|---|---|
| $\alpha$ | 0.05 | −0.04 | 0.01 | −0.09 | −0.52 | −0.03 | −0.28 |
| t값 | 1.45 | −0.90 | 0.09 | −1.51 | −9.92 | −0.51 | −5.45 |
| $\beta$ | 0.87 | 0.66 | 0.54 | 0.64 | 0.27 | 0.62 | 0.61 |
| t값 | 13.87 | 8.96 | 5.82 | 7.93 | 4.08 | 7.91 | 7.76 |
| $R^2$ | 0.67 | 0.45 | 0.26 | 0.39 | 0.14 | 0.39 | 0.38 |
| $\beta/R^2$ | 1.31 | 1.46 | 2.14 | 1.64 | 1.96 | 1.57 | 1.59 |
| 표본수 | 97 | 97 | 97 | 97 | 97 | 97 | 97 |

**표 12-11** 골토니언 회귀분석: 일본시장(1996/2008)

| | 중국 | 한국 | 인도네시아 | 말레이시아 | 필리핀 | 태국 | 싱가포르 |
|---|---|---|---|---|---|---|---|
| $\alpha$ | 0.05 | −0.13 | 0.01 | 0.00 | −0.18 | −0.03 | −0.12 |
| t값 | 2.06 | −3.15 | 0.16 | 0.02 | −2.96 | −0.77 | −2.68 |
| $\beta$ | 0.81 | 0.74 | 0.83 | 0.89 | 0.70 | 0.82 | 0.85 |
| t값 | 17.32 | 9.32 | 10.06 | 13.41 | 8.14 | 12.80 | 13.45 |
| $R^2$ | 0.76 | 0.47 | 0.51 | 0.65 | 0.40 | 0.63 | 0.65 |
| $\beta/R^2$ | 1.08 | 1.56 | 1.62 | 1.37 | 1.73 | 1.31 | 1.30 |
| 표본수 | 97 | 97 | 97 | 97 | 97 | 97 | 97 |

주: *(**)는 10%(5%) 유의수준에서 통계적으로 유의함을 의미

**표 12-12** 골토니언 회귀분석: 한국시장(1996/2008)

| | 중국 | 일본 | 인도네시아 | 말레이시아 | 필리핀 | 태국 | 싱가포르 |
|---|---|---|---|---|---|---|---|
| $\alpha$ | 0.08 | −0.04 | −0.14 | −0.09 | −0.36 | −0.04 | −0.16 |
| t값 | 2.61 | −1.67 | −2.26 | −1.54 | −6.30 | −0.87 | −3.53 |
| $\beta$ | 0.69 | 0.90 | 0.63 | 0.76 | 0.42 | 0.65 | 0.76 |
| t값 | 12.48 | 22.44 | 8.40 | 10.56 | 5.24 | 9.14 | 12.23 |
| $R^2$ | 0.62 | 0.84 | 0.42 | 0.54 | 0.22 | 0.46 | 0.61 |
| $\beta/R^2$ | 1.12 | 1.07 | 1.51 | 1.42 | 1.94 | 1.41 | 1.25 |
| 표본수 | 97 | 97 | 97 | 97 | 97 | 97 | 97 |

므로 이를 정리하면 $\sigma_{t+2}^2/\sigma_{t+1}^2 = \beta^2/\widetilde{R}^2$이 된다. 따라서 $\sigma_{t+2}/\sigma_{t+1} = |\beta|/|\widetilde{R}|$이 성립한다. 즉 계수추정값과 결정계수값을 이용하여 대칭적 비교우위 계수의 분포가 전기에 비해 확대되었는지 여부를 판단할 수 있다(이홍식 외, 2010).

지금까지의 분석을 요약하면, 지난 10여 년 동안 한·중·일 수입시장에서 전반적으로 동아시아국가들의 시장점유율은 확대되었다 할 수 있다. 그 과정에서 중국의 역할이 매우 컸다. 그리고 한·중·일 수입시장에서 구조 변화가 발견되었다. 즉 한·중·일 각국의 전체 수입에서 광물연료의 비중이 크게 확대된 반면, 핵반응기·보일러·기계(84) 비중이 크게 축소되었다. 그리고 한국과 일본시장의 경우 전기전자(85) 비중이 크게 축소된 반면 중국시장의 경우 동 비중이 크게 확대되어 대조를 보였다. 그러나 그러한 변화에도 불구하고 한·중·일 3국의 수입은 전기전자(85), 광물연료·핵반응기·보일러, 기계(84)에 집중되고 있는 점에는 변화가 없었다.

동아시아국가들의 한·중·일 3국 시장에 대한 수출 역시 특정 산업에 집중되고 있으며, 집중도가 오히려 확대되는 국가도 발견되었다. 동아시아국가의 중국에 대한 수출은 전기전자(85)와 핵반응기·보일러·기계(84)에 집중되고 있으며, 특히 전기전자의 비중이 확대되는 추세이다. 그러나 동남아시아국가 중 인도네시아, 말레이시아, 그리고 싱가포르의 경우 대중국 수출에서 광물연료(27) 및 동식물성유지(15) 비중이 높은 특징을 보였다. 일본과 한국시장에서 동아시아국가들의 수출구조 역시 중국시장에서의 그것과 유사했다. 그러나 한·중·일 수입시장에 대한 동아시아국가들의 수출구조는 수출국이 동남아국가인가 동북아국가인가에 따라 몇몇 측면에서 유사성이 발견됨과 동시에 국가별 차별성도 발견되었다.

중국의 10대 수입산업을 중심으로 살펴볼 때, 한국과 일본이 비교우위를 가지고 있는 산업들은 동남아국가들에 비해 훨씬 많았다. 그리고 한국과 일본의 비교우위 산업 구성은 유사한 측면이 많았지만, 동남아국가들의 그 구성과는 큰 차이가 있었다. 중국의 10대 수입산업 중 한국과 일본의 비교우위가 동시에 크게 높아진 대표적인 산업은 철강(72), 철도 이외 운송장비(87) 등이었으며, 필리핀의 경우 전기전자(85), 말레이시아와 태국의 경우 핵반응기·보일러·기계(84)에 있어 비교우위가 크게 높아졌다.

일본의 10대 수입산업에서 중국과 한국이 비교우위를 가지는 산업들의 구성은 상이한 측면이 더 많았으며, 그 구성은 동남아국가와 동북아국가 간 비교에서도 비슷했다. 일본수입시장에서 중국과 한국 입장에서 공통적으로 비교우위지수가 크게 상승한 대표적인 산업은 핵반응기·보일러·기계(84), 플라스틱 및 관련 제품(39)이었으며, 동남아에서는 필리핀의 철도 이외 운송장비(87), 태국의 플라스틱 및 관련 제품(39),

싱가포르의 전기전자(85)를 들 수 있다.

한국의 10대 수입산업을 대상으로 할 때 중국과 일본이 비교우위를 가지는 산업 구성은 다소 유사했으나, 동북아와 동남아국가 간 비교우위 산업구성에 있어서는 큰 차이가 있었다. 중국의 경우 한국수입시장에서 비교우위가 크게 높아진 대표적인 산업은 전기전자(85), 핵반응기 · 보일러 · 기계(84)를 들 수 있으며, 일본의 경우 유기화학(29), 플라스틱 및 관련제품(39), 필리핀의 경우 핵반응기 · 보일러 · 기계(84), 싱가포르의 경우 전기전자(85), 철도 이외 운송장비(87)를 들 수 있다.

한편 국가 전체적인 차원에서 동아시아국가들의 역내 비교우위지수를 분석한 결과에 따르면, 일본의 경우 중국과 한국시장 모두에서 비교우위가 개선 중이며, 한국과 동남아국가들의 경우 일본시장에서는 비교우위가 개선 중이나 중국시장에서는 악화되었다. 또한 골토니언 회귀분석 결과에 따르면, 동아시아국가들의 한 · 중 · 일 시장에서의 비교우위는 각국의 평균적인 비교우위를 중심으로 수렴하고 있는 것으로 나타났다. 그러나 비교우위지수의 분포 변화를 분석한 결과는 한 · 중 · 일 3국 시장에서 동아시아 각국의 수출특화는 시간이 지남에 따라 커질 것이라는 것을 시사하고 있다.

## 12.4 요약 및 함의

이상의 논의로부터 다음과 같은 정책적 시사점을 도출할 수 있다. 첫째, 중국과 일본 수입시장구조 분석결과에 따르면, 한국은 주요 시장인 중국과 일본에 대한 수출에 있어 여전히 특정 산업 의존도가 높게 유지되고 있는데, 이러한 구조의 경우 중국과 일본 수요자의 선호 변화와 같은 외부충격에 취약할 수밖에 없다. 그런 의미에서 중국과 일본시장에 대한 수출상품을 다변화하고 이를 위해 비교우위 제품발굴에 지속적인 노력이 요구된다 하겠다. 둘째, 분석결과에 따르면 중국 주요 수입시장(10대 주요 수입산업군)에서 한국과 일본이 동시에 비교우위를 보이고 있는 품목이 많았다. 이는 중국 주요 시장에서 한국과 일본 간 경쟁관계가 높다는 것을 의미한다. 뿐만 아니라 중국시장에서의 일본의 평균적 RCA와 RSCA지수는 상승하는 추세인 반면, 한국의 지수는 하락하고 있는바, 중국시장에서 일본과의 경쟁에서 우위를 점할 수 있는 다양한 전략(중국 내수공략 전략 등)이 요구된다 하겠다. 특히 아직까지 한국의 대중수출의 많은 부분이 내수가 아닌 제3국 수출에 필요한 중간재 수출에 편중되어 있는데, 이러한 구조는 임금상승 등 중국의 비용측면에서의 경영여건 악화가 예상되는 상황에서 지속되기 어려울 것으로 예상된다. 이를 고려할 때 장기적 관점에서 중국 내수시장에서 일본 등 주요국과의 경쟁에서 이길 수 있는 전략수립(예를 들면, 중국 현지기업과의 공동 상품개발 등)이 요구된다 하겠다. 셋째, RCA와 RSCA 지수 추이 측면에서 볼 때, 일본시장에서 2000년대 이후 한국의 비교우위가 개선되고 있어 긍정적이나 중국 역시 지수가 개선되고 있고 2008년 기준으로 중국의 지수가 더 높게 유지되고 있다. 특히 일본의 10대 수입시장에서 비교우위에 있는 중국의 산업군은 1998년 2개에서 6개로 크게 확대되고 있으며, 또한 한국이 비교우위에 있는 산업들과 중복되는 부분도 많은 바, 일본시장에서 중국과의 경쟁에서 이길 수 전략 수립도 시급하다 하겠다. 넷째, 골토니언 분석결과, 한국의 경우 중국 및 일본수입시장에서 산업간 비교우위가 수렴하는 경향을 보이는 바, 이는 기업과 정부의 노력(연구개발 강화 등) 여하에 따라 현재 중국과 일본시장에서 비교열위에 있는 산업이 비교우위산업으로 전환될 가능성이 높다는 것을 의미한다. 이러한 맥락에서 볼 때, 중국과 일본시장에서 비교우위산업 발굴에 더욱 박차를 가할 필요가 있다 하겠다.

# 13 Chapter 동남아 수입시장에서 한 · 중 · 일의 경쟁관계[1]

중국의 경제규모가 날로 커지면서 중국경제가 세계경제에 미치는 영향 역시 더욱 확대되고 있다. 중국경제의 부상은 거대시장의 등장 및 세계경제의 또 다른 성장축 등장이라는 측면에서 긍정적으로 평가받고 있음과 동시에 중국과 제3시장에서 경쟁관계에 있는 개발도상국에 있어서는 위협적 측면으로 받아들여지기도 한다. 여타 동아시아국가들과 마찬가지로 중국 역시 수출에 크게 의존하여 성장하면서 미국, EU 등 주요 시장에서 중국과 여타 동아시아국가들 간 경쟁은 더욱 치열해지고 있다.

중국의 부상에 따른 여타 동아시아국가의 제3국 수출에 대한 영향과 관련된 연구는 학자들에 의해 수차례 이루어졌다. Sanjaya Lall 외(2004)는 1990~2000년 자료를 활용하여, 기술수준별로 상품을 분류하여 분석한 결과, 여타 아시아국가에 대한 중국의 위협은 저급기술 상품에 집중되고 있음을 보였다. 그들의 연구에 따르면 중급기술에 속한 상품에 있어서도 제3국시장에서 중국의 위협이 확대되고 있으나, 고급기술에 속한 상품에 있어서는 중국과 주변 아시아국가 간에 경쟁보다는 보완관계에 있다. Ahearne 외(2003)의 1981~2001년 자료 분석결과에 따르면, 일부 특정 상품에 있어서 중국과 주변 아시아 개도국 간 경쟁관계가 존재하기는 하나 전반적으로 경쟁보다는 보완관계가 지배적이었다. Holst 외(2004)는 1995~2000년 자료를 분석하였는데, ASEAN과 중국은 제3국시장에서 경쟁관계에 있으나, 장기적으로 세계화가 더욱 심화될 경우 중국과 여타 동아시아의 수출은 동반 성장이 가능하다고 주장하였다. 이외에도 Eichengreen 외(2004)는 1981~2001년 자료 분석 결과를 근거로, Greenaway 외

[1] 김완중, 2010, 동남아 수입시장에서 한 · 중 · 일의 경쟁관계 분석, 한중사회과학연구, 제8권 제1호의 내용 중 일부를 발췌하였음을 밝힌다.

(2008)는 1990~2003년 자료 분석을 토대로 제3국시장에 대한 중국 수출증가는 여타 아시아국가 수출을 대체하고 있다는 결론을 내렸다.[2]

지금까지 살펴본 기존 연구는 대부분 아시아국가들의 주요 수출시장인 미국, EU, 일본 등 선진국시장에서의 중국과 여타 아시아국가 간 수출경쟁관계 분석에만 집중되었다. 국가에 따라 차이는 있으나 동아시아 전체적으로 볼 때 2008년 기준으로 동아시아국가들의 총수출에서 동아시아 역내수출이 차지하는 비중이 40% 중반에 달할 만큼 동아시아국가들에 있어 동아시아 역내시장 역시 중요한 시장이 되고 있다. 일본 총수출에서 동남아 10개국에 대한 수출이 차지하는 비중은 1996년 18%에 달하였으며, 이후 다소 하락하여 2008년 12%대를 기록, 동남아는 2008년 기준으로 미국, 중국에 이어 일본의 3위 수출대상국이다. 중국에게도 동남아는 미국, 홍콩, 일본 다음으로 주요한 수출시장인바, 중국의 총수출에서 동남아 10개국에 대한 수출이 차지하는 비중은 1995년 10.4%에 달하였으며, 이후 중국의 수출다변화로 6~7%를 유지하고 있다. 한편 한국의 경우 동남아시장은 중국시장에 이어 두 번째로 큰 수출시장으로 총수출에서 동남아 10개국이 차지하는 비중은 2008년 11.7%로 개별국가 중 1위인 중국(21.7%)보다는 낮지만 미국(10.98%)보다 높았다([그림 13-1] 참조).

**그림 13-1 | 한·중·일의 ASEAN10 수출의존도 추이(대ASEAN수출/총수출)**

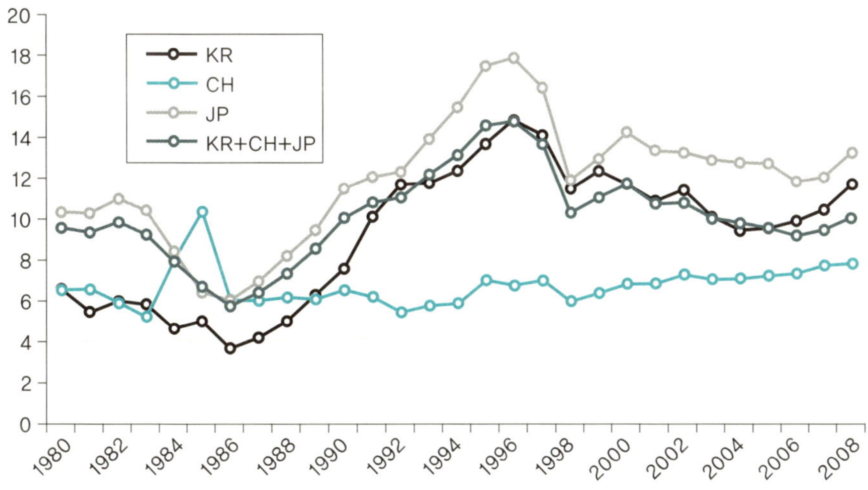


주: KR(한국)+CH(중국)+JP(일본)=한·중·일 대ASEAN10수출/한·중·일 총수출
자료: DOT CD-ROM, IMF 활용 계산

[2] 김완중(2009) 재인용

한・중・일 3국은 모두 ASEAN과 FTA를 체결할 만큼 ASEAN은 한・중・일 3국에 있어 중요한 통상파트너로 인식되고 있다. 즉 한・중・일 3국에 있어 동남아시아시장은 미국과 EU에 이어 주요 수출시장으로서 이들 국가 간 동남아시장에서의 경쟁관계는 미국이나 EU시장에서의 경쟁관계에 못지않게 각국에 중요한 정책적 함의를 갖는다.

동남아시장에서의 경쟁관계를 분석하는 것이 중요한 이유는 동 시장이 한・중・일 3국의 주요 시장일 뿐만 아니라 동남아시장에서의 동아시아국가 간 경쟁관계는 미국이나 EU 시장에서의 경쟁관계와 또 다른 의미를 가지기 때문이다. 즉 동아시아국가들의 경우 생산에 있어서 상호 분업관계가 강화되어 있어 동아시아시장에서 중국과 여타 아시아국가 간 경쟁 또는 보완관계는 미국, EU 등 제3시장에서와 다른 양상을 보일 수 있다.

이에 본 장에서는 동아시아 거대 시장 중 하나인 동남아시장에 있어서 중국과 여타 아시아국가 간 경쟁관계를 살펴보고자 한다. 즉 분석대상시장을 동남아시장으로 국한하고 동남아 수입시장에서 중국과 한국, 중국과 일본, 한국과 일본 간 상호 경쟁관계를 분석하고자 한다. 또한 국가에 따라서뿐만 아니라, 산업에 따라서도 경쟁 또는 보완관계가 다를 수 있다는 점을 고려하여 전체적 측면에서의 경쟁관계뿐만 아니라, 산업별 경쟁관계 분석을 병행하고자 한다.

이러한 분석은 중국과 여타 아시아국가 간 수출경쟁관계 분석을 미국이나 EU시장이 아닌 동남아시장을 대상으로 하고 있다는 점에서 기존연구와 차별성을 갖는다. 한국, 일본, 중국, 동남아국가 간에는 상호 분업관계가 긴밀화되고 있다는 점을 고려할 때, 한・중・일 3국 중 한 국가의 대동남아 수출증가는 여타 국가의 대동남아 수출을 확대시킬 가능성이 높은바, 이런 측면에서 동남아시장에서 중국과 이들 국가 간 경쟁관계는 미국이나 EU 등 제3시장에서 경쟁관계와 다를 수 있다. 또한 산업에 따라서도 경쟁관계가 다를 수 있는데, 동남아와 한・중・일 3국간 생산분업관계가 보다 긴밀한 산업일수록 한・중・일 3국은 동남아시장에서 경쟁보다는 보완관계를 보일 가능성이 더 높을 것으로 기대된다. 과연 그런가를 실증분석을 통해 확인해 보고자 한다.

한국, 중국, 일본은 경제발전 정도와 산업기술수준에 있어서의 차이로 인해 경쟁관계보다는 보완관계가 더 강할 것 같은데 과연 그럴까? 본 연구는 이러한 질문에 대해 간접적인 답을 제시할 수 있을 것이다. 한편 기존 연구가 특정 시장에서 중국과 여타 국가들 간 경쟁관계만을 분석하고 있는 것과 달리 본 연구는 특정 시장 즉 동남아시장에서 중국과 한국, 중국과 일본 간 경쟁관계뿐만 아니라 한국과 일본 간 경쟁관계도 분석하고 있는데, 이는 기존연구에 비해 갖는 또 다른 차별성이라 하겠다.

## 13.1 한·중·일의 동남아 수입시장점유율 추이

### 13.1.1 한·중·일의 ASEAN 국별 수입시장점유율 추이

ASEAN10 수입시장에서 한·중·일 3국의 점유율은 30%대로 ASEAN10, 미국, EU 등 어떤 국가나 지역블록의 점유율보다 높게 유지되고 있다. [그림 13-2]와 [그림 13-3]에서 보듯이 ASEAN에 대한 주요국들의 수출이 확대되고 있는 가운데 ASEAN 역내수출과 중국수출의 비중이 크게 확대되는 것을 확인할 수 있다. 한편 한·중·일 3국 전체의 ASEAN10 수입시장점유율은 소폭 상승하면서 일정하게 유지되고 있으나 내용상 큰 변화를 보이고 있다. 즉 일본의 점유율이 급격히 하락하는 대신 한국과 중국, 특히 중국의 시장점유율이 급격히 증가되는 등 ASEAN 시장을 놓고 일본과 중국 간

그림 13-2 | 주요국의 ASEAN10에 대한 수출액 추이 (단위: 백만 달러)

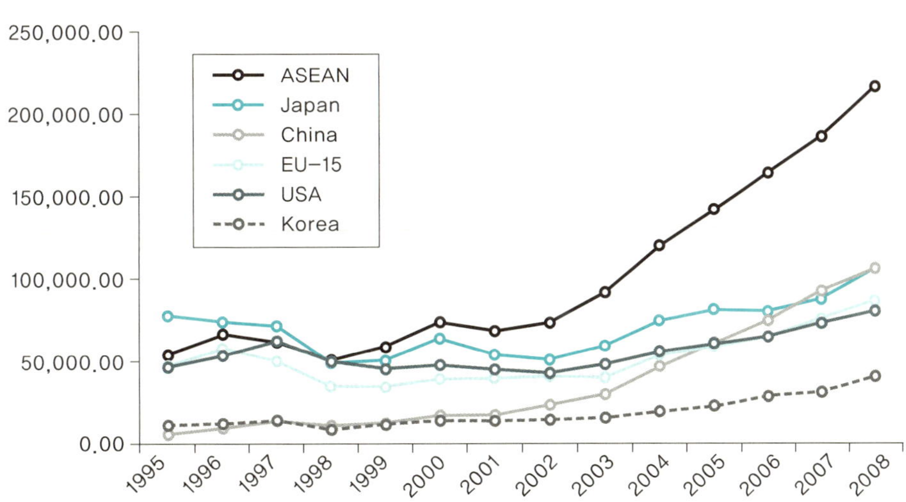

그림 13-3 | 주요국의 ASEAN10 수입시장점유율 추이

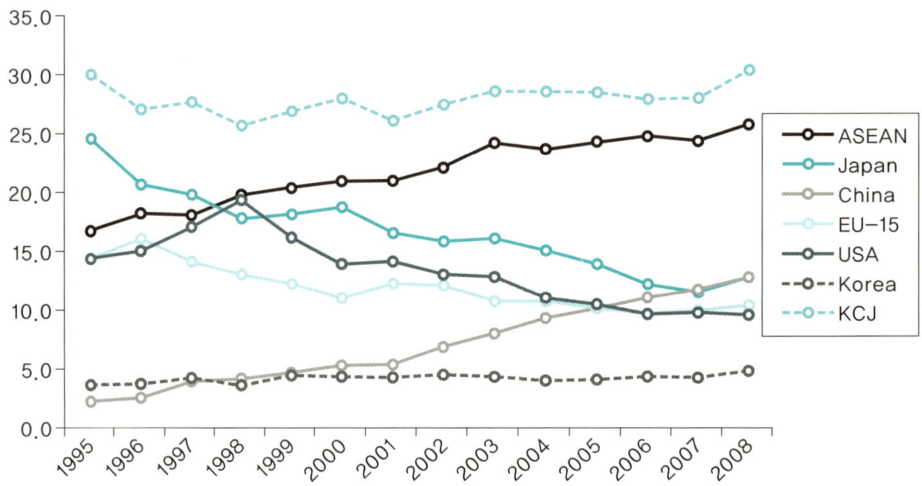


주: KCJ=한국, 중국, 일본의 비중의 합
자료: DOT CD-ROM, IMF 활용 계산

치열한 경쟁 양상에 있는 것으로 유추해 볼 수 있다. 2007년을 기점으로 ASEAN 수입시장점유율에 있어서 중국이 일본을 앞서고 있다.

그러나 이러한 단순한 시장점유율만을 근거로 일본의 시장점유율 하락과 중국의 시장점유율 상승을 직접적으로 연계시키는 데는 다소 주의할 필요가 있다. 왜냐하면 중국의 시장점유율 확대가 일본 이외 다른 국가들의 시장점유율을 대체한 것이고, 일본의 시장점유율 하락 역시 중국뿐만 아니라 여타 국가들에 의한 것일 가능성이 있기 때문이다.

한편 ASEAN에 대한 한·중·일 3국의 수입시장점유율을 국별로 살펴보면 다음과 같다([그림 13-4]~[그림 13-6] 참조). [그림 13-4]에서 보듯이 중국의 ASEAN 수입시장점유율은 대상국가에 관계없이 모든 국가에서 증가하고 있으며, 특히 2000년 이후 시장점유율이 급속히 확대되고 있다. 중국의 동남아 수입시장점유율은 한국, 일본, 미국 등에 의해 시장이 선점되었던 ASEAN5(인도네시아, 말레이시아, 필리핀, 태국, 싱가포르)보다는 인도차이나지역에서 월등히 높은 특징을 보이고 있다. 이는 인도차이나지역이 ASEAN5에 비해 시장이 늦게 개방되었을 뿐만 아니라 정치적 측면에서도 이들 국가와 중국 간 유대관계가 돈독했던 것에 기인한 것으로 보인다. 또한 중국의

주변국에 대한 정책[3] 역시 중국의 인도차이나 국가에 대한 교역 확대에 긍정적으로 작용한 것으로 보인다.

그림 13-4 | 중국의 ASEAN 수입시장점유율 추이

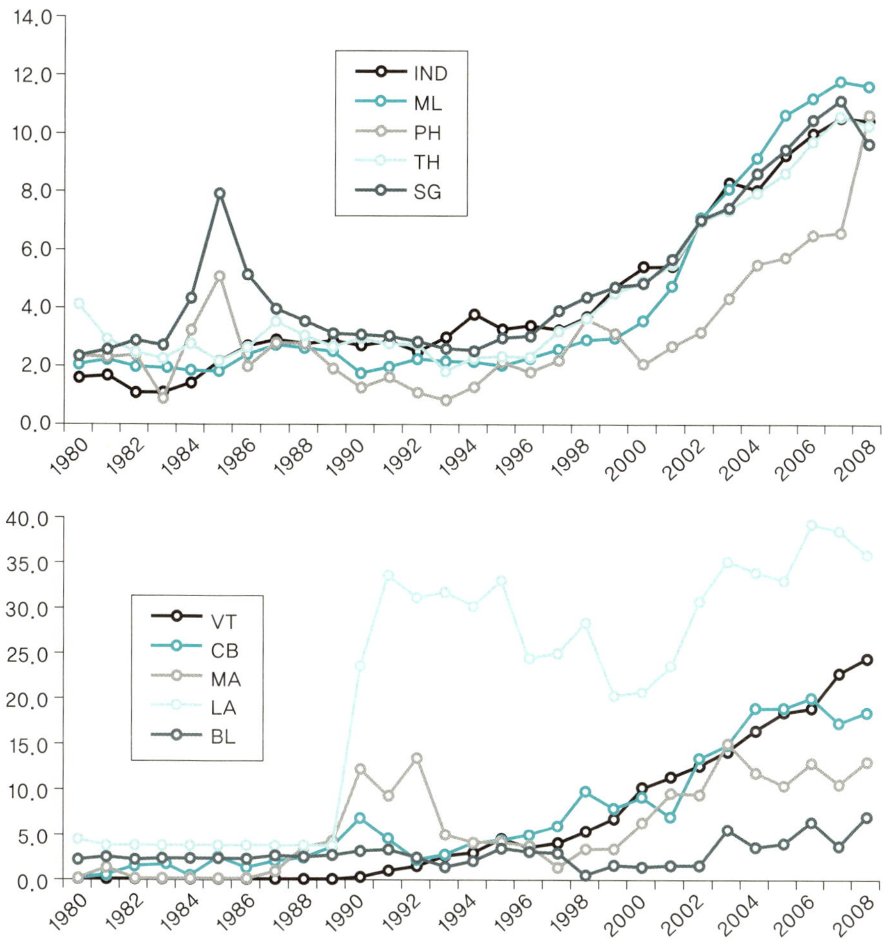


주: IND(인도네시아), ML(말레이시아), PH(필리핀), TH(태국), SG(싱가포르), VT(베트남), CB(캄보디아), LA(라오스), MA(미얀마), BL(브루나이)
자료: DOT CD-ROM, IMF 활용 계산

[3] 주변국가와 접경하고 있는 지역개발정책. 예를 들면 베트남과 인접하고 있는 운남성지역의 경우 중국의 중점개발지역으로 지정되었다. 또한 중국의 메콩강유역개발사업 참여 역시 같은 맥락에서 이해할 수 있다(운남성은 베트남, 라오스, 미얀마와 국경을 접함).

그림 13-5 | 일본의 ASEAN 수입시장점유율 추이

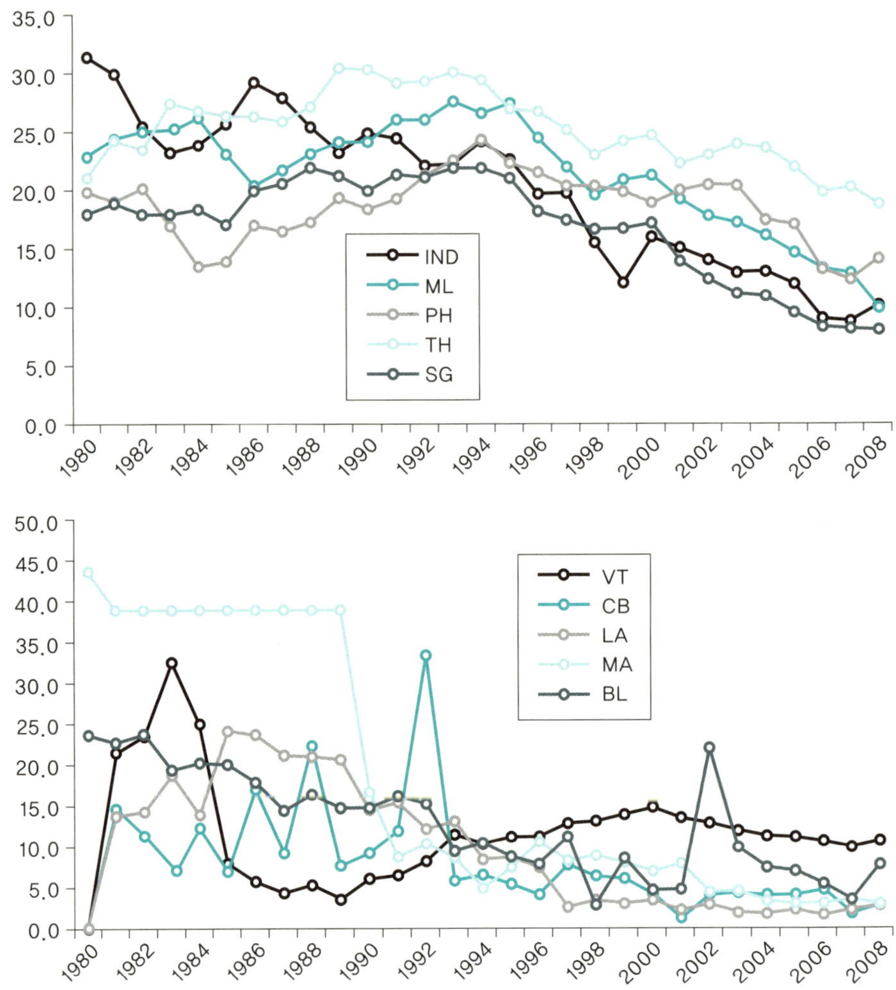


자료: DOT CD-ROM, IMF 활용 계산

일본의 ASEAN5 수입시장점유율은 1990년 중반까지 모든 국가에 있어서 20% 이상이었으나 이후 지속적으로 하락하였다. 2008년 기준으로 인도네시아, 말레이시아, 싱가포르 수입시장에서 일본의 시장점유율은 10% 초반에 머물렀다. ASEAN5 모든 국가에 있어서 일본의 시장점유율이 하락하고 있지만, 태국의 경우 여전히 일본의 시장점유율이 20%대를 유지하는 특징을 보이고 있다. 이는 일본의 ASEAN 전략에서 태국이 갖는 의미를 반증하는 것이라 할 수 있다. 태국은 여타 ASEAN5 국가뿐만 아니라 인

도차이나 국가들과 접하고 있고, 중국 및 인도에 대한 접근이 용이한바 일본기업들이 ASEAN 진출 및 ASEAN시장 공략 전략 수립 시 태국의 이러한 입지적 측면을 높이 평가하고 있는데, 태국시장에서의 높은 시장점유율 유지는 그러한 측면과 관계가 있는 것으로 보인다. 한편 캄보디아, 라오스, 미얀마 등 인도차이나 대부분 국가 수입시장에서 일본의 시장점유율은 ASEAN5에 비해 훨씬 낮은 5% 미만을 유지하고 있다. 그렇지만 베트남수입시장에서의 일본의 시장점유율은 1980년 이후 지속적으로 증가하여 2008년 기준으로 15%선을 유지하고 있어 여타 인도차이나 국가들에서와 대조를 보이고 있다.

한편 한국의 ASEAN5 국가 수입시장점유율은 1980년 이후 지속적으로 상승하였으나, 중국의 시장점유율이 확대되는 2000년 초반 이후 정체 내지 하락하고 있다. 그러나 한 가지 두드러진 특징은 한국의 ASEAN5 국가 수입시장점유율에서 2000년 초반까지 가장 낮은 비율을 보였던 싱가포르 수입시장에서의 점유율이 빠르게 확대되고 있다는 점이다. 또한 한국의 인도차이나 수입시장점유율은 1990년 중반까지 급증하

**그림 13-6 | 한국의 ASEAN 수입시장점유율 추이**

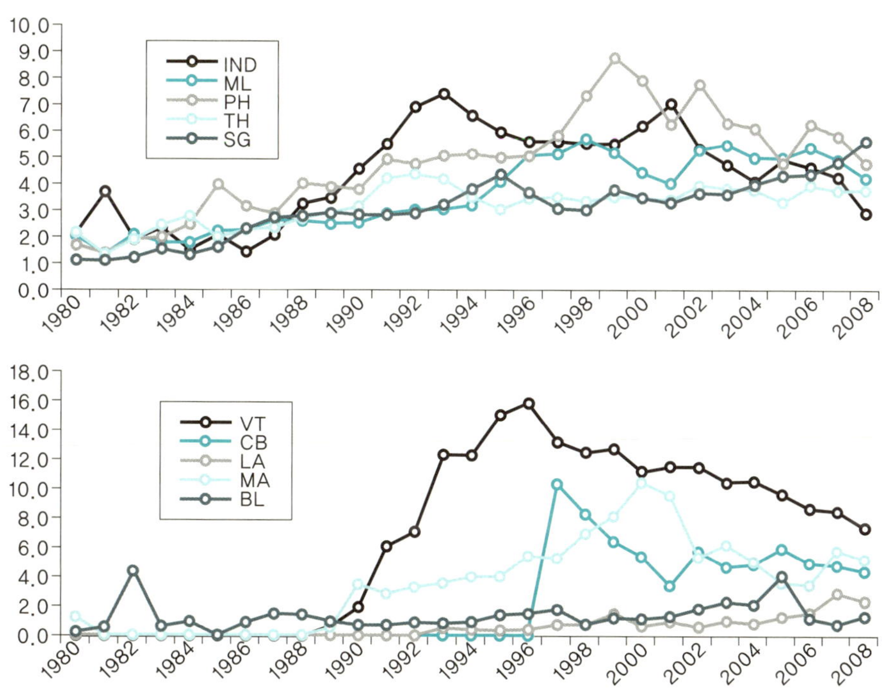


자료: DOT CD-ROM, IMF 활용 계산

였는데, 특히 베트남 수입시장점유율이 높게 유지되었다. 그러나 1990년대 중반 이후 인도차이나 수입시장점유율이 하락하는 추세를 보이고 있으며, 특히 라오스 수입시장 점유율은 매우 저조하다. 인도차이나 수입시장에서의 점유율 하락은 동 시장에서 중국의 점유율 확대와 관계가 깊어 보인다.

### 13.1.2 산업별 ASEAN 수입시장구조 및 한·중·일의 점유율 변화

2010년 기준으로 지난 10년 넘게 ASEAN 수입시장구조에는 큰 변화가 없었다([표 13-1] 참조). 전기기기와 그 부분품(HS 85), 광물성연료, 광물유 등(27), 원자로·보일러·기계류 및 이들의 부분품(84), 철강(72), 철도 또는 궤도용 이외의 차량 및 그 부분품과 부속품(87), 플라스틱 및 그 제품(39)이 주요 수입품목을 구성하고 있다. 그러나 수입구조에서 발견되는 특징은 2001년 전체 수입액의 30.4%를 차지했던 전기기

**표 13-1 ASEAN 수입시장구조 변화: 전체 수입시장에서 각 산업 비중**

| HS 2digit | 1996 | 2001 | HS 2digit | 2007 | 2008 |
|---|---|---|---|---|---|
| 85 | 26.0 | 30.4 | 85 | 23.7 | 20.0 |
| 84 | 19.7 | 17.6 | 27 | 16.1 | 17.6 |
| 27 | 7.4 | 11.1 | 84 | 14.0 | 14.3 |
| 87 | 4.4 | 2.9 | 72 | 3.7 | 4.7 |
| 72 | 3.6 | 2.2 | 39 | 2.6 | 2.8 |
| 39 | 2.6 | 2.7 | 87 | 2.5 | 3.2 |
| 29 | 2.3 | 2.5 | 29 | 2.3 | 2.1 |
| 90 | 2.2 | 2.4 | 90 | 2.2 | 2.1 |
| 88 | 1.9 | 1.9 | 73 | 1.8 | 2.2 |
| 73 | 1.9 | 1.6 | 71 | 1.5 | 2.1 |
| 상위 10 | 72.0 | 75.3 | 상위 10 | 70.4 | 71.1 |
| 기타 | 28.0 | 24.5 | 기타 | 29.7 | 29.0 |

주: 85(전기기기와 그 부분품), 84(원자로, 보일러, 기계류 및 그 부분품), 87(철도 또는 궤도용 이외의 차량 및 그 부분품과 부속품), 27(광물성연료, 광물유, 이들의 증류물, 역청물질, 광물성왁스), 39(플라스틱 및 그 제품 ), 29(유기화학품), 90(광학 및 사진용 기기, 영화용 및 측정기기, 검사 및 정밀기기, 의료용기기 및 그 부분품과 부속품), 72(철강), 73(철강제품), 71(진주, 귀석·반귀석, 귀금속, 귀금속 입힌 금속, 주화 등)

자료: ASEAN Statistical Yearbook, 2003, 2008, ASEAN Secreteriat.

기와 그 부분품(85)의 비중이 2008년 20%로 크게 축소되었으며, 철도 또는 궤도용 이외의 차량 등(87) 경우도 17.6%에서 14.3%로 축소되었다는 것이다. 반면 2001년 그 비중이 11.1%였던 광물성연료, 광물유 등(27)은 2008년 17.6%로 크게 확대되었고, 철강(72) 역시 2.2%에서 4.7%로 비중이 확대되어, 주요 수입품목의 전체적인 구성에는 큰 변화가 없으나 주요 수입품목 내 비중에 있어서는 일정 정도의 변화가 있었다.

앞에서 살펴보았듯이 ASEAN10 전체 수입시장에서 한·중·일 3국이 차지하는 비중이 30%를 상회하고 있을 만큼, ASEAN 주요 수입품목 수입액에서 한·중·일 3국으로부터의 수입액이 차지하는 비중 역시 높게 유지되고 있다([표 13-2] 참조). ASEAN의 주요 수입품목에 있어서도 일본의 비중은 축소되는 반면 중국의 비중은 크게 확대되고 있음을 확인할 수 있다([표 13-2] 참조). 2008년을 기준으로 할 때, ASEAN의 주요 수입품목 중 일부 품목을 제외한 대부분 품목에 있어서 중국의 수입시장점유율이 일본의 수입시장점유율을 상회하였다. 한편 ASEAN 주요 수입품목 수입액에서 한국이 차지하는 비중에는 큰 변화가 없으나, 전기기기와 그 부분품(85)에 있어서의 비중 증가와 철강(72)에 있어서의 비중 감소가 두드러진다.

**표 13-2 ASEAN 주요 수입품에 대한 한·중·일 3국의 시장점유율**

| | 일본 | | 중국 | | 한국 | |
|---|---|---|---|---|---|---|
| HS 2digit | 2001 | 2008 | 2001 | 2008 | 2001 | 2008 |
| 85 | 18.3 | 14.7 | 6.4 | 18.4 | 5.8 | 8.8 |
| 84 | 23.2 | 19.2 | 7.5 | 20.0 | 2.4 | 2.6 |
| 72 | 32.1 | 25.7 | 4.4** | 20.2 | 10.0 | 7.8 |
| 39 | 23.5 | 19.5 | 3.9 | 9.8 | 7.4 | 7.0 |
| 29 | 13.3 | 10.0* | 4.1 | 11.9 | 6.9 | 6.0 |
| 73 | 27.3 | 24.3 | 6.3 | 21.7 | 4.9 | 6.6 |
| 전산업 | 16.8 | 12.9 | 6.4 | 12.9 | 4.2 | 4.9 |

주: 1.*2007년 비중, **2000년 비중
2. 85(전기기기와 그 부분품), 84(원자로, 보일러와 기계류 및 이들의 부분품), 39(플라스틱 및 그 제품), 29(유기화학품), 72(철강), 73(철강제품)
3. 2008년 비중은 preliminary data 근거로 산출
자료: ASEAN Statistical Yearbook, 2003, 2008, ASEAN Secreteriat 활용 계산

## 13.2 동남아 수입시장에서의 한·중·일 국가 간 경쟁 및 보완관계

지금까지는 시장점유율을 이용하여 한·중·일 3국간 ASEAN시장에서의 경쟁관계에 대해 논의하였다. 그러나 특정 시장에서 두 국가 간 시장점유율 변화 비교를 근거로 두 국가가 경쟁관계에 있는지 보완관계에 있는지 판단하는 데는 분명한 한계가 있다. 만약 ASEAN에 수출하는 다른 나라들의 ASEAN 수입시장점유율이 일정한 상태에서 A국가(예: 한국)의 ASEAN 시장점유율이 축소되고, B국가(예: 중국)의 ASEAN 시장점유율이 확대되었다면, A국가가 B국가를 구축(crowding-out)했다고 할 수 있다.

그러나 다음과 같은 상황을 고려해 보자. 사실은 A(예: 한국)라는 국가의 ASEAN 수입시장 내 점유율 축소는 C(예: 대만)라는 국가의 시장점유율 확대와 직접적으로 관계가 있고, B(예: 중국)라는 국가의 시장점유율 확대는 D(예: 인도)의 시장점유율 축소와 관계가 있다고 하자. 그런데 연구자가 ASEAN시장에서의 A국가의 시장점유율 축소와 B국가의 시장점유율 확대 결과만 보고 두 국가가 경쟁관계에 있다고 주장하는 것은 분명 잘못된 것이라 할 수 있다. 즉 단순히 특정 시장에서 특정 두 국가 간 시장점유율 비교만을 가지고 경쟁관계를 분석할 경우 상기 예에서와 같은 오류를 범할 수 있다. 이렇듯 특정 시장에서 특정 두 국가 간 경쟁관계 또는 보완관계를 분석한다는 것은 매우 어려운 일이라 할 수 있다. 상기와 같은 오류를 줄이기 위해서는 단순한 기술적 분석을 넘어서 모형에 근거한 분석이 필요하다 할 수 있다.

Eichengreen 외(2004)는 제3국시장에서 중국과 여타 아시아국가 간 경쟁관계를 분석하기 위해서 중력모형을 이용하였다. 그들은 기본적인 중력모형에다 중국의 제3국시장에 대한 수출변수를 추가함으로써 제3국시장에서 중국의 수출증가가 여타 아시아국가들의 제3국시장에 대한 수출을 얼마나 구축하는지를 분석하였다. 한편 Ahearne 외(2003)는 전통적인 수출함수를 바탕으로 중국을 제외한 여타 아시아국가의 제3국시장 수출증가율을 종속변수로 하고 수출대상국의 소득증가율, 수출국가의 실질실효환율 변화율, 제3시장에 대한 중국의 수출증가율을 독립변수로 하여 회귀분석을 실시하여, 마지막 설명변수(즉 중국의 제3시장에 대한 수출증가율)의 계수 추정치를 근거로 제3수출시장에서 중국수출의 여타 국가 수출 구축 정도를 분석하였다.

본 절에서는 Eichengreen 외(2004)와 마찬가지로 중력모형에 기반하여 ASEAN 시장에서 한국, 중국, 일본 간 경쟁관계를 살펴본 김완중(2010)의 분석결과를 살펴보고자 한다.

1998~2008년 자료를 분석한 결과에 따르면, 산업 전체적으로 동 기간 중국의 대ASEAN 수출이 1% 증가할 때 한국의 대ASEAN 수출은 2.48% 감소한 것으로 나타났다. 반면 산업 전체적으로 한국의 대ASEAN 수출이 1% 증가하면 중국의 대ASEAN 수출은 약 2.1% 감소하는 것으로 나타났다. 즉 분석결과에 따르면 ASEAN 수입시장에서 한국과 중국은 전체적으로 보완관계가 아닌 경쟁관계에 있음을 알 수 있다. 다음으로 ASEAN 수입시장에서 중국과 일본 간 경쟁관계에 대한 실증분석 결과에 따르면, 중국의 대ASEAN 수출이 1% 증가하면 일본의 대ASEAN 수출은 1.4% 감소한 것으로 나타났다. 반면 일본의 대ASEAN 수출이 1% 증가하면 중국의 대ASEAN 수출은 1.75% 감소하는 것으로 나타나 전체적으로 중국과 일본 역시 ASEAN 수입시장에서 보완관계보다는 경쟁관계에 있는 것으로 드러났다. 한 가지 흥미로운 한 가지 결과는 한·중 경쟁관계와 중·일경쟁관계에 있어서 구축(crowding-out) 정도, 달리 말하면 탄력성의 크기가 유사하다는 것이다.

또 다른 것은 중국의 대ASEAN 수출이 한국과 일본의 대ASEAN 수출에 미치는 영향보다는 한국과 일본의 대ASEAN 수출이 중국의 대ASEAN 수출에 미치는 영향이 더 크다는 것이다. ASEAN 수입시장에서 한국과 일본 간 경쟁관계는 어떠한가? 분석결과를 근거로 결론부터 말하면 예상했던 바와 같이 한국과 일본은 ASEAN시장에서 매우 높은 경쟁관계에 있다고 할 수 있다. 일본의 대ASEAN 수출이 1% 증가하면 한국의 대ASEAN 수출은 2.78% 감소하고, 한국의 대ASEAN 수출이 1% 증가하면 일본의 대ASEAN 수출은 3.08% 감소하는 것으로 나타났다. 이렇듯 한·일 간 경쟁관계를 나타내는 탄력성 추정치가 한·중 또는 중·일 경쟁관계를 보여주는 탄력성 추정치보다 높은 것은 한·일 양국의 대ASEAN 수출구조가 한·중 또는 중·일 양국의 대ASEAN 수출구조에 비해 보다 경쟁적으로 이루어져 있음을 의미한다.

한편, 한국, 중국, 일본 3국의 동남아 수입시장에서의 경쟁 또는 보완관계는 산업군별로 차이가 있는 것으로 나타났다. 첫째, 동남아 수입시장에서의 한국과 중국 간 상호보완관계에 있는 산업군(한국의 수출증가가 중국의 수출에 긍정적인 영향을 주고,

동시에 중국의 수출증가가 한국의 수출에 긍정적인 영향을 주는 산업군)은 HS 2단위 기준으로 할 때 총 8개, 상호경쟁관계에 있는 산업군(한국의 수출증가가 중국의 수출에 부정적인 영향을 주고, 동시에 중국의 수출증가가 한국의 수출에 부정적인 영향을 주는 산업군)은 총 7개로 개수에 있어서는 별다른 차이가 없었다. 그럼에도 불구하고 전체적으로 경쟁관계에 있다는 것은 이들 국가의 대동남아 주요 수출품에 있어서 관계가 경쟁적이다는 것을 의미한다. 실제로 ASEAN의 주요 수입산업군의 경우 경쟁적 산업군이 대부분이었다. 둘째, 한국과 일본 간 관계에 있어서는 상호보완관계에 있는 산업군 수는 5개, 상호경쟁관계 산업군은 9개로 보완관계보다는 경쟁관계에 있는 산업군 수가 훨씬 많았다. 셋째, 일본과 중국 관계에 있서는 상호보완관계에 있는 산업군 수는 8개, 상호경쟁관계에 있는 산업군 수는 10개로 그 수에 있어서는 큰 차이가 없었다. 그럼에도 불구하고 전체적으로 양국 간 관계가 경쟁적인 것은 양국의 대동남아 주요 수출품에 있어서 상호보완적 관계보다는 상호경쟁적 관계가 더 강했다는 것을 의미한다. 다음으로 한국, 중국, 일본 3국 모두에 있어서 상호 보완적 관계에 있는 산업군 수는 2개(9: 목재와 그 제품 등, 20: 잡품)에 불과한 것으로 나타났다.

또한 동남아 주요 수입품시장에서 한국과 중국 간 상호경쟁관계가 가장 높은 산업군(즉 중국수출 증가와 동시에 한국수출 감소 산업군 중 통계적 유의성 있는 산업)은 플라스틱 및 고무와 그 제품들의 산업군과 식물성 생산품 산업군이었다. 동남아 주요 수입품시장에서 한국과 일본 간 상호경쟁관계가 가장 높은 산업군(즉 일본수출 증가와 동시에 한국수출 감소 산업군 중 통계적 유의성 있는 산업)은 산동물 및 동물성 생산품산업군과 조제식료품과 음료, 알콜, 식초, 담배, 제조한 담배 대용물 산업군이었다. 다음으로 동남아 주요 수입품시장에서 일본과 중국 간 상호경쟁관계가 가장 높은 산업군(중국수출 증가와 동시에 일본수출 감소 산업군 중 통계적 유의성 있는 산업)은 광물성 생산품 산업군과 목재펄프, 기타 섬유질 셀룰로스 재료의 펄르 등 산업군이었다.

한편 동남아 주요 수입품시장에서 한국과 중국 간 상호보완관계가 가장 높은 산업군(중국수출 증가와 동시에 한국수출 증가 산업군 중 통계적 유의성 있는 산업)은 석(石)제품, 플라스틱, 시멘트, 석면 등 산업군과 잡품 산업군이었다. 동남아 주요 수입품시장에서 한국과 일본간 상호보완관계가 가장 높은 산업군(일본수출 증가와 동시에 한국수출 증가 산업군 중 통계적 유의성 있는 산업)은 방직용 섬유와 그 제품 산업군과 예술품, 수집품과 골동품 산업군이었다. 다음으로 동남아 주요 수입품시장에서 일본과 중국 간 상호보완관계가 가장 높은 산업군(중국수출 증가와 동시에 일본수출 증가 산업군 중 통계적 유의성 있는 산업)은 식물성 생산품 산업군과 목재와 그 제품, 목탄, 코르크와 그 제품 등 산업군이다.

한국의 대동남아 수출 중 주요 품목을 중심으로 보다 구체적으로 경쟁관계를 살펴보면, HS 84와 HS 85로 구성된 산업군(기계류와 전기기기 및 그 부분품, 녹음기, 텔레비전의 영상 및 음향기기 및 그 부분품)의 경우, 중국의 대동남아 수출이 1% 증가하면 한국의 대동남아 수출 역시 0.11% 상승하는 반면 한국의 대동남아 수출이 1% 증가할 때 중국의 대동남아 수출은 0.07% 감소한다. 한편 일본의 대동남아 수출이 1% 증가할 때 한국의 대동남아 수출은 0.15% 상승하는 반면 한국의 대동남아 수출이 1% 증가할 때 일본의 대동남아 수출은 0.28% 감소하는 것으로 나타났다. 또한 HS 72~83로 구성된 산업군(비(卑)금속과 그 제품)의 경우, 중국의 대동남아 수출이 1% 증가할 때 한국의 대동남아 수출은 무려 39.2% 증가하는 반면 한국의 대동남아 수출이 1% 증가할 때 중국의 대동남아 수출은 0.14% 감소하였다. 그리고 일본의 대동남아 수출이 1% 증가할 때 한국의 대동남아 수출 역시 5.52% 상승하나, 한국의 대동남아 수출이 1% 증가할 때 일본의 대동남아 수출은 0.01% 감소하였다. 그리고 HS 39~40로 구성된 산업군(플라스틱과 그 제품 및 고무와 그 제품)의 경우, 중국의 대동남아 수출이 1% 증가하면, 한국의 대동남아 수출은 8.07% 감소하고, 한국의 대동남아 수출이 1% 증가할 때 중국의 대동남아 수출역시 3.53% 감소하였다. 그리고 일본의 대동남아 수출이 1% 증가하면 한국의 대동남아 수출은 0.58% 감소하나, 한국의 대동남아 수출이 1% 증가하면 일본의 대동남아 수출 역시 1.07% 증가하는 것으로 나타났다. 주요 산업에서 발견되는 이러한 비대칭적(asymetric) 관계는 한 · 중 · 일 3국의 각 산업군의 세부 구성에 있어서의 차이 등을 반영하고 있는 것으로 보인다.

## 13.3 요약 및 함의

이상의 논의를 요약하면 다음과 같다. 1998~2008년 자료를 분석한 김완중(2010b)에 따르면, 대동남아 수출 전체에 있어서는 한·중·일 3국은 보완관계보다는 상호경쟁관계에 있었다. 이러한 결과는 미국, 일본 등 시장에서 중국의 수출이 여타 아시아국가들의 수출을 구축한다는 Sanjaya Lall 외(2004), Holst 외(2004), Eichengreen 외(2004), 그리고 Greenaway 외(2008) 등 기존연구와 일치한다 하겠다. 또한 동남아 수입시장에서 한·중·일 3국 상호 간 경쟁 정도를 살펴보면, 한·일 간 경쟁관계가 한·중 간 경쟁관계나 중·일 간 경쟁관계보다 높다는 것을 확인할 수 있었다. 결론적으로 말하면, 한·중·일 3국과 ASEAN 간 긴밀한 생산네트워크에도 불구하고, 미국, 일본 등 제3시장에서와 마찬가지로 동남아시장에서 역시 중국의 수출이 한국과 일본의 수출을 구축하고 있는 것으로 나타났다.

한편 동남아 수입시장에서 한·중·일 3국의 경쟁관계는 산업별로 차별성이 존재했다. 즉 경쟁관계에 있는 산업과 보완관계에 있는 산업이 병존하고 있었다. 한·중, 중·일 간 경쟁관계에 있는 산업군 수는 보완관계에 있는 산업군 수와 별다른 차이가 없었다. 그러나 한·일 간 관계에 있어서는 경쟁관계에 있는 산업군 수가 보완관계에 있는 산업군 수보다 월등히 많아 전체적으로 동남아시장에서 한·일 간 관계는 보완보다는 경쟁관계에 있다는 전체산업 대상 분석결과를 지지하였으며, 특히 한·중, 중·일보다 한·일 간 경쟁관계가 더 높다는 결과와도 일맥상통한다 할 수 있다.

**부표 13-1 산업군별 HS 2digit 기준 구성 산업**

| | |
|---|---|
| 1(HS1~5) | 산동물 및 동물성 생산품 |
| 2(6~14) | 식물성 생산품 |
| 3(15) | 동물성의 유지 및 분해 생산물, 조제식용지와 동식물성의 납 |
| 4(16~24) | 조제식료품과 음료, 알콜, 식초, 담배, 제조한 담배 대용물 |
| 5(25~27) | 광물성 생산품 |
| 6(28~38) | 화학공업 또는 연관공업의 생산품 |
| 7(39~40) | 플라스틱과 그 제품 및 고무와 그 제품 |
| 8(41~43) | 원피, 가죽, 모피 및 이들의 제품, 마구, 여행용구, 핸드백, 기타 유사품, 동물거트의 제품 |
| 9(44~46) | 목재와 그 제품, 목탄, 코르크와 그 제품, 짚, 에스파로토, 기타 조물재료제품, 농, 지조 세공물 |
| 10(47~49) | 목재펄프, 기타 섬유질셀룰로스재료의 펄프 및 지, 판지의 웨이스트와 스크랩, 지와 판지 그 제품 |
| 11(50~63) | 방직용 섬유와 그 제품 |
| 12(64~57) | 신발류, 모자류, 산류, 지팡이, 시트스틱 채찍 및 그 부분푸, 조제우모와 그 제품, 조화, 인모제품 |
| 13(68~70) | 석, 플라스틱, 시멘트, 석면, 운모 및 그 제품, 모조신변장식용품과 주화 |
| 14(71) | 진주, 귀석, 반귀석, 귀금속, 귀금속입힌 금속, 그 제품, 모조신변장식용품과 주화 |
| 15(72~83) | 비(卑)금속과 그 제품 |
| 16(84~85) | 기계류와 전기기기 및 그 부분품, 녹음기, 텔레비전의 영상 및 음향기기 및 그 부분품 |
| 17(86~89) | 차량, 항공기, 선박과 수송기기관련품 |
| 18(90~92) | 광학기기, 사진용기기, 영화용기기, 측정기기, 검사기기, 정밀기기, 의료용기기, 시계, 악기, 그 부분품 |
| 19(93) | 무기, 총포탄 및 그 부분품과 부속품 |
| 20(94~96) | 잡품 |
| 21(97~99) | 예술품, 수집품과 골동품 |

자료: 한국무역협회, 무역통계 DB

# 14 Chapter 동남아에 대한 한·중·일의 생산공정별 수출구조와 경쟁관계[1]

중국의 WTO 가입 이후 세계수출시장에서 중국의 영향력은 크게 확대되고 있다. 세계 총수출에서 중국수출이 차지하는 비중은 1998년 3.4%, 2003년 5.8%, 2008년 8.9%로 점점 더 높아지고 있다. 세계수출시장에서 중국의 비중 확대는 필연적으로 여타 국가들의 비중 축소를 가져온다. 중국의 세계 시장점유율 확대는 여타 국가들의 세계수출을 구축할 수 있어, 수출에 있어 중국과 경쟁관계에 있는 국가들의 경우 중국의 WTO 가입에 대해 크게 우려하기도 했다.

그러나 중국의 세계시장점유율 확대 그 자체가 반드시 여타 국가들의 세계수출을 축소시키거나 구축한다고 단정할 수는 없다. 왜냐하면 수출입확대를 통한 중국의 세계경제 편입으로 세계 잠재경제성장률이 높아져 세계교역이 확대되는 긍정적 효과와 더불어 중국의 높은 경제성장과정에서 중국의 수입 확대로 여타 국가들의 중국에 대한 수출 역시 확대되는 또 다른 긍정적 효과를 기대할 수 있기 때문이다.

그러한 긍정적인 효과에도 불구하고 제3국 시장에서 중국과 여타 국가 간 수출경쟁 격화 및 그 과정에서 중국산제품에 의한 여타 국가들의 제품이 구축될 가능성이 높으며, 실제 미국 등 주요 수출시장에서 그러한 사례들이 나타나고 있다. 중국제품에 의한 구축 여부는 여타 국가의 생산요소 부존 및 보유기술수준에 있어 중국과의 차이에 따라 국가별로 상이할 수 있으며, 같은 국가에 있어서도 산업별로 또는 생산단계별로도 다를 것이다. 특히 중국의 경우 노동집약적인 제품에 비교우위를 가지고 있으며, 또한 다국적기업들의 세계적 생산분할에 있어 중요한 위치에 있다는 점 등을

[1] 김완중, 2010, 동남아에 대한 한·중·일의 생산공정별 수출구조와 경쟁관계: 중국의 한일 수출 구축효과를 중심으로, 동남아시아연구, 제20권 제3호의 내용 중 일부를 발췌하였음을 밝힌다.

고려할 때 중국수출의 여타국가 수출 구축 여부와 그 정도는 국가와 산업별 또는 생산단계별 제품에 따라 다를 것으로 기대된다.

중국수출에 의한 여타 국가 수출의 구축 여부에 대한 대부분 기존 연구[2]에 따르면, 미국, 일본, EU 등 3국 시장에서 중국의 여타 국가 수출구축이 발생한 것으로 나타났다. 이와 관련된 기존 연구들은 대부분 미국, 일본 등 선진국시장을 분석대상으로 하고 있다. 다만, 제13장에서 보았듯이 김완중(2010b)의 경우 1998~2008년 연도별 수출입 자료를 이용하여, 한·중·일 3국의 대동남아 수출구조 및 동남아시장(동남아 10개국 중 미얀마를 제외한 9개국)에서의 경쟁관계를 산업군별(HS 2단위 기준 산업군)로 분석하였다. 그의 연구에 따르면, 전체적으로 한국 및 일본의 대동남아 수출은 중국의 수출에 의해서 구축되는 것으로 나타났다. 또한 그의 분석에 따르면 중국 수출의 한국 및 일본수출에 대한 구축효과가 산업별, 국가별로 차이가 있는 것으로 나타났다. 그러나 그 이유에 대한 설명은 제시되지 않고 있다. 그 차이는 국가와 산업에 있어서 생산요소 집약도의 차이와, 같은 산업에 있어서 일본 및 한국의 중국과의 생산기술 차이 등에 기인한 것으로 해석할 수 있다.

뿐만 아니라 한국과 일본에 있어 중국은 가장 큰 투자대상국이며, 이들 국가 소속의 중국 투자기업들이 생산한 제품들이 대부분 동남아를 포함한 제3국으로 수출되고 있다는 점 역시 그의 분석결과를 해석하는 데 있어서 고려되었어야 했다. 즉 중국수출의 한국 및 일본수출 구축은 중국현지기업(local company)에 의한 것일 수도 있으며, 중국 진출 외자기업(한국과 일본에서 진출한 기업 포함)에 의한 것일 수 있다. 그러나 중국수출의 2/3 정도가 외자기업에 의해서 이루어지고 있다는 점에서 전자보다는 후자에 의한 구축효과가 더 클 것으로 예상할 수 있다. 후자의 경우도 한국과 일본기업에 의한 것과 미국 등 여타 투자기업에 의한 것으로 나누어 생각할 수 있을 것이다. 후자 중에서 한국과 일본에서 진출한 기업에 의한 구축이라면, 한국의 대동남아 수출이 중국을 통해서 우회적으로 이루어진 것으로 해석할 수도 있다. 이 경우도 다시 두 가지로 나누어 볼 수 있다.

첫째는 한국에서 생산하여 동남아로 수출하던 기업이 중국에 진출한 후 중국에서

[2] Sanjaya Lall et al.(2004), Ahearne et al.(2003), Eichengreen et al.(2004), Greenaway et al.(2008). 이들 기존 연구결과에 대한 구체적 설명은 김완중(2010) 참조

상품을 생산 및 수출하는 경우이다. 이 경우 한국수출은 중국수출에 의해서 대체된다. 두 번째는 한국(또는 일본)과 중국에서 생산된 부품 및 부분품을 이용하여 최종재를 동남아에서 생산하는 것으로 이 경우(예를 들면, 동남아 현지기업 생산, 동남아진출 한국 또는 일본 등 외자기업에 의한 생산의 경우) 중국의 대동남아 수출과 한국(또는 일본)의 대동남아 수출은 동반 증가할 수 있다. 그러나 중국의 대동남아 수출을 현실적으로 위의 유형별(즉 중국현지기업 또는 중국진출 외자기업에 의한 수출)로 나눌 수 없기 때문에 김완중(2010b)의 분석결과를 단정적으로 해석할 수 없다. 다만, 중국의 대동남아 수출의 많은 부분이 다국적기업들의 생산분할 과정과 관계가 있다면, 동남아시장에서 중국수출에 의한 한국과 일본수출의 동반확대 및 구축효과는 생산공정별 제품에 따라 차이가 존재할 수 있다. 즉 중간재 수출의 경우와 최종재 수출의 경우에 있어서 그 차이가 있을 것으로 예상할 수 있다.

이에 본 장에서는 한・중・일 3국에 있어 중요한 수출시장 중 하나인 동남아시장을 대상으로, 동남아시장에서 3국의 생산공정별 수출구조가 어떻게 변화하고 있는가를 살펴보고, 중국수출에 의해 한국과 일본수출이 구축되고 있는지 여부와 그 정도를 생산공정별로 살펴보고자 한다.

## 14.1 한・중・일 3국의 대동남아 수출구조 변화

### 14.1.1 한・중・일의 수출에 있어 대동남아 수출 비중은 어떻게 변했는가?

[표 14-1]에서 볼 수 있듯이 한・중・일 3국의 수출에서 대동남아 수출이 차지하는 비중은 2010년 기준으로 지난 약 10년 동안 확대되었는데, 특히 중국의 동 비중 확대가 상대적으로 높았다. 1998년과 2008년을 비교하면 한국의 경우 동 비중이 거의 같으나, 중국의 경우 5.99%에서 8%로, 일본의 경우 12.02%에서 13.22%로 확대된 것을 확인할 수 있다. 즉 한・중・일 3국에 있어 수출시장으로서 동남아의 중요성은 높아

졌다고 할 수 있다.

동남아국가를 기존 ASEAN6 국가(인도네시아, 말레이시아, 태국, 필리핀, 싱가포르, 브루나이)와 나중에 ASEAN에 가입한 CLMV국가(캄보디아, 라오스, 말레이시아, 베트남)으로 나누어 살펴보면, 한·중·일 3국의 수출의 대부분은 기존 ASEAN6 국가에 집중되고 있음을 알 수 있다. 그러나 한국과 일본의 경우 전체 대동남아 수출에서 CLMV 국가 비중이 빠르게 높아지고 있다. 중국의 경우 전체 대동남아 수출에서 CLMV 국가 비중이 1998년 15.03%에서 2008년 16.25%로 높아진 데 반해, 한국의 경우 10.31%에서 17.04%로, 일본의 경우 3.33%에서 7.94%로 크게 높아졌다. 이는 한·중·일 3국의 대동남아 수출에 있어서 구조의 변화가 발생했음을 보여준다.

한·중·일 3국의 수출에서 대동남아 수출 비중을 국가별로 살펴보면, 3국 모두 베트남, 인도네시아, 태국 비중이 높아진 반면, 미얀마, 필리핀의 비중이 낮아졌다. 특히 중국의 경우 말레이시아와 필리핀, 일본의 경우 태국 비중 확대가 두드러졌다.

**| 표 14-1 | 한·중·일 각국 전체 수출에서 ASEAN이 차지하는 비중**

| | 중국 | | | 한국 | | | 일본 | | |
|---|---|---|---|---|---|---|---|---|---|
| | 1998 | 2003 | 2008 | 1998 | 2003 | 2008 | 1998 | 2003 | 2008 |
| 베트남 | 0.54 | 0.72 | 1.06 | 1.03 | 1.32 | 1.83 | 0.34 | 0.56 | 1.00 |
| 캄보디아 | 0.06 | 0.07 | 0.08 | 0.05 | 0.05 | 0.07 | 0.01 | 0.01 | 0.02 |
| 라오스 | 0.01 | 0.02 | 0.02 | 0.00 | 0.00 | 0.01 | 0.00 | 0.00 | 0.01 |
| 미얀마 | 0.29 | 0.21 | 0.14 | 0.11 | 0.09 | 0.06 | 0.05 | 0.03 | 0.02 |
| CLMV | 0.90 | 1.02 | 1.30 | 1.19 | 1.46 | 1.97 | 0.40 | 0.60 | 1.05 |
| 브루나이 | 0.00 | 0.01 | 0.01 | 0.01 | 0.02 | 0.02 | 0.02 | 0.02 | 0.02 |
| 인도네시아 | 0.64 | 1.02 | 1.20 | 1.34 | 1.74 | 1.86 | 1.11 | 1.52 | 1.61 |
| 말레이시아 | 0.87 | 1.40 | 1.50 | 2.71 | 1.98 | 1.36 | 2.40 | 2.38 | 2.10 |
| 필리핀 | 0.82 | 0.71 | 0.64 | 2.14 | 1.53 | 1.18 | 1.87 | 1.91 | 1.27 |
| 싱가포르 | 2.12 | 2.02 | 2.26 | 3.06 | 2.38 | 3.82 | 3.81 | 3.15 | 3.40 |
| 태국 | 0.64 | 0.87 | 1.09 | 1.09 | 1.30 | 1.35 | 2.41 | 3.40 | 3.77 |
| ASEAN6 | 5.09 | 6.03 | 6.70 | 10.35 | 8.95 | 9.59 | 11.62 | 12.38 | 12.17 |
| ASEAN10 | 5.99 | 7.05 | 8.00 | 11.54 | 10.41 | 11.56 | 12.02 | 12.98 | 13.22 |

자료: DOT CD-ROM, IMF 이용 계산

### 14.1.2 한 · 중 · 일의 생산단계별 대동남아 수출구조는 어떻게 변했는가?

생산단계별 대동남아 수출구조를 보기에 앞서 먼저 생산단계별 제품이 어떻게 구성되는지 알아보자. 생산공정별 제품은 제6장의 [표 6-2]에서 볼 수 있듯이 1차산품, 중간재, 그리고 최종재 3단계로 분류된다. 중간재는 다시 반제품, 부품 및 부분품으로 나눌 수 있으며, 최종재의 경우 자본재와 소비재로 나눌 수 있다. 본 절에서는 생산공정별 제품 중 중간재(반제품, 부품 및 부분품)와 최종재(자본재, 소비재)를 중심으로 동남아시장에서 중국, 한국 그리고 일본 수출 간 관계를 살펴보고자 한다.

한국, 중국, 일본 3국의 동남아(ASEAN 10)에 대한 수출에 있어서 특징은 중간재 비중이 최종재 비중에 비해 크게 높다는 것이다([표 14-2]~[표 14-4] 참조). 특히 한국과 일본의 경우 중간재가 높은 비중을 차지하고 있다. 중국의 경우에도 중간재 비중이 최종재에 비해 다소 높지만 한국과 일본에 비해서는 그 비중이 낮은 편이다. 이는 한국, 중국, 일본 등 동북아국가로부터 중간재와 자본재를 수입한 후 최종재를 생산하여 미국, EU 등 선진국으로 수출하는 동남아국가들의 교역에 있어서의 특징이 반영된 것이라 할 수 있다.

**표 14-2 생산단계별 한국의 대동남아 수출 비중 추이** (단위: %)

| | 중간재 | | | 최종재 | | | 1차산품 |
|---|---|---|---|---|---|---|---|
| | 반제품 | 부품 및 부분품 | 소계 | 자본재 | 소비재 | 소계 | |
| 1998 | 34.7 | 45.9 | 80.5 | 14.0 | 4.7 | 18.7 | 0.3 |
| 1999 | 32.6 | 45.7 | 78.3 | 14.8 | 6.0 | 20.7 | 0.4 |
| 2000 | 34.5 | 44.1 | 78.5 | 13.8 | 6.7 | 20.4 | 0.5 |
| 2001 | 36.8 | 36.3 | 73.2 | 18.5 | 7.2 | 25.8 | 0.5 |
| 2002 | 35.2 | 37.1 | 72.3 | 20.2 | 6.5 | 26.6 | 0.5 |
| 2003 | 33.2 | 37.6 | 70.8 | 21.0 | 7.1 | 28.1 | 0.4 |
| 2004 | 35.5 | 37.3 | 72.8 | 18.8 | 7.5 | 26.3 | 0.4 |
| 2005 | 36.6 | 34.2 | 70.7 | 20.8 | 7.5 | 28.3 | 0.5 |
| 2006 | 37.4 | 35.8 | 73.2 | 20.2 | 5.6 | 25.8 | 0.5 |
| 2007 | 36.7 | 32.2 | 68.9 | 24.9 | 5.0 | 29.9 | 0.5 |
| 2008 | 40.8 | 26.4 | 67.2 | 27.2 | 4.6 | 31.8 | 0.5 |

자료: Comtrade Database, UN.

**표 14-3 생산단계별 중국의 대동남아 수출 비중 추이** (단위: %)

| | 중간재 | | | 최종재 | | | 1차산품 |
|---|---|---|---|---|---|---|---|
| | 반제품 | 부품 및 부분품 | 소계 | 자본재 | 소비재 | 소계 | |
| 1998 | 28.1 | 18.0 | 46.1 | 19.9 | 24.6 | 44.5 | 4.7 |
| 1999 | 26.8 | 22.1 | 48.8 | 18.6 | 21.9 | 40.5 | 5.5 |
| 2000 | 25.4 | 22.2 | 47.6 | 17.6 | 21.1 | 38.7 | 7.0 |
| 2001 | 25.4 | 25.6 | 51.0 | 19.0 | 20.3 | 39.2 | 5.1 |
| 2002 | 24.2 | 28.1 | 52.3 | 17.9 | 19.7 | 37.6 | 5.2 |
| 2003 | 24.2 | 27.4 | 51.6 | 19.6 | 19.2 | 38.9 | 4.9 |
| 2004 | 29.1 | 28.2 | 57.3 | 21.1 | 16.5 | 37.6 | 2.6 |
| 2005 | 29.7 | 27.1 | 56.8 | 22.4 | 14.6 | 36.9 | 3.1 |
| 2006 | 30.6 | 26.1 | 56.7 | 24.9 | 14.1 | 39.0 | 2.0 |
| 2007 | 31.9 | 23.0 | 54.9 | 25.7 | 15.6 | 41.3 | 2.0 |
| 2008 | 32.7 | 21.3 | 54.0 | 28.4 | 14.7 | 43.2 | 1.5 |

주: 비중의 합이 100이 되지 않는 것은 기타제품 비중이 존재하기 때문임
자료: Comtrade Database, UN.

**표 14-4 생산단계별 일본의 대동남아 수출 비중 추이** (단위: %)

| | 중간재 | | | 최종재 | | | 1차산품 |
|---|---|---|---|---|---|---|---|
| | 반제품 | 부품 및 부분품 | 소계 | 자본재 | 소비재 | 소계 | |
| 1998 | 25.0 | 42.9 | 67.9 | 22.1 | 5.6 | 27.7 | 0.4 |
| 1999 | 25.3 | 43.5 | 68.8 | 20.2 | 6.0 | 26.2 | 0.3 |
| 2000 | 23.3 | 44.5 | 67.8 | 22.1 | 5.2 | 27.3 | 0.2 |
| 2001 | 24.3 | 43.4 | 67.6 | 20.8 | 5.8 | 26.6 | 0.3 |
| 2002 | 25.0 | 42.3 | 67.3 | 20.2 | 6.3 | 26.4 | 0.3 |
| 2003 | 25.4 | 41.4 | 66.8 | 19.5 | 6.8 | 26.3 | 0.4 |
| 2004 | 26.3 | 40.3 | 66.6 | 19.9 | 6.6 | 26.5 | 0.4 |
| 2005 | 28.3 | 39.4 | 67.8 | 19.4 | 6.4 | 25.8 | 0.3 |
| 2006 | 30.1 | 38.1 | 68.2 | 19.0 | 6.1 | 25.0 | 0.4 |
| 2007 | 31.3 | 36.9 | 68.3 | 19.3 | 5.8 | 25.1 | 0.4 |
| 2008 | 33.2 | 34.4 | 67.5 | 20.4 | 6.1 | 26.4 | 0.4 |

주: 비중의 합이 100이 되지 않는 것은 기타제품 비중이 존재하기 때문임
자료: Comtrade Database, UN.

또한 3국 모두 중간재 중 반제품의 비중이 지속적으로 확대되고 있는 반면 부품 및 부분품의 비중은 축소되고 있는 것도 두드러진 특징이라 할 수 있다. 이러한 구조 변화에 대한 이유는 면밀히 분석해 보아야 확인할 수 있을 것이나, 생산기지로서의 중국의 부상에 따라 다국적기업들이 생산분할에 있어서 동남아의 역할을 변경시킨 데 기인한 것으로 판단된다. 한편 한국과 중국의 대동남아 수출에 있어 자본재 비중 역시 꾸준히 확대되고 있다. 특히 한국의 경우 자본재 비중이 1998년 14.1%에서 2008년 27.3%로 크게 높아졌으며, 중국의 경우에도 20.8%에서 28.8%로 높아졌다.

한・중・일 3국의 동남아에 대한 생산단계별 수출구조 변화를 국가별로 살펴보면, 한국의 경우 중간재 비중이 1998년 80.8%에 달했으나 2008년 67.5%로 크게 축소된 반면 최종재의 경우 18.8%에서 31.9%로 확대되었다. 중간재의 경우 반제품의 비중이 확대되고 부품 및 부분품의 비중은 축소되었으며, 최종재의 경우에도 자본재의 비중이 크게 확대되었다. 중국의 경우 한국과 일본에 비해 중간재 비중이 여전히 낮은 것은 사실이나 중국의 대동남아 수출에서 중간재 비중은 꾸준히 확대되고 있다. 중국의 중간재 비중은 1998년 48.3%에서 2008년 54.7%로 확대되었다. 한편 일본의 경우 2010년 기준으로 지난 10여 년 동안 중간재와 최종재의 비중에는 큰 변화가 없으나, 중간재 중에서 반제품 비중이 높아지고 부품 및 부분품의 비중이 축소되는 구조 변화를 보였다.

## 14.1.3 한・중・일의 대동남아 수출대상국별 구조는 어떻게 변했는가?

### (1) 1차산품

중국의 대동남아 1차산품 수출은 1998년 말레이시아 중심에서 2008년 인도네시아, 싱가포르, 태국, 말레이시아, 필리핀, 베트남으로 다변화되었다([표 14-5] 참조). 특히 태국과 베트남에 대한 수출 비중이 상대적으로 크게 증가했다. 한국의 경우에도 중국과 마찬가지로 1998년 싱가포르, 베트남, 인도네시아 중심에서 베트남, 캄보디아, 필리핀, 태국, 말레이시아, 싱가포르로 다변화되었는데, 특히 필리핀과 태국에 대한 비중이 상대적으로 크게 확대되었다. 한편 일본의 경우 1998년까지 인도네시아에 대한 비중이 절대적으로 높았으나, 점차 인도네시아 비중이 크게 떨어지는 대신, 2008년 기준으로 베트남, 태국, 말레이시아의 비중이 확대되는 등 수출구조에 큰 변화가 있었다.

**| 표 14-5 | 한·중·일의 대동남아 수출에서의 동남아 각국 비중: 1차산품**

| | 중국 | | | 한국 | | | 일본 | | |
|---|---|---|---|---|---|---|---|---|---|
| | 1998 | 2003 | 2008 | 1998 | 2003 | 2008 | 1998 | 2003 | 2008 |
| 인도네시아 | 20.0 | 40.8 | 25.9 | 18.9 | 11.4 | 7.7 | 62.6 | 11.2 | 10.3 |
| 캄보디아 | 0.1 | 0.1 | 0.1 | 13.2 | 20.5 | 15.4 | 0.3 | 0.5 | 0.6 |
| 라오스 | 0.1 | 0.0 | 0.1 | 0.0 | 0.0 | 0.0 | 0.0 | 0.0 | 0.0 |
| 미얀마 | 0.2 | 0.4 | 0.6 | 0.2 | 0.7 | 3.4 | 0.1 | 0.0 | 0.4 |
| 말레이시아 | 30.6 | 22.7 | 13.7 | 9.8 | 18.4 | 11.3 | 8.8 | 20.5 | 18.2 |
| 필리핀 | 14.3 | 14.8 | 12.9 | 2.5 | 16.7 | 13.4 | 5.3 | 11.0 | 5.5 |
| 싱가포르 | 18.3 | 4.8 | 19.9 | 25.5 | 14.8 | 11.3 | 7.3 | 6.1 | 6.3 |
| 태국 | 12.1 | 6.1 | 16.6 | 5.6 | 6.3 | 12.1 | 10.3 | 37.5 | 26.4 |
| 베트남 | 4.3 | 10.2 | 10.2 | 24.3 | 11.3 | 25.5 | 5.3 | 13.1 | 32.3 |
| 브루나이 | 0.0 | 0.0 | 0.0 | 0.0 | 0.0 | 0.0 | 0.0 | 0.0 | 0.0 |

자료: Comtrade Database, UN 이용 계산

## (2) 중간재

중국의 동남아에 대한 중간재 수출은 싱가포르, 태국 중심에서 싱가포르, 말레이시아, 인도네시아, 태국 중심으로 다변화되었다([표 14-6] 참조). 중국의 대동남아 중간재 수출 중 싱가포르 비중은 1998년 35%로 절대적으로 높았으나 2008년 23%로 크게 축소된 대신, 인도네시아와 베트남 비중은 각각 9%와 10%에서 16%와 15%로 확대되었다. 특히 중간재 중에서 부품 및 부분품의 경우 싱가포르 중심이었던 것이 말레이시아와 인도네시아 비중이 크게 확대되면서 싱가포르, 말레이시아, 인도네시아 중심으로 구조가 다변화되었음을 확인할 수 있다.

한국의 동남아에 대한 중간재 수출은 1998년까지 말레이시아와 싱가포르를 주축으로 하면서 필리핀과 인도네시아 등에 집중되었으나, 말레이시와 필리핀 비중이 크게 축소된 반면 태국, 베트남 비중이 크게 확대되었다. 2008년 기준으로 한국의 대동남아 중간재수출에 있어 싱가포르 비중이 24%로 가장 높으며 다음으로 태국, 베트남, 말레이시아 순으로 높은 비중을 보이고 있다. 특히 반제품 수출에 있어서도 싱가포르

**표 14-6 한 · 중 · 일의 대동남아 수출에서의 동남아 각국 비중: 중간재**

| | | 중국 | | | 한국 | | | 일본 | | |
|---|---|---|---|---|---|---|---|---|---|---|
| | | 1998 | 2003 | 2008 | 1998 | 2003 | 2008 | 1998 | 2003 | 2008 |
| 반제품 | 인도네시아 | 11.0 | 18.3 | 17.8 | 22.6 | 26.8 | 20.5 | 14.0 | 13.9 | 13.2 |
| | 캄보디아 | 1.6 | 3.0 | 1.9 | 0.5 | 0.8 | 0.9 | 0.1 | 0.1 | 0.1 |
| | 라오스 | 0.1 | 0.2 | 0.2 | 0.1 | 0.0 | 0.0 | 0.0 | 0.0 | 0.0 |
| | 미얀마 | 5.5 | 4.9 | 2.2 | 1.0 | 1.3 | 1.1 | 0.3 | 0.1 | 0.1 |
| | 말레이시아 | 11.4 | 13.9 | 14.1 | 9.3 | 12.1 | 12.2 | 21.0 | 20.5 | 16.5 |
| | 필리핀 | 10.5 | 10.6 | 9.2 | 14.5 | 11.5 | 10.3 | 11.4 | 11.7 | 9.4 |
| | 싱가포르 | 26.5 | 15.1 | 15.9 | 19.4 | 10.2 | 12.5 | 23.4 | 16.9 | 15.9 |
| | 태국 | 18.9 | 16.5 | 17.6 | 14.5 | 15.3 | 20.6 | 25.5 | 29.9 | 35.8 |
| | 베트남 | 14.4 | 17.2 | 20.8 | 17.9 | 21.9 | 21.8 | 4.2 | 6.9 | 9.0 |
| | 브루나이 | 0.1 | 0.1 | 0.2 | 0.3 | 0.1 | 0.1 | 0.1 | 0.0 | 0.1 |
| 부품 및 부분품 | 인도네시아 | 5.8 | 8.2 | 12.1 | 3.3 | 11.3 | 6.8 | 6.8 | 12.1 | 12.1 |
| | 캄보디아 | 0.3 | 0.1 | 0.3 | 0.0 | 0.1 | 0.2 | 0.0 | 0.0 | 0.0 |
| | 라오스 | 0.1 | 0.0 | 0.2 | 0.0 | 0.0 | 0.1 | 0.0 | 0.0 | 0.0 |
| | 미얀마 | 1.7 | 1.4 | 1.3 | 0.5 | 0.1 | 0.1 | 0.2 | 0.1 | 0.1 |
| | 말레이시아 | 16.4 | 30.0 | 24.9 | 38.4 | 25.8 | 19.8 | 22.2 | 19.1 | 18.0 |
| | 필리핀 | 13.1 | 9.7 | 8.7 | 24.0 | 19.9 | 15.1 | 19.9 | 18.5 | 12.3 |
| | 싱가포르 | 47.5 | 33.6 | 34.4 | 26.4 | 30.7 | 41.6 | 29.9 | 21.7 | 21.3 |
| | 태국 | 12.5 | 13.2 | 11.7 | 6.0 | 9.1 | 10.9 | 19.9 | 26.3 | 31.1 |
| | 베트남 | 2.6 | 3.8 | 6.4 | 1.4 | 2.9 | 5.4 | 1.1 | 2.2 | 5.1 |
| | 브루나이 | 0.0 | 0.0 | 0.0 | 0.0 | 0.0 | 0.1 | 0.0 | 0.0 | 0.1 |
| 중간재 | 인도네시아 | 8.9 | 12.9 | 15.5 | 11.6 | 18.6 | 15.1 | 9.5 | 12.8 | 12.6 |
| | 캄보디아 | 1.1 | 1.5 | 1.3 | 0.2 | 0.4 | 0.6 | 0.0 | 0.0 | 0.0 |
| | 라오스 | 0.1 | 0.1 | 0.2 | 0.0 | 0.0 | 0.0 | 0.0 | 0.0 | 0.0 |
| | 미얀마 | 4.0 | 3.1 | 1.9 | 0.7 | 0.7 | 0.7 | 0.2 | 0.1 | 0.1 |
| | 말레이시아 | 13.3 | 22.5 | 18.4 | 25.9 | 19.3 | 15.2 | 21.7 | 19.6 | 17.2 |
| | 필리핀 | 11.5 | 10.1 | 9.0 | 19.9 | 16.0 | 12.2 | 16.8 | 15.9 | 10.9 |
| | 싱가포르 | 34.7 | 24.9 | 23.2 | 23.4 | 21.1 | 23.9 | 27.5 | 19.9 | 18.7 |
| | 태국 | 16.4 | 14.8 | 15.2 | 9.7 | 12.0 | 16.8 | 22.0 | 27.7 | 33.4 |
| | 베트남 | 9.8 | 10.1 | 15.1 | 8.5 | 11.9 | 15.3 | 2.3 | 4.0 | 7.0 |
| | 브루나이 | 0.1 | 0.1 | 0.1 | 0.1 | 0.0 | 0.1 | 0.0 | 0.0 | 0.1 |

자료: Comtrade Database, UN 이용 계산

의 비중이 줄고 태국과 베트남의 비중이 크게 확대되어 2008년 기준으로 태국, 베트남, 인도네시아의 비중이 상대적으로 높았다. 부품 및 부분품의 경우 그동안 말레이시아, 싱가포르의 비중이 가장 높게 유지되어 왔는데, 말레이시아 비중은 크게 축소되고 싱가포르의 비중이 크게 확대되는 양상을 보였다.

일본의 동남아에 대한 중간재 수출구조는 1998년 싱가포르, 태국, 말레이시아 중심에서 2008년 태국 중심으로 재편되는 특징을 보인다. 싱가포르 비중은 1998년 28%에서 2008년 19%로 크게 축소된 반면 태국 비중은 22%에서 33%로 대폭 증가하였다. 이러한 구조 변화는 반제품뿐만 아니라 부품 및 부분품에 있어서도 동일하게 발생하였다.

이상을 종합해 보면, 한·중·일 3국의 대동남아 중간재 수출은 싱가포르 중심에서 싱가포르, 말레이시아, 태국, 인도네시아, 베트남으로 다변화되고 있음을 알 수 있다. 1998년과 2008년을 비교해 보면 인도네시아, 베트남, 그리고 태국의 비중은 확대되고 있는 반면 전반적으로 말레이시아, 필리핀, 싱가포르 비중은 축소되었다. 그럼에도 불구하고 한국과 중국에 있어서는 싱가포르 비중이 여전히 가장 높은 상태이다.

### (3) 최종재

한·중·일 3국의 대동남아 최종재 수출에 있어서도, 중간재 수출의 경우와 마찬가지로 1998년과 2008년을 비교해 보면 인도네시아, 베트남, 그리고 태국의 비중은 전반적으로 확대되고 있는 반면 필리핀의 비중은 축소되고 있다([표 14-7] 참조). 그러나 2008년 기준으로 한·중·일 3국 모두에 있어 싱가포르의 비중이 여전히 가장 높게 유지되고 있다. 국가별로 보면, 한국의 경우 중간재와 마찬가지로 최종재 수출에 있어서도 싱가포르에 대한 의존도가 더욱 높아졌으며, 특히 자본재의 경우 싱가포르 의존도가 크게 심화되었다. 일본의 경우 중간재 수출과 마찬가지로 싱가포르의 비중이 축소되고 태국의 비중이 확대되는 특징을 보이고 있다. 또한 중국의 경우에도 중간재 수출과 마찬가지로 말레이시아와 싱가포르 중심이 유지되고 있다.

그러나 최종재 중에서 자본재와 달리 소비재의 경우 다소 다른 양상을 보인다. 즉 중국의 경우 대동남아 소비재 수출 중 싱가포르 비중이 축소되고 말레이시아 비중이 확대되고 있는 것은 자본재와 동일하나, 한국의 경우 싱가포르의 비중이 축소된 대신 베트남의 비중이 크게 확대되는 특징을 보이고 있다. 한국의 대동남아 소비재 수출에

**| 표 14-7 | 한 · 중 · 일의 대동남아 수출에서의 동남아 각국 비중: 최종재**

| | | 중국 | | | 한국 | | | 일본 | | |
|---|---|---|---|---|---|---|---|---|---|---|
| | | 1998 | 2003 | 2008 | 1998 | 2003 | 2008 | 1998 | 2003 | 2008 |
| 자본재 | 인도네시아 | 5.9 | 10.9 | 13.8 | 9.2 | 12.5 | 11.4 | 9.0 | 11.0 | 14.7 |
| | 캄보디아 | 1.2 | 0.3 | 0.5 | 0.4 | 0.3 | 0.6 | 0.1 | 0.2 | 0.6 |
| | 라오스 | 0.2 | 0.7 | 0.4 | 0.0 | 0.1 | 0.2 | 0.1 | 0.1 | 0.1 |
| | 미얀마 | 8.5 | 3.0 | 1.6 | 2.1 | 1.9 | 0.3 | 0.8 | 0.6 | 0.5 |
| | 말레이시아 | 16.0 | 18.4 | 17.5 | 22.9 | 18.3 | 13.9 | 18.5 | 16.2 | 14.5 |
| | 필리핀 | 13.5 | 6.8 | 4.9 | 11.1 | 10.7 | 5.7 | 12.3 | 10.1 | 8.0 |
| | 싱가포르 | 42.0 | 39.2 | 37.3 | 36.5 | 25.6 | 48.6 | 39.5 | 28.5 | 27.2 |
| | 태국 | 7.4 | 15.2 | 12.5 | 10.6 | 16.6 | 9.5 | 16.2 | 28.6 | 24.8 |
| | 베트남 | 5.3 | 5.3 | 11.3 | 7.2 | 13.9 | 9.7 | 3.3 | 4.8 | 9.5 |
| | 브루나이 | 0.0 | 0.2 | 0.1 | 0.0 | 0.2 | 0.2 | 0.2 | 0.1 | 0.2 |
| 소비재 | 인도네시아 | 16.2 | 13.5 | 12.8 | 15.7 | 15.2 | 10.7 | 2.9 | 8.8 | 9.9 |
| | 캄보디아 | 1.1 | 0.8 | 0.7 | 2.8 | 1.1 | 1.9 | 0.5 | 0.5 | 0.6 |
| | 라오스 | 0.2 | 0.6 | 0.1 | 0.1 | 0.2 | 0.9 | 0.2 | 0.1 | 0.4 |
| | 미얀마 | 3.1 | 3.6 | 1.8 | 1.1 | 0.8 | 1.0 | 0.9 | 0.1 | 0.3 |
| | 말레이시아 | 12.8 | 20.9 | 26.0 | 7.3 | 28.2 | 10.8 | 11.2 | 19.9 | 16.6 |
| | 필리핀 | 18.1 | 12.0 | 9.9 | 13.8 | 8.9 | 13.3 | 16.0 | 12.3 | 8.4 |
| | 싱가포르 | 32.7 | 32.6 | 26.6 | 23.2 | 17.2 | 13.8 | 45.8 | 37.1 | 38.9 |
| | 태국 | 5.2 | 8.1 | 12.1 | 11.6 | 9.3 | 12.3 | 17.5 | 15.1 | 17.6 |
| | 베트남 | 10.5 | 7.7 | 9.6 | 23.9 | 17.8 | 34.0 | 4.1 | 4.4 | 5.6 |
| | 브루나이 | 0.1 | 0.2 | 0.2 | 0.5 | 1.4 | 1.3 | 1.0 | 1.7 | 1.7 |
| 최종재 | 인도네시아 | 11.6 | 12.2 | 13.5 | 10.9 | 13.2 | 11.3 | 7.8 | 10.5 | 13.6 |
| | 캄보디아 | 1.1 | 0.5 | 0.6 | 1.0 | 0.5 | 0.8 | 0.2 | 0.2 | 0.6 |
| | 라오스 | 0.2 | 0.7 | 0.3 | 0.1 | 0.1 | 0.3 | 0.1 | 0.1 | 0.2 |
| | 미얀마 | 5.5 | 3.3 | 1.7 | 1.9 | 1.6 | 0.4 | 0.9 | 0.5 | 0.5 |
| | 말레이시아 | 14.3 | 19.6 | 20.4 | 19.0 | 20.8 | 13.4 | 17.0 | 17.1 | 15.0 |
| | 필리핀 | 16.0 | 9.4 | 6.6 | 11.8 | 10.3 | 6.8 | 13.1 | 10.7 | 8.1 |
| | 싱가포르 | 36.9 | 36.0 | 33.7 | 33.1 | 23.5 | 43.5 | 40.8 | 30.7 | 29.8 |
| | 태국 | 6.2 | 11.7 | 12.4 | 10.8 | 14.8 | 9.9 | 16.5 | 25.1 | 23.1 |
| | 베트남 | 8.2 | 6.5 | 10.8 | 11.4 | 14.9 | 13.2 | 3.4 | 4.7 | 8.6 |
| | 브루나이 | 0.1 | 0.2 | 0.1 | 0.2 | 0.5 | 0.3 | 0.3 | 0.5 | 0.5 |

자료: Comtrade Database, UN 이용 계산

있어 베트남 비중은 1998년 24%에서 2008년 34%로 가장 높게 유지되고 있다. 일본의 경우 싱가포르 비중이 1998년 46%에서 2008년 39% 축소되었으나 여전히 가장 높았다. 일본의 경우 중간재나 자본재 수출에 있어서 태국이 매우 높은 비중을 차지했으나, 소비재에 있어서는 다른 양상을 보였다.

## 14.2 동남아 수입시장에서의 한·중·일

### 14.2.1 한·중·일 3국의 동남아 수입시장점유율은 어떻게 변하고 있는가?

한·중·일 3국 전체의 동남아 수입시장에서의 점유율은 대부분 국가에서 하락하고 있다([표 14-8] 참조). 1998년과 2008년의 점유율을 비교하면, 단지 베트남과 브루나이 수입시장에서만 한·중·일 3국 전체의 점유율이 확대되었을 뿐, 여타 동남아국가에서의 점유율은 하락하였다. 특히 인도차이나 국가 중에서는 캄보디아와 미얀마 수입시장에서의 점유율이 그리고 ASEAN6 국가 중에서는 필리핀과 싱가포르 수입시장에서의 한·중·일 3국 전체의 점유율이 크게 하락하였다. 이는 동남아시장에서의 수출경쟁이 한·중·일 3국뿐만 아니라 주요 수출국가인 미국, 유럽 국가 등과도 치열하게 이루어지고 있음을 의미한다.

동남아 수입시장에서 한·중·일 3국의 전반적인 점유율이 하락하고 있는 것은 사실이나, 시장점유율에 있어서 한·중·일 3국간 분명한 차이가 나타나고 있다. 즉 중국의 시장점유율은 점점 확대되고 있는 반면 한국과 일본의 시장점유율은 하락하고 있다. 이는 중국의 점유율 확대폭보다 한국과 일본의 점유율 하락폭이 더 컸다는 것을 의미한다. 이것은 한국과 일본의 점유율 하락이 중국의 점유율 확대와 밀접한 관계가 있을 수는 있으나, 중국의 점유율 확대뿐만 아니라 여타 국가들의 점유율 확대에 의해서도 야기되고 있다는 것을 뜻한다.

중국의 시장점유율은 동남아 모든 국가에서 확대되고 있는데 인도차이나 국가에서는 베트남과 라오스, ASEAN6에서는 인도네시아, 말레이시아, 태국에서의 점유율 확대가 컸다. 2008년 기준으로 동남아국가 중에서 중국의 시장점유율이 가장 높은 국가는 미얀마와 베트남으로 각각 31.3%와 19.4%를 기록하고 있다. 이는 이들 인도차이나 국가들이 중국과 지리적으로 매우 인접해 있을 뿐만 아니라, 중국의 세계시장 편입 이전에 일본, 유럽, 한국 등에 의해 선점된 ASEAN6에 비해 이들 국가가 뒤늦게 개방되었다는 측면 등이 반영된 것이라 할 수 있다.

한국의 경우 전반적으로 동남아 수입시장에서의 점유율은 소폭 하락 또는 횡보하는 모습을 보이고 있다. 국가별로는 싱가포르 시장점유율이 여타 시장에 비해 상대적으로 크게 높아졌으며, 라오스와 태국 수입시장에서는 소폭 확대되었다. 반면 동남아 국가 중에서 한국의 시장점유율이 가장 높은 베트남에 있어서는 시장점유율이 1998년 12.6%에서 2008년 8.8%로 크게 하락했으며, 캄보디아와 미얀마 수입시장에서의 점유율 역시 크게 하락하고 있다.

일본의 경우 동남아 수입시장에서의 점유율이 전반적으로 크게 하락하여 중국과 대조를 보이고 있다. 일본의 시장점유율이 확대된 국가는 브루나이가 유일하다. 특히 미얀마, 말레이시아, 필리핀, 싱가포르 수입시장에서의 시장점유율 하락폭이 컸다. 동남아국가 중에서 일본의 시장점유율이 가장 높은 국가인 태국의 수입시장점유율 역시 1998년 약 23%에서 2008년 19%로 하락하였다.

**표 14-8 ASEAN 각국의 수입시장에서 한·중·일의 점유율 추이**

| | 중국 | | | 한국 | | | 일본 | | |
|---|---|---|---|---|---|---|---|---|---|
| | 1998 | 2003 | 2008 | 1998 | 2003 | 2008 | 1998 | 2003 | 2008 |
| 베트남 | 4.55 | 12.43 | 19.39 | 12.56 | 10.39 | 8.75 | 13.10 | 11.80 | 9.86* |
| 캄보디아 | 8.50 | 12.88 | 14.67 | 8.50 | 4.68 | 3.94 | 6.29 | 4.33 | 2.48 |
| 라오스 | 3.10 | 13.35 | 10.43 | 0.78 | 1.11 | 2.09 | 3.26 | 1.85 | 2.44 |
| 미얀마 | 24.85 | 30.95 | 31.31 | 6.96 | 6.26 | 3.86 | 8.69 | 4.24 | 2.98 |
| 브루나이 | 0.43 | 4.85 | 5.46 | 0.86 | 2.31 | 2.94 | 2.91 | 9.92 | 7.60 |
| 인도네시아 | 3.31 | 9.08 | 11.89 | 5.58 | 4.69 | 5.36 | 15.69 | 12.99 | 11.70 |
| 말레이시아 | 3.17 | 8.82 | 12.80 | 5.76 | 5.50 | 4.65 | 19.66 | 17.26 | 12.48 |
| 필리핀 | 4.06 | 4.79 | 7.55 | 7.41 | 6.40 | 5.18 | 20.42 | 20.37 | 11.79 |
| 싱가포르 | 4.77 | 8.12 | 10.54 | 2.99 | 3.64 | 5.63 | 16.74 | 11.29 | 8.11 |
| 태국 | 4.11 | 8.00 | 11.17 | 3.38 | 3.85 | 3.81 | 22.97 | 24.09 | 18.85 |

*2007년 기준

자료: IFS CD-ROM, DOT CD-ROM, IMF.

### 14.2.2 한·중·일의 동남아 수입시장에서의 생산공정별 경쟁관계는 어떻게 변했는가?

한·중·일의 동남아시장에서의 상호 경쟁관계를 기술적으로 살펴보기 위해서 3국의 대동남아 수출총액에서 각국의 비중을 살펴보도록 하자. [그림 14-1]은 3국의 대동남아 총수출액에서 각국의 비중을 보여주고 있는데, 중국의 비중이 급격히 증가하는 것과 대조적으로 일본의 비중이 급격히 줄어들고 있다. 중국의 비중은 2001년에 한국의 비중을 넘어섰고, 2007년에는 일본의 비중을 추월하였다. 한편 한국의 경우 동 비중에 큰 변화가 없다. 이를 통해 일본의 동남아에 대한 수출이 중국에 의해서 대체되고 있지 않나 생각해 볼 수도 있다. 그러나 동 비중만을 가지고 그렇게 단정적으로 판단하는 데는 한계가 있다. 왜냐하면 3국 중 일본의 비중 축소가 3국간 경쟁의 결과일 수도 있지만, 3국이 아닌 미국, 유럽 국가 등 여타 국가에 의한 것일 수도 있기 때문이다. 같은 논리로 중국의 대동남아 수출 확대가 일본의 수출을 대체한 것이 아니고 여타 국가들의 수출을 대체한 것일 수도 있다. 그러나 분명한 것은 3국 중 동남아시장에서 영향력은 일본 중심에서 중국 중심으로 바뀌었다는 것이다. 물론 중국의 대동남아 수출의 많은 부분이 일본 다국적기업들의 동아시아 내 생산분할에 의해서 이루어진 것일 수도 있는바, 그러한 성격이 강할 경우 일본의 동남아시장에서의 영향력 감소를 주장 것에 있어 주의를 기울일 필요가 있다.

**그림 14-1 | 한·중·일 3국의 대동남아 수출 중 각국 비중: 총수출**

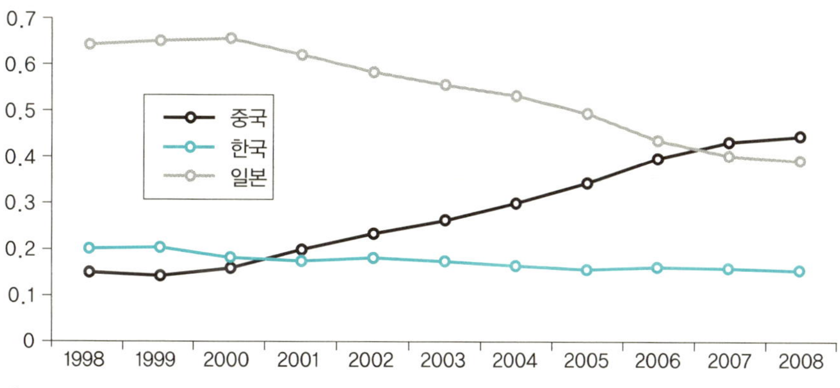


자료: Comtrade Database, UN 이용 계산

다음으로 생산공정별로 나누어 한·중·일 3국의 동남아시장에서의 상호 경쟁관계를 살펴보자. 3국의 대동남아 반제품 수출 중 중국의 비중이 2000년에 한국을, 2006년에 일본을 앞질렀다. 부품 및 부분품에 있어서는 2000년 이후 중국이 일본을 추월하였다. 2008년 기준으로 3국 중 중국의 비중은 반제품에 있어서 50%를 넘고 있으며, 부품 및 부분품에 있어서는 약 70%를 기록하는 등 중간재에 있어서는 중국 비중이 압도적으로 높다([그림 14-2] 참조).

**그림 14-2 | 한·중·일의 대동남아 수출 중 각국 비중: 반제품(좌), 부품 및 부분품(우)**

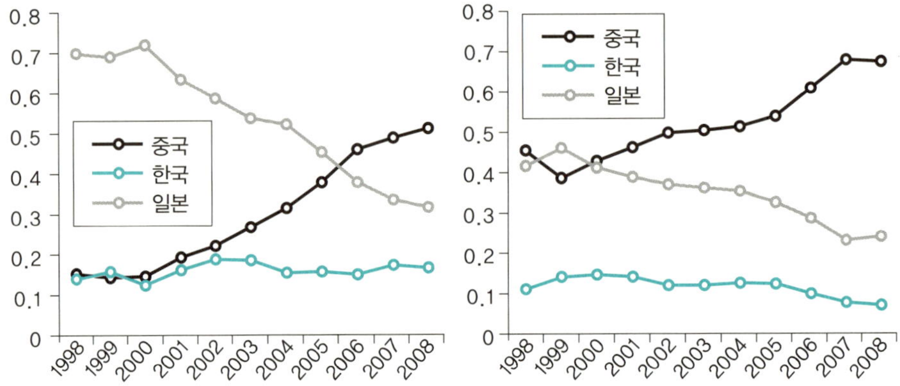


자료: Comtrade Database, UN 이용 계산

한편 최종재의 경우 중간재와 다소 다른 양상을 보이고 있다([그림 14-3] 참조). 중국의 비중이 빠르게 확대되고 일본의 비중이 크게 축소되고 있는 것은 중간재와 마찬가지이나, 아직까지 중국이 압도하지는 못하고 있다. 최종재 중 자본재의 경우 2007년에 중국이 일본을 추월했으나 일본과 중국의 비중이 비슷한 수준이며, 소비재에 있어서는 아직까지 일본의 비중이 월등히 높다. 한편 3국 중 한국 비중은 자본재와 소비재 모두에 있어 소폭 감소 내지 횡보하는 모습이다. 최종재에 있어서 한국 비중은 2000년대 초반 중국에 추월당했다.

그림 14-3 | 한 · 중 · 일의 대동남아 수출 중 각국 비중: 자본재(좌), 소비재(우)

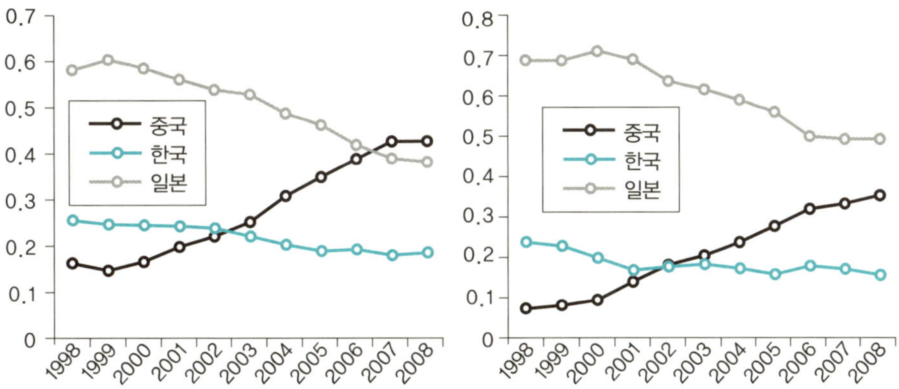


자료: Comtrade Database, UN 이용 계산

동남아시장에서 한 · 중 · 일 3국의 수출경쟁관계를 보다 정확히 파악하기 위해서는 시장점유율에 기초한 기술적 분석보다는 국제무역이론을 토대로 한 보다 면밀한 정량적 분석을 할 필요가 있다. 이에 본 절에서는 동남아시장에 대한 중국의 수출증가가 여타 국가의 수출을 구축하였는가를 파악하기 위해 중력모형을 이용한 김완중(2010)의 실증분석 결과를 살펴보기로 한다.

## 14.3 동남아 수입시장에서 한 · 중 · 일의 경쟁관계: 상호구축?

### 14.3.1 대동남아 수출에 있어 중국은 한국을 구축하는가?

한국의 대동남아 수출에 있어 중국수출의 구축 여부에 대한 분석결과, 1차산품 중 산업용 원자재(BEC 21)과 산업용 식음료품(BEC 111)에 있어서는 중국의 대동남아 수출이 한국의 대동남아 수출을 감소시킨 반면, 연료 및 윤활유(BEC 31)에 있어서는 오히려 증가시키는 것으로 분석되었다. 또한 모든 반제품 수출에 있어서 중국의 대동남아 수출이 한국의 대동남아 수출을 구축하고 있는 것으로 나타났다. 가공된 산업용 식음료품(BEC 121)의 경우 중국의 대동남아 수출이 1% 증가하면 한국의 대동남아 수출은 0.47% 감소하고, 가공된 산업용 원자재(BEC 22)의 경우 0.91% 감소하는 것으로 나타났다. 가공된 연료 및 윤활유(BEC 322)의 경우에도 구축효과가 발생하는 것으로 나타났다.

부품 및 부분품의 경우에 있어서도 중국의 대동남아 수출이 한국의 대동남아 수출을 구축하는 것으로 나타났으며, 추정치의 통계적 유의성도 매우 높았다. 분석결과에 따르면 운송장비를 제외한 자본재의 것(BEC 42)의 경우 중국의 대동남아 수출이 1% 증가하면 한국의 대동남아 수출은 0.04% 감소하고, 운송장비의 것(BEC 53)의 경우 0.14% 감소한다. 즉 중간재에 있어서는 부품 및 부분품보다는 반제품에 있어서 중국수출에 의한 한국수출 구축효과가 더 큰 것으로 나타났다.

한편 최종재에 있어는 중간재와는 다소 다른 분석 결과가 나타났다. 최종재 중 자본재의 경우에는 중간재와 마찬가지로 중국의 대동남아 수출은 한국의 대동남아 수출을 구축하는 것으로 나타났다. 운송장비를 제외한 자본재(BEC 41)에 있어서는 중국의 1% 수출증가가 한국의 수출을 0.4% 감소시키는 것으로 나타났다. 산업용 운송장비(BEC 521)의 경우 중국의 대동남아 수출 1% 증가가 한국의 대동남아 수출을 9.8%를 감소시키는 것으로 나타났으나, 결정계수 $R^2$ 값으로 평가한 표본회귀선 적합도가 0에 가까워 추정치에 대한 신뢰가 크게 떨어졌다.

그러나 최종재 중 소비재 경우 일부 품목에 있어 중국수출과 한국수출간 대체관계가 아닌 보완관계에 있는 것으로 나타났다. 분석대상 품목인 총 7개 중에서 4개 품목에 있어 보완관계가 확인되었다. 특히 기타 비산업용 운송장비(BEC 522)의 경우 중국의 대동남아 수출이 1% 증가하면 한국의 대동남아 수출은 2.8%나 증가하고, 가정용 식음료 반제품(BEC 122)의 경우에도 0.39% 증가하는 것으로 나타났다. 승객용 자동차(BEC 51)와 가정용 식음료 제품(BEC 112)의 경우에도 각각 3.94%와 0.1% 증가하는 것으로 나타났으나 전자의 경우 $R^2$값이 너무 작아 분석결과의 신뢰성을 크게 떨어뜨렸다. 한편 내구성 소비재(BEC 61), 반내구성 소비재(BEC 62), 비내구성 소비재(BEC 63)의 경우 중국의 수출은 한국의 수출을 구축하였다. 특히 내구성 소비재(BEC 61)와 반내구성 소비재(BEC 62)의 경우 중국수출 1% 증가 시 한국의 수출은 각각 1.68%와 1.19%나 감소하는 것으로 나타났다. 한편 총수출에 있어서는 중국의 대동남아 수출 1% 증가는 한국의 대동남아 수출을 0.93% 감소시키는 것으로 나타났다.

### 14.3.2 대동남아 수출에 있어 중국은 일본을 구축하는가?

중국의 대동남아 수출에 의한 일본의 대동남아 수출의 구축효과 역시 생산공정별로 큰 차이를 보였다. 1차산품 중 산업용 원자재(BEC 21)와 산업용 식음료품(BEC 111)에 있어서 중국의 대동남아 수출은 일본의 대동남아 수출을 감소시킨 반면, 연료 및 윤활유(BEC 31)에 있어서는 오히려 증가시키는 것으로 분석되었다. 그러나 한국의 경우와 마찬가지로 산업용 식음료품(BEC 111)의 경우 $R^2$ 값이 너무 낮아 모형의 설명력이 매우 낮았다.

반제품의 경우에는 모든 품목에 있어서 중국수출에 의한 일본수출의 구축이 발생한 것으로 나타났으며, 구축효과의 통계적 유의성도 매우 높았다. 특히 가공된 산업용 원자재(BEC 22)의 경우 중국의 대동남아 수출이 1% 증가하면, 일본의 대동남아 수출이 0.9%나 감소하였다. 부품 및 부분품의 경우에는, 중국의 대동남아 수출증가가 운송장비의 것(BEC 53)에 있어서 일본의 대동남아 수출을 증가시키는 반면, 운송장비를 제외한 자본재의 것(BEC 42)에 있어서는 감소시키는 것으로 나타났다.

한편 자본재의 경우 중국의 대동남아 수출증가는 일본의 대동남아 수출을 모두 증가시키는 것으로 나타났으나, 두 경우 모두 해당 추정치의 통계적 유의성이 매우 낮았으며, 특히 산업용 운송장비(BEC 521) 경우 $R^2$ 값 또한 매우 낮았다. 소비재에 있어서는 중국의 대동남아 수출증가에 의해 일본의 대동남아 수출이 감소된 경우가 세 가지(BEC 122, 61, 63) 품목이었으며, 증가한 경우가 네 가지(BEC 112, 51, 522, 62) 품목이었다. 특히 소비재 중에서 중국의 영향이 가장 큰 부문은 내구성 소비재(BEC 61)와 기타 비산업용 운송장비(BEC 522)로 중국의 대동남아 수출이 1% 증가할 때 전자의 경우 일본의 대동남아 수출은 3.76% 감소한 반면 후자의 경우 1.6% 증가하였다. 또한 중국의 대동남아 수출이 전체적으로 1% 증가하면, 일본의 대동남아 전체수출은 0.6% 감소하였다. 이는 중국상품에 의한 한국상품 구축효과(0.93%)가 일본상품 구축효과(0.6%)보다 크다는 것을 의미한다. 그 이유는 수출품 품질면에서 한국이 일본과 중국 중간쯤에 위치하는 경우가 많아 한국상품이 일본상품보다 더 치열하게 중국상품과 경합하고 있기 때문인 것으로 해석할 수 있다.

## 14.4 요약 및 함의

지금까지의 논의를 종합하면, 한・중・일 3국의 대동남아 수출구조 및 경쟁관계에 있어서의 특징은 다음과 같다.

첫째, 1998년과 2008년을 비교했을 때 한・중・일 3국에 있어서 수출시장으로서 동남아의 중요성은 더욱 높아졌다. 특히 한・중・일 3국 수출의 대부분은 여전히 ASEAN6에 집중되어 있는 것은 사실이나, 대동남아 수출에서 인도차이나 국가 비중이 상대적으로 크게 확대되고 있는 특징을 발견할 수 있었다.

둘째, 한・중・일 3국의 대동남아 수출은 최종재보다는 반제품, 부품 및 부분품으로 이루어진 중간재 비중이 절대적으로 높았다. 중간재 중에서는 부품 및 부분품 비중은 축소되는 대신 반제품 비중이 지속적으로 확대되었다.

셋째, 한・중・일 3국의 대동남아 수출은 싱가포르 중심에서 싱가포르, 말레이시아, 태국, 인도네시아, 베트남으로 다변화되었으며, 특히 인도네시아, 베트남, 그리고 태국의 비중 확대가 두드러졌다.

넷째, 동남아 수입시장에서 중국의 점유율은 지속적으로 빠르게 확대되고 있는 반면, 일본의 시장점유율은 하락 추세를 보였다. 한국의 경우 동남아 수입시장점유율은 소폭 하락 내지 행보 양상을 보였다. 이러한 추세는 생산공정별로 큰 차이가 없었다.

다섯째, 전체적으로 중국의 대동남아 수출증가는 한국과 일본의 대동남아 수출을 구축하는 것으로 분석되었다. 그리고 그 구축 정도는 일본보다는 한국에 있어서 더 컸다. 또한 구축효과의 방향성과 크기는 생산공정에 따라 차이가 발견되었다. 1차산업 중 산업용 원자재(BEC 21)과 산업용 식음료품(BEC 111)의 경우 중국의 수출은 한국과 일본의 대동남아 수출을 감소시키는 반면, 연료 및 윤활유(BEC 31)의 경우 오히려 증가시켰다. 반제품의 경우에는 모든 부문에 있어서 중국의 대동남아 수출이 한국과 일본의 수출을 구축하였다. 부품 및 부분품의 경우 운송장비를 제외한 자본재의 것(42)에 있어서, 그리고 소비재의 경우 내구성 소비재(61)와 비내구성 소비재(63)에 있어서 중국의 대동남아 수출이 한국과 일본의 대동남아 수출을 동시에 구축하였다. 반면 중국의 대동남아 수출이 한국과 일본의 수출을 모두 증가시킨 부문도 있는데, 자본재의 경우 산업용 운송장비(521), 소비재의 경우 가정용 식음료 제품(112), 승객용 자동차(51), 기타 비산업용 운송장비(522)가 그것인데 이들의 공통점은 모두 최종재라는 점이다. 한편 중국의 대동남아 수출이 한국의 수출을 증가시키나 일본의 수출을 감소시키는 부문으로는 산업용 운송장비(521), 가정용 식음료 제품(112), 승객용 자동차(51), 기타 비산업용 운송장비(522)를 들 수 있다. 반대로 중국의 대동남아 수출이 한국의 수출은 감소시키나 일본의 수출은 증가시키는 부문으로는 운송장비의 것(53), 운송장비를 제외한 자본재(41), 반내구성 소비재(62)를 들 수 있다.

결론적으로 선진국시장에서와 마찬가지로 동남아시장에서도 역시 중국은 한국과 일본의 수출을 전반적으로 구축하고 있다는 것을 확인할 수 있었다. 구축 여부와 그 정도는 생산공정별로 차이가 있었는데, 특히 한국 중간재의 경우 모든 품목에서 구축효과가 나타난 반면, 확대효과는 소비재 일부 품목에서만 나타났다. 중간재에 있어서 이러한 구축효과는 이론적으로 볼 때 다국적기업들의 생산분할과 관계가 깊을 것으로 보인다. 김완중(2010)의 분석은 생산공정별로 중국수출품과 한국수출품 간 경쟁관

**| 표 14-9 | 동남아에 대한 중국 수출이 한·일 수출에 미치는 효과**

| | 한국수출증가 | 한국수출감소 |
|---|---|---|
| 일본수출증가 | • 1차산품:<br>1차 연료 및 윤활유(31)<br>• 자본재:<br>산업용 운송장비(521)<br>• 소비재:<br>가정용 식음료 제품(112)<br>승객용 자동차(51)<br>기타 비산업용 운송장비(522) | • 부품 및 부분품:<br>운송장비의 것(53)<br>• 자본재:<br>운송장비를 제외한 자본재(41)<br>• 소비재:<br>반내구성 소비재(62) |
| 일본수출감소 | • 소비재:<br>가정용 식음료 반제품(122) | • 1차산품:<br>1차적 산업용 원자재(21)<br>산업용 식음료품(111)<br>• 반제품:<br>가공된 산업용 식음료품(121)<br>가공된 산업용 원자재(22)<br>가공된 연료 및 윤활유(322)<br>• 부품 및 부분품:<br>운송장비를 제외한 자본재의 것(42)<br>• 소비재:<br>내구성 소비재(61)<br>비내구성 소비재(63) |

자료: 김완중(2010c)의 [표 10]~[표 15]를 이용하여 재정리함

계를 분석하고 있으나, 중국수출에 의한 한국수출의 구축이 중국현지기업에 의한 진정한 의미의 구축인지 아니면, 한국 다국적기업들의 생산분할 확대로 인한 우회수출의 현상인지, 또는 미국 등 중국진출 제3국가 기업에 의한 구축인지에 대해서는 규명하지 못하고 있다. 그런 의미에서 향후 기업단위의 자료를 활용한 보다 미시적 분석이 요구된다 하겠다.

Part 6

# 동남아경제의 다양성 및 역내통합

# 15 Chapter 동남아국가의 경제구조 이질성 및 유사성[1]

동남아국가들은 빠른 경제성장을 보이면서 외국인투자자나 연구자들의 많은 관심을 받았다. 1997년에는 아시아 외환위기의 발원지로서도 관심이나 연구의 대상이 되었다. 뿐만 아니라 아시아지역에 존재하는 유일한 지역경제블록으로서 연구자들의 관심을 끌었다. 특히 ASEAN은 EU와 비교해서 분석되기도 했다. 뿐만 아니라 동남아시아국가들은 지리적으로 인접하고 있고, 인종적으로도 유사해 종종 마치 하나의 경제권처럼 논의되기도 한다.

그러나 과연 동남아국가들의 경제구조가 얼마나 유사한가라는 질문에 대한 답은 그리 쉽지 않다. 국내에서 동남아지역을 연구하는 연구자들의 경우, 동남아국가 간 경제구조의 차별성을 대략적으로 인식하고 있으나, 어떤 측면에서 어떻게 다르고 또한 얼마나 유사한지에 대한 구체적이고 분석적인 연구를 제시하지 않고 있다.

동남아경제의 동조성 내지 연계성에 대해서는 해외의 몇몇 연구가 있었으나, 동남아국가들의 경제적 동질성이나 다양성 내지 차별성에 대한 연구는 지금까지 소수에 불과하다. 관련된 기존 연구는 크게 동남아국가 경제의 상호의존성 및 수렴성 연구, 그리고 동남아국가 경제의 다양성에 대한 연구로 대별할 수 있다.

전자와 관련된 기존연구로는 동남아국가의 이자율 동조성 연구, 환율의 동조성 연구, 주식시장 연계성 연구, 경기변동(business cycle) 동조성(co-movement)에 대한 연구, 그리고 경제성장률 수렴성 연구 등이 있다. 모한 외(Mohan and Nandwa, 2009: 179)는 공적분(cointegration) 검정을 통해 동남아국가들의 단기이자율이 장기적으로

[1] 김완중, 2012, 동남아국가의 경제구조 이질성 및 유사성 분석, 아시아연구 제15권 제3호의 내용 중 일부를 발췌하였음을 밝힌다.

같이 움직인다고 주장한다. 리 외(Lee and Azali, 2010: 470)는 아시아 외환위기 이후 싱가포르 달러에 대한 ASEAN 국가들의 환율이 장기적으로 같은 방향으로 움직인다는 연구결과를 토대로 ASEAN의 금융통합이 강화되고 있으며, 싱가포르 달러가 ASEAN 공통통화 후보가 될 수 있다고 주장한다. 임(Lim, 2007)은 ASEAN 국가들의 주식시장이 동조화되고 있으며, 외환위기 이후 동조성이 더 강화되었다는 분석을 토대로 ASEAN의 금융통합이 강화되고 있다고 주장한다.

한편 무컬지 외(Mookerjee and Tongzon, 1997: 81)는 ASEAN 국가들은 경기변동에 있어 동조하고 있으며 그 요인은 ASEAN 국가들이 모두 미국과 일본의 경기변동과 긴밀히 연결되어 있다는 것을 밝혔다. 또한 옹 외(Ong and Habibullah, 2007: 106)는 ASEAN 국가들의 실질 GDP는 공적분(cointegration) 관계에 있으며(즉, 장기적으로 같이 움직임), 그러한 분석결과는 ASEAN 국가들이 상호 더욱더 긴밀한 협력을 해야 함을 의미한다고 주장한다. 이스마엘(Ismail, 2008: 140)은 1960~2004년 자료를 분석하여 ASEAN(인도네시아, 말레이시아, 필리핀, 태국, 싱가포르)의 1인당 GDP는 수렴하고 있다고 주장한다. 즉 ASEAN의 저소득 국가가 고소득 국가를 추격하면서 소득수준이 장기적으로 수렴해가고 있다고 주장한다. 이상의 기존 연구는 동남아국가 간 경제적 연계성에 대해 논하고 있으나, 동남아경제구조가 얼마나 동질적인가에 대해서는 언급하지 않고 있다.

후자와 관련된 대표적 연구로는 임종야(Lim, Chong Yah, 2008)를 들 수 있다. 그는 소득수준, 성장률, GDP구성, 노동구조, 투자율, 무역집중도 측면에서 동남아국가들의 다양성을 잘 분석했다고 평가할 수 있으나, 차별성 부각에 집중한 나머지 차별성 가운데 존재하는 동질성을 부각시키는 데는 부족한 측면이 있다. 또한 대부분이 기술적 분석에 그치고 있다.

과연 동남아국가의 경제는 얼마나 유사하며, 하나의 경제처럼 분석해도 좋을까? 이에 대답하기 위해서는 우선 동남아국가의 경제구조 그리고 무역구조가 얼마나 유사한지 분석해 보아야 한다. 본 절에서는 기존연구와 달리 동남아국가들의 경제구조와 교역구조에 있어 차별성이 무엇이고, 그러한 구조가 점차적으로 수렴하고 있는가에 대해 살펴보고자 한다. 즉 동남아경제에 있어서 국가 간 차별성을 경제규모와 성장률, 생산구조와 교역구조 측면에서 살펴보고, 이러한 이질적 측면이 동태적으로 어떻게 변화하고 있는지, 즉 더 이질적으로 변화고 있는지 아니면 동질적인 방향으로 변화하고 있는지 살펴보고자 한다.

## 15.1 경제 및 생산구조의 이질성 및 유사성

### 15.1.1 경제규모와 성장

경제규모와 경제성장에 있어서의 동남아국가 간 차별성은 경제적 여건에 있어서의 다양성만큼이나 크다. 2009년 명목 GDP를 기준으로 할 때 인도네시아가 동남아경제에서 차지하는 비중이 36.4%로 가장 크나 인구 비중인 39.2%에 비해서 낮다. 또한 필리핀 역시 인구 비중은 15.6%로 동남아국가에서 두 번째로 높으나, 경제규모 비중은 10.8%로 인구 비중에 크게 미치지 못하고 있다. 베트남과 미얀마 역시 인구 비중(각각 14.6%, 10.1%)에 비해 경제규모 비중(각각 6.4%, 1.7%)이 크게 낮은데, 특히 미얀마의 경우 그 격차가 매우 크다. 한편 태국, 말레이시아, 싱가포르, 브루나이의 경우 인구 비중(각각 11.3%, 4.8%, 0.8%, 0.1%)에 비해 경제 비중(각각 17.6%, 12.9%, 12.2%, 0.9%)은 매우 높아 대조를 보인다. 이는 인구가 많은 국가보다는 상대적으로 인구가 적은 국가들의 생산성이 높았다는 것을 의미한다. 이를 반영하듯 구매력평가(PPP)기준으로 2010년 1인당 국민총생산은 싱가포르와 브루나이가 각각 56,570달러와 48,886달러로 가장 높은 반면, 미얀마, 캄보디아, 라오스의 경우 1,000~2,000달러로 가장 높은 국가와 가장 낮은 국가 간 격차가 매우 크다([표 15-1] 참조).

세계은행 기준으로 현재 싱가포르와 브루나이는 고소득국가(high income), 말레이시아는 중고소득국가(upper-middle income), 태국, 인도네시아, 필리핀, 베트남은 중저소득국가(lower-middle income), 라오스, 캄보디아, 미얀마는 저소득 국가(low income)로 분류된다. 여기서 주목되는 것은 그동안 저소득국가로 분류되어 왔던 베트남이 지속적인 고성장에 힘입어 태국과 같은 범주인 중저소득국가로 이동했다는 것이다.

**| 표 15-1 | 동남아국가의 1인당 GDP(PPP기준) 추이**

| | 2000 | 2005 | 2010 |
|---|---|---|---|
| 브루나이 | 43,266 | 47,465 | 48,886 |
| 캄보디아 | 917 | 1,512 | 2,159 |
| 인도네시아 | 2,410 | 3,207 | 4,411 |
| 라오스 | 1,180 | 1,723 | 2,355 |
| 말레이시아 | 9,020 | 11,380 | 14,771 |
| 필리핀 | 2,473 | 3,061 | 3,923 |
| 싱가포르 | 33,172 | 45,374 | 56,570 |
| 태국 | 4,944 | 6,839 | 8,748 |
| 베트남 | 1,416 | 2,161 | 3,193 |

자료: ADB, Asian Key Indicator 2011.

경제성장률에 있어서도 동남아국가들의 국가 간 차이를 분명히 확인할 수 있다. 약 50년 동안 동남아국가들은 전체적으로 고성장을 이루었다고 평가되고 있다. 세계은행은 1993년 보고서에서 동남아시아를 포함한 동아시아의 빠른 경제성장을 가리켜 '동아시아 기적'이라고 높게 평가하기도 했다. 그러나 지난 50년 동안 동남아의 경제성장에 있어서도 국가 간 많은 차이를 보였다. 필리핀과 미얀마의 경우 1950년대 다른 국가들에 비해 고성장을 구가하였으나, 그 이후 여타 국가들에 비해 상대적으로 저성장에 머물렀다. 한편 말레이시아와 싱가포르의 경우 적극적인 대외개방정책을 추진하고, 정부주도의 경제개발정책에 힘입어 동남아국가 중에 가장 높은 성장을 기록하였다([표 15-2] 참조). 싱가포르의 경우 1961~2009년 평균성장률이 7.8%나 되었으며, 말레이시아 역시 6.4%의 고성장을 기록했다. 경제성장률에 있어서 동남아국가 간 이러한 차이는 경제정책과 정치적 리더십 차이에 기인한 것으로 분석되기도 한다(Lim, 2008). 즉 필리핀의 경우 1950년대 개발초기에 동남아국가 중에서 가장 높은 성장을 기록했으나, 이후 정치적 불안에 따른 리더십 부재가 성장의 발목을 잡았다. 또한 미얀마 역시 개발 초기 필리핀과 같이 여타 국가들에 비해 높은 경제성장을 보였으나, 정치적 혼란 속에서 경제정책을 대외개방에서 폐쇄경제로 전환하면서 저성장을 면치 못했다.

한편 이렇듯 동남아국가 간 장기 경제성장률에 있어 격차가 존재하고 있으나, 2000

년대 들어서면서 그동안 고성장을 기록했던 선발국가들의 성장률은 하락세로 전환한 반면, 캄보디아, 베트남 등 후발국가들의 성장률은 상승추세를 보이고 있다. 후발국가 중 미얀마의 경우 폐쇄경제 고집으로 1980년대까지 저성장을 보였으나 이후 높은 성장세를 보이고 있다. 베트남의 경우 1976년 도이모이정책을 추진하고 1995년 미국과의 수교를 계기로 빠른 성장세를 보이고 있다. 라오스와 캄보디아 역시 1990년대부터 고성장을 기록하고 있다. 동남아경제를 선발국가와 후발국가로 분류할 때, 2000년 들어 후발국가의 성장률이 선발국가를 앞서고 있다. 이는 동남아국가들의 경제성장률이 수렴해가는 것을 의미한다. 실제로 기존 연구에 따르면 동남아국가들의 1인당 소득수준은 수렴하는 것으로 나타난다(Ismail, 2008: 140).

**| 표 15-2 | 동남아국가의 경제성장률 추이**

| | 1961~1970 | 1971~1980 | 1981~1990 | 1991~2000 | 2001~2009 | 1961~2009 |
|---|---|---|---|---|---|---|
| 브루나이 | n.a | 9.0[1)] | −1.6 | 2.3 | 2.2[2)] | 2.3 |
| 캄보디아 | n.a | n.a | n.a | 7.5[3)] | 8.0 | 7.8 |
| 인도네시아 | 4.2 | 7.9 | 6.4 | 4.4 | 5.1 | 5.6 |
| 라오스 | n.a | n.a | 4.5[4)] | 6.2 | 6.8 | 6.0 |
| 말레이시아 | 6.5 | 7.9 | 6.0 | 7.2 | 4.3 | 6.4 |
| 미얀마 | 3.2 | 4.7 | 1.4 | 7.2 | 12.9[5)] | 5.3 |
| 필리핀 | 4.9 | 5.9 | 1.8 | 3.1 | 4.4 | 4.0 |
| 싱가포르 | 9.9 | 8.8 | 7.5 | 7.6 | 5.1 | 7.8 |
| 태국 | 8.2 | 6.9 | 7.9 | 4.6 | 4.0 | 6.4 |
| 베트남 | n.a | n.a | 4.6[6)] | 7.6 | 7.3 | 6.8 |

주: 1) 75~80, 2) 01~07, 3) 94~00, 4) 85~90, 5) 01~06, 6) 85~90
자료: 세계은행 DB

## 15.1.2 고용구조

피셔(Fisher, 1939: 38)에 따르면, 저개발 국가일수록 총고용 중 1차산업(농업, 임업, 어업) 비중이 높고, 경제가 발전할수록 동 비중이 점차적으로 축소되는 대신 2차, 3차산업의 비중이 높아진다. 총고용 중 각 산업별 비중을 기준으로 동남아국가들의 경제발전 단계를 평가할 때, 동남아국가들의 경제발전 단계는 매우 다양함을 확인할 수 있다.

1965년과 2010년을 비교할 때 동남아국가들의 전체 인구에서 농업이 차지하는 비중이 공통적으로 크게 축소되었다([표 15-3] 참조). 그럼에도 불구하고 현재까지 캄보디아, 라오스, 미얀마, 베트남, 태국, 인도네시아의 경우 농업 비중이 가장 높은데, 특히 캄보디아, 라오스, 미얀마의 경우 그 비중이 50%를 넘고 있다. 베트남의 경우에도 아직까지 동 비중이 높은 편이나 빠르게 하락하고 있는데, 1990년 72%에서 2010년 49%까지 떨어졌다. 이에 반해 싱가포르, 말레이시아, 필리핀의 경우 농업 비중이 서비스 비중에 비해 낮으며, 특히 싱가포르와 말레이시아의 경우 농업 비중이 각각 0.2%와 13.3%에 불과하다.

전반적으로 동남아국가들의 총고용에서 제조업의 비중이 크게 확대되었는데, 싱가포르, 베트남, 인도네시아, 태국, 말레이시아의 해당 비중이 높으며, 특히 베트남의 비중이 20% 이상으로 여타 국가들에 비해 상대적으로 매우 높다([표 15-4] 참조). 반면 캄보디아, 미얀마, 라오스의 동 비중은 10% 이하에 머물러 있어, 선발국가들과 대조를 보이고 있다. 제조업에 있어 이러한 구조는 서비스업에서도 비슷한데, 선발국가들의 서비스업 비중은 지속적으로 확대되어 인도네시아, 말레이시아, 필리핀, 태국, 싱가포르 경우 1차산업, 2차산업, 3차산업 중 3차산업 비중이 가장 높아졌으며, 특히 태국이나 인도네시아, 베트남 경우에 서비스업 비중이 빠르게 확대되고 있다([표 15-5] 참조).

**| 표 15-3 | 동남아 고용구조의 국별 및 연도별 비교: 1차산업**

| | BN | CB | ID | LA | ML | MA | PH | SG | TH | VT |
|---|---|---|---|---|---|---|---|---|---|---|
| 1965 | N.A. | 80.0 | 71.0 | N.A. | 60.0 | N.A. | 57.0 | 6.0 | 82.0 | 79.0 |
| 1990 | N.A. | N.A. | 55.9 | N.A. | 26.0 | 65.6 | 44.9 | 0.5 | 63.3 | 72.1 |
| 1995 | 2.5 | 81.4 | 44.0 | N.A. | 20.0 | 64.1 | 43.4 | 0.2 | 46.7 | 71.3 |
| 2000 | 1.4* | 73.7 | 45.3 | 82.7* | 16.7 | N.A. | 37.1 | 0.1 | 44.2 | 64.4 |
| 2005 | N.A. | 60.3 | 44.0 | 76.3 | 14.6 | N.A. | 36.0 | 0.1 | 38.6 | 57.1 |
| 2010 | N.A. | 72.3 | 38.3 | N.A. | 13.3 | N.A. | 33.2 | 0.2 | 38.2 | 48.7 |

*2001년 기준

주: BN(브루나이), CB(캄보디아), ID(인도네시아), LA(라오스), ML(말레이시아), MA(미얀마), PH(필리핀), SG(싱가포르), TH(태국), VT(베트남).

자료: ADB, Asian Key Indicator 2011. World Bank, World Development Report.

**표 15-4 동남아시아의 고용구조 비교: 2차산업**

| | BN | CB | ID | LA | ML | MA | PH | SG | TH | VT |
|---|---|---|---|---|---|---|---|---|---|---|
| 1965 | N.A. | 4.0 | 9.0 | N.A. | 13.0 | N.A. | 16.0 | 26.0 | 5.0 | 6.0 |
| 1990 | N.A. | N.A. | 10.8 | N.A. | 20.5 | 7.7 | 10.6 | 25.9 | 9.9 | 8.8 |
| 1995 | 8.9 | N.A. | 13.4 | N.A. | 23.7 | 9.1 | 10.6 | 21.5 | 15.1 | 8.6 |
| 2000 | 11.2* | 7.0 | 13.5 | 8.7* | 23.8 | N.A. | 10.4 | 19.5 | 15.0 | 10.1 |
| 2005 | N.A. | 9.7 | 13.7 | N.A. | 20.2 | N.A. | 9.9 | 16.7 | 16.0 | 18.2 |
| 2010 | N.A. | 9.2 | 13.9 | N.A. | 17.4 | N.A. | 9.0 | 15.3 | 14.2 | 21.7 |

*2001년 기준
자료: 상동

**표 15-5 동남아시아의 고용구조 비교: 3차산업**

| | BN | CB | ID | LA | ML | MA | PH | SG | TH | VT |
|---|---|---|---|---|---|---|---|---|---|---|
| 1965 | N.A. | 16.0 | 20.0 | N.A. | 27.0 | N.A. | 27.0 | 68.0 | 13.0 | 15.0 |
| 1990 | N.A. | N.A. | 33.3 | N.A. | 53.5 | 26.7 | 44.4 | 73.6 | 26.7 | 19.0 |
| 1995 | 88.6 | 18.6 | 42.6 | N.A. | 56.3 | 26.8 | 46.0 | 78.2 | 38.2 | 20.1 |
| 2000 | 87.4* | 19.3 | 41.2 | 8.6* | 59.5 | N.A. | 52.5 | 80.3 | 40.8 | 25.5 |
| 2005 | N.A. | 30.0 | 42.3 | N.A. | 65.2 | N.A. | 54.1 | 83.1 | 45.4 | 24.7 |
| 2010 | N.A. | 18.6 | 47.7 | N.A. | 69.4 | N.A. | 57.9 | 84.5 | 47.6 | 29.6 |

*2001년 기준
자료: 상동

### 15.1.3 생산구조

대부분 동남아국가들은 지난 30동안 경제발전 과정에서 농업부문의 대폭적인 축소와 제조업 및 서비스업의 확대를 공통적으로 경험했다. 1970~1990년대까지 후발국의 경우 전체 GDP에서 농업이 생산에서 차지하는 비중이 50% 이상 달했으나, 2010년 10~20%대로 축소되었다([표 15-6] 참조). 그러나 여전히 폐쇄경제를 고수하고 있는 미얀마의 경우 자본 및 기술의 유입이 이루어지지 않아 농업 비중이 여전히 높게 유지되고 있다. 선발국의 경우에도 역시 싱가포르를 제외하고는 대부분 국가의 농업 비중이 1970년에 30~40%에 달했으나 2010년 10%대로 크게 떨어졌다. 특히 도시국가인 싱가포르와 산유부국인 브루나이의 경우 농업 비중이 1% 이하로 유지되고 있다.

**| 표 15-6 | 동남아의 생산(부가가치액)에서 1차산업 비중 추이**

| | BN | CB | ID | LA | ML | MA | PH | SG | TH | VT |
|---|---|---|---|---|---|---|---|---|---|---|
| 1970 | N.A. | N.A. | 45.0 | N.A. | 29.0 | 38.0 | 30.0 | 2.0 | 26.0 | N.A. |
| 1990 | 1.0 | 56.5 | 19.4 | 61.2 | 15.0 | 57.3 | 21.9 | 0.3 | 12.5 | 38.7 |
| 1995 | 1.2 | 49.6 | 17.1 | 55.0 | 12.7 | 60.0 | 21.6 | 0.2 | 9.5 | 27.2 |
| 2000 | 1.0 | 37.9 | 15.6 | 48.5 | 8.3 | 57.2 | 14.0 | 0.1 | 9.0 | 24.5 |
| 2005 | 0.9 | 32.4 | 13.1 | 36.7 | 8.2 | 46.7 | 12.7 | 0.1 | 10.3 | 21.0 |
| 2010 | 0.8 | 36.0 | 15.3 | 30.8 | 10.4 | 36.4 | 12.3 | 0.0 | 12.4 | 20.6 |

자료: ADB, Asian Key Indicator 2011. World Bank, WDI online 등

**| 표 15-7 | 동남아의 생산(부가가치액)에서 2차산업 비중 추이**

| | BN | CB | ID | LA | ML | MA | PH | SG | TH | VT |
|---|---|---|---|---|---|---|---|---|---|---|
| 1970 | N.A. | N.A. | 19.0 | N.A. | 27.0 | 14.0 | 32.0 | 36.0 | 25.0 | N.A. |
| 1990 | 61.6 | 11.3 | 39.1 | 14.5 | 41.5 | 10.5 | 34.5 | 31.9 | 37.2 | 22.7 |
| 1995 | 54.3 | 14.8 | 41.8 | 19.0 | 40.5 | 9.9 | 32.1 | 33.3 | 40.7 | 28.8 |
| 2000 | 63.7 | 23.0 | 45.9 | 19.1 | 46.8 | 9.7 | 34.5 | 34.5 | 42.0 | 36.7 |
| 2005 | 71.6 | 26.4 | 46.5 | 23.5 | 48.7 | 17.5 | 33.8 | 31.6 | 44.0 | 41.0 |
| 2010 | 66.8 | 23.0 | 47.0 | 27.4 | 43.6 | 26.0 | 32.6 | 28.3 | 44.7 | 41.1 |

자료: ADB, Asian Key Indicator 2011. World Bank, WDI online 등

**| 표 15-8 | 동남아의 생산(부가가치액)에서 3차산업 비중 추이**

| | BN | CB | ID | LA | ML | MA | PH | SG | TH | VT |
|---|---|---|---|---|---|---|---|---|---|---|
| 1970 | N.A. | N.A. | 36.0 | N.A. | 43.0 | 48.0 | 39.0 | 61.0 | 49.0 | N.A. |
| 1990 | 37.5 | 32.2 | 41.5 | 24.3 | 43.5 | 32.2 | 43.6 | 67.8 | 50.3 | 38.6 |
| 1995 | 44.6 | 35.5 | 41.1 | 26.0 | 46.8 | 30.1 | 46.3 | 66.5 | 49.7 | 44.1 |
| 2000 | 35.3 | 39.1 | 38.5 | 32.4 | 44.9 | 33.1 | 51.6 | 65.4 | 49.0 | 38.7 |
| 2005 | 27.5 | 41.2 | 40.3 | 39.8 | 43.1 | 35.8 | 53.5 | 68.3 | 45.8 | 38.0 |
| 2010 | 32.5 | 41.0 | 37.6 | 41.8 | 46.0 | 37.6 | 55.1 | 71.7 | 42.9 | 38.3 |

자료: ADB, Asian Key Indicator 2011. World Bank, WDI online 등

이를 통해 동남아국가의 생산구조상 차별성을 한 번 더 확인할 수 있다.

앞에서 언급했듯이, 동남아국가들의 GDP에서 농업 비중이 축소된 대신 제조업과 서비스업 비중이 확대되고 있는데, 국가별로 생산구조 변화를 자세히 살펴보면 다음

과 같다. 1970년과 2010년을 비교할 때 인도네시아, 말레이시아, 태국은 20%에서 40%대 이상으로 제조업 비중이 크게 확대되었으며, 후발국가인 베트남, 캄보디아, 라오스, 미얀마 역시 제조업 비중이 빠르게 확대되고 있다([표 15-7] 참조). 선발국가들의 동 비중은 40% 이상(브루나이의 경우 67%)인 반면 후발국가들의 경우 동 비중이 20%대로 국가들의 소득수준에 따라 큰 차이를 보이고 있다. 그러나 후발국 중 베트남의 경우 제조업 비중이 1990년대까지 20%대에 불과했으나 개혁개방 이후 외국인투자 확대 등에 힘입어 2010년 40%를 넘어서 선발국 수준에 달했다.

한편 필리핀과 싱가포르의 경우 이미 제조업 비중 확대 단계를 지나 제조업 비중 축소 및 서비스업 비중 확대로 전환되었는데, 이러한 생산구조상 변화는 동남아국가들의 경제발전단계가 매우 상이하다는 것을 의미한다. 선발국가인 싱가포르, 필리핀,❷ 태국, 말레이시아의 경우 서비스업 비중이 40% 이상으로 확대되었으며, 특히 필리핀과 싱가포르의 경우 동 비중이 지속적으로 확대되어 각각 55%와 72%에 달한다([표 15-8] 참조). 그러나 인도네시아와 베트남의 경우 서비스업 비중이 축소되는 대신 제조업이 확대되는 또 다른 양상을 보이고 있다. 생산구조상 발견되는 또 다른 특징은 선발국 중 인도네시아의 경우 서비스업 비중이 후발국인 베트남과 미얀마 수준으로 낮다는 점이다. 이는 인도네시아에 있어 서비스업 위축의 결과라기보다는 제조업 비중이 상대적으로 더 빠르게 확대된 결과이다.

한편 통합유사성지수(ISI: integrated similarity index)를 이용하여 동남아국가들의 생산구조의 유사성을 살펴보자.

$$ISI = \frac{\sum_{j=1}^{n}(S_{ij} - S_{kj})^2}{\sum_{j=1}^{n} S_{ij}^2 + \sum_{j=1}^{n} S_{kj}^2}$$

위 식에서 $S_{ij}$는 $i$국가의 총생산액에서 $j$산업의 비중을 의미한다. $ISI$는 0과 1 사이의 값을 가지며, 0에 근접할수록 비교대상인 두 국가의 생산구조가 유사하다는 것

❷ 필리핀의 서비스업 비중 확대는 경제발전과정에서 제조업 발전에 따른 자연스러운 결과라고 하기보다는 제조업의 위축에 따른 결과라고 볼 수 있다.

을 의미하고, 1에 가까울수록 상이함을 의미한다.

통합유사성지수(ISI)를 이용하여 동남아국가들의 생산구조(부가가치액 기준 1차, 2차, 3차산업)의 유사성을 분석한 결과에 따르면, 선발국가(인도네시아, 말레이시아, 태국, 싱가포르, 브루나이)의 경우, 다른 선발국가와 산업구조가 유사하고, 후발국가 역시 다른 후발국가들과 산업구조가 유사한 것으로 나타났다. 인도네시아는 말레이시아와 태국과 구조가 비슷했으며, 말레이시아는 태국과 인도네시아, 필리핀은 태국과 말레이시아, 싱가포르는 필리핀과 태국, 태국은 말레이시아와 인도네시아, 베트남은 인도네시아와 태국, 브루나이는 말레이시아와 인도네시아의 산업구조와 유사했다([표 15-9] 참조). 특징은 베트남의 경우 후발국가임에도 불구하고 선발국가의 산업구조(특히 인도네시아)와 유사해졌다는 것이다. 이는 동남아국가 중에서 후발국가임에도 불구하고 베트남이 2010년 세계은행의 소득수준별 국가 분류에 있어서, 태국, 인도네시아, 필리핀과 같은 범주에 분류된 것과 같은 맥락에서 이해할 수 있다.

한편 미얀마는 라오스와 캄보디아, 캄보디아는 라오스와 미얀마, 라오스는 캄보디아와 미얀마의 산업구조와 유사했다. [표 15-9]의 가장 오른쪽 란은 동남아 평균 산업구조와 각국의 산업구조의 유사성지수를 보여주고 있다. [표 15-9]에서 볼 수 있듯이 동남아 평균과 가장 유사한 국가는 베트남, 인도네시아, 필리핀, 말레이시아 순이다. 이 결과는 산업구조를 10대 산업[3]으로 분류한 경우에서도 동일하다([표 15-10] 참조). 또한 동남아 평균 산업구조와 각국의 산업구조 유사성 지수의 표준편차가 축소되고 있는 것으로 나타났다([표 15-11] 참조). 이는 동남아국가들의 산업구조가 다양한 가운데, 이들 국가의 산업구조가 평균에 수렴하고 있다는 것을 의미한다.

한편 앞 절에서 살펴본 고용을 기준으로 한 산업구조와 생산액(부가가치)을 기준으로 한 산업구조를 비교하면, 전반적으로 동남아국가들의 제조업 생산성이 여타 산업에 비해 상대적으로 높다는 공통점을 확인할 수 있다. 2008년 기준으로 살펴보면, 말레이시아의 경우 총고용의 17%(제조업 비중)가 총생산액의 약 48%(제조업 비중)를 생산하고 있으며, 태국의 경우 14%가 약 45%를, 인도네시아의 경우 13%가 48%를 생산하였다.

[3] 농업, 광업, 제조업, 전기·가스·수도, 건설, 상업, 운송, 금융, 행정, 기타

**표 15-9 산업구조(부가가치액) 유사성지수: 1, 2, 3차산업**

| | 미얀마 | | 캄보디아 | | 라오스 | | 베트남 | | 브루나이 | |
|---|---|---|---|---|---|---|---|---|---|---|
| 대상국 | 1995 | 2008 | 1995 | 2008 | 1995 | 2008 | 1995 | 2008 | 1995 | 2008 |
| BL | 0.591 | 0.452 | 0.449 | 0.420 | 0.498 | 0.352 | 0.157 | 0.188 | – | – |
| MA | – | – | 0.019 | 0.018 | 0.014 | 0.015 | 0.201 | 0.088 | 0.591 | 0.452 |
| CB | 0.019 | 0.018 | – | – | 0.017 | 0.008 | 0.104 | 0.064 | 0.449 | 0.420 |
| LA | 0.014 | 0.015 | 0.017 | 0.008 | – | – | 0.158 | 0.035 | 0.498 | 0.352 |
| ID | 0.358 | 0.177 | 0.237 | 0.139 | 0.280 | 0.100 | 0.039 | 0.017 | 0.048 | 0.101 |
| ML | 0.402 | 0.204 | 0.271 | 0.148 | 0.333 | 0.116 | 0.047 | 0.029 | 0.037 | 0.105 |
| PH | 0.271 | 0.131 | 0.158 | 0.061 | 0.221 | 0.065 | 0.007 | 0.046 | 0.106 | 0.275 |
| SG | 0.537 | 0.310 | 0.395 | 0.195 | 0.506 | 0.227 | 0.139 | 0.202 | 0.090 | 0.382 |
| TH | 0.440 | 0.181 | 0.304 | 0.125 | 0.375 | 0.098 | 0.063 | 0.022 | 0.030 | 0.126 |
| VT | 0.201 | 0.088 | 0.104 | 0.064 | 0.158 | 0.035 | – | – | 0.157 | 0.188 |

| | 인도네시아 | | 말레이시아 | | 필리핀 | | 싱가포르 | | 태국 | | ASEAN | |
|---|---|---|---|---|---|---|---|---|---|---|---|---|
| 대상 | 1995 | 2008 | 1995 | 2008 | 1995 | 2008 | 1995 | 2008 | 1995 | 2008 | 1995 | 2008 |
| BL | 0.048 | 0.101 | 0.037 | 0.105 | 0.106 | 0.275 | 0.090 | 0.382 | 0.030 | 0.126 | 0.131 | 0.193 |
| MA | 0.358 | 0.177 | 0.402 | 0.204 | 0.271 | 0.131 | 0.537 | 0.310 | 0.440 | 0.181 | 0.226 | 0.111 |
| CB | 0.237 | 0.139 | 0.271 | 0.148 | 0.158 | 0.061 | 0.395 | 0.195 | 0.304 | 0.125 | 0.124 | 0.065 |
| LA | 0.280 | 0.100 | 0.333 | 0.116 | 0.221 | 0.065 | 0.506 | 0.227 | 0.375 | 0.098 | 0.175 | 0.046 |
| ID | – | – | 0.007 | 0.005 | 0.019 | 0.066 | 0.110 | 0.201 | 0.017 | 0.006 | 0.025 | 0.019 |
| ML | 0.007 | 0.005 | – | – | 0.020 | 0.049 | 0.064 | 0.152 | 0.002 | 0.001 | 0.034 | 0.018 |
| PH | 0.019 | 0.066 | 0.020 | 0.049 | – | – | 0.095 | 0.065 | 0.030 | 0.037 | 0.004 | 0.020 |
| SG | 0.110 | 0.201 | 0.064 | 0.152 | 0.095 | 0.065 | – | – | 0.044 | 0.141 | 0.132 | 0.141 |
| TH | 0.017 | 0.006 | 0.002 | 0.001 | 0.030 | 0.037 | 0.044 | 0.141 | – | – | 0.050 | 0.011 |
| VT | 0.039 | 0.017 | 0.047 | 0.029 | 0.007 | 0.046 | 0.139 | 0.202 | 0.063 | 0.022 | 0.002 | 0.007 |

주: 음영은 산업구조가 유사한 국가 의미
자료: Key indicator, ADB 자료 이용 계산

**표 15-10** 산업구조(부가가치액) 유사성지수: 10대 산업

| | 미얀마 | | 캄보디아 | | 라오스 | | 베트남 | | 브루나이 | |
|---|---|---|---|---|---|---|---|---|---|---|
| 대상 | 1995 | 2008 | 1995 | 2008 | 1995 | 2008 | 1995 | 2008 | 1995 | 2008 |
| BN | 0.82 | 0.83 | 0.86 | 0.68 | 0.86 | 0.68 | 0.62 | 0.51 | – | – |
| MA | – | – | 0.02 | 0.14 | 0.05 | 0.05 | 0.10 | 0.25 | 0.82 | 0.83 |
| CB | 0.02 | 0.14 | – | – | 0.05 | 0.11 | 0.13 | 0.08 | 0.86 | 0.68 |
| LA | 0.05 | 0.05 | 0.05 | 0.11 | – | – | 0.19 | 0.16 | 0.86 | 0.68 |
| ID | 0.28 | 0.31 | 0.28 | 0.17 | 0.38 | 0.25 | 0.11 | 0.05 | 0.48 | 0.46 |
| ML | 0.39 | 0.47 | 0.39 | 0.28 | 0.47 | 0.40 | 0.17 | 0.13 | 0.49 | 0.43 |
| PH | 0.21 | 0.35 | 0.22 | 0.10 | 0.27 | 0.26 | 0.06 | 0.07 | 0.65 | 0.59 |
| SG | 0.68 | 0.63 | 0.65 | 0.38 | 0.76 | 0.53 | 0.42 | 0.25 | 0.61 | 0.55 |
| TH | 0.44 | 0.44 | 0.43 | 0.21 | 0.52 | 0.42 | 0.23 | 0.14 | 0.63 | 0.58 |
| VN | 0.10 | 0.25 | 0.13 | 0.08 | 0.19 | 0.16 | – | – | 0.62 | 0.51 |

| | 인도네시아 | | 말레이시아 | | 필리핀 | | 싱가포르 | | 태국 | | ASEAN | |
|---|---|---|---|---|---|---|---|---|---|---|---|---|
| 대상 | 1995 | 2008 | 1995 | 2008 | 1995 | 2008 | 1995 | 2008 | 1995 | 2008 | 1995 | 2008 |
| BN | 0.48 | 0.46 | 0.49 | 0.43 | 0.65 | 0.59 | 0.61 | 0.55 | 0.63 | 0.58 | 0.55 | 0.46 |
| MA | 0.28 | 0.31 | 0.39 | 0.47 | 0.21 | 0.35 | 0.68 | 0.63 | 0.44 | 0.44 | 0.18 | 0.27 |
| CB | 0.28 | 0.17 | 0.39 | 0.28 | 0.22 | 0.10 | 0.65 | 0.38 | 0.43 | 0.21 | 0.18 | 0.10 |
| LA | 0.38 | 0.25 | 0.47 | 0.40 | 0.27 | 0.26 | 0.76 | 0.53 | 0.52 | 0.42 | 0.26 | 0.18 |
| ID | – | – | 0.03 | 0.04 | 0.07 | 0.10 | 0.27 | 0.19 | 0.08 | 0.07 | 0.03 | 0.03 |
| ML | 0.03 | 0.04 | – | – | 0.07 | 0.13 | 0.16 | 0.11 | 0.04 | 0.06 | 0.07 | 0.08 |
| PH | 0.07 | 0.10 | 0.07 | 0.13 | – | – | 0.29 | 0.14 | 0.08 | 0.10 | 0.04 | 0.05 |
| SG | 0.27 | 0.19 | 0.16 | 0.11 | 0.29 | 0.14 | – | – | 0.16 | 0.17 | 0.31 | 0.19 |
| TH | 0.08 | 0.07 | 0.04 | 0.06 | 0.08 | 0.10 | 0.16 | 0.17 | – | – | 0.14 | 0.11 |
| VN | 0.11 | 0.05 | 0.17 | 0.13 | 0.06 | 0.07 | 0.42 | 0.25 | 0.23 | 0.14 | 0.03 | 0.02 |

주: 음영은 산업구조가 유사한 국가 의미
자료: Key indicator, ADB 자료 이용 계산

**표 15-11** 생산구조 수렴도: 유사성지수의 표준편차* 추이

| | 1995 | 1996 | 1997 | 1998 | 1999 | 2000 | 2001 | 2002 | 2003 | 2004 | 2005 | 2006 | 2007 | 2008 |
|---|---|---|---|---|---|---|---|---|---|---|---|---|---|---|
| 산업 1 | 0.08 | 0.08 | 0.08 | 0.08 | 0.08 | 0.08 | 0.08 | 0.07 | 0.07 | 0.06 | 0.07 | 0.06 | 0.06 | 0.06 |
| 산업 2 | 0.16 | 0.16 | 0.15 | 0.15 | 0.14 | 0.14 | 0.14 | 0.14 | 0.15 | 0.15 | 0.15 | 0.14 | 0.14 | 0.14 |

*동남아 각국 경제구조와 평균적 경제구조 간 ISI의 표준편차
주: 산업 1은 1, 2, 3차 산업분류, 산업 2는 10대 산업분류
자료: Key indicator, ADB 자료 이용 계산

## 15.2 수출구조의 이질성 및 유사성

### 15.2.1 생산단계별 교역구조

본 절에서는 동남아국가들의 생산공정별 무역구조의 유사성이 어느 정도이며, 동태적으로 어떻게 변화하고 있는가를 분석하고자 한다. 동남아국가들의 무역구조가 상호 유사하다는 것은 동남아의 대외경제정책에 있어 정책공조 또는 상호협력의 가능성 및 필요성이 그만큼 높다는 것을 의미한다. 그렇지만 또 다른 한편으로 동남아국가들의 교역구조가 유사하거나, 점차 유사해지고 있다는 것은 세계시장에서 동남아국가 간에 경쟁적 관계가 더 강화됨을 의미하기도 한다.

동남아시아국가들의 교역을 생산공정별(1차산품, 부품 및 부분품, 반제품, 자본재, 소비재)로 살펴보면, 부품 및 부분품 그리고 반제품으로 구성된 중간재 비중이 절대적으로 높다([표 15-12] 참조). 수입에 있어서 동 비중이 1998년에 60.4%였으며, 2008년에는 51.9%로 다소 하락했으나 여전히 높은 비중을 보이고 있다. 수출에 있어서 역시 중간재 비중이 1998년 51%, 2008년 49.2%를 기록했다. 중간재 비중이 높은 것은 동남아국가들이 다국적기업들의 생산분할지로서 역할을 하고 있음을 보여준다. 지난 10년 동안 중간재 비중이 큰 폭으로 하락하고 있는 것은 생산분할 대상지로서 중국이 부상한데 따른 파급효과인 것으로 보인다.

동남아의 수출입에 있어서 1차산품과 반제품이 확대된 반면 나머지 생산공정 비중은 축소되었는데 특히 부품 및 부분품의 비중 축소가 컸다. 또한 전체적으로 중간재 비중이 축소되는 가운데, 중간재 중 부품 및 부분품의 비중은 축소된 반면 반제품 비중 확대라는 구조 변화가 나타나고 있다. 뿐만 아니라 수출입에 있어서 최종재인 자본재와 소비재의 비중이 축소되는 변화를 보이고 있다.

이렇듯 생산공정별 교역구조에 있어서의 전반적인 변화가 이루어지고 있으나, 그 변화의 정도와 방향에 있어서 국가 간 차별성이 존재한다. 반제품 수출의 경우 모든 국가에서 비중이 확대되었으나, 부품 및 부분품 수출의 경우 인도네시아, 싱가포르, 베트남은 소폭 비중이 확대된 반면, 말레이시아, 필리핀, 태국의 경우 동 비중이 대폭 축소되어 대조를 보였다. 소비재 수출의 경우 모든 국가에서 비중이 축소된 반면, 1차산품 수출의 경우에 싱가포르를 제외한 모든 국가에 있어 비중이 확대되었다. 또한 자본재 수출에 있어서는 인도네시아, 필리핀, 태국에 있어 비중이 확대되었는데 특히 필리핀의 비중 확대가 두드러진다. 그러나 그 외 나머지 국가들의 비중은 감소했는데 특히 싱가포르에 있어 동 비중이 크게 축소되었다.

**표 15-12 동남아국가의 생산공정별 수출입구조 변화**

| | | | 1차산품 | 부품 및 부분품 | 반제품 | 자본재 | 소비재 |
|---|---|---|---|---|---|---|---|
| ASEAN | 수입 | 1998 | 7.2 | 35.7 | 24.7 | 17.8 | 10.0 |
| | 수입 | 2008 | 13.8 | 25.8 | 26.1 | 13.5 | 8.0 |
| | 수출 | 1998 | 5.6 | 31.0 | 20.0 | 17.6 | 19.3 |
| | 수출 | 2008 | 8.8 | 24.8 | 24.4 | 12.5 | 16.1 |
| 인도네시아 | 수입 | 1998 | 12.6 | 16.3 | 37.5 | 21.5 | 6.1 |
| | 수입 | 2008 | 14.2 | 16.3 | 32.2 | 16.1 | 5.7 |
| | 수출 | 1998 | 17.5 | 4.7 | 36.3 | 4.1 | 20.5 |
| | 수출 | 2008 | 26.4 | 6.3 | 45.7 | 4.7 | 16.1 |
| 말레이시아 | 수입 | 1998 | 3.7 | 46.1 | 21.7 | 18.3 | 6.2 |
| | 수입 | 2008 | 10.5 | 29.5 | 26.2 | 13.1 | 7.6 |
| | 수출 | 1998 | 5.3 | 36.5 | 23.9 | 18.5 | 14.0 |
| | 수출 | 2008 | 9.1 | 18.0 | 32.6 | 14.5 | 10.1 |
| 필리핀 | 수입 | 1998 | 9.5 | 46.7 | 24.7 | 10.4 | 8.6 |
| | 수입 | 2008 | 16.8 | 37.4 | 21.0 | 6.8 | 11.7 |
| | 수출 | 1998 | 1.5 | 59.6 | 9.0 | 12.2 | 17.7 |
| | 수출 | 2008 | 3.3 | 47.2 | 14.3 | 20.3 | 12.4 |
| 싱가포르 | 수입 | 1998 | 6.0 | 39.7 | 16.5 | 21.0 | 12.7 |
| | 수입 | 2008 | 12.2 | 33.5 | 13.7 | 13.2 | 8.7 |
| | 수출 | 1998 | 0.8 | 37.4 | 13.9 | 28.4 | 10.9 |
| | 수출 | 2008 | 0.6 | 39.8 | 14.4 | 11.9 | 7.8 |
| 태국 | 수입 | 1998 | 11.2 | 26.7 | 34.6 | 17.3 | 8.3 |
| | 수입 | 2008 | 22.5 | 19.8 | 35.8 | 13.1 | 7.8 |
| | 수출 | 1998 | 4.0 | 24.8 | 19.2 | 13.0 | 37.4 |
| | 수출 | 2008 | 6.1 | 19.1 | 24.2 | 18.1 | 27.3 |

| | | | | | | | |
|---|---|---|---|---|---|---|---|
| 베트남 | 수입 | 1998 | 2.4 | 1.3 | 43.4 | 1.8 | 21.6 |
| | 수입 | 2008 | 4.4 | 9.6 | 46.6 | 17.6 | 7.3 |
| | 수출 | 1998 | 17.1 | 0.2 | 7.0 | 0.4 | 58.7 |
| | 수출 | 2008 | 26.0 | 5.7 | 13.8 | 5.4 | 47.1 |

자료: Comtrade 자료 이용 계산

한편 수출과 마찬가지로 1차산품 수입은 모든 국가에서 비중이 확대된 반면 부품 및 부분품 수입은 베트남을 제외하고는 모두 큰 폭으로 축소되었다. 소비재 수입은 전체적으로 비중이 축소된 가운데, 특히 베트남 수입에 있어 감소폭이 컸다. 베트남의 경우 수입에 있어서 반제품 비중이 매우 높게 유지되고 있는 가운데, 자본재 수입 비중이 크게 증가하였으며, 수출에 있어서는 소비재 비중이 높게 유지되고 있다. 즉 베트남의 경우, 해외에서 자본재를 수입하여 생산설비를 건설하고 수입한 반제품과 자국의 저렴한 노동력을 결합하여 최종 소비재를 수출하는 방식의 성장패턴을 생산공정별 수출입구조를 통해서 확인할 수 있다.

### 15.2.2 동남아국가들의 수출구조 유사성

ISI지수를 이용하여 동남아 각국의 생산공정별(19개 세부 생산공정별)[4] 수출구조가 어떤 국가와 가장 유사한가를 분석한 결과, 인도네시아는 태국과 베트남과 유사했으며, 말레이시아는 싱가포르와 필리핀, 필리핀은 말레이시아와 싱가포르, 싱가포르는 말레이시아와 필리핀과 유사했다. 한편 태국은 말레이시아와 유사했고, 베트남은 인도네시아와 가장 유사했다([표 15-13] 참조). 지난 10년 동안 그러한 구조에는 큰 변화가 없었다. 생산공정별 수출구조에 있어서 동남아 평균 수출구조와 가장 유사한 국가는 말레이시아, 싱가포르, 태국이었다. 동남아시아의 19개 세부 생산공정별 수출구조의 통합유사성지수(ISI) 표준편차를 살펴본 결과 점차 축소되고 있는데 이는 교역구조의 다양성이 지속되는 가운데 동남아국가들의 생산공정별 수출구조가 점차적으로 수렴하고 있다는 것을 의미한다([표 15-14] 참조).

[4] 19개 세부 생산공정에 대한 구체적인 내용은 United Nations의 Statistics Division을 참조할 수 있다.

**표 15-13** 동남아의 수출구조 유사성지수: 생산공정별 기준

| | 비교대상 | 1998 | 2000 | 2002 | 2004 | 2006 | 2008 |
|---|---|---|---|---|---|---|---|
| 인도네시아 | ML | 0.54 | 0.45 | 0.43 | 0.38 | 0.40 | 0.26 |
| | PH | 0.79 | 0.68 | 0.68 | 0.68 | 0.66 | 0.64 |
| | SG | 0.64 | 0.57 | 0.54 | 0.55 | 0.62 | 0.64 |
| | TH | 0.38 | 0.28 | 0.26 | 0.25 | 0.27 | 0.31 |
| | VT | 0.46 | 0.37 | 0.37 | 0.37 | 0.32 | 0.28 |
| 말레이시아 | ID | 0.54 | 0.45 | 0.43 | 0.38 | 0.40 | 0.26 |
| | PH | 0.12 | 0.09 | 0.09 | 0.11 | 0.11 | 0.28 |
| | SG | 0.05 | 0.03 | 0.03 | 0.05 | 0.09 | 0.25 |
| | TH | 0.14 | 0.13 | 0.16 | 0.15 | 0.15 | 0.20 |
| | VT | 0.85 | 0.71 | 0.73 | 0.67 | 0.62 | 0.50 |
| 필리핀 | ID | 0.79 | 0.68 | 0.68 | 0.68 | 0.66 | 0.64 |
| | ML | 0.12 | 0.09 | 0.09 | 0.11 | 0.11 | 0.28 |
| | SG | 0.13 | 0.05 | 0.05 | 0.04 | 0.02 | 0.04 |
| | TH | 0.30 | 0.27 | 0.34 | 0.35 | 0.33 | 0.30 |
| | VT | 0.85 | 0.76 | 0.78 | 0.77 | 0.74 | 0.67 |
| 싱가포르 | ID | 0.64 | 0.57 | 0.54 | 0.55 | 0.62 | 0.64 |
| | ML | 0.05 | 0.03 | 0.03 | 0.05 | 0.09 | 0.25 |
| | PH | 0.13 | 0.05 | 0.05 | 0.04 | 0.02 | 0.04 |
| | TH | 0.21 | 0.21 | 0.23 | 0.24 | 0.30 | 0.33 |
| | VT | 0.89 | 0.79 | 0.80 | 0.78 | 0.77 | 0.71 |
| 태국 | ID | 0.38 | 0.28 | 0.26 | 0.25 | 0.27 | 0.31 |
| | ML | 0.14 | 0.13 | 0.16 | 0.15 | 0.15 | 0.20 |
| | PH | 0.30 | 0.27 | 0.34 | 0.35 | 0.33 | 0.30 |
| | SG | 0.21 | 0.21 | 0.23 | 0.24 | 0.30 | 0.33 |
| | VT | 0.50 | 0.53 | 0.51 | 0.53 | 0.50 | 0.41 |
| 베트남 | ID | 0.46 | 0.37 | 0.37 | 0.37 | 0.32 | 0.28 |
| | ML | 0.85 | 0.71 | 0.73 | 0.67 | 0.62 | 0.50 |
| | PH | 0.85 | 0.76 | 0.78 | 0.77 | 0.74 | 0.67 |
| | SG | 0.89 | 0.79 | 0.80 | 0.78 | 0.77 | 0.71 |
| | TH | 0.50 | 0.53 | 0.51 | 0.53 | 0.50 | 0.41 |

| | | | | | | | |
|---|---|---|---|---|---|---|---|
| ASEAN | ID | 0.44 | 0.37 | 0.35 | 0.34 | 0.36 | 0.30 |
| | ML | 0.02 | 0.01 | 0.02 | 0.01 | 0.02 | 0.06 |
| | PH | 0.17 | 0.12 | 0.13 | 0.13 | 0.11 | 0.15 |
| | SG | 0.06 | 0.06 | 0.06 | 0.06 | 0.09 | 0.14 |
| | TH | 0.07 | 0.07 | 0.09 | 0.10 | 0.11 | 0.11 |
| | VT | 0.71 | 0.62 | 0.62 | 0.60 | 0.55 | 0.44 |

주: ID(인도네시아), ML(말레이시아), PH(필리핀), SG(싱가포르), TH(태국), VT(베트남)
자료: Comtrade 자료 이용 계산

**표 15-14 동남아 수출구조 유사성지수* 표준편차: 생산공정별 기준**

| | 수출(BEC)_ISI |
|---|---|
| 1998 | 0.27 |
| 1999 | 0.27 |
| 2000 | 0.24 |
| 2001 | 0.22 |
| 2002 | 0.23 |
| 2003 | 0.23 |
| 2004 | 0.22 |
| 2005 | 0.21 |
| 2006 | 0.21 |
| 2007 | 0.19 |
| 2008 | 0.14 |

*동남아 각국과 동남아 평균 간 통합유사성지수
주: 6개국(인도네시아, 말레이시아, 태국, 필리핀, 싱가포르, 베트남) 대상
자료: Comtrade 자료 이용 계산

## 15.3 산업 및 수출구조의 수렴성 검정

지금까지는 기초적 통계자료와 유사성지수를 이용하여 동남아국가들의 산업구조가 유사해지고 있는지, 또 어떤 국가 간에 경제구조가 유사한지에 대해 살펴보았다. 본 절에서는 1인당 소득수준의 수렴성 또는 생산성 수준의 수렴성 검정에서 많이 사용되

는 베타수렴($\beta$-convergence)계수 추정을 통해 동남아국가들의 산업 및 교역구조가 점차 수렴하여 있는지의 여부를 분석한다. 베타수렴계수 추정식은 아래와 같다.

$$\Delta e^i = \alpha + \beta_0^i + \varepsilon^i$$

위 식에서 $\Delta e^i = e_t^i - e_0^i$이며, $e_t^i$는 특정 산업이 $t$기에 $i$국가의 총생산(또는 수출)에서 차지하는 비중과 같은 기간 해당산업의 동남아 평균 비중과의 차이, $e_0^i$는 특정 산업이 초기 $i$국가의 총생산(또는 수출)에서 차지하는 비중과 같은 기간 해당산업의 동남아 평균 비중과의 차이를 의미한다.

위 식에서 $\beta$값이 음(−)의 값을 갖는다는 것은 특정 산업에 있어 초기에 동남아 평균의 산업 비중보다 더 높은 비중을 가졌던 국가의 해당 산업 비중은 점차 축소되고, 반면 초기에 동남아 평균의 산업 비중보다 더 낮은 비중을 가졌던 국가의 해당 산업 비중은 확대된다는 것을 의미한다. 이는 동남아 각국의 해당 산업 비중이 동남아 평균수준에 수렴한다는 것을 뜻한다. 반면 $\beta$값이 양(+)의 값을 갖는다는 것은 산업 또는 교역구조가 수렴하기보다 발산한다(즉 더욱더 상이해진다)는 것을 의미한다.

패널분석 결과에 따르면 대체적으로 동남아 산업구조와 수출구조가 수렴되는 경향을 보였다. 첫째, 1995~2008년까지 동남아 10개국의 대분류(1차, 2차, 3차산업) 연도별 산업자료를 분석한 결과, 동남아 각국의 농업과 서비스업 비중은 점차 수렴하고 있는 것으로 분석되었다([표 15-15] 참조). 반면 제조업에 있어서는 (+)부호를 나타냈으나 추정치가 통계적으로 유의하지 않아 산업구조가 수렴하지도 또는 발산하지도 않는 것으로 보인다.

둘째, 1993~2010년까지 동남아 10개국의 중분류(10개 산업분류) 연도별 산업자료를 분석한 결과 역시 대분류의 경우와 비슷했다. 즉 동남아 각국의 농업, 광업, 건설, 상업, 금융 비중은 점차 수렴하고 있는 것으로 분석되었다([표 15-16] 참조). 또한 제조업에 있어서는 대분류 경우와 달리 (−)부호를 나타냈으나, 대분류에 있어서와 마찬가지로 추정치가 통계적으로 유의하지 않아 산업구조가 수렴하지도 그리고 발산하지도 않는 것으로 보인다. 또한 행정과 기타분야에 있어서도 계수값이 통계적으로 유의하지 않았다. 반면 서비스업 중 전기·가스·수도과 운송부문 비중은 동남아국가 간 수렴하기보다는 점차 더 상이해지는 것으로 나타났다.

셋째, 1998~2008년까지 동남아 6개국[5]의 연도별 생산공정별 수출자료를 분석한 결과, 산업구조에서와 마찬가지로 대체적으로 동남아국가 간에 수출구조가 수렴되고 있는 것으로 나타났다([표 15-17] 참조). 다만 1차산물과 반제품 분야에 있어서 수렴하기보다는 오히려 동남아국가 간 수출구조의 상이 정도가 더욱 확대되는 것으로 분석되었다.

**표 15-15 동남아 산업구조 수렴성 검정: 대분류(1, 2, 3차산업)**

| | 1차산업 | | 2차산업 | | 3차산업 | |
|---|---|---|---|---|---|---|
| | $\alpha$ | $\beta$ | $\alpha$ | $\beta$ | $\alpha$ | $\beta$ |
| 추정치 | 0.00 | −0.19*** | 0.00 | 0.01 | 0.00 | −0.16*** |
| $t$값 | 0.00 | −12.71 | 0.00 | 0.17 | 0.00 | −3.26 |
| $R^2$ | | 0.56 | | 0.00 | | 0.08 |

주: 1. ***는 1%에서 통계적으로 유의함을 의미
2. 각 산업별 분석자료 수는 130개(1995~2008)

**표 15-16 동남아 산업구조 수렴성 검정: 중분류(10개 산업)**

| | | $\alpha$ | $\beta$ | | | $\alpha$ | $\beta$ |
|---|---|---|---|---|---|---|---|
| 농업 | 추정치 | 0.00 | −0.20*** | 상업 | 추정치 | 0.00 | −0.26*** |
| | $t$값 | 0.00 | −10.57 | | $t$값 | 0.00 | −5.45 |
| | $R^2$ | | 0.40 | | $R^2$ | | 0.15 |
| 광업 | 추정치 | 0.00 | −0.10*** | 운송 | 추정치 | 0.00 | 0.10* |
| | $t$값 | 0.00 | −10.13 | | $t$값 | 0.00 | 1.76 |
| | $R^2$ | | 0.38 | | $R^2$ | | 0.02 |
| 제조업 | 추정치 | 0.00 | −0.04 | 금융 | 추정치 | 0.00 | −0.07*** |
| | $t$값 | 0.00 | −0.96 | | $t$값 | 0.00 | −2.85 |
| | $R^2$ | | 0.01 | | $R^2$ | | 0.05 |
| 전기 • 가스 • 수도 | 추정치 | 0.00 | 0.12* | 행정 | 추정치 | 0.00 | 0.01 |
| | $t$값 | 0.00 | 1.72 | | $t$값 | 0.00 | 0.33 |
| | $R^2$ | | 0.02 | | $R^2$ | | 0.00 |

[5] 미얀마, 라오스, 캄보디아, 브루나이는 생산공정별 무역자료 제약상 분석에서 제외한다.

| 건설 | 추정치 | 0.00 | −0.38*** | 기타 | 추정치 | 0.00 | −0.03 |
|---|---|---|---|---|---|---|---|
| | *t*값 | 0.00 | −4.34 | | *t*값 | 0.00 | −0.59 |
| | $R^2$ | | 0.10 | | $R^2$ | | 0.00 |

주: 1. *와 ***는 각각 1%와 10%에서 통계적으로 유의함을 의미
2. 각 산업별 분석자료수는 170개(1993~2010)

**| 표 15-17 | 동남아 수출구조 수렴성 검정결과: 생산공정별**

| | | $\alpha$ | $\beta$ | | | $\alpha$ | $\beta$ |
|---|---|---|---|---|---|---|---|
| 1차산물 | 추정치 | 0.00 | 0.44*** | 자본재 | 추정치 | 0.00 | −0.39*** |
| | *t*값 | 0.00 | 10.02 | | *t*값 | 0.00 | −7.21 |
| | $R^2$ | | 0.63 | | $R^2$ | | 0.47 |
| 부품 및 부분품 | 추정치 | 0.00 | −0.11*** | 소비재 | 추정치 | 0.00 | −0.11*** |
| | *t*값 | 0.00 | −4.35 | | *t*값 | 0.00 | −6.48 |
| | $R^2$ | | 0.25 | | $R^2$ | | 0.42 |
| 반제품 | 추정치 | 0.00 | 0.12*** | 기타 | 추정치 | 0.00 | −0.30*** |
| | *t*값 | 0.00 | 4.72 | | *t*값 | 0.00 | −8.32 |
| | $R^2$ | | 0.28 | | $R^2$ | | 0.54 |

주: 각 산업별 분석자료 수는 60개(1998~2008)

## 15.4 요약 및 결론

지금까지의 논의를 종합하면 다음과 같다. 동남아들의 경제적 측면에서의 차이는 경제적 여건, 경제규모, 그리고 1인당 소득에서뿐만 아니라, 생산구조 및 고용구조, 그리고 교역구조 등에 있어서도 발견되었다. 1인당 소득에 있어서는 약 5만 달러 수준(PPP기준)의 싱가포르와 브루나이 같은 고소득 국가가 있는가 하면, 미얀마와 캄보디아와 같이 2,000달러에도 미치는 못하는 국가가 있다.

고용구조에 있어서 역시 공통점과 차별성이 동시에 발견되었다. 일부 국가를 제외하고는 전반적으로 동남아국가들의 고용에서 1차산업 비중이 여전히 높게 유지되었다. 그러나 싱가포르, 필리핀 등 일부 국가는 이미 제조업 중심 단계를 넘어 서비스업

중심으로 전환하는 등 국가 간 고용구조 역시 큰 차이가 있었다. 특징은 동남아국가 중 고성장 기간을 경험한 국가들의 경우 그 기간에 있어 전반적으로 제조업 비중이 높게 유지되고 있었다는 점이다. 그런 점에서 최근에 베트남의 제조업 비중이 동남아 국가에서 가장 높았다는 점은 시사하는 바가 크다. 그리고 캄보디아, 라오스, 미얀마 등 후발국가 역시 제조업 비중이 빠르게 확대되고 있다.

부가가치액 기준 생산구조에서도 선발국가는 여타 선발국가와, 후발국가는 여타 후발국가의 생산구조와 가장 유사하게 나타났다. 하지만 베트남의 경우 후발국가이면서도 후발국가가 아닌 태국이나 인도네시아와 같은 선발국가의 생산구조와 유사하게 발전하고 있음이 확인되었다. 또한 동남아국가들의 생산구조가 국가 간에 큰 차이가 있음에도 불구하고 점진적으로 수렴하고 있었다.

생산공정별 교역구조에 있어서도 동남아국가 간 차별성 내지 다양성이 크게 나타났다. 그러나 전반적으로는 부품 및 부분품, 최종재의 비중이 축소되는 대신 반제품과 1차산품 비중이 확대되었다. 또한 생산구조와 마찬가지로 생산공정별 교역구조 역시 시간이 지남에 따라 점차 수렴하고 있는 것으로 확인되었다. 베타수렴성 검정결과, 역시 일부 생산부문 또는 수출부문을 제외하고는 대부분에 있어 구조가 수렴 내지 유사해지고 있는 것으로 분석되었다.

이상을 요약하면 동남아국가의 경제구조에 있어서 다양성 내지 차별성은 EU와 같은 여타 경제블록에 비해 높으나, 다양성이 유지되는 가운데 점차 유사화 또는 수렴화되는 추세를 보이고 있다고 할 수 있다.

# 16 동남아의 역내 경제통합

Chapter

## 16.1 제도적 측면에서의 동남아경제통합[1]

동남아시아국가들은 냉전시대에 인도차이나지역이 공산화되고 주변국으로 공산화가 확산되는 것에 공동 대처할 목적으로 1967년 동남아시아국가연합(ASEAN)을 창설하였다. 이렇게 시작된 ASEAN은 이후 정치적 목적의 연합체 성격을 뛰어넘어 경제협력체로 발전하게 된다.

ASEAN의 경제협력체로의 출발은 1967년에 시작된 ASEAN공업프로젝트(AIP: ASEAN Industrial Projects)와 1977년부터 시작된 특혜무역협정(PTA: Preferential Trade Agreement)이라 할 수 있다. AIP는 비료 등 필수 기초제품에 대한 역내수요를 충족시키기 위해 회원국들이 합작으로 대규모 공장을 설립하고, AIP 대상 품목에 관세상 특혜를 부여하는 프로젝트였다. 즉 AIP는 ASEAN에 의해 승인된 프로젝트에 한해 관세상 특혜 등을 제공하는 ASEAN 간 협정이라 할 수 있다. 한편 PTA는 ASEAN 국가들이 회원국 간 쌍무적 협정에 따라 쌀과 원유 등 특정 품목에 대해 우대관세를 적용하는 것이다. 1970년대 후반부터 시작된 ASEAN 회원국 간 경제협력은 이후 크게 산업협력과 무역협력 중심으로 추진된다.

1980년대 추진된 ASEAN의 대표적인 산업협력은 1981년 아세안공업보완계획(AIC: ASEAN Industrial Complementation Plan), 1983년 ASEAN공업합작(AIJV: ASEAN Industrial Joint Venture), 그리고 1988년 상표간보완계획(BBC: Brand to Brand

[1] 박번순 · 김경훈, 아세안경제공동체 추진에 대한 평가와 시사점, SERI연구보고서(2012. 9)와 ASEAN 사무국 관련 자료 등을 참조하여 정리하였음을 밝힌다.

Complement)을 들 수 있다. 이들은 모두 역내 부품산업 육성과 역내교역 확대를 목표로 하고 있다. AIP, AIC는 모두 ASEAN 현지기업(현지기업 간 합작에 국한)에만 적용되는 반면, BBC와 AIJV는 ASEAN에 진출한 다국적기업에도 적용된다. 특히 BBC는 ASEAN 국가에 진출한 자동차기업이 여타 ASEAN으로부터 자동차 관련 부품을 수입할 때 우대관세를 적용하는 것을 내용으로 하고 있다. AIJV는 각기 다른 ASEAN 국가 소속의 2개 이상(외자기업도 가능) 기업이 부품관련 합작기업을 ASEAN 역내에 설립할 경우, 해당 기업에 대한 관세 감면 혜택을 부여한다. ASEAN의 이러한 역내 산업협력 프로그램 마련에도 불구하고 AIP, AIC, BBC, AIJV는 까다로운 자격요건 등으로 큰 실효성을 거두지 못한 것으로 평가된다. 다만 BBC는 일본계 다국적기업의 요구에 의해 마련된 프로그램인 만큼 일본계 자동차생산 다국적기업에 의해 활용되었다.

**표 16-1 ASEAN 산업협력 프로그램의 주요 내용**

| 구분 | AIP | AIC | BBC | AIJV |
|---|---|---|---|---|
| 근거 협정 | AIP 기초협정(1980) | AIC 기초협정(1981) | BBC MOU(1988) | • AIJV기초협정(1983)<br>• 개정(1987, 1991년) |
| 주요 내용 | • 대규모 산업개발 | • 부품산업개발<br>• 역내 교역확대 | • AIC 일종<br>• 자동차부품산업 육성 | • 부품산업 개발<br>• 역내교역 확대<br>• 외국인투자 유치 |
| 충족 요건 | • 5개국 참여<br>• 정부주도<br>• 주관국 지분 60% 인정 | • 최소 4개국 참여 | • 2개국 이상 참여 | • 2개국 이상 참여<br>• 아세안 지분 51% 이상(이후 40% 이상으로 조정) |
| 유인책 | • 시장보호<br>• PTA 대상 인정 | • 3년간 시장보호<br>• PTA 대상 인정 | • 관세율 50% 인하 | • 관세율 50% 인하 |
| 성과 | • 5개 제안 사업 중 2개만 성사 | • 성과 별무 | • 도요타, 혼다 등 일부기업 활용 | |
| 문제점 | • 정부 간 협력 부재 | • 4개국 이상 참여 조건 충족에 어려움 | | |

자료: SERI(2012) [표 II-2] 참조

한편 ASEAN 회원국 간 양자 간 협정에 따라 일부 품목에 대해 관세 감면을 부여하는 것을 주요 내용으로 하는 1970년대의 PTA는 1992년 ASEAN자유무역지대(AFTA: ASEAN Free Trade Area) 창설로 발전하게 된다. 1992년에 ASEAN은 2008년까지

AFTA를 창설하기로 합의하고 이를 위한 방법으로 공동유효특혜관세(CEPT: Common Effective Preferential Tariff)를 적용하기로 했다. CEPT는 1994년부터 발효되었으며, CEPT 계획에 따라 역내교역에 대한 관세를 단계적으로 인하하기 시작했다. 이후 ASEAN은 AFTA 창설시기를 2008년에서 2003년으로 앞당기기로 합의하고 역내관세 인하를 가속화했다. CEPT는 PTA와 달리 ASEAN 회원국 간 다자간협정일 뿐만 아니라, 역내 교역에 대해 관세장벽뿐만 아니라 수량규제 등 비관세장벽을 철폐하는 보다 포괄적 역내 자유무역협정이라 할 수 있다.

**표 16-2 AFTA 추진방법**

| 부문 | 주요 내용 |
|---|---|
| 체결 시기 | • 1992년 1월 창설합의<br>• 1993년 1월 발효<br>• 1995년 수정(CEPT 완료기간 단축 및 대상 확대)<br>• 2003년 수정(관세철폐기간 단축) |
| 관련 협정 | • Agreement on the Common Effective Preferential Tariff Scheme for ASEAN Free Trade Area |
| 대상 품목 | • 모든 제조업 품목(자본재 및 가공공산물 포함)<br>• 농산물 제외 → 농산물도 CEPT 대상 포함(1995년 ASEAN 정상회담) |
| 관세 인하 방식 | • CEPT 대상 품목은 HS-6단위를 기준으로 함<br>• 대상 품목을 관세인하품목 및 예외품목으로 구분<br>– 관세인하품목은 일반인하품목과 조기인하품목으로 구분<br>– 예외품목은 일시예외품목과 일반예외품목으로 구분<br>– 일시예외품목은 2000년 1월부터 점진적으로 CEPT에 포함<br>• 인하방식<br>– 관세율 20% 이상 품목은 CEPT 개시(1993년 1월) 5~8년 기간 이내에 20%까지 인하. 이후 7년 이내에 추가적으로 관세인하(최소 5%까지 인하) → 관세인하계획 완료 시기를 CEPT 개시 10년 이내로 단축(1995년 ASEAN 정상회담)<br>– 관세율 20% 이하 품목에 대해서도 회원국은 관세인하계획을 마련<br>– 일부 조기 인하품목에 대해서는 양자 간 또는 다자간 협정하에서 관세율을 0~5%까지 인하할 수 있음<br>• 2003년까지 관세인하 대상 품목의 60%에 대해 관세를 완전 철폐. 나머지 40%에 대해서는 2010년 이전까지 완전철폐(2003년 합의)<br>– 신규회원국은 2015년까지 관세인하 대상품목의 관세를 완전 철폐 |
| 원산지 규정 | • 역내 생산비율 40% |
| 기타 | • CEPT 대상 모든 품목에 대해 수량제한 철폐<br>• 관세양허 5년 이내 여타 비관세장벽을 점진적으로 철폐 |

자료: ASEAN 사무국 자료(협정문)를 토대로 정리

1990년대 들어 새로 시작된 ASEAN 산업협력으로는 1996년에 추진된 ASEAN공업협력계획(AICO: ASEAN Industrial Cooperation Scheme)을 들 수 있다. AICO는 역내투자 및 역내교역 확대를 목표로 역내기업 간 합작투자를 장려하고 있다는 점에서는 이전 산업협력과 비슷하나, 충족요건이 이전 산업협력에 비해 크게 완화되었고, 역내기업과 역외기업 간 합작투자에 대해서도 적용될 수 있다는 점, 그리고 관세상 혜택이 강화되었다는 점, 관세뿐만 아니라 비관세장벽 측면에 있어서도 특혜가 주어진다는 점에서 차이가 있다. 특히 역내기업 간 합작투자뿐만 아니라 ASEAN 역내지분이 30% 이상일 경우, ASEAN 역내기업과 역외기업 간 합작기업에 대해서도 각종 특혜가 주어진다는 측면에서 AICO는 역내 상호투자뿐만 아니라 역외기업의 ASEAN 투자유치를 목표로 하고 있다고 할 수 있다. 즉 AICO는 이전의 산업협력 프로그램인 AIJV와 BBC를 대체하게 되었다.

AICO는 2003년 이전에 CEPT의 최종 목표관세율 0~5%를 적용받을 수 있게 되면서 기존 산업협력프로그램들에 비해 성과가 있었던 것으로 평가된다. 그러나 CEPT 완료로 ASEAN 선발국가의 역내관세가 2003년에 0~5%로 인하되고, 2010년까지 ASEAN 후발국가들의 역내관세 역시 0~5%로 인하되면서, AICO로 인정된 합작기업에 대해 적용되던 관세상 우대는 더 이상 의미가 없어지게 되었다. AFTA는 2010년말 거의 완성단계에 도달했다. 즉 ASEAN이 평균 역내관세는 2010년 기준으로 선발회원국의 경우 0.05%, CLMV국가의 경우 2.61%에 불과하다.

한편 1990년대 후반 발생한 아시아 외환위기는 ASEAN으로 하여금 새로운 모습으로 변모하게 하는 계기가 되었다. 아시아 외환위기 극복을 위해서 동아시아국가 간 협력의 필요성이 제기되었다. 1997년 ASEAN과 한·중·일 3국이 한자리에 모여 아시아 외환위기 극복을 위한 협력방안을 논의하면서, 동아시아국가 간 협력을 위한 본격적인 논의가 시작되었다. 즉 동아시아비전그룹(EAVG: East Asia Vision Group)과 동아시아연구그룹(EASG: East Asia Study Group)이 주축이 되어 동아시아공동체 및 동아시아자유무역지대가 거론되었다. 동아시아국가 간 협력이 시작되면서 ASEAN은 동아시아 역내협력 논의에 있어서의 주도권을 확보할 필요성이 더욱 강해졌다. 또한 중국의 부상, 그리고 아시아 외환위기를 계기로 위축되고 있는 ASEAN에 대한 외국인 투자를 다시 유인할 필요성 역시 높아졌다. 이러한 맥락에서 ASEAN은 역내협력을 보다 강화함으로써 EU와 같은 하나의 공동체로 발전하기 위한 비전을 가지고 그 비전을 가시화하고자 부단한 노력을 해오고 있다.

ASEAN은 1997년 ASEAN공동체의 기초가 된 'ASEAN VISION 2020'을 채택하고, 1998년에 비전을 구체화하기 위한 행동계획(Action of Hanoi Plan)을 마련하였다. 즉 ASEAN은 역내 정치, 경제, 사회 협력 프로그램을 추진하기로 하였다. 그러나 실천주체의 불명확성, 필요 재원동원 계획 미비라는 문제점이 노출되었으며, 특히 선발회원국과 후발회원국 간의 발전격차에 따른 통합상 어려움이 드러났다. 이후 ASEAN 내 발전 격차 해소를 위한 논의가 시작되었으며, 2000년에 ASEAN통합이니셔티(IAT: Initiative for ASEAN Integration)를 천명하게 되었다. 즉 ASEAN은 역내 저개발국인 CLMV국가의 개발을 지원하기 위해 선발회원국가를 중심으로 인프라개발 및 인적자원개발 등을 지원하고, CLMV 국가의 개발지원에 한·중·일의 참여를 유도하였다.

2003년 ASEAN은 최초로 'ASEAN공동체'를 천명하고, 2004년 ASEAN은 하노이행동계획을 보다 구체화한 'Vientiene Action Programme(VAP)'을 발표하고 정치공동체, 경제공동체, 사회 및 문화공동체 달성을 위한 분야별 전략 및 세부 프로그램을 제시하였다. 경제공동체 중심으로 행동계획의 구체적인 내용을 살펴보면 다음과 같다. 첫째, 경제통합을 가속화하기 위해 농업기반제품, 자동차, 전자 등 11개 분야를 선정하여 우선적으로 통합한다. 둘째, 투자자유화 및 원활화를 통해 투자를 적극 유치하여 아세안투자지대(AIA: ASEAN Investment Area)[3]를 실현한다. 셋째, CEPT에 따른 역내관세 인하 및 비관세장벽 완화에 이어 세관절차 간소화, 역내교역상품의 상품분류 통일 등 무역원활화를 통해 AFTA를 촉진한다. 넷째, ASEAN 역내 인프라 확충을 위해 싱가포르-쿤밍철도(SKRL) 등 다수 프로젝트를 수행한다.

한편 ASEAN은 2007년에 2020년으로 되어 있던 'ASEAN공동체' 창설 목표 연도를 2015년으로 앞당기기로 하고, '단일시장'과 '단일생산기지' 구축이라는 경제공동체 청사진을 제시했다. 또한 ASEAN은 2009년에 비엔티안행동계획(VAP)을 대체하는 'ASEAN공동체청사진(2009~2015)'을 발표하였다. 즉 정치 및 안보공동체, 경제공동체, 사회 및 문화공동체, ASEAN통합이니셔티브 작업계획(IAI Work Plan)의 보다 구

[3] ASEAN은 1998년부터 자본 및 노동이동 자유화 등을 주요 내용으로 하는 AIA(ASEAN Investment Area) 완성을 위해 노력하고 있다.

체적인 로드맵을 제시했다.

이후 ASEAN은 경제공동체 가속화를 위한 노력을 경주하고 있다. 특히 ASEAN투자자와 비ASEAN투자자의 역내 투자촉진을 유도할 목적으로 1998년에 체결되었던 'ASEAN투자지대기본협정'을 2009년에 'ASEAN포괄투자협정(ACIG)'으로 대체하였다. 1998년 'ASEAN투자지대기본협정'에 따르면 ASEAN투자자에게는 2010년부터 전 산업에 대해 투자를 개방하고, 내국민대우를 부여하는 대신 비ASEAN투자자에게는 2020년부터 실시하기로 되어 있었다. 그러나 2009년 'ASEAN포괄협정'에 따라 ASEAN투자자와 비ASEAN투자가가 동등한 대우를 받게 되었다. 또한 내국인고용의무, 일정량 수출의무, 일정비율의 자국민과의 합작의무 등 이행요건(performance reqirement)이 금지되었다. 이에 따라 ASEAN투자지대(AIA)를 위한 제도적 장치는 마련되었다 할 수 있다.

한편 ASEAN경제공동체는 4가지 중장기 목표를 제시하고 있는데, 첫째 단일생산 및 단일생산기지 구축, 둘째 경쟁력 높은 경제지역, 셋째 ASEAN 내 발전격차 해소, 넷째 세계경제와의 통합이 그것이다. ASEAN은 첫째 목표 달성을 위해 2015년까지 역내 모든 관세 및 비관세장벽을 완전 철폐하고, 역내 서비스분야 자유화를 추진하게 된다. 또한 두 번째 목표 달성을 위해서 모든 ASEAN 회원국은 2015년까지 경쟁정책을 도입하고, 전자상거래가 정착될 수 있는 법적 인프라를 마련하게 된다. 또한 ASEAN은 도로 등 인프라 확충에 협력을 강화한다. 세 번째 목표 달성의 방안으로 ASEAN은 2015년까지 ASEAN 중소기업이 이용할 수 있는 중소기업개발기금을 마련할 계획이다. 마지막으로 네 번째 목표달성을 위해서 ASEAN은 FTA와 포괄적 경제파트너십 검토 시 ASEAN 역내통합계획과 조화를 이루도록 하고 있다.

## 16.2 동남아 역내무역 및 투자

ASEAN의 역내경제협력 강화를 위한 노력으로 역내교역 비중은 CEPT 발효를 전후로 소폭 확대되었으나, 이후 횡보세를 보이고 있다. 즉 ASEAN의 역내 경제협력 노력은 어느 정도는 성과가 있었으나, 그 효과는 아직까지 크지 않은 것으로 평가되고 있다(계량분석에 기초한 정치한 분석은 제17장에서 살펴보기로 한다). 2000~2002년 ASEAN10의 총교역액 중 역내교역액이 차지하는 비중은 22% 수준이었으나 CEPT 완료 목표시점인 2003년 25.1%까지 상승하였다. 그러나 이후 그 비중은 더 이상 확대되지 않고 24~25% 수준을 유지하고 있다.

ASEAN의 역내교역 중 ASEAN6의 비중이 2000~2011년 기간 93.5%를 기록, 절대적으로 높았다. 특히 같은 기간 ASEAN 역내교역의 약 60%는 싱가포르와 말레이시아에 의해 이루어졌다. 즉 싱가포르와 말레이시아가 역내교역의 중심적 역할을 하고 있다고 할 수 있다. 싱가포르의 경우 ASEAN의 역내교역에서 차지하는 비중이 역내외 총교역에서 차지하는 비중에 비해 높았다. 이는 싱가포르의 경우 교역에서 역내지향성이 그만큼 더 높다는 것을 나타낸다 하겠다.

역내교역이 싱가포르 등 일부 국가에 의해 주도되고 있다는 것은 아직까지 동남아시아국가 간 교역에 있어서의 경제협력이 성숙단계에 진입되지 않고 있다는 것을 의미한다 하겠다.

**표 16-3 ASEAN 각국의 총교역액 중 역내교역 비중 및 관련 비중** (단위: %)

| | 2000 | 2005 | 2011 | 비중 1 | 비중 2 | 비중 3 |
|---|---|---|---|---|---|---|
| 브루나이 | 36.3 | 28.8 | 21.3 | 26.6 | 0.7 | 0.6 |
| 캄보디아 | 22.6 | 19.8 | 23.7 | 23.1 | 0.5 | 0.5 |
| 인도네시아 | 18.5 | 23.1 | 24.5 | 23.7 | 12.7 | 13.2 |
| 라오스 | - | 58.2 | 64.0 | 74.8 | 0.3 | 0.1 |
| 말레이시아 | 22.7 | 25.8 | 26.0 | 25.2 | 20.2 | 19.8 |
| 미얀마 | 44.1 | 51.6 | 47.7 | 51.8 | 1.2 | 0.6 |
| 필리핀 | 15.1 | 18.1 | 21.2 | 19.2 | 5.2 | 6.6 |
| 싱가포르 | 26.0 | 28.9 | 26.5 | 28.4 | 39.4 | 34.3 |
| 태국 | 18.0 | 20.0 | 22.7 | 20.7 | 15.4 | 18.4 |
| 베트남 | - | 22.8 | 16.8 | 19.3 | 4.5 | 5.8 |
| ASEAN6 | 21.9 | 24.9 | 25.0 | 24.8 | 93.5 | 93.0 |
| ASEAN | 22.0 | 24.9 | 24.5 | 24.7 | 100.0 | 100.0 |

주: 비중 1은 각국의 총교역액(2000~2011) 중 역내교역액(2000~2011) 비중
비중 2는 역내 총교역액(2000~2011) 중 각국 비중
비중 3은 역내외 총교역액(2000~2011) 중 각국 비중
자료: ASEAN사무국 자료 이용하여 계산

ASEAN의 역내교역을 생산단계별로 나누어 살펴보자. ASEAN의 생산공정별 수출 중 역내수출 비중이 상대적으로 높은 공정은 부품 및 부분품, 그리고 반제품으로 나타났다. 부품 및 부분품의 경우 그 비중이 1998년 28.1%, 2008년 27.3%, 반제품의 경우 각각 21.6%와 23.8%를 기록했다. 즉 반제품에 있어서 역내수출 비중이 소폭 높아졌다. 또한 자본재의 경우 총수출 중 역내 비중이 1998년 14.9%에서 2008년 22.2%로 크게 증가, ASEAN의 수출 중 자본재 수출에 있어서 역내수출이 예전에 비해 활성화되고 있음을 알 수 있다.

한편 ASEAN의 역내교역은 중간재(부품 및 부분품, 반제품) 중심으로 이루어지고 있다. 1998년과 2008년을 비교할 때 ASEAN 역내수출 중 중간재 비중은 약 65% 수준으로 일정하게 유지되고 있다. 역내수출의 2/3 이상이 중간재 수출이라는 것은 ASEAN의 역내교역은 주로 역내 생산분할과 관계가 깊다는 것을 시사한다. 중간재 중에서 반제품 비중이 확대되고 있는 반면 부품 및 부분품의 비중은 축소되고 있는 바, 이는 글로벌 생산네트워크에서 ASEAN의 포지셔닝에 변화가 나타나고 있음을 시사한다.

**표 16-4 ASEAN 총수출 중 역내수출 비중: 생산공정별**

| | 전체 | 1차산품 | 부품 및 부분품 | 반제품 | 자본재 | 소비재 |
|---|---|---|---|---|---|---|
| 1998 | 21.1 | 18.6 | 28.1 | 21.6 | 14.9 | 15.5 |
| 2008 | 24.2 | 17.1 | 27.3 | 23.8 | 22.2 | 15.6 |

자료: Comtrade Database, UN 이용하여 계산

**표 16-5 ASEAN 역내수출 중 생산공정별 비중**

| | 전체 | 1차산품 | 부품 및 부분품 | 반제품 | 자본재 | 소비재 |
|---|---|---|---|---|---|---|
| 1998 | 100.0 | 5.3 | 44.2 | 22.0 | 13.3 | 15.2 |
| 2008 | 100.0 | 7.8 | 35.0 | 29.9 | 14.3 | 13.0 |

자료: Comtrade Database, UN 이용하여 계산

ASEAN의 역내 경제협력에 있어서 투자협력은 교역협력에 비해 부진하다 할 수 있다. CEPT를 통한 역내관세 및 비관세장벽 제거, 그리고 1996년 AICO 시작, 1998년

ASEAN투자지대기본협정 체결과 같은 노력에도 불구하고 ASEAN에 대한 외국인직접투자(FDI) 중 역내FDI 비중은 그리 높지 않으며, 아직까지 동 비중이 높아지는 뚜렷한 추세를 보이지 않고 있다. 2000~2010년 기간 ASEAN에 대한 투자액 중 역내 비중은 13.5%에 그치고 있다. ASEAN 각국에 유입된 FDI 중 여타 ASEAN역내국가에 의한 투자가 차지하는 비중이 높은 국가는 인도네시아, 캄보디아, 라오스, 태국이다. 특히 인도네시아에 유입된 FDI 중 역내투자 비중이 높은데 2000~2010년 FDI 중 역내FDI 비중이 37%에 달했다. 한편 투자대상국 기준으로 ASEAN의 역내투자는 태국, 인도네시아, 그리고 싱가포르에 집중되고 있다.

한편 투자국 기준으로 ASEAN의 역내투자는 싱가포르와 말레이시아에 의해 주로 이루어지고 있다. 2000~2010년 동안 이루어진 역내 전체 FDI투자액 중 싱가포르가 투자한 금액이 62%로 절대적으로 높았고, 다음으로 말레이시아가 투자한 금액이 22.4%를 차지했다. 즉 ASEAN의 역내FDI는 역내교역에서와 마찬가지로 주로 싱가포르와 말레이시아에 의해 주도되고 있다.

**표 16-6 ASEAN 각국의 역내외 FDI 유입액 및 비중** (단위: 백만 달러, %)

| | 역내 FDI (A) | | 역외 FDI (B) | | 역내 FDI 비중 |
|---|---|---|---|---|---|
| | 2000~2010 | 비중 | 2000~2010 | 비중 | A/(A+B)×100 |
| 브루나이 | 285 | 0.5 | 7,383 | 1.9 | 3.72 |
| 캄보디아 | 1,418 | 2.3 | 3,110 | 0.8 | 31.32 |
| 인도네시아 | 15,457 | 25.2 | 26,134 | 6.6 | 37.16 |
| 라오스 | 389 | 0.6 | 1,148 | 0.3 | 25.31 |
| 말레이시아 | 8,434 | 13.7 | 42,669 | 10.8 | 16.50 |
| 미얀마 | 745 | 1.2 | 4,157 | 1.1 | 15.20 |
| 필리핀 | 760 | 1.2 | 17,306 | 4.4 | 4.21 |
| 싱가포르 | 11,815 | 19.3 | 200,353 | 50.7 | 5.57 |
| 태국 | 15,742 | 25.7 | 55,774 | 14.1 | 22.01 |
| 베트남 | 6,314 | 10.3 | 36,873 | 9.3 | 14.62 |
| ASEAN10 | 61,361 | 100.0 | 394,904 | 100.0 | 13.45 |
| BCLMV 비중 | 14.9 | 14.9 | 13.3 | 13.3 | – |

주: BCLMV는 브루나이, 캄보디아, 라오스, 미얀마, 베트남.
자료: ASEAN사무국 자료 이용하여 계산

**표 16-7 ASEAN 각국의 역내 FDI 투자액 및 비중** (단위: 백만 달러, %)

| | 2000 | 2005 | 2010 | 2000~2010 | 비중 |
|---|---|---|---|---|---|
| 브루나이 | 33 | 27 | 51 | 241 | 0.4 |
| 캄보디아 | 2 | 0 | 37 | 82 | 0.1 |
| 인도네시아 | 110 | 131 | 1,560 | 5,698 | 9.3 |
| 라오스 | 10 | 0 | 40 | 30 | 0.0 |
| 말레이시아 | 87 | 1,224 | 2,332 | 13,763 | 22.4 |
| 미얀마 | 6 | 13 | 65 | 352 | 0.6 |
| 필리핀 | 92 | 74 | 111 | 497 | 0.8 |
| 싱가포르 | 641 | 2,577 | 7,363 | 37,936 | 61.8 |
| 태국 | -225 | 6 | 331 | 2,288 | 3.7 |
| 베트남 | 6 | 8 | 389 | 470 | 0.8 |
| ASEAN | 762 | 4,060 | 12,279 | 61,360 | 100.0 |
| BCLMV 비중 | 7.5 | 1.2 | 4.7 | 1.9 | 1.9 |

주: 비중은 ASEAN 역내 FDI 금액 중 각국의 투자 비중
자료: ASEAN사무국 자료 이용하여 계산

# 17 Chapter 동남아 역내경제협력 노력의 성과[1]

ASEAN의 역내경제협력 추진으로 역내국가 간 교역 확대유인이 높아졌으며, ASEAN자유무역지대(AFTA) 등이 제공하는 여러 이점을 누리기 위한 ASEAN 국가에 대한 역내외 FDI 유인도 제고되었다. 그에 따라 그동안 ASEAN 역내경제협력의 효과에 대한 여러 연구가 이루어졌다. 특히 ASEAN의 역내경제협력에 따른 역내무역확대에 대한 연구가 많이 이루어졌다.

그동안 역내경제협력에 따른 ASEAN 역내무역에 대한 효과 분석은 단순한 역내무역 비중 변화 분석에서부터, 중력모형을 이용한 분석, 계산 가능한 일반균형모형(CGE) 분석 등 다양하게 이루어졌다. 프랭켈(Frankel, 1997)과 클라레테, 에드몬즈, 왈락(Clarete, Edmonds and Wallack, 2002) 등 학자들의 경우 고전적 중력모형[2]을 통해 역내무역에 대한 효과를 분석했다. 프랭켈은 1965~1992년 자료를 이용하여 분석한 결과, ASEAN의 역내국가 간 무역이 비회원국 간 교역에 비해 6.4배가 될 것으로 추정하였고, 엘리어트와 이케모토(Elliott and Ikemoto, 2003)는 1983~1995년 자료를 이용하여 분석한 결과, ASEAN의 역내국가 간 교역이 비회원국가들에 비해 5배 증가할 것으로 추정하였다. 반면 쏜톤과 고글리오(Thornton and Goglio, 2002)는 1980~1996년 자료를 토대로 분석한 결과, 역내국가 간 교역이 비회국들에 비해 0.81배에 그칠 것으로 추정했으며, 클라레테, 에드몬즈, 왈락(Clarete, Edmonds and Wallack, 2002)의 경우 1980~2000년 자료를 분석한 결과, 통계적으로 유의하지는 않

[1] 김완중, 2009, ASEAN 역내경제협력 효과 분석, 동남아시아연구 제19권 제3호의 내용 중 일부를 발췌한 것이다.

[2] 본 논의에서는 mutilateral resistance항에 대한 고려가 없는 모형을 고전적 중력모형이라 칭하기로 한다. Mutilateral resistance항에 대해서는 뒷부분에서 논의하기로 한다.

지만, 역내국가 간 교역이 역외국가와의 교역에 0.94배 수준에 그칠 것으로 추정했다. 이종화·박인원(Lee and Park, 2003)의 경우에도 1955~1997년 통계를 이용하여 분석한 결과, 통계적으로 유의하지 않지만 역내교역 증가가 역외국가와의 교역에 비해 0.98배에 그칠 것으로 추정하였다. 이상의 연구들은 모두 고전적 중력모형을 기반으로 하고 있으며, ASEAN 더미변수에 대한 계수 추정치를 근거로 하고 있다. 특히 대부분 분석대상 기간이 공동유효특혜관세(CEPT) 출범 이전 자료를 포함하고 있어, 실제 무역자유화에 따른 역내교역 활성화 효과를 분석했다고 할 수 없다.

한편 CGE 모형을 이용한 AFTA의 경제적 효과분석도 다수 이루어졌다. 즉 데로사(DeRosa, 1995)는 AFTA로 100% 관세인하가 이루어지고, 비관세장벽이 완화될 경우 ASEAN5(인도네시아, 말레이시아, 태국, 필리핀, 싱가포르)의 역내교역이 19% 증가할 것으로 추정하였다. 루이스와 로빈슨(Lewis and Robinson, 1996)의 경우 AFTA로 100% 관세가 인하되고, 비관세장벽이 완화될 경우 ASEAN의 역내무역이 10.1억 달러 증가할 것으로 분석하였다. 또한 아담스·박인원(Adams and Park, 1995)의 경우 ASEAN 5가 50% 관세를 인하할 경우, 역내무역 증가율이 인도네시아 7.6%, 말레이시아 2.4%, 필리핀 7.5%, 싱가포르 4.5%, 태국 8.2% 증가할 것으로 분석하였다. 그리고 가장 최근 연구인 권율·정인교·박인원(2003)은 기존의 실증분석들이 AFTA 출범 이전인 1980년대나 1990년대 초반의 자료를 이용하고 있다는 점을 보완하기 위해 1997년을 모형분석의 기준연도로 하여 AFTA의 경제적 효과를 재추정하였다. 이들의 연구결과에 따르면 AFTA 형성으로 1997년 기준으로 역내 회원국 간 존재하는 관세가 완전철폐 될 경우, ASEAN 역내수출은 5.34% 증가하는 것으로 추정되었다. 국가별로는 인도네시아 역내수출이 10.65%, 말레이시아의 경우 2.62%, 필리핀의 경우 2.60%, 싱가포르의 경우 7.17%, 태국의 경우 4.68%, 그리고 베트남의 경우 13.51% 증가하는 것으로 추정되었다. CGE 모형의 경우, CEPT 발효 이후 역내관세인하에 따른 실제 효과를 분석한 것이 아니라, 연구분석 기간 시점에서 추가로 관세가 인하될 경우 예상되는 역내교역의 효과를 분석한 것이라 할 수 있다.

자료 분석대상 기간이나 분석방법을 살펴보면, 중력모형과 CGE모형에 기초한 기존 연구는 CEPT 등 다양한 역내경제협력의 효과로서 역내무역이 실제로 얼마나 증가했는가를 분석했다고 할 수 없다. AFTA의 효과로 역내무역이 얼마나 증가했는가를 분석하기 위해서는 CEPT 전과 후에 있어 역내무역에 어떠한 변화가 일어났는지, 특히 CEPT 개시 이후 시간의 흐름에 따라 역내무역에 어떠한 변화가 있어났는지에 대한 분석이 이루어져야 한다. 즉 CEPT 전후의 자료를 토대로 역내국가들 간 교역이 비회원국가들과의 교역에 비해 상대적으로 얼마나 더 확대되었는지에 대한 분석이 필요하다. 그런 의미에서 아직까지 ASEAN의 경제협력정책 또는 AFTA의 역내교역활성화에 대한 진정한 의미에서의 실제적인 효과분석은 없었다고 할 수 있다. 특히 중력모형에 기반한 기존연구의 경우 CEPT 개시 전후의 역내교역규모를 비교분석하지 않고, CEPT 전후의 통합된 자료에 ASEAN 더미를 포함시킨 상태에서 중력모형을 적용하고 있다. 뿐만 아니라, 중력모형에 기반한 기존연구의 경우 명시적으로 관찰되지 않는 수출장벽에 있어서의 국가별 차이, 수입국가들이 수출국가들에 대해 설치하는 수입장벽에 있어서의 국가별 차이, 그리고 그러한 수출 및 수입장벽에 있어서의 동태적 변화를 모형에 반영하지 못하고 있다는 문제점을 가지고 있다.[3] 한편 CGE 모형의 경우 실제로 CEPT 전후로 이루어진 관세인하, 비관세장벽 변화가 역내교역에 어떠한 영향을 주었는지 분석하지 않고, 향후 추가적인 관세 및 비관세장벽이 제거된다면 역내무역이 얼마나 증가할 것인가를 분석했다고 할 수 있다.

앞의 기존연구 조사에서 살펴본 바와 같이 CEPT 발효 후 ASEAN 전체 역내무역에 대한 분석은 전통적 중력모형을 통해 이루어졌으나 그 경우에도 ASEAN 개별국가들의 역내무역에 대한 분석은 소수에 불과하다.[4] 또한 CEPT 발효 이후 ASEAN 국가들과 역외국가들과의 교역에 있어서 동태적으로 어떠한 변화가 있었는가에 대한 분석은 기존 연구에서는 찾아볼 수 없다. 특히 AFTA 효과분석에 대한 기존연구들은 중력모형에서 mutilateral resistance에 대한 고려가 없이 이루어진 것이 대부분이었다. 그 경우 엔더슨과 윈쿠프(Aderson and Wincoop, 2003)가 지적했듯이 추정치가 불편성(unbiasedness)을 만족시키지 못하는 문제에 직면한다.

---

3. 2000년대 초반 엔더슨과 윈쿠프(Aderson and Wincoop, 2003) 등은 기존 중력모형에 수출 및 수입에 있어서의 그러한 다양한 장벽을 multilateral resistance라는 항에 반영하였다.

4. CEPT에 따른 개별회원국 수출입에 대한 영향 분석으로는 살마와 추아(Sharma and Chua, 2000)가 있으나, 분석 대상 기간이 ASEAN의 역내관세가 본격적으로 인하되기 시작한 1994년 이전인 1980~1995년으로 CEPT의 실제 효과를 분석하는 데 매우 제한적이라 할 수 있다. 또한 CGE모형을 이용한 국가별 분석이 있었으나, 그 경우 실제 무역자유화 효과에 대한 분석이 아닌, 향후 추가적인 관세 및 비관세장벽 제거 시 회원국 각국에 있어서의 무역효과 분석이었다.

본 장에서는 그러한 문제를 극복하기 위해 mutilateral resistance를 고려한 중력모형을 이용하여 AFTA 출범 이후 ASEAN의 다양한 역내경제협력이 역내무역에 어떠한 영향을 주었는지 살펴보고자 한다. 즉 본 장에서는 ASEAN의 역내경제협력 중 CEPT 등 역내무역활성화와 같은 특정 정책의 효과만 분리하여 분석하기보다는 CEPT 등을 포함한 ASEAN의 다양한 경제협력노력이 역내무역에 어떠한 영향을 미쳤는가를 보고자 한다. ASEAN의 역내경제협력은 CEPT뿐만 아니라 역내투자 활성화 정책 등 다양한 정책들이 중첩되면서 이루어졌다는 점에서 CEPT 그 자체 효과만을 분리해서 분석하는 것은 매우 어렵다. 왜냐하면 역내무역은 역내 비관세장벽에 있어서의 변화, 역내투자활성화 정책 등 다양한 정책들에 의해 영향을 받을 수 있는데, 비관세장벽이나 역내투자활성화 정책 등을 정량적으로 계량화하는 데 많은 한계가 있기 때문이다.

한편 본 장에서는 김완중(2009b)의 분석결과를 토대로 ASEAN의 역내경제협력에 따른 효과를 살펴보고자 한다. 김완중(2009b)은 기존 연구와 달리 CEPT 등 ASEAN의 다양한 경제협력정책 효과가 ASEAN 개별국가들에 따라 다를 수 있다는 점을 고려하여 ASEAN 전체가 아닌 개별국가 차원에서 분석하고 있다. 특히 김완중(2009b)의 연구는 ASEAN의 지속적인 역내경제협력 강화 과정에서 나타난 ASEAN 각국의 역내외 무역에 있어서의 구조 변화를 동태적으로 분석했다는 점에서 기존 연구와 차이점을 보이고 있다. 또한 ASEAN 역내경제협력 강화에 따라 ASEAN 국가들의 역외국가들과의 교역에 있어서의 변화를 분석했다는 점에서 새로운 시도로 평가된다. 그는 ASEAN 10개 회원국 중 1993년말부터 CEPT 적용을 받는 인도네시아, 말레이시아, 태국, 필리핀, 싱가포르의 역내외 무역통계를 활용하여 CEPT를 전후로 한 역내외 무역에 있어서의 변화를 패널 중력모형을 이용하여 분석한다.

# 17.1 ASEAN의 역내경제협력정책과 성과

## 17.1.1 ASEAN의 역내경제협력정책

ASEAN의 역내경제협력강화 노력은 1970~1980년대부터 ASEAN공업프로젝트(AIP), ASEAN공업보완계획(AIC), ASEAN공업합작계획(AIJV), 상표간 보완계획(BBC) 등이 있었으나, 본격적이고 가시적 성과는 1990년 초부터 시작되었다고 할 수 있다. 1990년대 이후 ASEAN 역내경제협력정책은 여러 형태로 나타나고 있다.

우선 역내관세철폐를 내용으로 한 CEPT를 들 수 있다. ASEAN 회원국의 합의에 따라 1993년 11월부터 AFTA를 위한 CEPT가 발효되면서 ASEAN 역내국가 간 관세 및 비관세 장벽(수량규제 철폐 등)이 지속적으로 완화되었다. 또한 1996년부터 ASEAN 산업협력(AICO)이라는 이름으로 제조업 부품 및 자재에 대한 역내관세가 인하되었다. 둘째, 불필요한 기술적인 무역장벽 등 비관세장벽 철폐를 추진하였으며, 관세절차의 간소화 및 통일성, 규격 및 표준의 상호인증, 지적소유권 보호 등 역내무역원활화를 위한 노력을 병행하고 있다. 셋째, 무역자유화 이외에도 투자자유화를 위해 노력하고 있는데, 1998년부터 자본 및 노동이동자유화 등을 주요 내용으로 하는 AIA(ASEAN Investment Area)가 개시되었다.[5] 이러한 ASEAN의 노력은 역내교역 및 역내투자 활성화에 긍정적인 여건으로 작용했다고 할 수 있다.

가장 대표적인 역내경제통합정책이라 할 수 있는 역내무역자유화에 대해 좀 더 자세히 살펴보면 다음과 같다. ASEAN은 2003년 AFTA 실현을 위해 1993년 기본협정인 CEPT에 합의하였다. 이후 1993년 말부터 CEPT에 따라 역내관세가 매년 점진적으로 인하되었으며, 당초 계획대로 2003년까지 분석대상 상기 5개국의 역내 평균관세율이 0~5%로 인하되었다. CEPT 규정에 따르면 관세인하 적용품목(Inclusion List)은 공산품과 가공 농산물을 포함한 모든 제조품인데, 적용품목의 수가 1993년 CEPT 발효 당시 41,147개에서 2003년 49,445개로 증가했으며, 잠정예외품목(Temporary Exclusion List)은 3,321개에서 218개로 대폭 축소되었고, 일반예외품목(General Exclusion List) 역시 523개에서 301로 대폭 축소되었다. 2003년 기준으로 적용대상품목 60%의 관세

[5] ASEAN 경제통합에 대한 보다 자세한 내용은 권율 외(2003)를 참조했다.

가 완전 철폐되었고, 역내 거래되는 대부분 품목의 역내관세율은 0~5%였으며, 5%를 초과하는 품목은 대상품목수의 3%대에 불과하다. 역내 평균관세율 인하 추이를 국별로 보면 태국이 1998년 10.56%에서 2003년 4.64%로 인하했으며, 인도네시아는 7.04%에서 3.71%로, 말레이시아는 3.58%에서 2.06%로, 필리핀은 7.96%에서 3.75%로 인하했다. 싱가포르는 1998년부터 이미 역내관세가 0%였다.

또한 ASEAN은 관세 이외에도 역내교역에 있어서의 비관세장벽도 점차 철폐하고 있다.[6] 1995년 1차 조사 당시 회원국(ASEAN6: 인도네시아, 말레이시아, 태국, 필리핀, 싱가포르, 브루나이)에는 총 3,865개 품목에 비관세장벽이 존재했는데, '추가적으로 부과되는 세금과 수수료'가 2,809건으로 가장 많았고, '기술장벽'이 981개, '독점적 수입채널'이 75개였다. 그러던 것이 2004년 8월 조사에서는 총비관세장벽 품목이 1,859개로 절반가량 축소되었다. '추가적으로 부과되는 세금과 수수료'는 2,809개에서 50개로 대폭 축소되었고, '기술장벽'은 981개에서 785개로, 독점적 수입채널은 75개에서 25개로 축소되었다.[7] 그러나 수입제한조치, 쿼터 등 새로운 비관세장벽이 추가되기도 하였다(권율, 2005). 한편 1995년에는 역내무역자유화 대상에 상품 이외에도 금융, 통신, 관광, 해운, 건설 등 서비스 분야도 포함시킴으로써 ASEAN 경제통합 가속화를 위한 제도적 틀을 마련했다.

### 17.1.2 ASEAN경제통합정책의 성과: 외국인직접투자 유입

역내관세인하, 비관세장벽 철폐, 그 외 다양한 ASEAN의 역내시장 통합 노력, ASEAN의 소득증대 등은 역내국가 간 투자 및 역외국가들의 ASEAN에 대한 투자 확대에 긍정적인 측면으로 작용했다. ASEAN5에 대한 외국인투자액은 1991년 129억 달러, 1992년 115억 달러, 1993년 147억 달러를 기록했으며, AFTA가 실질적으로 출범한 1994년에는 180억 달러까지 확대되었으며,[8] 이후 아시아 외환위기 이전까지 빠른

[6] CEPT 제5조에 따르면, CEPT 협정의 시행과 병행하여 CEPT 대상품목에 대한 모든 쿼터, 수입허가 등 수량제한조치를 완전히 철폐하고, 관세인하 종료 후 5년 이내에 점진적으로 여타 비관세장벽도 철폐할 것을 규정하고 있다.

[7] 2004년 조사에는 라오스, 베트남 등 인도차이나 국가까지 포함되었다는 점을 고려하면, ASEAN6의 비관세장벽 수는 보다 더 크게 축소되었을 것이다.

[8] UNCTAD, World Investment Report 1999, 2000, 2001 자료.

증가세를 보였다. 아시아 외환위기 여파가 심했던 1998년에는 ASEAN5에 대한 외국인직접투자가 일시 감소한 후 등락을 보이기도 하였으나, 2002년 이후 다시 증가세로 이어졌다. UNCTAD 보고서에 따르면 ASEAN에 대한 외국인투자 증가속도는 2002년 이후 여타 국가들(rest of the world)에 대한 외국인투자액보다 빠른 것으로 나타났다. 한편 1995~2005년 누적기준으로 ASEAN에 대한 외국인직접투자 유입액은 약 2,500억 달러인 반면, 회원국들의 역내직접투자액은 약 260억 달러로 총투자액의 10.4% 수준이었다([표 17-1] 참조). 자료 제약상 CEPT 전후 연도별 역내투자액 추이를 제시하지 못하지만,⑨ 분명한 것은 누적액 기준으로 ASEAN 총 외국인접투자액 중 역내직접투자 비중이 ASEAN 총교역액에서 역내교역액이 차지하는 비중(20%대)에 비해 크게 낮다는 점이다. 이는 역내투자가 역내무역 비중 확대에 기여한 바가 그렇게

**| 표 17-1 | ASEAN에 대한 외국인직접투자액 추이** (단위: 백만 달러)

| | 인도네시아 | 말레이시아 | 필리핀 | 싱가포르 | 태국 | ASEAN5 |
|---|---|---|---|---|---|---|
| 1995 | 4,346 | 5,815 | 1,577 | 11,503 | 2,070 | 25,311 |
| 1996 | 6,194 | 7,297 | 1,618 | 9,303 | 2,338 | 26,750 |
| 1997 | 4,678 | 6,323 | 1,261 | 13,533 | 3,882 | 29,677 |
| 1998 | −356 | 2,714 | 1,718 | 7,594 | 7,491 | 19,161 |
| 1999 | −2,745 | 3,895 | 1,247 | 16,067 | 6,091 | 24,555 |
| 2000 | −4,550 | 3,788 | 2,240 | 16,485 | 3,350 | 21,313 |
| 2001 | −3,279 | 554 | 195 | 15,649 | 3,886 | 17,005 |
| 2002 | 145 | 3,203 | 1,542 | 7,338 | 947 | 13,175 |
| 2003 | −596 | 2,473 | 491 | 10,376 | 1,952 | 14,696 |
| 2004 | 1,895 | 4,624 | 688 | 14,819 | 1,414 | 23,440 |
| 2005 | 6,107 | 3,965 | 1,132 | 20,081 | 4,008 | 35,293 |
| 총FDI유입(A) (1995~2005) | 11,839 | 44,651 | 13,709 | 142,748 | 37,429 | 250,376 |
| 역내FDI 유입(B) (1995~2005) | 2,088 | 8,222 | 1,316 | 7,946 | 6,493 | 26,065 |
| (B/A)×100 | 17.6 | 18.4 | 9.6 | 5.6 | 17.3 | 10.4 |

자료: ASEAN Investment Report 2006.

⑨ CEPT 전후 ASEAN 국가들의 역내투자 추이는 자료 제약 상 제시하지 못했다. 본 연구에 제시된 누적 역내투자액은 ASEAN INVESTMENT REPORT 자료를 이용하여 계산하였다.

크지 않을 수 있다는 것을 간접적으로 시사한다. 왜냐하면 역내투자 비중 자체가 낮을뿐더러, 역내투자기업의 교역에 있어서 역내교역이 역외교역에 비해 꼭 더 높다는 보장이 없기 때문이다.

역내투자를 회원국별로 살펴보면, 역내투자를 제일 많이 한 국가는 싱가포르로 전체 역내투자액의 60.4%를 차지했으며, 다음으로 말레이시아 20.5%, 인도네시아 14.4%, 태국 3.0%, 필리핀 1.7% 순이었다. 한편 1995~2005년 누적유입액기준으로 회원국 중 역내직접투자를 제일 많이 받은 국가는 말레이시아(31.5%), 싱가포르(30.5%), 태국(24.9%), 인도네시아(8.0%), 필리핀(5.1%) 순이었다([표 17-2] 참조).

**표 17-2 ASEAN 역내투자누계액(1995~2005)** (단위: 백만 달러)

| | 인도네시아 | 말레이시아 | 필리핀 | 싱가포르 | 태국 | 각국에 대한 역내투자 | 역내 투자액 중 비중 |
|---|---|---|---|---|---|---|---|
| 인도네시아 | 0.1 | 293.3 | 38.6 | 3,388.1 | 44.3 | 3,764.3 | 14.4 |
| 말레이시아 | 976.2 | – | 87.7 | 4,045.9 | 226.7 | 5,336.6 | 20.5 |
| 필리핀 | 13.3 | 96.8 | 0.3 | 105.5 | 223.0 | 438.8 | 1.7 |
| 싱가포르 | 954.1 | 7,622.9 | 1,167.2 | – | 5,998.9 | 15,743.1 | 60.4 |
| 태국 | 144.1 | 209.1 | 22.6 | 406.3 | – | 782.1 | 3.0 |
| 총유입액 | 2,087.7 | 8,222.2 | 1,316.4 | 7,945.7 | 6,492.9 | 26,064.8 | 100.0 |

주: 횡축은 FDI 투자국, 종축은 FDI 투자대상국임
자료: ASEAN Investment Report 2006.

### 17.1.3 ASEAN경제협력정책의 성과: 역내무역 확대

CEPT를 포함한 다양한 ASEAN의 경제협력정책은 직간접적으로 ASEAN의 역내무역을 심화시킬 수 있는 여건을 제공하였다 할 수 있다. 즉 CEPT와 같은 조치들이 역내교역 활성화에 직접적인 기여를 했다면, 그 외 여타 ASEAN의 경제협력정책도 투자자들로 하여금 ASEAN를 하나의 경제블록으로 볼 수 있는 여건을 만들었을 뿐만 아니라, 다국적기업들의 그러한 인식 변화는 ASEAN 역내 생산분업 체제 구축의 필요성을 제고시키는 측면으로 작용할 수 있다.

[그림 17-1]과 [그림 17-2]는 ASEAN의 역내 및 역외 수출입의 장기적 추세를 보이

고 있다. 그림에서 보는 바와 같이 전반적으로는 역내 수출입과 역외 수출입증가율이 같이 움직이고 있다. 그러나 CEPT가 발효된 1994년의 경우 역내 수출입증가율이 역외 수출입증가율을 크게 상회하였다. 한편 아시아 외환위기가 발생한 1997~1998년 동안 역내외 교역증가율이 크게 하락하였는데, 특히 경제위기로 ASEAN 국가들의 경제활동이 크게 위축되면서 역내 수출입증가율의 하락폭이 매우 컸다. 아시아 외환위기 기간을 제외하고 1993년부터 2000년까지는 역내 수출입증가율이 역외 수출입증가율

그림 17-1 ASEAN의 역내 및 역외 수출증가율

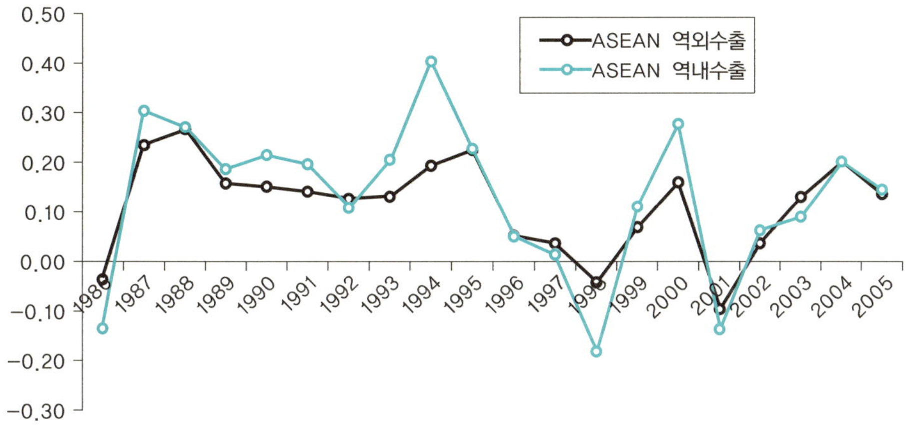


그림 17-2 ASEAN의 역내 및 역외 수입증가율

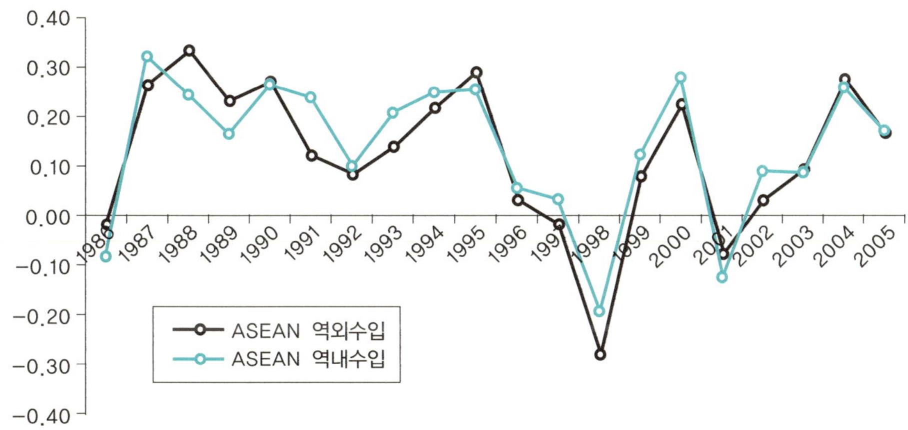


주: 증가율 계산 시 싱가포르의 인도네시아에 대한 수입은 자료 제약상 제외됨

자료: Direction of Trade(DOT), International Monetary Fund(IMF).

에 비해 다소 높게 유지되었으나, 이후부터는 역내 및 역외 수출입증가율에 있어서 커다란 차별성이 나타나지 않고 있다. 역내외 수출입증가율을 기준으로 할 때, CEPT가 발효된 1994년 전후로 역내 수출입증가율이 역외 수출증가율에 비해 높았던 점에서 역내 관세인하 및 부분적인 비관세장벽 완화의 효과가 나타난 것으로 생각할 수 있다. 그러나 AFTA가 출범하면서 목표로 했던 역내 평균관세율 0~5%가 도달된 2003년 이후에 있어서 역내 수출입증가율에 있어 의미 있는 변화는 없었던 것으로 보인다.

[그림 17-3]은 ASEAN 각국의 총수입 중 역내수입 비중 추이를 보이고 있다. [그림 17-3]에 따르면 ASEAN의 총수입 중 역내수입 비중은 1990년대 이후 장기적으로 점증하는 추세에 있다. CEPT 발효 당시 10%대였던 역내수입 비중이 점진적으로 증가하여 1999년 이후 20%대에 진입했다. 특히 CEPT가 발효되기 직전과 발효된 해인 1991년과 1993년에 역내수입 비중이 두드러지게 증가하였고, 이후 1997년부터 2000년까지도 지속적인 증가세를 보였으나 이후 다시 횡보하고 있다.

[그림 17-3]에서 역내 비중 추이를 국가별로 살펴보면 인도네시아 총수입에서 역내수입 비중은 1990년 중반 이후 지속적으로 증가하였다. 말레이시아 총수입액 중 역내수입 비중도 1990년대 중반 이후 꾸준히 상승하였으며 특히 2003년에 다소 두드러진 증가세를 보였다. 태국의 경우도 총수입 중 역내수입 비중은 1990년대 중반 이후 지속적으로 증가했으나 2000년대 들어 횡보에 그쳐, 태국은 2005년 기준으로 ASEAN 5개국 중 가장 낮은 역내수입 비중을 보이고 있다. 필리핀은 1993년부터 역내수입 비중이 지속적으로 증가했으나 다른 회원국들에 비해 여전히 낮은 비중을 보이고 있다. 필리핀도 말레이시아와 마찬가지로 2003년 역내교역 비중이 다소 증가했다. 싱가포르 역내수입 비중은 1990년부터 2002년까지 증가세를 지속하다가 2003년부터 빠르게 하락하고 있다. 한편 역내수입에서 각국이 차지하는 비중에는 큰 변화는 없으나, 싱가포르의 비중이 소폭 감소한 대신, CEPT 발효 당시 가장 낮은 비중을 보였던 인도네시아와 필리핀의 비중이 소폭 증가하는 변화를 보였다([그림 17-4] 참조).

그림 17-3 | ASEAN 각국의 총수입 중 역내수입 비중 추이

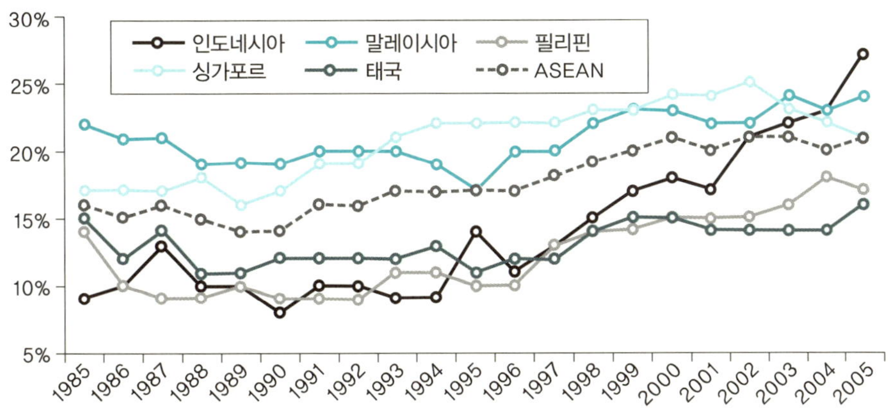


주: 싱가포르의 경우 인도네시아로부터의 수입이 자료 제약상 포함되지 않음. 싱가포르의 인도네시아로부터의 수입이 포함된 비중은 2003년부터 집계([부표 17-1] 참조)
자료: DOT DB, IMF 이용 계산

그림 17-4 | ASEAN 역내수입 중 국가별 비중 추이

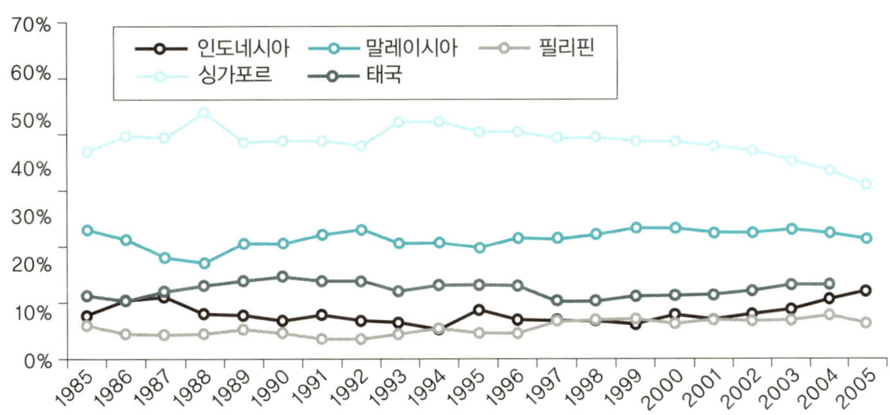


주: 싱가포르의 경우 인도네시아로부터 수입이 자료 제약상 포함되지 않음. 싱가포르의 인도네시아로부터 수입이 포함된 비중은 2003년부터 집계([부표 17-2] 참조)
자료: DOT DB, IMF 이용 계산

한편 [그림 17-5]는 ASEAN 각국의 총수출 중 역내수출 비중 추이를 나타나고 있다. ASEAN의 총수출액 중 역내수출 비중은 CEPT 발효를 전후로 증가세를 보였는데 특히 CEPT 발효 다음해인 1994년에 크게 증가하였다. 그러나 그 이후 총수출 중 역내수출 비중 추이는 횡보를 보이다 아시아 외환위기 기간인 1998년에 큰 폭의 하향

조정 후 다소 회복하였으나 이후 다시 횡보를 지속하고 있다. 1990년대 초반까지만 해도 역내수출 비중은 국가에 따라 많은 차이가 있었으나 2000년 이후 점차 국가 간 차이가 축소되었다. ASEAN 역내수출액에서 회원국 각국이 차지하는 비중은 1992년 다소 변화가 있었으나 이후 구조상 변화는 거의 없다. 다만 ASEAN 총 역내수출에서 필리핀 비중이 1995년 이후 다소 높게 증가하기도 하였으나 그 이후 비중이 일정하게 유지되었다([그림 17-6] 참조). 1997~1998년 역내수출 중 필리핀의 비중 증가는 필리핀이 여타 ASEAN 국가들 중에서 상대적으로 아시아 외환위기 영향을 적게 받았기 때문으로 보인다.

ASEAN 각 회원국의 총수출 중 역내수출 비중을 국가별로 살펴보면 다음과 같다. 인도네시아의 총수출 중 역내수출 비중은 1990년대 초부터 1990년대 후반까지 높은 증가세를 보였으나 이후 소폭 하락 후 횡보하고 있다. 말레이시아 역내수출 비중은 1987~1990년까지 상승추세를 보였으나 1993년부터 하락추세 후 횡보세이다. 태국의 총수출 중 역내수출 비중은 1988~1990년 하락세, 1991년~1997년 높은 증가세라는 큰 변화를 보였으나, 1998년 아시아 외환위기 이후 큰 폭의 하향조정 후 횡보세를 보이고 있다. 한편 필리핀은 1990년 초반까지 총수출액에서 역내수출액 비중이 10% 이하로 저조하였으나, 1995년 이후 지속적으로 증가하여 2005년 기준으로 17%에 이르렀다. 싱가포르 총수출 중 역내수출 비중은 CEPT가 발표된 1993년과 이듬해인 1994년을 중심으로 1990년 초부터 1990년 중반까지 빠르게 증가하다가 아시아 외환위기로 1998년 조정을 거쳐 회복된 후 2000년 들어 소폭 감소추세를 보이고 있다.

일부에서는 ASEAN의 역내교역 비중이 20%대에 머물고 있는 것을 근거로 ASEAN의 역내경제협력정책 효과를 지나치게 과소평가하는 경우도 있다. 그러나 AFTA 출범 이후 역내관세가 인하되었던 기간에 역내교역 비중이 지속적으로 증가했다는 측면은 긍정적으로 평가되어야 할 것이다. 특히 ASEAN의 역내경제규모가 미국, EU, 중국 등 ASEAN의 주요 교역대상국가에 비해 상대적으로 작다는 측면을 고려하면 20%대의 역내교역 비중이 낮다고만은 할 수 없다.

실제로 세계GDP에서 ASEAN5가 차지하는 비중이 1993년 약 3%에서 2005년 5% 수준으로 확대된 데 그친 점을 고려하면 20%의 역내교역 비중은 낮다고 할 수 없다. 만약 ASEAN이 CEPT 등 경제통합 노력을 하지 않았다면, 현재 ASEAN의 역내교역 비중은 20%보다 훨씬 낮았을 수도 있기 때문이다. 한편 2000년 이후 역내교역 비중이 답보상태를 보이는 것은 1993년 말부터 역내관세가 지속적으로 인하되었으나 시간이 경과됨에 따라 인하속도가 둔화되어 관세인하의 추가적인 역내교역 확대효과가 점차 미미해지고 있는 것에 기인한 것으로 판단된다. 실제로 ASEAN5의 역내관세율은 1996년 7%대에서 1998년 5%대로 인하되었고, 1999년 드디어 5% 이하인 4.77%를 기록하였다. 이후 2000년 3.87%, 2001년 3.65%, 2002년 3.25%, 2003년 2.68%로 2000년 이후 역내관세율 인하속도가 둔화된 것을 확인할 수 있다.

역내관세인하와 달리 역내외 교역에 대해 동시에 적용되는 비관세장벽 철폐는 역내 및 역외 무역활성화에는 매우 긍정적이나, 역내교역뿐만 아니라 역외교역에도 동시에 적용된다는 측면에서 비관세장벽 완화로 역내교역이 역외교역에 비해 상대적으로 더 많이 확대되는 측면은 없다[11]고 할 수 있다. 그런 의미에서 역외교역에 비해 역내교역이 더 활성화될 수 있는 것은 역내교역에만 제공되는 역내관세철폐 및 역내비관세철폐와 같은 조치라 할 수 있다. 같은 맥락에서 FDI의 증가에 따른 원부자재 및 완성품의 교역증가가 ASEAN의 교역 확대에 긍정적인 측면으로 작용할 수 있지만,[12] ASEAN에 대한 FDI 증가 그 자체가 역내교역 활성화에 기여했다고 말할 수 없다. 왜냐하면 ASEAN에 대한 FDI 증가는 역내뿐만 아니라 역외교역에 동시에 영향을 주기 때문이다.

[11] ASEAN의 비관세장벽 완화는 역내회원국 간 비관세장벽 완화노력뿐만 아니라 WTO와 같은 다자간통상협상 합의의 결과로 이루어졌다고 할 수 있다. 그런 의미에서 ASEAN의 비관세장벽 완화가 역내 및 역외무역에 미친 효과는 비대칭적이기보다는 대칭적일 가능성이 높다.

[12] 외국인직접투자와 수출과의 관계에 대한 실증적 분석결과는 분석대상에 따라 상이하게 나타나고 있어, 일률적으로 단언할 수 없다. ASEAN에 있어서 외국인직접투자와 수출 간의 관계에 대한 실증분석으로는 원용걸(2008)을 들 수 있음. 원용걸(2008)의 연구결과에 따르면 외국인직접투자는 수출에 강한 영향을 미치고 있는 반면, 수출증가는 외국인직접투자 유입에 제한적인 영향만을 미치는 것으로 나타났다.

그림 17-5 ASEAN 각국의 총수출 중 역내수출 비중 추이

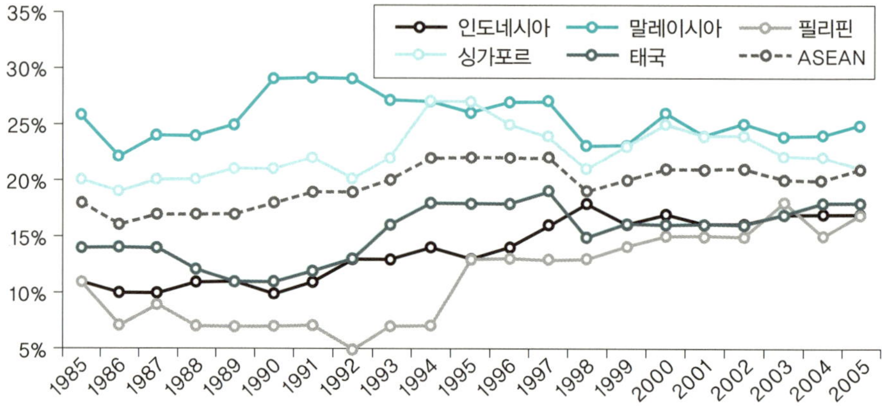


주: 싱가포르의 경우 인도네시아로부터 수입이 자료 제약상 포함되지 않음. 싱가포르의 인도네시아로부터 수입이 포함된 비중은 2003년부터 집계([부표 17-3] 참조).

FDI 증가가 역내교역 활성화로 이어질 수 있는 상황은 역내 FDI 증가의 경우나 또는 ASEAN 역내 생산분할 체제 형성 차원에서 추진되는 역외 FDI 증가라 할 수 있다. 그러한 측면들을 고려할 때 역내교역에만 적용되는 CEPT에 따른 관세인하 조치가 상대적으로 역내교역이 역외교역에 비해 더 활성화될 수 있는 가장 중요한 조치라 할 수 있다. 이를 고려하여 아래 실증분석에서는 CEPT를 전후한 역내교역의 변화를 연도별로 살펴본다

그림 17-6 ASEAN 역내수출 중 국가별 비중 추이

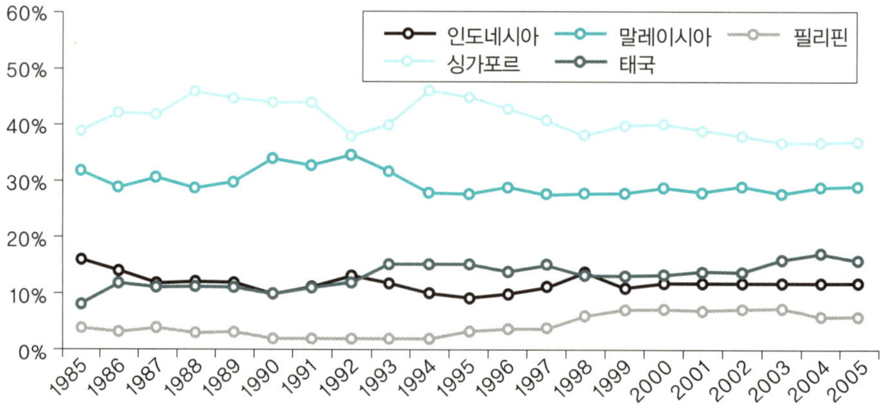


주: 싱가포르의 경우 인도네시아로의 수출이 자료 제약상 포함되지 않음. 싱가포르의 인도네시아로의 수출이 포함된 비중은 2003년부터 집계([부표 17-4] 참조)
자료: DOT DB, IMF 이용 계산

## 17.2 ASEAN 역내경제협력정책의 효과: 역내교역 활성화

ASEAN 경제협력정책의 역내교역에 대한 효과분석은 교역상대국의 경제규모 변화 등 교역에 영향을 미치는 여타 변수를 통제한 이후에 평가되어야 한다. CEPT 발효 이후 ASEAN 역내교역 구조에 있어서의 변화를 보다 면밀히 분석하기 위해서는 거리, 교역국 및 상대국의 경제규모 변화 등 역내외 교역에 영향을 미치는 주요 변수를 통제한 후 ASEAN 회원국들의 교역구조를 살펴보아야 한다. 김완중(2009b)은 1992~2005년 자료를 이용하여, 중력모형을 토대로 CEPT 출범 전후에 있어서의 역내외 교역구조상 변화를 분석하였다. 이에 본 절에서는 김완중(2009b)의 분석결과를 중심으로 ASEAN 국가들의 역내외 구조 변화와 ASEAN 경제협력정책에 따른 역내교역 효과를 살펴본다.

첫째, ASEAN 각국의 수입장벽 정도가 CEPT 전후 얼마나 완화되었는지, 또한 수입장벽 완화속도에 있어서 ASEAN 회원국 간 차이가 존재하는지를 살펴보자. ASEAN 각국의 수입에 대한 설명변수 통제 후 ASEAN 모든 국가의 (역내외)수입 정도는 분석기간에 크게 증가하였다. 특히 CEPT 직전해인 1992년과 CEPT 발효해인 1993년만을 비교할 때 인도네시아와 태국에 있어서 수입이 여타 ASEAN 국가보다 상대적으로 빠르게 증가했다. 한편 1992년의 수입과 1996년의 수입을 ASEAN 국가별로 비교하면 인도네시아가 가장 크게 증가해 두 기간 사이 역내외 개방이 가장 빠르게 확대되었던 것으로 나타났다. 그럼에도 불구하고 2003년과 2005년 기준으로 ASEAN 국가 중에서 가장 수입 개방도가 높은 국가는 여전히 싱가포르와 태국인 것으로 확인되었다.

둘째, ASEAN의 역내관세 인하 등 본격적인 역내경제협력 개시 이후 ASEAN의 역내수입이 여타 국가들에 대한 수입에 비해 상대적으로 보다 더 활발했는가를 살펴보기로 한다. 회귀분석결과, CEPT 발효 직전인 1992년과 분석대상기간 마지막 해인 2005년을 비교했을 때 ASEAN의 수입 상대국별 수입집중도가 가장 빠르게 증가한 국가들은 중국과 ASEAN 역내국가들로 나타났다. ASEAN 국가들의 중국에 대한 수입집중도가 빠르게 높아진 것은 중국의 글로벌 생산분업 과정에서의 역할이 강화된 데 기인하고 있다. 또한 ASEAN 역내국가들에 대한 높은 수입집중도 증가속도는 역내교역자유화 조치 등 다양한 역내경제협력으로 역내국가 간 교역이 다른 국가들에 비해 빠르게 확대되었음을 증명하는 것이라 할 수 있다. 역내국가 중 특히 베트남에 대한 수입집중도 속도가 매우 높았는데, 이는 베트남의 ASEAN 가입을 전후로 베트남과 기존 ASEAN 국가 간 활발한 분업관계가 이루어졌음을 보여주고 있다.[13]

ASEAN 국가들의 역내국가에 대한 빠른 수입집중도 증가에도 불구하고 2005년을 기준으로 할 때 ASEAN은 여전히 미국, 일본, 중국, 독일, 한국 등 주요 교역상대국들에 대해 보다 높은 수입집중도를 유지하고 있다. 달리 말하면, 아직까지 ASEAN 국가들의 수입은 일본산과 미국산 제품에 대해서 더 의존적이거나 더 개방적이라 할 수 있다. 이는 미국과 일본으로부터의 수입이 ASEAN 국가의 경제발전에 필요한 자본집약적이고 기술집약적인 제품 중심으로 이루어지고 있는 무역구조적 측면을 반영하는 것이라 할 수 있다. 특히 일본의 경우 ASEAN 국가들의 주요 외국인직접투자 국가라는 점이 반영되고 있다고 할 수 있다. 한 가지 부각되는 점은 설명변수를 통제한 후 수입집중도를 기준으로 할 때 ASEAN 국가들의 수입이 한국보다는 중국으로부터 더 집중적으로 이루어지고 있다는 것이다.

셋째, ASEAN 수입을 설명하는 주요 설명변수를 통제한 후 분석결과에 따르면, ASEAN 회원국 중에서 ASEAN 역내 수입집중도가 높은 국가는 2005년 기준으로 싱가포르, 태국, 말레이시아, 인도네시아, 필리핀 순으로 나타났다. 이는 [그림 17-4]에 제시된 ASEAN 역내수입 중 국가별 비중 순서와 비슷한데, 한 가지 차이점은 실증분석 결과에 따르면 태국이 말레이시아보다 순서가 앞선다는 것이다.

이상으로부터 알 수 있는 것은 ASEAN 국가들은 역내국가 중 싱가포르 상품에 대해 가장 개방적이고, 또한 태국상품을 말레이시아 상품에 비해 상대적으로 더 많이 수입한다는 것이다. 즉 여타 설명변수 값이 동일하다면 말레이시아상품보다는 태국상품을 더 수입한다는 것이다. 또한 여타 역내국가들이 인도네시아와 필리핀상품에 대해서 가장 덜 개방적이며 덜 수입한다는 의미도 되는데, 이는 ASEAN 내 역내분업 정도가 두 나라에서 상대적으로 낮다는 것을 의미할 뿐만 아니라, 이들 국가의 주요 수출품이 회원국들이 강한 보호주의적 태도를 보이는 농산물 등 1차상품에 상대적으로 집중되어 있다는 측면을 반영하는 것이라 할 수 있다.

---

[13] 1995년에 베트남의 ASEAN 가입이 이루어졌고, AFTA 가입이 그 이전부터 계속 논의되었다는 점과 동 기간에 베트남의 WTO 가입에 대한 논의가 진행되었다는 점을 고려할 때 AFTA 및 WTO 가입 전망에 대한 기대효과가 나타났다고 할 수 있다.

넷째, CEPT 이후 ASEAN의 역내경제협력 정책이 역내국가 간 수출 확대에 긍정적인 효과를 가져다주었는지 여부를 판단하기 위해 ASEAN 국가의 수출상대국별 수출 집중도 분석결과를 살펴보자. 수출집중도 분석결과에 따르면, 수입집중도에서와 마찬가지로 중국을 제외하고는 ASEAN 국가의 수출상대국별 수출집중도 증가속도가 가장 높았던 국가는 ASEAN 역내국가들로 나타났다. 이는 ASEAN의 역내수출 확대가 여타 국가들에 대한 수출 확대보다 상대적으로 높았음을 의미한다. 특히 ASEAN의 인도네시아와 말레이시아에 대한 수출집중도 증가속도가 다른 국가들에 비해 월등히 높았다.

이상을 통해서 확인할 수 있는 흥미로운 사실은 인도네시아에 대한 ASEAN의 수출집중도 수준은 수입집중도 수준에서와 마찬가지로 여타 회원국들에 비해 낮으나 1992~2005년 기간에 어떤 다른 국가들에 비해서도 빠르게 확대되었다는 점이다. 이는 동 기간 인도네시아의 역내국가들에 대한 수입 및 수출 증가속도가 다른 국가들에 비해 높았다는 것으로, 다시 말해 인도네시아의 역내국가에 대한 무역장벽이 다른 국가들에 대한 무역장벽에 비해 상대적으로 빠르게 완화되었거나 역내분업 체제에 빠르게 적응하고 있음을 반증한다 할 수 있다. ASEAN의 수출상대국별 수출집중도 증가속도에 있어서 두드러진 점은 ASEAN 국가들의 인도에 대한 수출집중도가 매우 빠르게 높아졌다는 점으로 이는 동 기간 인도의 적극적인 대외개방정책에 기인한 것으로 보인다. 수입에서와 마찬가지로, ASEAN 국가들의 높은 역내수출 확대 속도에도 불구하고 2005년을 기준으로 할 때 여전히 ASEAN의 주요 수출은 미국, 일본, 독일, 네덜란드, 한국 등에 집중되어 있다.

다섯째, 주요 설명변수를 통제했을 때, ASEAN 회원국 중에서 ASEAN 역내 수출집중도가 높은 국가는 2005년 기준으로 싱가포르, 태국, 말레이시아, 인도네시아, 필리핀 순으로 나타났다. 이는 [그림 17-6]에 제시된 ASEAN 역내수출 중 국가별 비중 순서와 비슷한데, 한 가지 차이점은 실증분석 결과에 따르면 근소한 차이로 태국이 말레이시아보다 순서가 앞선다는 것이다. 이로부터 알 수 있는 것은 역내국가 중 싱가포르가 ASEAN 역내생산 상품을 가장 많이 수입하고 있으며, 다음으로 말레이시아와 태국이 역내 상품에 대해 보다 개방적이라는 것이다. 또한 상대적 수출입집중도 증가속도 측면에서 볼 때, 인도네시아와 필리핀이 빠른 역내교역 확대 속도를 보이고 있음에도 불구하고, 이들 국가가 아직까지 역내생산 상품에 대해서 가장 덜 개방적일 뿐 아니라 역내분업 정도가 다른 국가들에 비해 가장 낮다는 것을 시사한다.

여섯째, 실증분석을 통해서 확인된 또 한 가지 흥미로운 사실은 ASEAN 국가들의 역내 수출 및 수입집중도 증가속도에 있어서 CEPT 발효를 전후로 한 1992~1996년 기간 증가속도가 아시아 외환위기 이후인 2001~2005년 기간 증가속도에 비해 훨씬 높다는 점이다. 이는 역내관세인하 속도가 CEPT 출범 전반부에 훨씬 빨랐던 던 점을 반영한 결과라 할 수 있다.

일곱째, ASEAN 일부 국가(태국, 필리핀)를 제외하고는 주요 관심대상 국가들 대부분에 있어서 ASEAN의 수출집중도 증가속도가 수입집중도 증가속도보다 매우 높았다. 이는 ASEAN의 경제협력강화 정책 이후 ASEAN의 주요 수입국들에 대한 수출증가 속도가 수입증가 속도보다 높았다는 것을 의미한다. 1992~2006년 기간에 ASEAN의 한국에 대한 상대적 수출집중도 증가 속도는 여타 역외국가들에 비해 매우 높았는데, 이는 ASEAN 국가들이 역내교역자유화 등 경제통합정책 등을 통해 확보한 수출경쟁력을 이용하여 한국에 대한 수출경쟁력을 제고하고 있음을 의미한다. 반면 ASEAN의 한국에 대한 수입집중도 증가속도 역시 다른 역외국가들에 비해 높았다. 이는 한국과 ASEAN 간 교역이 여타 역외국가들에 비해 보다 활발했다는 것으로 한국 기업들이 ASEAN 경제통합정책에 적절히 대응하고 있음을 의미한다. 그러나 ASEAN의 한국에 대한 수입집중도 증가보다 수출집중도 증가가 보다 빠르게 확대되고 있다는 점은 주의 깊게 지켜보아야 할 점이라 하겠다.

마지막으로 ASEAN의 수입대상국별 수입 및 수출집중도 추이에서 발견되는 흥미로운 점은 멕시코와 호주에 대한 ASEAN의 수출 및 수입집중도가 빠르게 확대되었다는 점이다. 멕시코의 경우 NAFTA 효과에 따른 멕시코의 대외무역 확대의 결과로 보이며, 호주의 경우 ASEAN-CER 등 ASEAN와 오세아니아 간 무역활성화 노력의 결과로 이해할 수 있다.

## 부표 17-1 ASEAN 각국의 총수출 중 역내수출 비중(역내수출/총수출) 추이

| | 1985 | 1986 | 1987 | 1988 | 1989 | 1990 | 1991 | 1992 | 1993 | 1994 | 1995 | 1996 | 1997 | 1998 | 1999 | 2000 | 2001 | 2002 | 2003 | 2004 | 2005 |
|---|---|---|---|---|---|---|---|---|---|---|---|---|---|---|---|---|---|---|---|---|---|
| 인도네시아 | 0.11 | 0.10 | 0.10 | 0.11 | 0.11 | 0.10 | 0.11 | 0.13 | 0.13 | 0.14 | 0.13 | 0.14 | 0.16 | 0.18 | 0.16 | 0.17 | 0.16 | 0.16 | 0.17 | 0.17 | 0.17 |
| 말레이시아 | 0.26 | 0.22 | 0.24 | 0.24 | 0.25 | 0.29 | 0.29 | 0.29 | 0.27 | 0.27 | 0.26 | 0.27 | 0.27 | 0.23 | 0.23 | 0.26 | 0.24 | 0.25 | 0.24 | 0.24 | 0.25 |
| 필리핀 | 0.11 | 0.07 | 0.09 | 0.07 | 0.07 | 0.07 | 0.07 | 0.05 | 0.07 | 0.07 | 0.13 | 0.13 | 0.13 | 0.13 | 0.14 | 0.15 | 0.15 | 0.15 | 0.18 | 0.15 | 0.17 |
| 싱가포르 | 0.20 | 0.19 | 0.20 | 0.20 | 0.21 | 0.21 | 0.22 | 0.20 | 0.22 | 0.27 | 0.27 | 0.25 | 0.24 | 0.21 | 0.23 | 0.25 | 0.24 | 0.24 | 0.22 (0.33) | 0.22 (0.32) | 0.21 (0.32) |
| 태국 | 0.14 | 0.14 | 0.14 | 0.12 | 0.11 | 0.11 | 0.12 | 0.13 | 0.16 | 0.18 | 0.18 | 0.18 | 0.19 | 0.15 | 0.16 | 0.16 | 0.16 | 0.16 | 0.17 | 0.18 | 0.18 |
| ASEAN | 0.18 | 0.16 | 0.17 | 0.17 | 0.17 | 0.18 | 0.19 | 0.19 | 0.20 | 0.22 | 0.22 | 0.22 | 0.22 | 0.19 | 0.20 | 0.21 | 0.21 | 0.21 | 0.20 (0.24) | 0.20 (0.24) | 0.21 (0.24) |

주: ( )은 싱가포르의 인도네시아에 대한 수출을 포함한 경우

## 부표 17-2 ASEAN 각국의 총수입 중 역내수입 비중 추이

| | 1985 | 1986 | 1987 | 1988 | 1989 | 1990 | 1991 | 1992 | 1993 | 1994 | 1995 | 1996 | 1997 | 1998 | 1999 | 2000 | 2001 | 2002 | 2003 | 2004 | 2005 |
|---|---|---|---|---|---|---|---|---|---|---|---|---|---|---|---|---|---|---|---|---|---|
| 인도네시아 | 0.09 | 0.10 | 0.13 | 0.10 | 0.10 | 0.08 | 0.10 | 0.10 | 0.09 | 0.09 | 0.14 | 0.11 | 0.13 | 0.15 | 0.17 | 0.18 | 0.17 | 0.21 | 0.22 | 0.23 | 0.27 |
| 말레이시아 | 0.22 | 0.21 | 0.21 | 0.19 | 0.19 | 0.19 | 0.20 | 0.20 | 0.20 | 0.19 | 0.17 | 0.20 | 0.20 | 0.22 | 0.23 | 0.23 | 0.22 | 0.22 | 0.24 | 0.23 | 0.24 |
| 필리핀 | 0.14 | 0.10 | 0.09 | 0.09 | 0.10 | 0.09 | 0.09 | 0.09 | 0.11 | 0.11 | 0.10 | 0.10 | 0.13 | 0.14 | 0.14 | 0.15 | 0.15 | 0.15 | 0.16 | 0.18 | 0.17 |
| 싱가포르 | 0.17 | 0.17 | 0.17 | 0.18 | 0.16 | 0.17 | 0.19 | 0.19 | 0.21 | 0.22 | 0.22 | 0.22 | 0.22 | 0.23 | 0.23 | 0.24 | 0.24 | 0.25 | 0.23 (0.30) | 0.22 (0.28) | 0.21 (0.26) |
| 태국 | 0.15 | 0.12 | 0.14 | 0.11 | 0.11 | 0.12 | 0.12 | 0.12 | 0.12 | 0.13 | 0.11 | 0.12 | 0.12 | 0.14 | 0.15 | 0.15 | 0.14 | 0.14 | 0.14 | 0.14 | 0.16 |
| ASEAN | 0.16 | 0.15 | 0.16 | 0.15 | 0.14 | 0.14 | 0.16 | 0.16 | 0.17 | 0.17 | 0.17 | 0.17 | 0.18 | 0.19 | 0.20 | 0.21 | 0.20 | 0.21 | 0.21 (0.23) | 0.20 (0.23) | 0.21 (0.23) |

주: ( )은 싱가포르의 인도네시아에 대한 수출을 포함한 경우

## 부표 17-3 ASEAN 총 역내수출 중 각국의 비중(각국의 역내수출/ASEAN 총 역내수출) 추이

| | 1985 | 1986 | 1987 | 1988 | 1989 | 1990 | 1991 | 1992 | 1993 | 1994 | 1995 | 1996 | 1997 | 1998 | 1999 | 2000 | 2001 | 2002 | 2003 | 2004 | 2005 |
|---|---|---|---|---|---|---|---|---|---|---|---|---|---|---|---|---|---|---|---|---|---|
| 인도네시아 | 0.16 | 0.14 | 0.12 | 0.12 | 0.12 | 0.10 | 0.11 | 0.13 | 0.12 | 0.10 | 0.09 | 0.10 | 0.11 | 0.14 | 0.11 | 0.12 | 0.12 | 0.12 | 0.12 (0.10) | 0.12 (0.10) | 0.12 (0.11) |
| 말레이시아 | 0.32 | 0.29 | 0.31 | 0.29 | 0.30 | 0.34 | 0.33 | 0.35 | 0.32 | 0.28 | 0.28 | 0.29 | 0.28 | 0.28 | 0.28 | 0.29 | 0.28 | 0.29 | 0.28 (0.24) | 0.29 (0.24) | 0.29 (0.25) |
| 필리핀 | 0.04 | 0.03 | 0.04 | 0.03 | 0.03 | 0.02 | 0.02 | 0.02 | 0.02 | 0.02 | 0.03 | 0.04 | 0.04 | 0.06 | 0.07 | 0.07 | 0.07 | 0.07 | 0.07 (0.06) | 0.06 (0.05) | 0.06 (0.05) |
| 싱가포르 | 0.39 | 0.42 | 0.42 | 0.46 | 0.45 | 0.44 | 0.44 | 0.38 | 0.40 | 0.46 | 0.45 | 0.43 | 0.41 | 0.38 | 0.40 | 0.40 | 0.39 | 0.38 | 0.37 (0.47) | 0.37 (0.47) | 0.37 (0.47) |
| 태국 | 0.08 | 0.12 | 0.11 | 0.11 | 0.11 | 0.10 | 0.11 | 0.12 | 0.15 | 0.15 | 0.15 | 0.14 | 0.15 | 0.13 | 0.13 | 0.13 | 0.14 | 0.14 | 0.16 (0.13) | 0.17 (0.14) | 0.16 (0.14) |

주: ( )은 싱가포르의 인도네시아에 대한 수출을 포함한 경우

**부표 17-4 ASEAN 총 역내수입 중 각국의 비중 추이**

| | 1985 | 1986 | 1987 | 1988 | 1989 | 1990 | 1991 | 1992 | 1993 | 1994 | 1995 | 1996 | 1997 | 1998 | 1999 | 2000 | 2001 | 2002 | 2003 | 2004 | 2005 |
|---|---|---|---|---|---|---|---|---|---|---|---|---|---|---|---|---|---|---|---|---|---|
| 인도네시아 | 0.09 | 0.12 | 0.13 | 0.09 | 0.09 | 0.08 | 0.09 | 0.08 | 0.07 | 0.06 | 0.10 | 0.08 | 0.08 | 0.08 | 0.07 | 0.09 | 0.08 | 0.09 | 0.10 (0.09) | 0.12 (0.11) | 0.14 (0.13) |
| 말레이시아 | 0.27 | 0.25 | 0.21 | 0.20 | 0.24 | 0.24 | 0.26 | 0.27 | 0.24 | 0.24 | 0.23 | 0.25 | 0.25 | 0.26 | 0.27 | 0.27 | 0.26 | 0.26 | 0.27 (0.24) | 0.26 (0.24) | 0.25 (0.23) |
| 필리핀 | 0.07 | 0.05 | 0.05 | 0.05 | 0.06 | 0.05 | 0.04 | 0.04 | 0.05 | 0.06 | 0.05 | 0.05 | 0.08 | 0.08 | 0.08 | 0.07 | 0.08 | 0.08 | 0.08 (0.07) | 0.09 (0.08) | 0.07 (0.07) |
| 싱가포르 | 0.43 | 0.46 | 0.46 | 0.51 | 0.45 | 0.45 | 0.45 | 0.44 | 0.49 | 0.49 | 0.47 | 0.47 | 0.46 | 0.46 | 0.45 | 0.45 | 0.44 | 0.43 | 0.41 (0.47) | 0.39 (0.45) | 0.36 (0.42) |
| 태국 | 0.13 | 0.12 | 0.14 | 0.15 | 0.16 | 0.17 | 0.16 | 0.16 | 0.14 | 0.15 | 0.15 | 0.15 | 0.12 | 0.12 | 0.13 | 0.13 | 0.13 | 0.14 | 0.15 (0.13) | 0.15 (0.13) | 0.17 (0.16) |

주: ( )은 싱가포르의 인도네시아에 대한 수출을 포함한 경우
자료: Direction of Trade DB, IMF.

## | 참 | 고 | 문 | 헌 |


기획재정부, 2008, ASEAN+3 금융협력의 성과 및 향후 방향, 금융협력과 자료

고일동 외, 2004, 『동아시아 분업구조 분석과 한중일 FTA에 대한 시사점』, 한국개발연구원

권율・정인교・박인원, 2003, 『ASEAN경제통합의 확대와 한국의 대응방향, 대외경제정책연구원

권율, 2005, ASEAN 주요국의 비관세장벽 현황과 시사점, 『KIEP 세계경제』, 대외경제정책연구원

김봉한・남수중・허찬국, 2008, 『중국 위안화 절상 전망과 파급효과 및 대응방안』, 한국경제연구원

김완중, 2009a, 중국수출의 한국과 일본수출에 대한 파급효과, 『한중사회과학연구』, 7(2): 75-102.

김완중, 2009b, ASEAN 역내경제협력 효과 분석: 역내교역을 중심으로, 『동남아시아연구』, 19(3): 221~260.

김완중, 2010, 중국 위안화 환율변화가 한국의 대중 수출에서 미치는 효과 분석, 『중국학연구』, 52: 207-235.

김완중, 2010a, 동북아와 동남아의 경제적 상호연계 분석: 지역간무역을 중심으로, 『동북아경제연구』, 22(2): 1-26.

김완중, 2010b, 동남아 수입시장에서 한중일의 경쟁관계 분석, 『한중사회과학연구』, 8(1): 139-163.

김완중, 2010c, 동남아에 대한 한중일의 생산공정별 수출구조와 경쟁관계: 중국의 한일수출 구축효과를 중심으로, 『동남아시아연구』, 20(3): 65-100.

김완중, 2011a, 동아시아 국가의 역내 수출구조와 경쟁력 변화 분석, 『동북아경제연구』, 23(2).

김완중, 2011b, 중국과 동아시아 국가간 교역구조와 결정요인 분석: 산업내무역과 환율 탄력성 관계를 중심으로, 『한중사회과학연구』, 9(3).

김완중, 2012a, 한국의 동남아에 대한 직접투자가 교역에 미치는 영향, 『동남아시아연구』, 22(1).

김완중, 2012b, 동남아국가의 경제구조 이질성 및 유사성 분석, 『아시아연구』, 15(3).

김완중, 2014, 한국의 대동남아 수출과 수출결정요인의 장기적 균형관계, 『동남아시아연구』, 24(4).

김환표, 2013, 트렌드 지식사전

남종현, 이홍식, 2012, 『국제무역론』, 경문사

박광주, 1998, 아시아 공동체, 현실인가 신화인가, 『아시아와 세계화: 동아시아 구가의 대응』, 세종연구소

박번순, 김경훈, 2012, 아세안경제공동체 추진에 대한 평가와 시사점, SERI연구보고서

박성훈, 2001, 동아시아 경제통합과 지역주의: 현황과 전망, 『국제통상연구』, 6(2).

배민근, 2010, 위안화 절상되면 무역수지는 소폭 개선, LG Business Insight, LG경제연구원

서한석, 2007, 생산의 국제적 분할과 동아시아 무역, 『기업경영연구』, 14(1).

신민영・송태정, 2003, 위안화 절상 가능성과 한국경제에 대한 영향, LG주간경제, LG경제연구원

아시아태평양경제협력체(APEC)연구컨소시엄(http://www.kiep.go.kr/skin.jsp?bid=apec_01&grp=apec)

원용걸, 2008, ASEAN 주요국의 수출, 직접투자유입 및 경제성장간 상호관계 연구, 『동남아시아연구』, 18(2).

이승주, 2005, APEC의 진화에 관한 정치경제적 고찰

이홍식・최낙균, 2010, 『국제무역의 비교우위 패턴 분석과 정책 시사점』, 대외경제정책연구원

주성환・박재욱, 2003, 동아시아의 산업내무역과 결정요인 분석, 『동북아경제연구』, 15(2): 63-92.

정성춘, 2007, 한-일 기업의 동아시아 생산네트워크 비교 연구, 대외경제전문가풀 토의자료, 대외경제정책연구원

정재완・권경덕, 2003, 『메콩강유역개발: GMS 프로그램 10년의 평가와 시사점』, Policy Analysis 03-04, 대외경제정책연구원

장홍범, 2014, 동아시아의 금융협력 현황 분석, 『동북아경제연구』, 26(1): 1-33.

조미진・장용준・김한성, 2013, 한・ASEAN FTA의 수출 성과 분석, 『국제통상연구』, 18(1): 25-55.

중국 상무부, 2009, 2008년도 중국대외직접투자통계공보, 총계국, 외환관리국

한국국제협력단(KOICA) 교육원(http://oda.koica.go.kr/intro/OdaIntroduce.do)

한국수출입은행, 해외투자통계(http://keri.koreaexim.go.kr/keri/stati/intro/define.jsp)

한국은행, 경제통계시스템(http://ecos.bok.or.kr/)

Abeysinghe. G, John G. Fernald, Prakash Loungani, and John W. Schindler, 2003, "China and Emerging Asia: Comrades or Competitors?", Federal Reserve Bank of Chicago, Working Paper Series with number WP-03-27.

Adams, F. Gerard and Innwon Park, 1995, "Measuring the Impact of AFTA: An Application of Linked CGE System", *The Journal of Policy Modeling* 17(4): 325-365.

Adams, F. G., B. Gangnes, Y. Shachmurove, 2004. How the Dragon Captured the World Exports Markets: Outsourcing and Foreign Investment Lead the Way. PIER Working Paper 04-042, University of Pennsylvania.

Aheane, A. G., J. G. Fernald, P. Loungani, and J. W. Schindler, 2003, "China and Emerging Asia: Comrades or competitors?", Working Paper 2003-27, Board of Governors, Federal Reserve System.

Anderson, James E. and Eric van Wincoop, 2003, "Gravity with Gravitas: A Solution to the Border Puzzle", *American Economic Review*, 93(1): 170-192.

Anderson, James E., 2004, "Trade Costs", Working Paper 10480, NBER. May.

Aminian, Nathalie, K. C. Fung, Iizaka Hitomi, 2007, "Foreign Direct Investment, Intra-Regional Trade and Production Sharing in East Asia", RIETI Discussion Paper

Series 07–E–064.

ASEAN Secretariat, 2007, *ASEAN Investment Report* 2006, April.

ASEAN Secretariat, 2009, *ASEAN Statistical Yearbook* 2008.

ASEAN Secretariat, 2013, *ASEAN Statistical Yearbook* 2012.

ASEAN Secretariat(http://www.aseansec.org/15502.htm)

Asian Development Bank, 2010, *Key Indicators for Asia and the Pacific,* The Philippines: Asian Development Bank.

Asian Development Bank, 2011, *Key Indicators for Asia and the Pacific.*The Philippines: Asian Development Bank.

Bank for International Settlements, (http://www.bis.org/statistics/eer/index.htm)

Cantwell, J. 1989, *Technological Innovation and Multinational Corporations.* Oxford, Blackwell.

Clarete, Ramon, Christopher Edmonds and Jessica Seddon Wallack, 2002, "Asian Regionalism and its Effects on Trade in the 1980s and 1990s", ERD Working Paper Series 30, Asian Development Bank.

Dalum, Bent, Keld Laursen and Gert Villumsen, 1998, "Structural Change in OECD Export Specialisation Patterns: De–specialisation and 'stickiness'", *International Review of Applied Economics* 12(3): 423–443.

DeRosa, Dean A., 1995, "Regional Trading Arrangements among Developing Countries: The ASEAN Example", Research Report 103, International Food Policy Research Institute.

Eichengreen, B., Y. Rhee, and H. Tong., 2004, "The Impact of China on the Exports of Other Asian Countries", NBER Working Paper 10768.

Elliot, Robert and Kengo Ikemoto, 2003, "AFTA and the Asian Crisis: Help or Hindrance to ASEAN Intra–Regional Trade?", The School of Economics Discussion Paper Series 0311, The University of Manchester.

Frankel, Jerry A., 1997, *Regional Trading Blocs in the World Economic System*, Institute for International Economics.

Fisher, A. B. G., 1939, "Production: Primary, secondary and teritary", *Economic Record* 15(1): 24–38.

Fukao, Kyoji, Hikari Ishido, Keiko Ito, 2003, "Vertical Intra–Industry Trade and Foreign Direct Investment in East Asia", *Journal of the Japanese and International Economies.* 17(4): 478–510.

Gagnon, J. E. 2013, "Long–Run Supply Effects and the Elasticities Approach to Trade," *International Finance Discussion Papers #75,* Board of Governors of the Federal Reserve System.

Gaulier, Guillaume, Thierry Mayor, and Soledad Zignago, 2004, "Notes on CEPII's Distances Measures", Center d'Etudes Prospective et d'Informations Internationales(CEPII), March 2004.

Giang, Bui Truong, 2008, "Intra-regional Trade of ASEAN Plus Three: Trends and Implications for East Asian Economic Integration", CNAEC Research Series 08-04, Korea Institute for International Economic Policy.

Greenaway, David, Aruneema Mahabir, Chris Milner, 2008, "Has China displaced other Asian countries' exports?", *China Economic Review* 19: 152-169.

Greenaway, David, Robert C. Hine, Chris Milner, 1995, "Vertical and Horizontal Intra-Industry Trade: A Cross Industry Analysis for the United Kingdom", *The Economic Journal* 105(433): 1505-18.

Helpman, Elhanan, 1984, "A Simple Theory of International Trade with Multinational Corporations", *Journal of Political Ecnonomy* 92: 451-71.

Hinloopen, Jeroen and Charles van Marrewijk, 2001, "On the Empirical Distribution of the Balassa Index", *Review of World Economics* 137: 1-35.

Hu, Xiaoling, Yue Ma, 1999, "International Intra-Industry Trade of China", *Review of World Economics* 135(1): 82-101.

International Monetary Fund. 2009. Direction of Trade DB.

International Monetary Fund, 2010, Direction of Trade CD-ROM.

International Monetary Fund, 2011, Direction of Trade CD-ROM.

International Monetary Fund, 2013, World Economic Outlook 2013.

International Monetary Fund. International Financial Statistics DB.

Ismail, Normaz Wana, 2008, "Growth and Convergence in ASEAN: A Dynamic Pane Approach", *International Journal of Economics and Management* 2(1): 127-140.

Japan Exteral Trade Organization, JETRO Survey 2006.

Krugman, P. 1980, "Scale Economics, Product Differentiation, and The Pattern of Trade," *The American Economic Review* 70(5): 950-959

Korea International Trade Association, (http://stat.kita.net/top/state/main.jsp?lang_gbn=null&statid=kts)

Lee, Chin, M. Azali, 2010, "Currency Linkages Among ASEAN", *The Singapore Economic Review* 55(3): 459-470.

Lee, Jong-Wha and Innwon Park, 2003, "Free Trade Area in East Asia: Discriminatory or Nondiscriminatory?", Mimeo.

Lewis, Jeffery. D., Sherman Robinson, and Zhi Wang, 1995, "Beyond the Uruguay Round: The Implications of an Asian Free Trade Area", World Bank. Mimeo.

Lim, L. K., 2007, "Linkage Between ASEAN Stock Markets: A Cointegration Approach", MODSIM 2007 International Congress on Modelling and Simulation. Modelling and Simulation Society of Australia and New Zealand:1818-1824.

Lim, Chong Yah, 2008, *SOUTHEAST ASIA – The Long Road Ahead* – Third Edition. Singapore: World Scientific Publishing Co. Pte. Ltd.

Markusen, J. R., 1984, "Multinationals, Muti-plant Economies, and the Gain from Trade",

*Journal of International Economics* 16: 205–26.

Mundel, R., 1975, "International Trade and Factor Mobility", *American Economic Review* 47: 321–335.

Mohan, Ramesh, Boaz Nandwa, 2009, "Examining Interest Rate Linkage among ASEAN–5, China and India", *ASEAN Economic Bulletin* 26(2):174–179.

Mookerjee, Rajen, Jose L. Tongzon, 1997, "Do the ASEAN Countries Have a Common Business Cycle?", *Journal of Asia Pacific Economy* 2(1):58–81.

National Bureau of Statistics of China, *China Statistical Yearbook,* various version.

Nelson, C. M., D. Sul., 2003, "Cointegration Vector Estimation by Panel DOLS and Long–run Money Demand", *Oxford Bulletin of Economics and Statistics*, 65(5): 655–680.

Oguro, Yoko, Kyoji Fukao, Yougesh Khatri, 2008, "Trade Sensitivity to Exchange Rates in the Context of Intra–Industry Trade", IMF Working Paper.

Ong Hway Boon and Muzafar Shah Habibullah, 2007, "The ASEAN–5 Economic Alliance: A Time Varying Convergence Analysis", *International Research Journal of Finance and Economics* 8: 97–106.

Pavitt, K. L. R., 1989, "International Patterns of Technological Accumulation", in N. Hood and J. E. Vahlne eds. *Strategies in Global Competition,* London: Grom Helm.

Rana, Prumna B., 2007, "Trade Intensity and Business Cycle Synchronization: The Case of East Asia," Working Paper Series on Regional Economic Integration No.10, Asian Development Bank.

Rana, Prumna B., 2006, "Economic Integration in East Asia: Trends, Prospects, and a Possible Roadmap", Working Paper Series on Regional Economic Integration No.2, Asian Development Bank.

Roland Holst. D, and J. Weiss, 2004, "ASEAN and China: Export Rivals or Patterns in Regional Growth?", *The World Economy* 27(8): 1255–1274.

Sanjaya Lall and Manuel Albaladejo, 2004, "China's Competitive Performance: A Threat to East Asian Manufactured Exports?" *World Development* 32(9): 1441–1466.

Sato, K. 1977, "The demand function for industrial exports: a cross–country analysis," *The Review of Economics and Statistics* 59(4): 456–464.

Sawyer, C., William, Richard L. Sprinkle, Kiril Tochkov, 2010, "Patterns and determinants of Intra–industry trade in Asia", *Journal of Asian Economics* 21: 485–493.

Shafaeddin, S. M., 2004, "Is China's Accession to WTO Threating Exports of Developing Countries?", *China Economic Review* 15: 109–144.

Sharma, Subhash C. and Soo Y. Chua, 2000, "ASEAN: Economic Integration and Intra–regional Trade", *Applied Economic Letters* 7.

Shin. K. and Y. Wang, 2003, "Trade Integration and Business Cycles Synchronization in East Asia", *Asian Economic Papers* 2(3): 1–20.

Thornton, John and Alessandro Goglio, 2002, "Regional Bias and Intra−regional Trade in Southeast Asia", *Applied Economic Letters* 9: 205−208.

United Nations, Comtrade Database, http://comtrade.un.org/db/

United Nations Conference on Trade and Development(UNCTAD), 1999, *World Investment Report* 1999.

United Nations Conference on Trade and Development(UNCTAD), 2000, *World Investment Report* 2000.

United Nations Conference on Trade and Development(UNCTAD), 2001, *World Investment Report* 2001.

United Nations Conference on Trade and Development(UNCTAD), 2011, *World Investment Report* 2011.

World Bank. *World Development Indicator*, various version.

World Trade Organization, *World Trade Report* 2011.

Yang, T., D. Vines, 2000, "The Fallacy of Composition and Terms of Trade of Newly Industrializing Economies", Mimeo, Australian National University, November.

| 찾 | 아 | 보 | 기 |

## | 저자약력 |

**김완중**
서울시립대학교 무역학과 졸업
서강대학교 대학원 경제학석사
미국 뉴욕주립대(SUNY Albany) 경제학박사
한국동북아경제학회 이사 및 편집위원
한중사회과학학회 이사
현, 동아대학교 경영대학 국제무역학과 교수

〈주요저서 및 논문〉
주요 선진국의 대중국 경제협력 현황과 통상전략(공저, 2007. 대외경제정책연구원)
아시아 산업구조 변화와 주요산업 전망(공저, 2006. SK경영경제연구소)
외환위기 이후 한국해외현지법인의 구조조정실태와 애로사항: 인도네시아(1998. 대외경제정책연구원)
인도네시아의 금융산업: 위기의 배경과 전망(1997. 대외경제정책연구원)
말레이시아 편람(1996. 대외경제정책연구원)
"The Relationship between East Asian Countries' FDI and Exports to China"(중국과 중국학, 2014)
"세계투입산출표를 이용한 한중일 수출입의 고용유발 효과 비교 분석"(한중사회과학연구, 2013)
"동남아 국가의 경제구조 이질성 및 유사성 분석"(아시아연구, 2012)
"한국의 동남아에 대한 직접투자가 교역에 미치는 효과"(동남아시아연구, 2012)
"중국과 동아시아 국가간 교역구조와 결정요인 분석"(한중사회과학연구, 2011)
"동아시아 국가의 역내 수출구조와 경쟁력 변화 분석: 한중일 수입시장을 중심으로"(동북아경제연구, 2011)
"동남아에 대한 한·중·일의 생산공정별 수출구조와 경쟁관계: 중국의 한·일수출 구축효과를 중심으로"(동남아시아연구, 2010)
"동북아와 동남아의 경제적 상호연계 분석: 지역간무역을 중심으로"(동북아경제연구, 2010)
"동남아 수입시장에서 한중일의 경쟁관계 분석"(한중사회과학연구, 2010)
"ASEAN역내경제협력 효과 분석: 역내교역을 중심으로"(동남아시아연구, 2009)

**동아시아와 동남아경제의 이해**

2015년 1월 10일 1판 1쇄 인쇄
2015년 1월 25일 1판 1쇄 발행

저 자 | 김완중
발행인 | 이수영
발행처 | 도서출판 청람
서울시 마포구 독막로 288(대흥동, 세양상가 109호)
TEL | 02)3272-2601~2
FAX | 02)3272-2603
E-mail | crbooks@hanmail.net
홈페이지 | http://www.crbooks.co.kr
등록 | 2000.8.26 제6-0509호

ISBN 978-89-5972-431-4 93320 [정가 29,000원]